Michel Reddé

Alesia – Vom nationalen Mythos zur Archäologie

Zaberns Bildbände zur Archäologie

Sonderbände der ANTIKEN WELT

CARTE GÉNÉRALE DE LA CAMPAGNE DE L'AN 702

Planche 17

Gravé par Erhard Schièble

Imprimé à l'Imprimerie Impériale

Echelles de $\frac{1}{2,400,000}$

Kilomètres: 50 40 30 20 10 0 50 100

Milles romains: 0 10 20 30 40 50 100

Michel Reddé

Alesia – Vom nationalen Mythos zur Archäologie

IV, 171 Seiten mit 133 Farb-, 35 Schwarzweiß- und
39 Strichabbildungen

Umschlag vorne:
Blick auf das Oppidum des Mont-Auxois mit dem modernen Dorf Alise-Sainte-Reine. (Photo R. Goguey)

Frontispiz:
Caesars Marschroute in die römische Provinz. Die Karte stammt aus dem Atlas Napoleons III. (vgl. Abb. 26, S. 39).

Umschlag hinten:
Zeichnerische Rekonstruktion der Rückansicht des «Lagers des Labienus» (vgl. Abb. 100, S. 121).

Weitere Publikationen finden Sie unter
www.zabern.de

Titel der Originalausgabe:

Michel Reddé
Alésia. L'archéologie face à l'imaginaire (2003)

Gestaltung:
Ilka Schmidt, Verlag Philipp von Zabern, Mainz

Lektorat:
Jeorjios Martin Beyer, Wiesbaden

Übersetzung:
Andrei Miron & Auguste Miron, Saarlouis

Redaktion:
Gerhild Klose und Annette Nünnerich-Asmus,
Verlag Philipp von Zabern, Mainz

Bibliographische Information der Deutschen Bibliothek

Die Deutsche Bibliothek verzeichnet diese Publikation in der Deutschen Nationalbibliographie; detaillierte bibliographische Daten sind im Internet über <*http://dnb.d-nb.de*> abrufbar.

ISBN-10: 3-8053-3531-8
ISBN-13: 978-3-8053-3531-7

Printed on fade resistant and archival quality paper
(PH 7 neutral) • tcf

Inhalt

Abb. 1 «Die Römer unter dem Joch hindurchschreitend» nach dem Sieg der Tiguriner und Helvetier im Jahr 107 v. Chr. Gemälde von Charles Gleyre (1858). Kantonalmuseum der Schönen Künste, Lausanne.

Vorwort

G*allia est omnis divisa in partes tres* ... Viele Generationen haben im Lateinunterricht nach diesem berühmten Eingangssatz mehr oder weniger große Teile von Gaius Iulius Caesars Bericht über den Krieg in Gallien übersetzt. Dank dieser Schulung gehört die Geschichte der Unterwerfung Galliens durch Rom auch in Deutschland in einer Art und Weise zum historischen Allgemeinwissen über das Nachbarland, wie sonst wohl nur die Französische Revolution. In den letzten Jahrzehnten haben Asterix und Obelix dafür gesorgt, daß trotz des dramatisch zurückgegangenen Latein-Unterrichts die Kämpfe zwischen Römern und Galliern zum festen Bestandteil der Gespräche junger Menschen gehören, wenngleich die tatsächlichen historischen Zusammenhänge dabei verschleiert werden. Immerhin ist aber dadurch das «kleine gallische Dorf» in Deutschland fast zu einem geflügelten Wort geworden; es wird auch in diesem Buch mehrfach zitiert.

Für die Fachwelt bot und bietet Caesars Schilderung der Gallischen Kriege seit jeher besondere Herausforderungen: Für die Philologen und Historiker stellt sich immer wieder die Frage, wie wortgetreu man die Texte verstehen darf; aus diesem Grunde hat der Altphilologe Klaus Stiewe im Jahre 1976 eine Studie mit dem Titel *Wahrheit und Rhetorik in Caesars Bellum Gallicum* vorgelegt. Darin heißt es einleitend: «Die Frage, ob man Caesars Bericht über den Gallischen Krieg Glauben schenken darf, ist seit 150 Jahren nicht zur Ruhe gekommen. Philologen, Historiker, Militärs haben sich mit ihr beschäftigt, wobei ein jeder aus seinem Interessengebiet wichtige Aspekte zu dem Problem beitrug; die Ergebnisse über Forschung, in starken Bänden niedergelegt, füllen heute viele

Bibliotheksregale. Dennoch ist bisher in der Sache eine Einigung nicht gelungen. Neben Forschern, die die Glaubwürdigkeit Caesars verteidigen, stehen nach wie vor andere, die sie anzweifeln oder gar ganz leugnen.»

Seit sich die Archäologie im Verlaufe des 19. Jhs. neben den kunstwissenschaftlichen Themen auch mehr und mehr den Ausgrabungen im Gelände zuwandte, um vor allem historische und topographische Fragen zu untersuchen, – erinnert sei in Deutschland an die Anfänge der Limesforschung, die ja gerade in ihrer Blütezeit der Reichs-Limeskommission stark vom Militär geprägt war – entstand ein sehr fruchtbares Wechselspiel zwischen der philologisch-historischen Interpretation der antiken Texte einerseits und den im Boden ermittelten Spuren andererseits. Wir erleben derartige Diskussionen gerade in jüngster Zeit bei uns in besonderer Heftigkeit im Streit um die Forschungen in Troia und um die Varusschlacht des Jahres 9 n. Chr.; diese immer wieder aufflackernden und zuweilen gezielt geschürten Diskussionen währen in Deutschland nun auch schon über 100 Jahre und die Bemerkung von Klaus Stiewe gilt hier in gleicher Weise. Von der deutschen Öffentlichkeit weitgehend unbeachtet existiert seit beinahe 150 Jahren eine ähnliche Auseinandersetzung in Frankreich, die in diesem Buch in anschaulicher Weise den deutschsprachigen Lesern dargeboten wird.

Es geht um die Suche nach Alesia, jenem Ort, an dem im Jahre 52 v. Chr. Caesar den entscheidenden Sieg über die Gallier errungen hat. Es war ein Sieg, der dazu führte, daß ganz Gallien in den darauf folgenden Jahren zum Bestandteil des Römischen Reiches und bald darauf zur Aufmarschbasis für die – freilich vergeblichen – Versuche wurde, Germanien bis zur Elbe zu erobern. Der Sieg vor Alesia und seine Folgen haben somit auch direkten Bezug zur Geschichte unseres Landes – abgesehen von der Tatsache, daß germanische Hilfstruppen auf Caesars Seite gegen die Gallier gekämpft und erheblichen Anteil am Erfolg gehabt haben.

Daneben gibt es aber noch eine weitere Ebene, auf der die Entscheidung von 52 v. Chr. in erstaunlicher Weise mit Deutschland verknüpft ist: Es ist die Verbindung mit den nationalen und nationalistischen Strömungen: In Frankreich begannen sie mit den Ausgrabungen, die Kaiser Napoleon III. von 1862 – 1865 rund um den Mont Auxois bei Alise-Saint-Reine in Burgund durchführen ließ, in Deutschland schon seit den Befreiungskriegen gegen Napoleon I. Michel Reddé schildert, wie sich eifersüchtige Streitereien daran entzündeten, welcher Ort denn das antike Alesia sein könnte. Er listet allein 18 Orte aus, die als Konkurrenten von Alise-Saint-Reine immer wieder in die Debatte gebracht werden. Damit liegen die Dinge ganz ähnlich wie in Deutschland bei der Debatte um die Lokalisierung der sog. Schlacht im Teutoburger Wald. Man erinnere sich, welche nationalistischen Begeisterungen sich an der Person von Arminius, dem Sieger in dieser Schlacht, entzündeten und mit welcher Verbissenheit noch heute um die Lokalisierung des Platzes gestritten wird. Dieser Themenkomplex ist in seiner Wechselwirkung für die französische und die deutsche Geschichte derart interessant, daß Michel Reddé die Initiative zu einer speziellen Tagung ergriff, bei der im April 2005 Alesia und die Schlacht im Teutoburger Wald im Hinblick auf die quellenkundlichen und archäologischen Forschungen ebenso verglichen wurden wie auf die Wirkungsgeschichte im Zusammenhang mit den nationalen Bewegungen des 19. und 20. Jhs. bis hin zur Darstellung in den Schulbüchern. Sie wurde vom Deutschen Historischen Institut in Paris ausgerichtet.

Den von Michel Reddé im Jahre 2003 veröffentlichten Band mit dem Titel *Alésia, L'archéologie face à l'imaginaire* in deutscher Übersetzung herauszubringen, lag also auf der Hand, denn zu ähnlich ist die Art und Weise, wie sich Wissenschaft und Öffentlichkeit in den beiden Ländern einerseits mit der Niederlage gegen Rom und andererseits mit dem Sieg über Rom beschäftigten und das weit zurückliegende Geschehen für politische Ziele instrumentalisierten. Aufmerksame Lektüre sei daher auch den «Varusforschern» in Deutschland empfohlen, ganz abgesehen davon, daß der Fall Alesia die unterschiedliche Natur und Aussagekraft der philologisch-historischen Quellen einerseits und der archäologisch im Boden zu ermittelnden Spuren andererseits in geradezu beispielhafter Weise darstellt. In Forschung und Lehre an den Universitäten kann er als Exempel methodischer Schulung dienen.

Als Michel Reddé 1990 den Auftrag erhielt, mit erneuten gründlichen und modernsten Methoden die Ergebnisse der Grabungen von 1861 – 1865 zu überprüfen und zu ergänzen, hat er die Römisch-Germanische Kommission des Deutschen Archäologischen Instituts, Frankfurt am Main, zur Mitarbeit eingeladen. Wir haben diese Einladung gerne angenommen, weil uns die damit verbundenen wissenschaftlichen Fragen außerordentlich interessierten. Welch allgemeinpolitische Dimension damit verbunden war, ist uns erst allmählich klar geworden: Daß der «Erzfeind» seit der Niederlage von 1870/71 50 Jahre nach dem erneuten Einmarsch in Frankreich dazu eingeladen wird, an einem der nationalen Gedächtnisorte der Franzosen gemeinsam auszugraben, und daß Susanne Sievers aus Frankfurt die seit Napoleons III. Zeiten so gut wie unbearbeitet im Nationalmuseum aufbewahrten Waffenfunde aus Alesia zur Bearbeitung angeboten worden sind, ist ein großartiges Zeichen des Erfolges der politischen Bemühungen, die von beiden Ländern nach 1945 unternommen worden sind. In diesem Sinne haben wir von 1991 – 1997 am Fuße des Mont Auxois gemeinsam ausgegraben. Den Dank dafür möchte ich auch an dieser Stelle unseren französischen Freunden aussprechen.

Prof. Dr. Siegmar von Schnurbein,
1. Direktor der Römisch-Germanischen Kommission des
Deutschen Archäologischen Instituts, Frankfurt a. M.

Vorbemerkungen

Vor fünf Jahren war ich von der Akademie der Wissenschaften der Volksrepublik China zu einem Vortrag in Peking eingeladen. Das Hauptthema war den vielschichtigen Verbindungen zwischen der Archäologie als praktischer Feldforschung und den historischen Schriftquellen als Zweig der Philologie gewidmet. In China, wo das Ansehen des Geschriebenen beträchtlich ist, führt die Heterogenität dieser unterschiedlichen Quellengattungen zu ständigen Konflikten unter den Wissenschaftlern. Wenn in einem literarischen Dokument die Beschreibung eines Ortes überliefert ist, fordert dies – im Sinne der traditionellen Hierarchie der Fachdisziplinen – von der Archäologie, ihre Schlußfolgerungen der «Wahrheit» des Textes anzupassen. Jeglicher Unterschied zwischen der Wirklichkeit im Terrain und den literarischen Gegebenheiten führt allzu oft dazu, die archäologischen Ergebnisse als suspekt anzusehen.

Zur Illustration meiner Ausführungen hatte ich den Fall Alesia gewählt, schönes Beispiel eines traditionellen, im übrigen künstlich aufgeblähten Konflikts zwischen verschiedenen methodischen Ansätzen. Gute Gelegenheit auch, dachte ich etwas naiv, Philologie und Archäologie miteinander zu versöhnen, indem ich den ausländischen Zuhörern, denen der ideologische Widerstreit in Frankreich unbekannt ist, ein historisch «neutrales» Thema vorstellte.

Am Ende meines simultanübersetzten Vortrags und nach den üblichen Komplimenten begannen die Fragen. Sehr schnell standen sich zwei Lager gegenüber: Auf der einen Seite die Archäologen, bei denen meine Ausführungen auf Verständnis stießen. Die materiellen Beweise waren eindeutig und unzweifelhaft, und die Lokalisierung von Alesia war sicher dort, wo Napoleon III. im Auxois die ersten Großgrabungen auf französischem Boden organisiert hatte. Die Philologen blieben jedoch zurückhaltend. Zweifellos gab es zwischen Caesars Text und den Ergebnissen im Feld mehr als nur verblüffende Ähnlichkeiten. Aber warum stimmte die Wirklichkeit nicht bis ins kleinste Detail mit dem Schriftdokument überein? Berechtigt dies nicht zu Zweifeln? Ich sah mich also in Peking denselben Argumenten und denselben Widerständen wie in Paris ausgesetzt.

Zurückgekehrt nach Frankreich, machte ich mich an die Fertigstellung der wissenschaftlichen Publikation über die römischen Militäranlagen rund um Alise-Sainte-Reine, eine Grabung, mit deren Leitung mich das Kulturministerium von 1991 – 1997 betraut hatte. Gefördert vom französischen Staat und in Kooperation mit der angesehenen Römisch-Germanischen Kommission des Deutschen Archäologischen Instituts (Frankfurt a. M.) durchgeführt, wurden diese Forschungen inzwischen, im Juli 2001, von der Académie des Inscriptions et Belles-Lettres veröffentlicht (Michel Reddé/Siegmar von Schnurbein, *Alésia. Fouilles et recherches franco-allemandes autour du Mont-Auxois. Mémoires de l'Académie des Inscriptions et Belles Lettres* XXI, Paris 2001, 2 Bde.).

Die Tinte der beiden umfangreichen Bände war kaum trocken, als schon Protestschreiben im Büro des Ständigen Sekretärs der Akademie eintrafen. Eine große nationale Tageszeitung widmete eine Woche lang eine ganze Seite ihrer Sommerchronik der Grabung in der Franche-Comté, über deren archäologische Entdeckungen zuvor allenfalls mit größter Zurückhaltung berichtet worden war. Das Kulturministerium wurde eingeschaltet, und man glaubte sich fast in die guten alten Zeiten eines Streits zurückversetzt, der bereits zwischen 1855 und 1862 die Zeitungs- und Zeitschriftenseiten mit Schmähtexten überflutete. Diese leidenschaftliche Polemik verunsichert unsere Nachbarn und flackert regelmäßig in der archäologischen Landschaft Frankreichs wieder auf.

Aus diesen verwirrenden Erfahrungen, die letztlich aber auch Ansporn waren, ist das vorliegende Werk hervorgegangen. Für mich – von Hause aus Philologe und dann zum Archäologen geworden – stellt die archäologische Praxis keinen Widerspruch zur schriftlichen Überlieferung dar. Sie liefert uns neuartige Erkenntnisse und eine andere Sicht der Dinge, die wir mit dem, was das Geschriebene uns lehrt, in Einklang zu bringen lernen müssen. So darf es keine Hierarchie der Disziplinen und Erkenntniswege geben, sondern allenfalls eine gegenseitige Befruchtung. Leider sind wir zur Zeit nicht imstande, die bestehenden Widersprüche der beiden unterschiedlichen Quellengattungen aufzulösen. Damit wird sich die Zukunft beschäftigen müssen – und eben dies zu vermitteln, ist auch der Zweck meines Unterrichts an der École pratique des Hautes Études. Mit dem vorliegenden Werk verband ich auch den Wunsch, einem breiten Publikum, das kaum Zugang zu den wissenschaftlichen Fachpublikationen hat, die wesentlichen Inhalte eines komplizierten Sachverhalts näherzubringen, der zahlreiche ideologische und historiographische Aspekte beinhaltet. Deshalb zielt dieses Buch ganz bewußt nicht auf den wissenschaftlichen Disput unter Gelehrten, sondern auf die breite Öffentlichkeit und die Medien, die – zumindest in Frankreich – dieses Thema mit Leidenschaft verfolgen. Ich hoffe, daß der Leser ebensoviel Freude beim Lesen empfindet wie ich beim Schreiben.

Prof. Dr. Michel Reddé
École pratique des Hautes Études, Paris

Abb. 2
Porträt Caesars, aus den Grabungen des Lucien Bonaparte in Tusculum, heute im Museum von Turin. Dieses Porträt wird allgemein als eines der lebensechtesten des Imperators angesehen.

Die Republik der Feldherren

Der Gallische Krieg ist – entgegen mancher Vorurteile – nicht nur eine wichtige Episode der nationalen Geschichte Frankreichs. Wenngleich es richtig ist, daß Gallien damals de iure in den römischen Machtbereich eintrat, ist es deswegen keineswegs von heute auf morgen «lateinisch» geworden. Faktisch bedurfte es mehrerer Jahrzehnte, letztlich fast eines Jahrhunderts, bis die politische und kulturelle Romanisierung wirklich von Bestand war.

Der Niedergang der Republik

In der Tat hatte diese Eroberung Konsequenzen, die sich unmittelbar und tiefgreifend auf die römische Innenpolitik auswirkten. Man verstünde den Fall Alesia nur unzureichend, würde man im Vorfeld nicht bedenken, daß der Gallische Krieg für Caesar (Abb. 2) zunächst einmal ein Sprungbrett auf seinem Weg zur Macht war, ein Propagandainstrument, auch ein Mittel, um Reichtum zu erlangen und das Militär an sich zu binden, um so seine Zukunft zu sichern. Man muß sich die Situation folgendermaßen vorstellen: Auf der einen Seite der Prokonsul, der statt der erhofften schnellen Eroberung vor zunehmenden Schwierigkeiten steht, die ihm kaum mehr erlauben, zwischen zwei Feldzügen im Winter nach Italien zurückzukehren und dort seine Interessen weiterzuverfolgen. Auf der anderen Seite seine Gegner, die agitieren, intrigieren, danach trachten, ihm Schwierigkeiten zu bereiten, ihm sogar «seinen» Sieg streitig machen wollen. Keine Begebenheit, die nicht kommentiert wird, kein Erfolg, der von der caesarischen Propaganda nicht verherrlicht wird, kein Mißerfolg, der von den Feinden nicht ausgeschlachtet wird. Denn jeder weiß sofort alles dank seiner Mittelsmänner, die er im jeweils gegnerischen Lager platziert hat. Im Jahre 56 v. Chr., zwei Jahre nach Beginn der Operationen, wird in Rom erwogen, Caesar das Kommando zu entziehen. Vor dem Senat spricht Cicero: «Ein großer Krieg hat in Gallien stattgefunden; Caesar hat große Völkerschaften bezwungen, die indes noch nicht durch Gesetze, durch klare Rechtsverhältnisse, durch einen hinlänglich sicheren Frieden fest an uns gebunden sind. Wie wir sehen, ist der Krieg dem Ende nahe und, um die Wahrheit zu sagen, geradezu beendet – allerdings werden wir nur dann den baldigen Abschluß des Ganzen erleben, wenn derselbe Mann, der den Krieg begonnen hat, auch die restlichen Maßnahmen durchführt; wenn man ihn ablöst, dann besteht die Gefahr, daß wir von der Erneuerung, vom Wiederaufflammen der Reste des großen Krieges hören müssen. Folglich bin ich als Senator – ein Feind, wenn ihr's so haben wollt, dieses Mannes – verpflichtet, ein Freund – wie ich's immer war – des Staatswohls zu sein. [...] Wie kann ich da ein Feind des Mannes sein, von dem täglich Berichte, Mitteilungen und Botschaften mit dem Namen unbekannter Völker, Stämme und Örtlichkeiten zu meinen Ohren dringen?» (Cicero, *de provinciis consularibus* 19–20. 22).

Während der schönen Jahreszeit spielt sich der Krieg vor den Toren Italiens ab. Sobald die Truppen aber ins Winterquartier geschickt werden, nutzt Caesar die Zeit, um in den Norden der Halbinsel zurückzukehren und direkt in das politische Spiel Roms einzugreifen. Gelegentlich, so der Historiker Appian, hält er Hof wie ein wirklicher Souverän: «(Caesar) war steinreich in das cisalpinische, am Po gelegene Gallien gekommen, um nach dauerndem Krieg seinem Heer eine kurze Erholung zu verschaffen. Von dort aus schickte er große Geldbeträge an viele Persönlichkeiten in Rom, und die Inhaber der Jahresämter und die sonstwie angesehenen Männer, welche als Provinzstatthalter oder Militärbefehlshaber auszogen, machten ihm abwechselnd ihre Aufwartung, so daß zuweilen 120 Liktoren gleichzeitig um ihn waren, an Senatoren aber über 200. Von ihnen dankten die einen für bereits empfangene Gefälligkeiten, die anderen wollten erst Geld erbitten und wieder andere gedachten, sonstwie irgendeinen ähnlichen Vorteil für sich herauszuschlagen.» (Appian, *bella civilia* II 17). Angesichts einer solchen Verquickung öffentlicher und privater Interessen ist augenscheinlich, daß die strategischen Entscheidungen nicht nur auf militärische Ziele ausgerichtet sind. Und nicht weniger offenkundig ist, daß Caesars *Commentarii* über den Gallischen Krieg – einziger zeitgenössischer Text, der uns überliefert ist – als literarisches Werk eines Politikers verstanden werden müssen, der damit sein eigenes Handeln rechtfertigte und so der Nachwelt sein Selbstporträt hinterließ.

Wie konnte die römische Republik so tief sinken, zum Spielball persönlichen Machtstrebens werden, eine «fette Beute», nach der die Generalität gierte?

Die verlorene Republik

Es erscheint paradox, daß es gerade Polybios, Lobredner der römischen Verfassung, ist, der in einem wahrlich prophetischen Text, geschrieben um 150 v. Chr., also rund 100 Jahre vor den Ereignissen, die uns hier beschäftigen, aufs Vortrefflichste den Niedergang analysiert hat. Der griechische Historiker, seit der Schlacht von Pydna 168 v. Chr. Geisel der Römer, dann zu einem ihrer glühendsten Verehrer geworden, beschreibt zunächst ganz allgemein den Mechanismus, der zur Pervertierung des politischen Systems führt: «Wenn jedoch eine neue Generation heranwächst und die Demokratie in die Hände der Enkel kommt, dann wissen sie die Freiheit nicht mehr zu schätzen, weil sie sich schon daran gewöhnt haben, und suchen größere Macht und einen Vorrang vor der Menge zu erringen, und zwar geraten vor allem die Reichen auf diesen Abweg. Wenn sie nun bei ihrer Jagd nach den Ämtern das Ziel ihres Ehrgeizes nicht durch eigene Kraft und Tüchtigkeit erreichen können, verschwenden sie ihr Vermögen, um die Menge auf alle Weise zu ködern und zu verführen. Nachdem sie so in ihrer unsinnigen Gier nach Ehre und Ansehen das Volk für Bestechungsgelder empfänglich gemacht und seine Habsucht geweckt haben, kommt es wiederum zum Sturz der Demokratie, und diese verwandelt sich in eine Herrschaft der rohen Gewalt. Denn die Menge, die sich daran gewöhnt hat, sich von fremdem Gut zu nähren und nur auf Kosten anderer meint leben zu können, braucht nur einen Führer mit kühnen, hochfliegenden Plänen, der aber wegen seiner Armut von den Ehrenstellen im Staat ausgeschlossen ist, zu finden, und schon ist die Herrschaft der brutalen Gewalt da. Das Volk rottet sich zur Vertreibung und zur Ermordung seiner Gegner und zur Neuverteilung des Landes zusammen, so lange, bis die vertierte Masse wieder einen Herrn, einen Alleinherrscher, gefunden hat.» (Polybios VI 9). Nach der Beschreibung des Gleichgewichts der römischen Staatsverfassung, die den verschiedenen Kräften erlaubt, sich gegenseitig zu kontrollieren, sagt

Polybios ihr Ende voraus: «Und dies ist, wie ich denke, klar genug. Wenn ein Staat viele große Gefahren abgewehrt hat und zu einer unbestrittenen Machtstellung und Herrschaft gekommen ist, und wenn dann langdauernder Wohlstand eingezogen ist, dann wird natürlich die Lebenshaltung üppiger, und es entwickelt sich ein höchst unerwünschter Ehrgeiz bei der Bewerbung um die Ämter und in anderen Dingen. Wenn dies alles immer weiter um sich greift und zunimmt, dann beginnt der Niedergang zuerst mit der Jagd nach Amt und Stellung – denn wer weder Namen noch Rang hat, ist verachtet –, dazu mit unsinniger Verschwendung aus reiner Eitelkeit. Den zweifelhaften Ruhm aber, den Niedergang herbeigeführt zu haben, wird das Volk für sich in Anspruch nehmen dürfen, wenn es nämlich einerseits meint, es geschehe im Unrecht durch die Habsucht der anderen, wenn es andererseits durch die Schmeicheleien der Ehrgeizigen aufgebläht wird.» (Polybios VI 57).

Selbst wenn es sich hier nur um einen Allgemeinplatz der Art handelt, wie er von hellenistischen Denkern der Epoche gerne vorgebracht wird, hat sich Polybios' Sicht doch als prophetisch erwiesen. Die römische Republik ist an dem von ihr selbst verursachten Ungleichgewicht zugrunde gegangen, auch an ihren maßlosen Eroberungen, die in keinem Verhältnis zum engen Rahmen eines Stadtstaates standen: Denn man kann kein Reich, das sich schon gegen Ende des 2. Jhs. v. Chr. von Kleinasien bis Nordafrika und Spanien erstreckt, mit politischen Strukturen regieren, die weitgehend aus einer Zeit stammen, als der Horizont Roms kaum über Latium hinausreichte. Man kann nicht solch unterschiedliche Völker regieren auf einer solch schmalen, sozial ungleichen Basis, die sich auf wenige Großfamilien der senatorischen Oberschicht beschränkt; man kann nicht Eroberungen ferner Regionen durchführen mit einem militärischen Instrument, das nur auf den Schultern einer Miliz bäuerlicher Grundbesitzer liegt, deren Ländereien dann brach liegen, je nach Dauer der Kriegshandlungen sich hinziehen und die Soldaten von Italien fernhalten; und man kann die Reichtümer der mediterranen Welt nicht ausschließlich dem Nutzen einiger weniger zuführen, ohne den Interessen der Mehrheit, vor allem der Ärmsten, Rechnung zu tragen. Es ist hier sicher nicht der geeignete Ort, nochmals im Detail die Ereignisse, die die Republik in den Ruin stürzten, zu schildern, doch sei an die Verkettung der Ur-

Abb. 3
Porträt des Pompeius, Ny Carlsberg Glyptotek, Kopenhagen.

sachen erinnert, die Caesar nach Gallien und schließlich vor Alesia führten.

Als dieser im Jahre 58 v. Chr. sein großes Kommando übernimmt, ist das politische System Roms schon lange aus den Fugen geraten. Der Machtkampf einiger großer Familien der senatorischen Oberschicht, die zwar Klassensolidarität zeigen, ebenso aber ein individuelles Streben, das Rivalitäten schafft, ist auf dem Höhepunkt angelangt. Das traditionelle Spiel, das im regelmäßigen Wechsel der Ämter, damit auch des Gewinns und Profits besteht, ist gestört. Der Machtwille treibt Wahlversprechungen nach oben; jedes Mittel ist recht, um die gesteckten Ziele zu erreichen, selbst die hemmungslose Zurschaustellung von Luxus. So hält es auch Caesar im Jahre 65 v. Chr. noch als einfacher Ädil, seine Karriere aufs Spiel setzend und sich dauerhaft in unglaublicher Höhe verschuldend. «Während seiner Ädilenzeit verschönerte er außer dem Komitium, dem Forum und den Basiliken auch das Kapitol mit provisorisch errichteten Säulengängen, in denen bei der Überfülle von Gegenständen ein Teil der Geräte ausgestellt werden sollte. Tiergefechte aber und Spiele gab er sowohl zusammen mit seinen Artgenossen als auch für sich allein. [...] Als Zugabe veranstaltete Caesar außerdem noch ein Fechterspiel, jedoch mit etwas weniger Paaren als vorgesehen war; denn da die zahlreiche von überallher aufgebotene Dienerschaft seine Gegner in Schrecken setzte, wurde die Zahl der Fechter gesetzlich festgesetzt, über die hinaus niemand in Rom mehr halten durfte.» (Sueton, *Caesar* 10). Appian teilt uns mit (*bella civila* II 8), daß der spätere Sieger über Gallien bereits Schulden in Höhe von 6,25 Millionen Denaren angehäuft hatte zum Zeitpunkt, als er als Proprätor sein erstes Kommando in der Provinz Spanien übernahm.

Dieser Kampf um die Macht bedingt offenkundig einen Wettstreit ums Ansehen, wobei die Genealogie der Aristokraten – ihre «Noblesse» – einen gewichtigen Trumpf darstellt. In diesem Spiel steht auch Caesar nicht hintan: Anläßlich der Beisetzungsfeierlichkeiten seiner Tante behauptet er, seine Familie, die *gens Iulia*, reiche bis zu den alten Königen Roms zurück, ja sogar bis zu den unsterblichen Göttern, sei doch Venus die Mutter des Äneas, der wiederum Vater des Iulius, des Begründers ihres Geschlechts. «Es ist also in diesem Geschlecht sowohl die Unverletzlichkeit der Könige, die auf Erden die meiste Macht haben, als auch die Heiligkeit der Götter, in deren Macht selbst die Könige sind.» (Sueton, *Caesar* 6, 2.) Diese Ruhmgier war Nährboden einer natürlich erfundenen Geschichte: Bei seinem Besuch in Gades soll Caesar zu Füßen der Statue Alexanders gejammert haben, daß er noch nichts erreicht habe in einem Alter (32 Jahre), in dem der makedonische Held bereits die Welt erobert hatte.

Die Zahl der römischen Bürger war seit den 80er Jahren beträchtlich angestiegen, weil Rom nach einem schrecklichen Krieg den Ansprüchen seiner italischen Verbündeten wohl oder übel nachgeben und ihnen, spät genug, Bürgerrechte verleihen mußte. Verbunden damit waren das Wahlrecht und Anteile am Gewinn der Eroberungen, zu denen sie maßgeblich beitrugen. In einer solchen Situation reichten die herkömmlichen Klientelverhältnisse nicht mehr. Nur die mächtigsten und reichsten Aristokraten konnten es sich fortan leisten, eine große Wählerzahl zu beherrschen, auch wenn man sich wie Caesar verschulden mußte, um danach, auf dem Gipfel der Macht angelangt, sich auf dem Rücken der Provinzialen zu «erholen». Diejenigen, die zu arm waren oder nicht genug Einfluß hatten, um bei diesem Lebensstil mitzuhalten, ließen sich auf Gewaltaktionen ein wie Catilina im Jahre 63 v. Chr.

Aus dieser Konzentration und Verschiebung der Macht innerhalb der senatorischen Oberschicht hält sich ein Mann geschickt heraus: Pompeius (Abb. 3). Obwohl seine direkten Vorfahren, mit Ausnahme vielleicht seines Vaters, keine besonders glanzvollen Karrieren durchlaufen haben, weiß dieser Schützling des Diktators Sulla die außergewöhnlichen Umstände zu nutzen, die ihn mehrfach, trotz seiner Jugend zum «Retter der Republik» werden lassen. Schon mit 25 Jahren hat er seinen ersten Triumph, ohne jemals ein Amt bekleidet zu haben. Mit 34 Jahren wird er mit einem zweiten Triumph geehrt, dieses Mal über Spanien. Wie den Aufstieg eines solchen Mannes bremsen, seinen Ehrgeiz zügeln, ihn in den Hintergrund drängen und von ihm erwarten, daß er eine normale Laufbahn einschlägt? Im Jahre 62 v. Chr., im Alter von 43 Jahren, kehrt er aus dem Orient zurück, beladen mit Ruhm und Reichtümern. Vor den Toren Roms schlägt er sein Lager auf und hält regelrecht Hof in Erwartung, daß der Senat seine Forderungen bewilligt: einen neuerlichen Triumphzug, Ländereien für seine Veteranen und die Ratifikation seiner Maßnahmen. Eigentlich sind dies ganz normale Vorgänge, doch in Anbetracht des gewaltigen Erfolgs und des unermeßlichen Ansehen dessen, der sich «der Große» (Magnus) nennen läßt und eine Chlamys trägt, die Alexander gehört haben soll, erscheinen diese unmäßig. Wie sollte ein solcher Mensch etwa keine Rivalitäten herausfordern, insbesondere eines Crassus, noch unvergleichlich reicher, aber ohne militärisches Ansehen? Oder eines Caesar, Intrigant ersten Ranges, betörend, brillant, ein Teufelsdemagoge, jedoch beladen mit Schulden, dessen zwar steile Karriere im Vergleich zu der des Pompeius fast unbedeutend erscheint? Als dieser 62 v. Chr. zum Prätor ernannt wird, bereitet sich Caesar gerade vor, sein erstes großes Provinzkommando in Spanien zu übernehmen (61–60 v. Chr.).

Das «dreiköpfige Ungeheuer»

Mußte Pompeius, im Orient wie ein echter hellenistischer Herrscher behandelt, ruhmbedeckt wie er war, bei seiner Rückkehr nach Rom die Erniedrigung des Senats hinnehmen, obwohl der ihn einst am eifrigsten unterstützt hatte? Pompeius handelte zwar im Rahmen der Rechtsnormen; der Neid der Aristokratie wurde dennoch immer heftiger. Trotz des dritten Triumphs des Pompeius verstrich das Jahr 60 v. Chr. in fruchtlosen Verhandlungen, vor allem über die Zuweisung von Ländereien an die Veteranen des Imperators. Genau da kehrte Caesar aus Spanien zurück, nun von seinen ersten wirklichen militärischen Erfolgen gekrönt: Als Erstem gelang es ihm, Kriegsschiffe auf den Ozean hinauszulenken und so den Lusitanern, im heutigen Portugal, in den Rücken zu fallen. Damit hatte er sich seinen ersten Triumph verdient. Wäre da nicht derselbe Neid! Trotz dieses neuen Sieges waren die Auswirkungen dieselben: Um das Kapitol im Purpurmantel erklimmen zu dürfen, hätte Caesar außerhalb Roms bleiben müssen; um aber als Kandidat für den Konsulat, nächste Etappe der senatorischen Karriere, antreten zu können, hätte er in die Stadt einziehen müssen. Der unbeugsame Cato, Abkömmling des berühmten Censors, glaubte sich seines großen Vorfahren würdig, indem er die juristischen Hürden im Namen der Republik vervielfachte. Caesar verzichtete auf den Triumph und stellte sich persönlich den Komitien vor, wo er – mit überwältigender Mehrheit – zum Konsul des Jahres 59 v. Chr. gewählt wurde, zusammen mit einem unbedeutenden Bibulus, mit dem er bereits Ädil gewesen war. Für diesen farblosen und eingebildeten Möchtegern, von dem der Senat annahm, er werde dem jungen Aufsteiger zum Hindernis, war dies bestimmt ein grausames Schicksal!

Aber diese fortwährenden Fußangeln hatten die genau umgekehrte Wirkung derer, die Cato sich gewünscht hatte. Die Rivalen von gestern, Pompeius und Crassus, versöhnten sich auf Drängen Caesars, und die drei Männer schlossen im Jahr 60 v. Chr. einen Geheimpakt, den man seither als das «erste Triumvirat» bezeichnet. Vor allem die gemeinsame Front ihrer Gegner war es, die sie zusammenführte: Pompeius, den einstigen Statthalter Sullas, Caesar, den Neffen und politischen Erben von Marius, und Crassus, den Vertreter der Finanzwelt, wenngleich ihre politischen Ziele und persönlichen Interessen völlig verschieden waren. Der konservativste Flügel der Aristokratie begann, an Rückhalt und Einfluß zu verlieren. Und als das «dreiköpfige Ungeheuer» (*tricaranos* nach Varro) bekannt wurde, waren alle sofort davon überzeugt, daß der Republik keine andere Zukunft beschert sei als ein monarchischer Wettstreit zwischen den drei derzeit Verbündeten. Der furchtbaren Vorhersage des Polybios entsprechend, war somit der Weg frei für die Diktatur.

Die Maßnahmen ließen nicht lange auf sich warten. Caesar war effektiv! Bibulus, schon bald zur Machtlosigkeit verurteilt, verließ sein Haus nicht mehr. «Manche Spaßvögel schrieben, wenn sie etwas im Scherz als Zeugen unterzeichneten, der Fall sei nicht unter den Konsuln Caesar und Bibulus, sondern unter den Konsuln Iulius und Caesar geschehen.» (Sueton, *Caesar* 20,4). Trotz des Widerstands des Senats ließ der neue starke Mann schnell zwei Agrargesetze verabschieden, um die Ansprüche der Veteranen des Pompeius zu befriedigen. Gleichzeitig sollte für die armen und grundbesitzlosen Bürger eine Landaufteilung in Campanien stattfinden, ausgerechnet dort, wo die großen senatorischen Familien massive Besitzinteressen verfolgten. Auch ließ er die Maßnahmen des Magnus für den Orient ratifizieren und band sich an diesen, indem er ihm seine Tochter Iulia zur Frau gab. Schließlich senkte er um ein gutes Drittel die Zölle, die auf der ertragreichsten Provinz Asia lasteten. Seine eigenen Interessen vergaß Caesar aber auch nicht: Als Hohepriester (seit 63 v. Chr.) sorgte er dafür, daß sein zweifelhafter Gefolgsmann Clodius in die Plebs eintreten konnte, was dem gebürtigen Adligen die Möglichkeit eröffnete,das Tribunat anzustreben. Mit dieser außergewöhnlichen Funktion waren wichtige politische Rechte verbunden, besonders das Veto über die Entscheidungen der höheren Amtsinhaber und über die Immunität. Clodius wird sich zu bedienen wissen ... Vor allem aber läßt sich Caesar durch die *Lex Vatinia* für fünf Jahre das Kommando über Gallia Cisalpina, nämlich Oberitalien, sowie Illyrien samt dalmatinischer Küste übertragen. Letztere Region war Rom noch nicht unterworfen und kündigte sich als eine zwar schwierige, aber ruhmreiche Eroberung an; im Hintergrund die Donau, ein fast mythischer Fluß, Ende der Welt und Quelle von Sagen.

Drei Legionen sollten den Ehrgeizigen auf seiner Suche nach dem Glück begleiten. Im letzten Moment stirbt der Statthalter der transalpinen Provinz (heute Provence und Languedoc). Caesar ließ seine Vollmacht erweitern und erhielt eine zusätzliche Legion; das Schicksal Galliens war damit entschieden. Das aber wußten zu diesem Zeitpunkt weder die Gallier noch Caesar selbst.

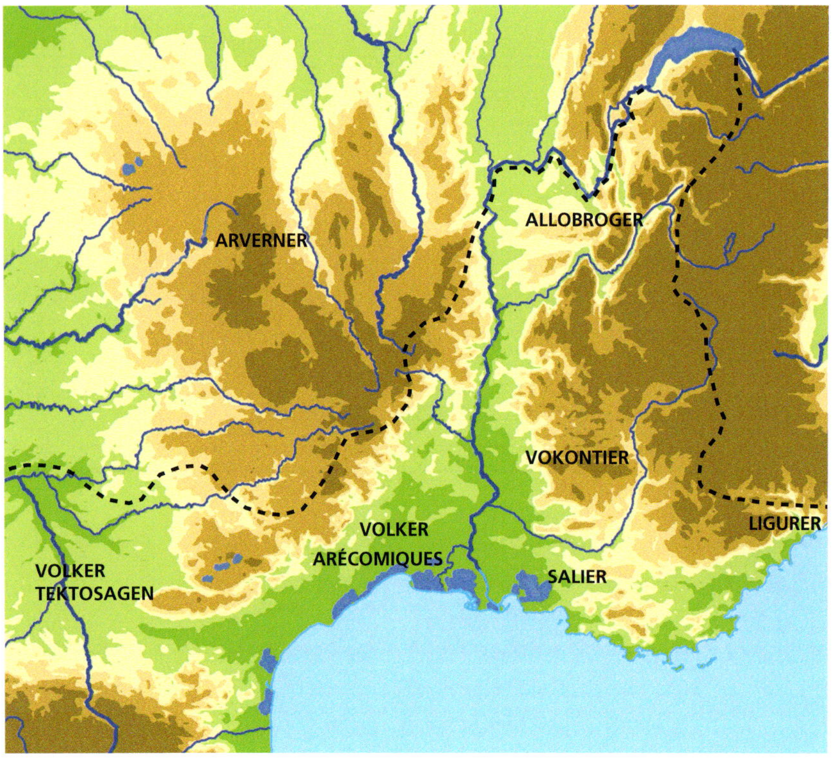

Abb. 4 Die wichtigsten Stämme der römischen Provinz.

Gallien zu Beginn des Krieges

Gallier und Römer, so sagt man, seien alte Bekannte. Hatten Erstere im Jahr 390 v. Chr. nicht die Stadt des Romulus eingenommen und geplündert? Eine außerordentliche Schmach, von der sich die künftigen Herren der Welt niemals wirklich erholt hatten. Danach häuften sich die blutigen Konflikte mit den Kelten, besonders vor und während des zweiten Punischen Krieges.

Eine neue Eroberung: Gallia Transalpina

Die Angst war im Jahre 216 v. Chr. so groß, daß man – einem uralten Brauch folgend – ein gallisches und ein griechisches Paar opferte und lebendig auf dem Forum begrub. Bei diesen gefürchteten Feinden handelte es sich im wesentlichen um Kelten Norditaliens, der sog. Gallia Cisalpina. Als Caesar sein großes Kommando übernahm, war diese Region seit langem befriedet: 90 v. Chr. hatte man per Gesetz das Bürgerrecht an die südlich des Po siedelnden Gallier (*Cispadani*) und an die nördlich des Flusses gelegenen latinischen Kolonien verliehen; die anderen (*Transpadani*) erhielten das Bürgerrecht 89 v. Chr. Doch erst 49 v. Chr. glich Caesar diese Region dem übrigen Italien vollständig an.

Unter der Gallia Transalpina verstanden die Römer damals im allgemeinen jene Region im Süden Frankreichs, die sie zwischen 125 und 118 v. Chr. unterworfen hatten (Abb. 4). Glaubt man dem trockenen Bericht der historischen Quellen, war es eine brutale und rasche Eroberung, folgt man dagegen der modernen Forschung, handelte es sich vielmehr um eine allmähliche wirtschaftliche und politische Durchdringung. Mit der Gründung der Stadt Narbo, der ersten, im Jahre 118 v. Chr. errichteten Kolonie, wurde von Anfang an deutlich, daß die Besetzung und Ausbeutung der Provinz beabsichtigt war. Mangels Quellen ist man jedoch nur unzureichend darüber unterrichtet, wie das neue Territorium anfangs verwaltet wurde und welche konkreten politischen und organisatorischen Veränderungen die Eroberung bei der einheimischen Bevölkerung nach sich zog. Wir wissen lediglich, daß die römische Herrschaft sich über ein großes Gebiet ausdehnte, von der Gegend um Toulouse im Westen bis nach Vienne im Norden. Es umfaßte das gesamte Territorium der Allobroger (Dauphiné), reichte bis hin nach Genf und die Region um den Genfer See, um sich weiter südlich bis in die heutige Provence zu erstrecken. Die östliche Grenze zum Alpenmassiv hin – das Gebiet wurde erst gegen Ende des 1. Jhs. v. Chr. eingenommen – ist dagegen verschwommen. Im übrigen darf man sich nicht etwa einen starren Herrschaftsraum mit festgelegten Grenzlinien vorstellen, sondern eher ein System erzwungener Bündnisse mit den verschiedenen einheimischen Stämmen, die wiederholt aufbegehrten, die Volker Tektosagen (Toulouse) ab 108 v. Chr., die Salluvier (Aix-en-Provence) im Jahr 90 v. Chr., die Vokontier wahrscheinlich während der 70er Jahre, die Allobroger im Jahre 66 v. Chr. und dann wieder 62–61 v. Chr., also nur drei Jahre vor Beginn des Gallischen Krieges. Man kann also keineswegs sagen, daß Caesars Rückraum wirklich gesichert war!

Die römische Herrschaft war ausgesprochen brutal. Als Beweis sei hier der Prozeß angeführt, den die Bewohner des transalpinen Gallien im Jahre 69 v. Chr. gegen ihren Statthalter Marcus Fonteius «wegen Erpressungen» anstrengten, d. h. wegen Diebstahls, unbotmäßiger Bereicherung, Brutalitäten und aller Art von Machtmißbrauch. Cicero (106–43 v. Chr.), der den Beschuldigten verteidigte, bemühte sich, die Dinge in einer Weise zu entschuldigen, die die Verachtung der Sieger gegenüber den Besiegten deutlich erkennen läßt: «Bei den unsterblichen Göttern! Was ist das für ein Fall, was für eine Verteidigung? M. Fonteius war Statthalter der Provinz Gallien. Die aber besteht aus Stämmen und Völkerschaften folgender Art: teils führten sie in unserer Zeit (um längst Vergangenes nicht zu erwähnen) erbitterte und langjährige Kriege mit dem römischen Volke; teils wurden sie bald von unseren Feldherren unterworfen, bald in der Schlacht bezwungen, bald durch unsere Triumphzüge und Siegesdenkmäler gedemütigt, bald vom Senat durch die Einziehung von Ackerland und Städten bestraft. [...] Zudem empfiehlt es sich, vor allem auf die Person zu achten, die doch bei einem Zeugen wahrhaftig den größten Ausschlag geben muß: läßt sich da ein noch so hoch angesehener Bewohner Galliens mit den führenden Männern unseres Staates oder auch nur mit dem letzten römischen Bürger vergleichen? Weiß denn Indutiomarus [der Gallier], was es bedeutet, als Zeuge auszusagen? Läßt er sich von der Furcht bestimmen, die ein jeder von uns empfindet, sobald man ihn auf diesen Platz geführt hat? [...] Oder bezweifelt ihr etwa, Richter, daß von allen diesen Völkerschaften eine tiefeingewurzelte Feindschaft gegen den Namen des römischen Volkes gehegt und gepflegt wird? Glaubt ihr etwa, daß sich diese Rock-und-Hosen-Leute hier in niedergeschlagener und demütiger Haltung zeigen und sich so aufführen, wie es die zu tun pflegen, die, von Ungerechtigkeiten gepeinigt, bittflehend und unterwürfig zu richterlicher Hilfe ihre Zuflucht nehmen? Nichts weniger. Sie tummeln sich vielmehr frohlockend und erhobenen Hauptes, mit allerlei Drohungen und barbarisch-ungeheuerlichen Einschüchterungsreden überall auf dem Forum.» (Cicero, *pro M. Fonteio* 12. 27. 33).

Aus derselben Quelle geht auch hervor, daß die Transalpina in diesen Jahren von italischen Kaufleuten ausgebeutet wurde: «Gallien ist überreich an Geschäftsleuten, voll von römischen Bürgern. Kein Gallier tätigt ohne Mitwirkung eines römischen Bürgers ein Geschäft, kein Heller wechselt in Gallien ohne die Bücher römischer Bürger den Besitzer.» (Cicero, *pro M. Fonteio* 11). So wurde eine Handelssteuer auf Wein eingeführt, ein von den adligen Galliern sehr geschätztes Luxusprodukt, für die Steuereintreiber sicher ein einträgliches Geschäft, gelegentlich sogar zur persönlichen Bereicherung. Nach und nach wurden bestimmte Ländereien beschlagnahmt, Handelsgesellschaften wurden gegründet, die den Sklavenhandel organisierten, Produkte aus Gallien importierten und große Besitztümer ansammelten.

Um diesen Kolonialisierungsprozeß zu fördern, wußte der Senat, sich einiger Verbündeter vor Ort zu bedienen. An erster Stelle ist hier Marseille zu nennen, die alte Griechenstadt, die schon seit langem als vorgeschobener Wachposten diente und somit die territorialen Vorteile Roms stärkte. Die Metropole gab weiterhin ihre eigenen Münzen aus, die in der gesamten Provinz zirkulierten. Vor Alesia werden wir sie wiederfinden, dorthin gebracht von den Legionären. Schließlich zögerten einige einheimische Adlige nicht, sich mit der Siegerseite zu arrangieren, um daraus den größtmöglichen Profit zu schlagen. So etwa Gaius Valerius Caburus, ein helvetischer Adliger, der von Gaius Valerius Flaccus, Statthalter der Provinz Hispania Citerior im Jahre 83 v. Chr., zum römischen Bürger gemacht worden war und dessen Sohn später im Gallischen Krieg auf der Seite Caesars kämpfen sollte (Caesar, *de bello Gallico* I 47), oder auch der Großvater des berühmten Redners Pompeius Trogus (Justin XLIII 5). Immer wieder wird die neue Provinz Caesar während seiner Feldzüge im unabhängigen Keltenland frische Rekruten liefern und ihm damit beachtlichen Rückhalt bieten. So war zu Beginn des Prokonsulats Caesars, das die Cisalpina und die Transalpina umfaßte, das reiche Südgallien bereits unterworfen. Aber auch wirklich befriedet und tiefgreifend romanisiert? Das ist weit weniger sicher. Und Caesar hatte durchaus Recht, als er 52 v. Chr. befürchtete, daß das Manöver des Vercingetorix gegen das Territorium der Allobroger – diese wenig verläßlichen Verbündeten – erhebliche Unruhe in einer so frisch eroberten Provinz hervorrufen werde.

Das unbekannte Gallien

Was wissen die Römer im Jahr 58 v. Chr. wirklich vom Norden dieses riesigen keltischen Landes, in den sie noch nie militärisch vorgedrungen waren (Abb. 5)? Im Grunde herzlich

Abb. 5 Die wichtigsten Stämme Galliens zur Zeit der Eroberung.

wenig, auch wenn bereits seit langem Reisende und Händler Informationen geliefert hatten, die von Gelehrten wie Poseidonios niedergeschrieben wurden. Dieser zwischen 140 und 130 v. Chr. im syrischen Apameia am Orontes geborene griechische Geograph, gestorben zwischen 59 und 43 v. Chr. auf Rhodos, hatte den Okzident ausgiebig bereist, vor allem den Süden Galliens. Er hinterließ ein bedeutendes historisches und ethnographisches Werk, von dem leider nur einzelne Fragmente auf uns gekommen sind; doch inspirierte es stark seine Nachfolger, besonders Strabon (69/63 v. Chr.–nach 23 n. Chr.), war offenkundig auch Caesar bekannt und wurde intensiv von diesem genutzt.

Wir als moderne Rationalisten, gewohnt, mit Landkarten umzugehen, können uns kaum vorstellen, wie der antike Mensch sich ein Bild des geographischen Raum machte. Zu jener Zeit, die uns beschäftigt, ist die Geographie eine Disziplin, die weitgehend auf Reiseberichte angewiesen war, selbst wenn es sich um alte Erkundungen handelt. So nutzte Strabon, der offenbar niemals selbst in Gallien war, Informationen von Poseidonios, der wiederum zweifelsohne nie nach Innergallien vorgedrungen war. Außerdem bereitete es offenkundig Schwierigkeiten, den Raum zuverlässig zu vermessen,

Abb. 6
Gallien in der Vorstellung der Römer.

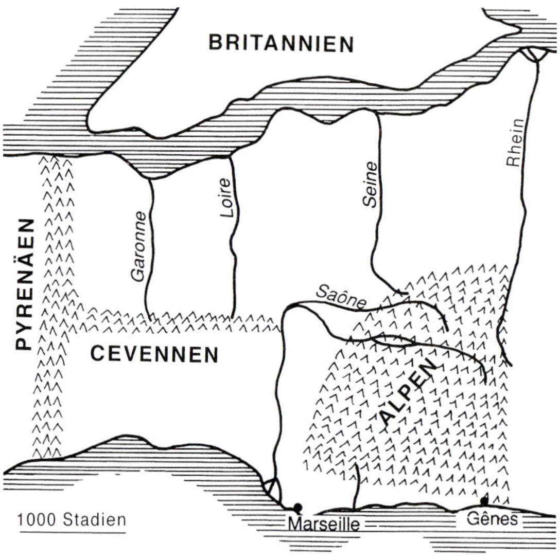

was die Erstellung von Landkarten im modernen Sinne, trotz der Anstrengungen hellenistischer Wissenschaft, unmöglich machte. Mangels geeigneter Gerätschaften mußte man sich begnügen, Entfernungen aufzunehmen, die nach Tagesmärschen oder Schifffahrtstagen geschätzt worden waren, und – ebenso ungenau – Himmelsrichtungen anzugeben. Selbst nach mehrjährigem Aufenthalt in Gallien und selbst nach seinen Abenteuern auf dem Oceanus ist Caesar immer noch der Auffassung, daß das eigentliche Gallien gen Norden, Aquitanien mit den Pyrenäen nach Nordwesten Richtung Britannien orientiert sei (Caesar, *de bello Gallico* I 1), und er erklärt uns sogar, daß die Maas in den Vogesen entspringe (ebd. IV 10) (Abb. 6). Wenn es wirklich Landkarten gegeben hat, besitzen wir keinerlei Vorstellung davon, wie diese ausgesehen haben, ob sie transportabel und inwieweit sie überhaupt verbreitet waren. Höchstwahrscheinlich hatten Caesars Offiziere keine Karten und mußten sich auf ihre einheimischen Führer verlassen. Ihre Expeditionen glichen somit echten Forschungsreisen in unbekanntes Land, wie wir sie von den großen Reisenden des 19. Jhs. in Afrika kennen. Jedenfalls hatte man große Schwierigkeiten, sich den Raum vorzustellen, in dem man sich bewegte, und noch größere, diesen exakt zu beschreiben. Sicherlich wußte man genau, wie man von einem Punkt zum anderen gelangte, indem man die von den Führern

Die sozialen Klassen in Gallien

«In ganz Gallien gibt es zwei Klassen von Menschen, die wirklich zählen und Ansehen besitzen. Die Menge nämlich wird beinahe behandelt wie Sklaven, wagt nichts von sich aus, wird zu keiner Beratung beigezogen. Da die meisten durch Schulden, hohe Abgaben oder Übergriffe der Mächtigen bedrückt werden, begeben sie sich in Abhängigkeit. Die Adligen können dann mit ihnen ebenso umgehen wie ein Herr mit seinen Sklaven. Von den erwähnten zwei Klassen aber sind die eine die Druiden, die andere die Ritter. Die Druiden gestalten den Kult, besorgen die öffentlichen und privaten Opfer, legen die religiösen Vorschriften aus. Bei ihnen sucht eine große Zahl junger Männer ihre Ausbildung, und sie stehen bei den Galliern in hohem Ansehen. Sie nämlich entscheiden fast allen öffentlichen und privaten Streit, und auch wenn ein Verbrechen begangen ist, ein Mord geschehen, wenn über eine Erbschaft oder eine Grenze Streit herrscht, fällen sie das Urteil und setzen Belohnungen und Strafen fest. Fügt sich ein einzelner oder ein Stamm ihrem Spruch nicht, so schließen sie ihn von den Opfern aus. Diese Strafe ist für Gallier die schlimmste, denn wer mit diesem Bann belegt ist, gilt als Frevler und Verbrecher, alle gehen ihm aus dem Weg und fliehen Begegnung und Gespräch, um sich durch die Berührung kein Unheil zuzuziehen. Sie können weder ihr Recht noch irgendeine Ehre erlangen. An der Spitze aller Druiden steht der, der unter ihnen das höchste Ansehen genießt. Stirbt dieser, so folgt ihm der Druide nach, der sich deutlich von den übrigen auszeichnet, oder die Druiden stimmen bei mehreren gleich Würdigen über sie ab; manchmal kämpfen sie sogar mit Waffen um das höchste Amt. Die Druiden sitzen zu einer bestimmten Jahreszeit im Gebiet der Karnuten, das als die Mitte ganz Galliens gilt, an einem geweihten Ort zu Gericht. Dort kommen von überall her alle zusammen, die Streitigkeiten haben, und beugen sich ihrem Spruch und Urteil. Die Lehre soll in Britannien entstanden und von dort nach Gallien gelangt sein, und heute noch reisen alle, die tiefer in sie eindringen wollen, zumeist nach Britannien.

Die Druiden nehmen gewöhnlich nicht am Krieg teil, zahlen auch nicht Steuern wie alle anderen, sind frei vom Kriegsdienst und allen Lasten. Von solchen Vorteilen verlockt, aber auch aus innerem Antrieb besuchen viele ihre Schulen oder werden von Eltern und Verwandten hingeschickt. Dort lernen sie, wie es heißt, eine große Menge von Versen auswendig. Daher bleiben manche 20 Jahre lang in ihrer Schule. Es ist nämlich streng verboten, ihre Lehre aufzuschreiben, während sie in fast allen übrigen Dingen, im öffentlichen und privaten Verkehr, die griechische Schrift verwenden. Dies scheinen sie mir aus zwei Gründen so zu halten: Sie wollen ihre Lehre nicht in der Masse verbreitet sehen und zudem verhindern, daß die Zöglinge im Vertrauen auf die Schrift ihr Gedächtnis zu wenig üben. Es kommt ja häufig vor, daß man sich auf Geschriebenes verläßt, nicht mehr so gründlich auswendig lernt und in Übung des Gedächtnisses nachläßt. Ihre Hauptlehre ist, die Seele sei nicht sterblich, sondern gehe von einem Körper nach dem Tod in einen anderen über, und sie meinen, diese Lehre sporne besonders zur Tapferkeit an, da man die Todesfurcht verliere. Auch sprechen sie ausführlich über die Gestirne und ihre Bewegung, über die Größe von Welt und Erde, über die Natur, über Macht und Walten der unsterblichen Götter und überliefern ihre Lehre der Jugend.

Den zweiten Stand bilden die Ritter. Wenn es die Not erfordert und ein Krieg ausbricht (dies geschah vor Caesars Ankunft ziemlich regelmäßig Jahr um Jahr, weil sie entweder selbst andere angriffen oder Übergriffe abwehrten), ziehen sie alle ins Feld, und je vornehmer und vermögender einer ist, desto mehr Dienstleute und Klienten hat er um sich. Nur dieses Zeichen von Einfluß und Macht kennen sie.» (Caesar, *de bello Gallico* VI 13–15) vorgegebenen Routen benutzte. Das beweisen die Schnelligkeit und Sicherheit, mit der Caesar besonders in Innergallien seine Ortsverlagerungen durchführte. Man versteht sehr wohl die Unruhe, die die Soldaten in Grenzgebieten zu weniger bekannten Territorien überkam, wie es im Jahre 53 v. Chr. beim Feldzug im Land der Eburonen der Fall war. Dies erklärt zumindest teilweise die Schwierigkeit, die sich uns generell bei der Rekonstruktion der Vor- und Rückmärsche des Prokonsuls stellen. Die mangelnde Kenntnis der Römer über das nordwestliche Europa läßt uns aber auch begreifen, was der von jenem Feldherrn errungene Ruhm damals bedeutete: Als erster jenen mythischen Fluß am Ende der Welt, den Rhein, überschritten zu haben und mitten in das riesige und wilde Germanien vorgedrungen zu sein. Und welche Heldentat, das Nordmeer zu überqueren und Krieg zu führen auf jener sagenumwobenen Insel Britannien, die sich im Nebel der Vorstellungskraft verlor!

Obwohl summarisch gehalten, waren Caesars geographische Beschreibungen doch von hohem dokumentarischem Wert, nicht nur für den kultivierten Zirkel der Senatoren, sondern auch für das breite Publikum. Die Zeitgenossen konnten sich darin zurechtfinden, auch wenn sie uns heute unzureichend erscheinen oder gar falsch sind, so z. B. im Falle der berühmt-berüchtigten Grenze zwischen Galliern und Germanen (Caesar, *de bello Gallico* I 1): Von letzteren nahm man an, sie siedelten rechts des Rheins, der somit die Grenze zwischen beiden Völkern bildete. Heute aber beweisen Archäologie wie Sprachwissenschaft, daß der ganze Süden des heutigen Deutschlands in Wahrheit von Kelten bevölkert war und die Truppen des Ariovist, von denen man annahm, sie könnten erneut für Gallien eine germanische Invasionsgefahr darstellen, zu einem nicht unerheblichen Teil selbst aus Galliern bestanden!

Trotz aller Ungenauigkeiten und Übertreibungen stellt Caesars Text – weiß man ihn zu entschlüsseln und kritisch zu betrachten – ein Zeugnis ersten Ranges für die Geographie des unabhängigen Gallien dar. So können wir uns auch von dem völlig irrigen Bild eines von ausgedehnten, undurchdringlichen Wäldern bedeckten Landes lösen, das die Romantiker in die Welt gesetzt hatten. Im Gegensatz dazu beschreibt Caesar – und die Archäologie bestätigt ihn – eine gemischte, bereits weitgehend offene Landschaft, die der klassischen ökologischen Dreigliederung entspricht: mit kultivierter Fläche (*ager*), Weideland und brachliegenden Böden (*saltus*) sowie Wald (*silva*). Nur gelegentlich vermerkt der Römer ungewöhnliche oder besonders wilde Landschaften, so etwa bei den belgischen Eburonen mitten in den Ardennen: «Es gab, wie oben dargelegt, keine feste Truppe beim Feind, keinen festen Platz, keine mit Waffen verteidigte Verschanzung, sondern nur eine nach allen Seiten zerstreute Menge. Jeder hatte sich versteckt, wo ihm ein verborgenes Tal, ein Wald oder ein schwer zugängliches Sumpfgebiet ein wenig Hoffnung auf Schutz oder gar Rettung bot.» (Caesar, *de bello Gallico* VI 34). Wohlbekannt ist auch ein weiteres großes Waldgebiet, das der Carnuten, das heutige Beauce. Andere Gebiete waren schwer erreichbar, so das Land der Moriner und Menapier im heutigen Flandern, auch bewaldet und mit zahlreichen Sümpfen übersät – dort nahm der Krieg eine andere Wendung. Ganz zu schweigen vom undurchdringlichen herkynischen Wald, der sich über den ganzen Süden Germaniens erstreckte, und dessen Ausmaße niemand kannte (Caesar, *de bello Gallico* VI 25). Das Küstengebiet der Veneter, wo sich die Siedlungen am äußersten Ende von Landzungen befanden, die bei Flut vom Festland abgeschnitten wurden, war für die mediterranen Eindringlinge eine seltsam-neue Welt (Caesar, *de bello Gallico* III 12). Mit diesen heroischen Feldzügen in unbekannte wilde Gegenden, mit diesen Heldentaten am Rande der bewohnten Welt begründete Caesar seinen literarischen, militärischen wie politischen Ruhm.

Die Völker Galliens

Wenn es eine Wirklichkeit in Gallien gab, die Caesar genauestens beschrieb und mit der er hervorragend zu spielen wußte, so ist es seine politische Zerrissenheit: «Nicht nur in allen Stämmen, allen Gauen und Stammesteilen, sondern fast auch in jedem Haus gibt es Parteien.» (Caesar, *de bello Gallico* VI 11). In der Tat, die ethnische Gliederung, mit der er sein erstes Buch eröffnete – die Aquitanier südlich der Garonne, die eigentlichen Kelten im Zentrum und die Belger nördlich einer Linie Seine-Marne – war recht schnell überholt. Umgekehrt beschrieb Caesar eine Reihe von Völkern, die gelegentlich miteinander verbündet waren, häufiger rivalisierten und von denen einige, mächtiger als die übrigen, mit den schwächsten Klientelverhältnisse unterhielten.

Keiner der Stämme hatte – und dies seit langem – so beständige Beziehungen zum Senat wie die Häduer, «Brüder und Verbündete des römischen Volkes», deren politischer und wirtschaftlicher Einfluß vor allem auf der Kontrolle der wichtigen Handelsachse des Saône-Tales beruhte. Hier machten sie den Sequanern wegen der einträglichen Abgaben den Vorrang streitig. Zwischen hochrangigen Persönlichkeiten Roms und der Häduer waren Beziehungen entstanden wie jene zwischen Cicero und dem Druiden Diviciac, der bei ersterem zu Gast war. Nach offizieller Version marschierte Caesar in das unabhängige Gallien ein, um den Häduern zur Hilfe zu eilen. Aber auch andere Völker genossen die «Freundschaft» Roms, besonders die Sequaner. So fand sich der Prokonsul in der Rolle eines Schiedsrichters zwischen seinen Hauptverbündeten wieder, was ihm erlaubte, gleich im ersten Anlauf ein wirkliches Protektorat über das östliche Mittelgallien einzurichten und die Transalpina gewissermaßen zu vergrößern. Die weiter im Norden siedelnden Lingonen zählten ebenfalls zur römischen Klientel, doch waren diese Beziehungen sicherlich viel jüngeren Datums. Ebenso verhielt es sich mit den Leukern aus der Gegend von Toul, die seit Beginn des Krieges Caesar mit Weizen belieferten und sich im weiteren Verlauf aus dem Konflikt heraushielten. Wie auch die Lingonen sind sie übrigens nicht in der Liste derer aufgeführt, die Vercingetorix nach Alesia zur Hilfe rief.

Vor einigen Jahren haben die Numismatiker auf ein wirtschaftliches Phänomen von größter Wichtigkeit aufmerksam gemacht. In Zentralgallien findet sich häufig eine Silberprägung im Standard des römischen Denars, die auf der Vorderseite das Bild der Roma trägt! Dies zeigt, welche Bedeutung vielleicht schon seit der 2. Hälfte des 2. Jhs. v. Chr. die ökonomischen Beziehungen zwischen der mediterranen Welt und dieser riesigen Region hatten, welche rund um die Burgundische Pforte die Handelswege nach Nordwesteuropa kontrollierte. Die Verwendung von Silber anstelle von Gold, die Angleichung an das römische Währungssystem und die Ikonographie sind eindeutige Anzeichen eines starken römischen Einflusses in diesem Teil der keltischen Welt. Die jüngeren Ausgrabungen auf dem Mont Beuvray, aber auch in anderen Oppida, belegen den zunehmenden Warenfluß, vor allem der aus dem Süden importierten Amphoren. Aus anderen Quellen wissen wir, welchen sozialen Stellenwert der Wein bei den keltischen Aristokraten besaß. Dieses Luxusgut, für das sie Vermögen bezahlten, wurde bei gigantischen öffentlichen Banketten großzügig den Gästen angeboten. Die «Zone des gallischen Denars», wie man sie nennt, illustriert den Zustrom römischer Kaufleute nach Gallien weit vor der militärischen Eroberung.

Eine weitere bedeutsame politische Kraft stellten die Arverner im Zentrum Galliens dar. Sie, die sie einstmals eine Vormachtstellung inne hatten, gehörten zum Zeitpunkt der Eroberung der Transalpina zu den erbittertsten Gegnern Roms. Es ist sicher kein Zufall, daß trotz ihres zwar schwindenden, aber noch wirksamen Einflusses der «höchste König der Krieger» – dies ist sehr wahrscheinlich die Bedeutung des Namens «Vercingetorix» – aus ihren Reihen ausgewählt

Abb. 7 Luftbild von Bibracte (Mont Beuvray), dem Oppidum der Häduer. (Photo R. Goguey)

Abb. 8 Der «murus gallicus» der «Porte du Rebout» während der Ausgrabungen. Man erkennt innerhalb der Wallanlage die von den Holzbalken hinterlassenen Hohlräume.

wurde. Zwischen ihnen und den Häduern, den Verbündeten Roms, bestand eine alte, häufig haßerfüllte Rivalität. So stritten sie sich um die Gunst schwächerer Völker, etwa der Bituriger, laut Caesar (*de bello Gallico* VII 5) Klienten der Häduer, die jedoch im Jahre 52 v. Chr. eine Koalition mit den Arvernern eingingen.

Zu den gefährlichsten Gegnern Caesars gehören die zahlreichen Völker der Belgica, mit Ausnahme der Remer, die sich von Anfang an in die Einflußsphäre Roms begeben und diese Haltung in mustergültiger Treue beibehalten. Unter den erklärten Feinden und verläßlichen Verbündeten gibt es eine ganze Reihe Unentschlossener, die sich dem jeweils Stärkeren anschließen und je nach Lage der Ereignisse mitreißen lassen. In der Tat ist es auffallend, daß während des Gallischen Krieges die Bündnisse ständig wechseln; in fast jeder Stadt gibt es eine prorömische Partei, die manchmal die Situation beherrscht, dann jedoch wieder von der Macht verjagt wird. Patriotisches Bewußtsein existiert nicht; die politische Szene wird von persönlichen Interessen, Machtspielen der Clans und den Zwängen der Klientel beherrscht. Caesar weiß geschickt damit umzugehen. Seine Armee wird übrigens häufig von gallischen Streitkräften, vor allem von Kavallerie, unterstützt, die ihm hilft, gegen andere Gallier Krieg zu führen und einen wesentlichen Teil seiner Logistik darstellt.

Wir dürfen uns diese keltischen Völker nicht wie Stadtstaaten nach mediterranem Muster vorstellen, mit einem Territorium, einer Hauptstadt, einer regulären Regierung und zentralisierter Verwaltung, selbst wenn das von Caesar benutzte lateinische Vokabular gelegentlich Verwirrung stiftet. Hier geht es vor allem um das lateinische Wort *oppidum*, das von Latinisten wie Archäologen häufig benutzt wird und häufig zu Mißverständnissen geführt hat.

Allzugern wird dieser Begriff stark vereinfacht als «befestigter Ort» übersetzt, was in einigen Fällen zwar zutrifft, fast immer aber ungenau ist. Plinius der Ältere zum Beispiel bezeichnet so einheimische Städte, die nicht unbedingt befestigt und auch nicht auf Höhen gelegen sein müssen. Er erwähnt sogar eine römische Kolonie (Caesarea in Mauretanien), die entsprechend bezeichnet wird (Plinius d. Ä., *naturalis historia* V 20). Bei Caesar beinhaltet der Begriff sehr unterschiedliche Sachverhalte: Gelegentlich, besonders in Britannien, handelt es sich um einfache, befestigte Zufluchtsstätten (Caesar, *de bello Gallico* V 21); im allgemeinen aber trifft man zu jener Zeit auf ständig oder saisonal bewohnte Siedlungen. Anscheinend sind einige von ihnen bereits urbanisiert, zum Beispiel Avaricum (Bourges). Der Ort wird als *urbs* eingestuft (im lateinischen Sinn eine wirkliche Stadt), doch könnte es sein, daß der Begriff hier einfach als rhetorische Übertreibung seiner Einwohner verstanden werden muß, die ihre Stadt um jeden Preis gegen das Ansinnen des Vercingetorix verteidigen wollten, der bereit war, sie zu opfern (Caesar, *de bello Gallico* VII 15). Bei den Eburonen hingegen gab es keine Oppida, was zweifellos in einer speziellen sozialpolitischen Struktur begründet lag. Die aktuelle Forschung bestätigt die große Vielfalt der Modelle. Während einige Völker, allen voran die Häduer, in der Tat hinreichend organisiert gewesen zu sein scheinen, um als sichtbares Zeichen ihrer Macht über eine zentrale Siedlung verfügt zu haben, gab es auch ganz andere Fälle. So konnte die Archäologie im Land der Arverner eine Serie sehr rascher Verlagerungen ihres «Hauptortes» feststellen, was nicht mit unseren Vorstellungen von einer Stadt vereinbar ist.

Die Größe der Oppida kann beträchtlich variieren, wobei die flächenmäßige Ausdehnung nicht unbedingt die politischen Bedeutung dieses oder jenes Gemeinwesens widerspiegelt – umso mehr, da ein und dasselbe Volk sogar über mehrere Oppida verfügen konnte. Im Süden umschließen die Befestigungen im allgemeinen einen sehr eingeschränkten Raum: Östlich der Rhône überschreiten nur wenige Orte 3 ha, während im Languedoc der Mittelwert zwischen 5 und 8 ha schwankt. In Zentralgallien und der Belgica sind die umwallten Flächen bedeutend größer, aber auch hier gibt es beträchtliche Unterschiede: Das größte bekannte Oppidum (Villejoubert bei den Lemovici) umfaßt 300 ha, das wesentlich mächtigere Bibracte (Häduer) wird auf 200 ha geschätzt (Abb. 7), während für Avaricum (Bourges) weniger als 100, für Levroux nicht mehr als 20 und für Basel-Münsterhügel nur 5 ha zu verzeichnen sind. Mit seinen 80 ha zählt das Oppidum der Cadurci bei Murcens zu den großen. Der Titelberg (50/63 ha) bei den Treverern ist ebenso in die obere Kategorie einzustufen wie Pommiers (40 ha) bei den Suessonen. Im Sinne dieser Skala gehört das Plateau auf dem Mont-Auxois (Alise-Sainte-Reine, 97 ha) sicher zu den größten Oppida Galliens. Dennoch ist man noch weit entfernt von den riesigen Anlagen in Deutschland: 380 ha in Manching, 600 in Kelheim und ungefähr 1500 am Heidengraben!

Im übrigen muß daran erinnert werden, daß diese Oppida der Bevölkerung keineswegs als Zufluchtsstätten, selbst nicht vorübergehend, dienten. Im Gegensatz zu dem, was man noch vor wenigen Jahrzehnten glaubte, sind sie nicht als Reaktion auf die Züge der Kimbern und Teutonen oder auf den Einmarsch der Römer zu bewerten. Sie wurden ganz im Gegenteil auf Dauer angelegt. Wenngleich diese Orte von Wallanlagen umgeben sind, neigt die moderne Forschung dazu, den Befestigungscharakter gegenüber der gewollt monumentalen Außenwirkung fast immer als sekundär zu betrachten.

Abb. 9 Der Mont Vully, das Oppidum der Helvetier. Rekonstruierte Wallanlage mit Pfostenschlitzmauer vom Typ Preist.

Bezeichnenderweise sind die meisten «gallischen Mauern» fortifikatorisch kaum ideal angelegt; munter ziehen sie die Hänge hinab, meist ungeachtet irgendwelcher Geländegegebenheiten, und man muß sich fragen, wer so riesige Umwallungen wie jene des Heidengrabens überhaupt ordentlich verteidigen sollte. Ihr provozierend-prahlerischer Charakter, mit dem die Erbauer ihr Ansehen dokumentierten, ist dagegen offenkundig (Abb. 8. 9). Hierzu schreibt O. Büchsenschütz: «Das Bestreben, die Umgrenzung des städtischen Raumes durch eine monumentale Konstruktion zu markieren, übersteigt hier das Sicherheitsbedürfnis deutlich.» Es handelt sich hier gewissermaßen um eine quasireligiöse Umfriedung. Wahrscheinlich auf interne Umwälzungen in der keltischen Welt zurückgehend, müssen die Oppida der Spätlatènezeit als Phänomen der Proto-Urbanisation, der Zentralisierung und der im Entstehen begriffenen, staatlichen Organisation betrachtet werden, die sich bei den verschiedenen Stämmen und in den einzelnen Regionen unterschiedlich vollzogen hatten.

Neuere archäologische Forschungen haben darüber hinaus ein weiteres, lange Zeit nicht beachtetes Phänomen entdeckt, dessen Bedeutung von Nicht-Fachleuten häufig übersehen wird: Die offene Siedlung mit ihren diversifizierten Aktivitäten war gegen Ende des 2. Jhs. v. Chr. entstanden und hatte die Streusiedlung der Mittellatènezeit abgelöst. Dieser gravierende wirtschaftliche, soziale und politische Wandel offenbart, zusammen mit dem Aufkommen der Oppida, die Umwälzungen in der keltischen Welt der Spätlatènezeit und bezeugt eine wahrhaftige Hierarchisierung des Siedlungswesens, die für eine straff gegliederte Gesellschaft typisch ist. In Hinblick darauf ist keineswegs sicher, ob die Zeitgenossen, auch Caesar, sich dieser Veränderungen wirklich bewußt waren; als guter Aristokrat interessierte sich der Prokonsul ausschließlich für die oberen Klassen, die «Ritter» und Druiden. Die Archäologie deckt im Gegenzug mehr und mehr die große Bedeutung auf, die Handwerker und zweifellos auch Kaufleute inne hatten. Außerdem weiß man, daß sich allmählich eine Oberschicht herausbildete, die ihren Reichtum den Zöllen verdankte. Prototyp dieses neuen Menschenschlages war der Häduer Dumnorix (Caesar, *de bello Gallico* I, 18). Klar ist, daß diese Entwicklung nicht überall gleichermaßen vonstatten ging, und daß die politische, wirtschaftliche und soziale Situation im unabhängigen Gallien von einer zur anderen Region stark differierte. Die Unterschiede in diesem Land und seine Rivalitäten sind nicht nur mit dem «Nationalcharakter», der sich beharrlich gegen die Einheit sträubte, erklärbar, sondern auch mit der Ungleichheit des Entwicklungsstandes.

Die Gallische Mauer (*murus gallicus*)

«Alle gallischen Mauern sind aber in etwa folgender Weise gebaut: Man legt gerade Balken aus einem Stück senkrecht zur Mauerrichtung in immer gleichem Zwischenraum von zwei Fuß nebeneinander auf die Erde. Diese Balken werden innerhalb des Mauerwerks befestigt und mit einer starken Erdschicht belegt. Die genannten Zwischenräume werden an der Front mit großen Steinen ausgefüllt. Ist diese Schicht gelegt und fest verbunden, kommt oben eine weitere Lage darauf. Dabei hält man genau denselben Abstand ein, doch liegen die Balken nicht aufeinander, sondern sind in gleichen Zwischenräumen versetzt. Dadurch aber, daß immer Steine zwischen sie kommen, werden die Balken fest zusammengehalten. So wird der ganze Bau Lage um Lage fortgesetzt, bis die richtige Mauerhöhe erreicht ist. Der regelmäßige Wechsel der in geraden Linien sauber geschichteten Balken und Steine gibt dem Werk ein gefälliges und abwechslungsreiches Aussehen. Diese Bauweise ist aber auch sehr nützlich und vorteilhaft zum Schutz von Städten, weil der Stein vor Brand schützt, gegen den Mauerbrecher aber das Holz. Gewöhnlich sind die Querbalken im Innern des Mauerwerks noch durch fortlaufende vierzig Fuß lange Längsbalken miteinander verbunden, so daß man sie weder durchbrechen noch auseinanderzerren kann.»

(Caesar, *de bello Gallico* VII 23)

Dies ist nicht der einzige Befestigungstyp, den man in Gallien kannte. Vor allem im Norden des Landes entdeckte die Archäologie mächtige Anlagen mit riesigen Aufschüttungen aus Erde und Grassoden, die 6–9 m Höhe erreichen können; diesen Wällen sind breite Gräben mit flacher Sohle vorgelagert («Typ Fécamp»). Außerdem begegnet man Befestigungswerken aus Stein und Holz, die nicht nach dem Kassettensystem des *murus gallicus* konstruiert sind, sondern eine Reihe senkrecht in den Boden gerammter Holzbalken aufweisen, die eine palisadenähnliche Front bilden («Typ Preist»). In allen Fällen wird die Befstigungsmauer von einer wehrgangartigen Brüstung überragt. Die Toranlagen vermitteln einen sehr monumentalen Eindruck.

Abb. 10
Altarrelief des Domitius Ahenobarbus (Louvre), dargestellt sind Erfassung und Rekrutierung von Soldaten zu Beginn des 1. Jhs. v. Chr. sowie hier eine Opferszene.

Caesar und seine Armee

Über welches militärische Instrument verfügte Caesar, als er sein großes Kommando in Norditalien übernahm? Wie sah diese römische Armee aus, die den gesamten mittelmeerischen Raum beherrschte und sich anschickte, das gesamte nördliche Europa zu erobern?

Auf dem Wege zur Berufsarmee

Nach einem berühmten Ausspruch Claude Nicolets ist das «Metier des Mars» in Rom wesensgleich mit dem «Metier des Bürgers». Beide werden gleich geachtet. Traditionell ist die Armee seit den Anfängen der Republik eine Bürgermiliz. Dies bedeutet, daß jeder Bürger zwischen 17 und 60 Jahren zum Militärdienst verpflichtet ist – und zwar nicht für einen einzigen, zusammenhängenden Zeitraum, sondern im Zuge jährlicher Aushebungen, bei denen das Kontingent den gerade aktuellen Bedürfnissen angepaßt wird. Der Krieg findet in der Regel während der schönen Jahreszeit statt; nach dem voraussichtlichen Umfang der Operationen richtet sich die Zahl der Rekruten; im Herbst entläßt man sie wiederum ganz oder teilweise. Natürlich konnte man nicht Jahr für Jahr dieselben Soldaten einziehen; ebenso war die Zahl ihrer Kriegseinsätze einer gewissen Begrenzung unterlegen. Es waren offenbar mindestens sechs, höchstens aber 16 Jahre – letztere eine beachtliche Dauer, die keineswegs von jedem Bürger erreicht worden zu sein scheint. Allein vom Ende des 2. Jhs. v. Chr. sind mißbräuchliche Überschreitungen bekannt. Nur bei höchster Gefahr kam es zur Massenaushebung (*tumultus*); ansonsten ging man im Rahmen eines offiziellen Verfahrens, das in Rom unter der Aufsicht der Militärtribunen stattfand, nach einem Auswahlprinzip (*dilectus*) vor (Abb. 10). Selbstverständlich gab es auch Freiwillige wie den alten Haudegen, von dem Titus Livius für das Jahr 171 v. Chr. ein besonders farbiges Porträt zeichnet: «Ich bin Spurius Ligustinus aus der Tribus Crustumina und stamme aus dem Sabinerland, Mitbürger. Mein Vater hinterließ mir einen Morgen Ackerland und eine kleine Hütte, in der ich geboren und erzogen worden bin, und auch heute wohne ich noch dort. [...] Ich bin Soldat geworden unter dem Konsulat von P. Sulpicius und C. Aurelius. In dem Heer, das nach Makedonien geschickt wurde, diente ich zwei Jahre lang als einfacher Soldat gegen König Philipp. Im dritten Jahr machte mich T. Quinctius Flamininus wegen meiner Tapferkeit zum Centurio im 10. Manipel der Hastati. Als Philipp und die Makedonen geschlagen und wir nach Italien zurückgebracht und entlassen worden waren, ging ich sogleich als Kriegsfreiwilliger mit dem Konsul M. Porcius nach Spanien. [...] Zum dritten Mal wurde ich Soldat, wieder als Freiwilliger, in dem Heer, das gegen die Ätoler und König Antiochos geschickt wurde. Von M. Acilius wurde mir das Kommando über den 1. Manipel der Princeps gegeben. Als König Antiochos vertrieben und die Ätoler unterworfen waren, wurden wir nach Italien zurückgebracht. Und dann habe ich nacheinander zweimal in Legionen gedient, die ein Jahr im Dienst standen. Ich bin danach noch zweimal in Spanien Soldat gewesen. [...] 22 Jahre habe ich im Heer gedient, und ich bin über 50 Jahre. Aber wenn ich meinen Kriegsdienst nicht ganz geleistet hätte und mein Alter mir keine Befreiung verschaffte, wäre es doch recht gewesen, auf mich zu verzichten, P. Licinius, da ich euch vier Soldaten an meiner Stelle geben kann. Doch ich möchte, daß ihr es recht versteht: Dies habe ich für meine Sache gesagt; ich selbst werde, solange einer, der ein Heer aushebt, mich als Soldat für tauglich hält, niemals eine Ausrede suchen.» (Titus Livius XLII 34). Diese pittoreske

Schilderung sollte nicht dazu verleiten, zu übersehen, daß der schier endlose Zuwachs von Kriegen in allen Winkeln des Mittelmeeerraumes unvermeidlich zu einer Vervielfachung weit entfernter Feldzüge führte, wodurch das traditionelle militärische System empfindlich gestört wurde. Während der Spanienfeldzüge im 2. Jh. v. Chr. wurden die Soldaten in den Wintermonaten häufig vor Ort festgehalten, und die jährlichen Aushebungen beschränkten sich darauf, die Auswechslung des Kontingents zu sichern. Seit Mitte des 2. Jhs. v. Chr. waren die Eroberungen jenseits des Meeres mit der Existenz einer reinen Bürgermiliz, die am Ende eines jeden Feldzugs in die Heimat zurückgeschickt wurde, nicht mehr vereinbar. Nun sollte der Militärdienst zu einer dauerhaften Einrichtung werden.

Seit ihren Ursprüngen basierte die Organisation der römischen Armee auf dem System des Zensus. Auch wenn jeder Bürger dienen sollte, auch wenn diese Verpflichtung – zumindest theoretisch – eine Ehre und nicht etwa eine Bürde bedeutete, betrafen die Aushebungen anfangs nur diejenigen, die imstande waren, sich auf eigene Kosten auszurüsten, d. h. nur die Reichsten oder wenigstens jene, die über ein ausreichendes Einkommen verfügten. So mußten sie während der Feldzüge für ihre persönlichen Bedürfnisse selbst aufkommen, sich ernähren und kleiden. Noch in der Kaiserzeit, als es bereits eine Berufsarmee gab, lebte diese alte Vorstellung in Form von Soldabzügen zumindest teilweise fort.

In einer Welt, in der das Erwirtschaften von Vermögen vor allem auf Grundbesitz basierte, waren es natürlich die kleinen Landbesitzer, die im wesentlichen die Bürde des Militärs trugen. Doch man konnte nicht gleichzeitig Soldat und Landmann sein: Die Steigerung der Aushebungen, unvermeidbare Konsequenz immer neuer Kriege, führte zu Bevölkerungsschwund, Verarmung der mittleren Klassen, teilweise zu Landaufgabe, die Ursache einer Agrarkrise wurde. Mehrfach im Verlauf des 2. Jhs. v. Chr. mußte der für die Rekrutierung maßgebliche Mindestzensus (Indikator des Wohlstands) gesenkt werden bis zu dem Punkt, als Marius im Jahr 107 v. Chr. beschloß, auch die Ärmsten, die sich unterhalb dieser Schwelle befanden, anzumustern. Obwohl diese Maßnahme auf Anhieb nur in begrenztem Umfang praktische Auswirkungen hatte, stellte sie doch einen dauerhaften Bruch mit einer alten Tradition dar mit dem Ergebnis einer zunehmenden (aber niemals vollständigen) Proletarisierung der bürgerlichen Armee, die den militärischen Geist nachhaltig veränderte.

Seit langem hatte man ein Soldsystem eingeführt, das auch den weniger Reichen erlaubte, die Unkosten eines Feldzugs zu bestreiten. Polybios berichtet um die Mitte des 2. Jhs. v. Chr., daß damals die Bezahlung zwei Obolen pro Tag betrug, was wohl dem Drittel eines Denars entsprach. Davon zog der Staat noch die Kosten für Bewaffnung, Verpflegung und Kleidung ab. Die finanzielle Situation des Soldaten war demnach wirklich prekär – und so war sie noch, als Caesar den Oberbefehl in Gallien übernahm. Nach Alesia, nach Überschreiten des Rubikon, verdoppelte er als erstes den Sold der Legionäre (Sueton, *Caesar* 26,3). Mit der offiziellen Bezahlung konnte man aber nicht reich werden. Zum Glück gab es noch die Beute: Schon immer – und damit in Übereinstimmung mit dem antiken Kriegsrecht – hatte Rom mit der Begründung, der Besiegte müsse den Sieger entschädigen und bereichern, die Plünderung zur legalen Praxis erhoben. Theoretisch fielen die so errungenen Vermögen der Staatskasse zu, tatsächlich aber verteilten etliche Feldherren davon einen Teil unter

Abb. 11 Grabinschrift der Brüder Canuleius, die deren Feldzüge in Gallien in der VII. Legion Caesars erwähnt (CIL X, 3886). Die Inschrift ist folgendermaßen zu lesen: C(aius) Canulei[u]s / Q(uinti) f(ilius) leg(ione) VII evo/cat(us) mort(uus) est ann(orum) nat(us)/ XXXV donat(us) torq(uibus) armil(lis)/ p(h)aler(is) coron(a)/ Q(uintus) Canuleius Q(uinti) f(ilius)/ leg(ione) VII occeis(us) in Gall(ia)/ annor(um) nat(us) XVIII/ duo fratr(es) ieis monum(entum) pat(er) fec(it): «Caius Canuleius, Sohn des Quintus, zur VII. Legion berufen, gestorben im Alter von 35 Jahren, belohnt mit Torques, Armringen, Phaleren und Krone. Quintus Canuleius, Sohn des Quintus, Soldat der VII. Legion, gestorben in Gallien im Alter von 18 Jahren. Dies waren zwei Brüder. Ihr Vater hat ihnen dieses Denkmal errichtet.»

Abb. 12
Die Schildkröte. Szene (LXX–LXXI) der Traianssäule (Anfang des 2. Jhs. n. Chr., Rom), römische Legionäre beim Angriff auf eine einheimische Befestigung. Die Uniformen unterscheiden sich deutlich von denen, die während des Gallischen Krieges getragen wurden, aber die Angriffsmethode ist dieselbe.

den Soldaten (Abb. 11). Diese Praxis nahm mit der Zeit immer mehr zu und gehörte im 1. Jh. v. Chr. zur Normalität: Die Soldaten erwarteten gar eine unerschöpfliche Großzügigkeit ihres Vorgesetzten. So wurden die Bürgerkriege durch ein hemmungsloses, gegenseitiges Überbieten der rivalisierenden Kriegsherren finanziert.

Diese Umstände machen die fortschreitenden Veränderungen der herkömmlichen bürgerlichen Miliz begreifbar: Der andauernde Kriegszustand hat eine wesentlich längere Dauer der Kampagnen zur Folge, eine ständige Bereitschaft der Truppen, die eine immer umfangreichere Einberufung sozial ärmerer Klassen – von der riskanten, aber lukrativen Tätigkeit angezogen – zum freiwilligen Dienst voraussetzt. Die Armee wird immer «professioneller». Dagegen verblassen ihre traditionellen moralischen Werte allmählich. Der caesarische Soldat erwartet von seinem Vorgesetzten «Ehre, Ruhm und Reichtümer», ohne ihn zum Söldner zu degradieren. Zu einer Zeit, in der die Krise der Republik auf ihrem Höhepunkt angelangt ist, stellt dies gewiß ein Gefahrenpotential dar.

Die Macht der Legionen

Trotz dieser fortschreitenden (aber nicht völligen) Schwächung des bürgerlichen Gedankens, ist die römische Armee zweifelsohne ein schlagkräftiges Kampfinstrument (Abb. 12). Dies beweist auch Caesars Bericht über den Gallischen Krieg, selbst wenn in diesem Text die Propaganda nur selten fehlt.

Die Legion ist damals eine Infanterieeinheit von ungefähr 5000 Mann, eine rein theoretische Truppenstärke, bei der Verluste, Krankheiten und die üblichen Urlaube nicht berücksichtigt sind. In der Praxis werden die Reihen häufig nicht vollständig gewesen sein, besonders während der heftigsten Schlachten. Es ist allerdings schwierig, die tatsächliche Stärke der eingesetzten Truppen zu beurteilen, außer in dem Fall, in dem Caesar uns ausnahmsweise mitteilt, daß die beiden Legionen, mit denen er im Winter 54/53 v. Chr. Quintus Cicero zur Hilfe eilt, insgesamt weniger als 7000 Mann zählen (Caesar, *de bello Gallico* V 49). Wir werden sehen, daß sich dasselbe Problem vor Alesia stellt. Seit dem Bundesgenossenkrieg (91–88 v. Chr.), der damit endete, daß die Italiker römisches Bürgerrecht erhielten, änderte sich die alte militärische Organisation grundlegend. Traditionell ruhte die Armee auf zwei Säulen, den bürgerlichen Legionen und den Kontingenten der Verbündeten (*socii*). Letztere entsprachen zahlenmäßig in etwa jenen der Römer und mußten von den verschiedenen italischen Völkern im Rahmen eines Abkommens mit Rom gestellt werden. Meistens an den Flügeln kämpfend, stellten sie auch den Hauptteil der «römischen» Kavallerie. Nachdem sie aber selbst römische Bürger geworden waren, wurden sie gänzlich in die Legionen integriert mit dem Resultat, daß es nun an berittenen Truppen mangelte. Für Caesar bedeutete dies ein großes Handicap, sah er sich vor Alesia doch gezwungen, Germanen anzuheuern, um der keltischen Kavallerie die Stirn bieten zu können. Andere Hilfstruppen, die mit speziellen Waffen, die den Römern nicht vertraut waren, umgehen konnten, werden zu Beginn von Caesars *de bello Gallico* erwähnt, so kretische Bogenschützen, numidische Reiter und Schleuderer von den Balearen.

Rein numerischer Art ist eine weitere Konsequenz dieser durch den Bürgerkrieg hervorgerufenen Reorganisation der Truppe: Ohne ihre Verbündeten war die römische Legion,

Abb. 13 Moderne Nachbildung der traditionellen Uniform eines «Centurio»: Auf seinem Helm (hier ein nachcaesarischer Helmtyp) trägt er die «crista transversa», den quersitzenden Helmbusch; auf seinen Kettenpanzer sind zahlreiche Gegenstände (Phaleren und Torques) appliziert; in seiner rechten Hand der Rebstock («vitis»), Zeichen seiner Befehlsgewalt.

deren Stärke an sich ja nicht verändert wurde, schwächer als zuvor. Zwar wurde die Zahl der Einheiten sehr wahrscheinlich verdoppelt; doch war eine Armee mit vier Legionen wie jene Caesars bei seinem Aufbruch in die Cisalpina damit numerisch nicht stärker als eine klassische Konsulararmee des 2. Jhs. v. Chr., die damals aus zwei Legionen bestanden hatte. So begreift man, daß Caesar während des gesamten Gallischen Krieges frische Truppen ausheben mußte, im wesentlichen langfristig verpflichtete Freiwillige, die vor allem in Regionen Norditaliens vom Prokonsul eingezogen wurden. Der ging gar so weit, Kelten der Region nördlich des Po zu rekrutieren, die weder Bürger waren noch als Italiker angesehen wurden! Daraus ging die berühmte «Legion der Lerchen», so benannt nach ihrem Feldzeichen, hervor. Diese Männer mußten bezahlt und ausgestattet werden, doch der Senat schickte nur beschränkte Geldmittel, und diese noch mit Verzögerung, weil Caesar Eifersucht und Neid auf sich zog. Die in Gallien eingenommene Kriegsbeute diente somit zu einem guten Teil dazu, die neuen Rekruten auszuzahlen. Der Krieg nährte den Krieg, und je stärker dadurch der Kriegsherr und seine Männer aneinander gebunden wurden, desto unabhängiger wurden sie von der Republik. Diese mittlerweile professionell gewordene Armee, ihrem Befehlshaber vollkommen ergeben, wurde zum persönlichen Instrument Caesars.

Zu Zeiten Caesars beruhte die innere Ordnung der Legion auf der Kohorte, einer taktischen Einheit, die um die Mitte des 2. Jhs. v. Chr. aufgekommen sein muß und sich dann zunehmend durchsetzte. Jede Legion bestand aus zehn Kohorten, von denen eine (nämlich die erste) als ranghöchste doppelte Stärke besaß. Alle früheren Unterabteilungen waren von nun an in die Kohorte integriert, so der Manipel, der aus zwei Zenturien bestand, die zu dieser Zeit nicht mehr als 60–80 Männer zählten.

Das Kadersystem einer Armee ist sehr wichtig; deshalb hat man häufig über den Stellenwert der Offiziere, die Caesar umgaben, diskutiert. Er selbst hebt stets die Rolle der Zenturionen hervor, ein Titel, der faktisch eine sehr komplexe Hierarchie militärischer Grade bezeichnet und nach Aufstiegsregeln funktioniert, die auf eine alte Legionsorganisation zurückgehen. Diese Männer sind erwiesermaßen erfahren, haben ihre Grundausbildung erhalten, auch wenn sie aus wohlhabenderem Milieu, der «städtischen Bourgeoisie» Italiens stammen. Dies trifft umso mehr zu, wenn sie nach langen Jahren im Feld, in denen sie ihre Tapferkeit im Kampf haben beweisen müssen, befördert werden. Man erkennt sie an ihrem quersitzenden Helmbusch (*crista transversa*) und dem Rebstock als Zeichen der Befehlsgewalt, die sie mit Strenge und großer Härte ausüben (Abb. 13). Die höheren Offiziere, die meist der Reiterei angehören – die «Ritter» eben – sind gleichfalls erfahrene Kader. Pro Legion gibt es sechs (oder acht) Tribune, die teilweise gewählt, teilweise – zumeist nach zahlreichen Feldzügen – vom Kommando selbst ernannt werden.

Hierin Caesar folgend, der allzu gern die Grünschnäbel in seiner Umgebung verspottet, gehen die Historiker im allgemeinen nicht gerade sanft mit den jungen aristokratischen Offizieren um. Diese «Kohorte von Freunden», die den Befehlshaber der Armee begleitete, bot den jungen, unerfahrenen Adligen die Gelegenheit, sich am Militärberuf zu erproben. Dies galt als unerläßlich für jeden Amtsinhaber, denn die

Erfüllung militärischer Befehle war ebenso geachtet mit jene ziviler Pflichten. Große Kriegsherren – Pompeius, auch Caesar selbst – waren diesen Weg gegangen. Leider gab es weniger Begabte, deren militärischer Sachverstand schwach ausgeprägt war; zu ihnen zählten Cicero und Crassus.

Schließlich wurde es in dieser Zeit üblich, dem ins Feld ziehenden Magistraten eine Anzahl von «Legaten» zur Seite zu stellen, mitunter erfahrene Offiziere, die aus der senatorischen Aristokratie kamen und die ersten Stufen der Karriereleiter bereits erklommen hatten. Caesar jedenfalls konnte sich seine Leute auswählen, unter ihnen solch bedeutende Namen wie der des Quintus Tullius Cicero, Bruder des berühmten Redners, der des Publius Licinius Crassus, jüngster Sohn des Triumvirn, dessen älterer Bruder Marcus Quästor des Prokonsuls von Gallien war. Vor allem aber muß Titus Labienus erwähnt werden, ein echter Kriegsmann, der mehr als ein Mal seinen Herrn aus einer schwierigen Lage retten sollte. Wir werden ihn vor Alesia wiederfinden.

In erster Linie ist es die Disziplin, die den Zusammenhalt dieser Armee sichert. Damit ist nicht nur ein äußerst strenges Bestrafungssystem gemeint. Die Soldaten sind auf immer mit ihrem Herrn verbunden durch einen uralten Eid (*sacramentum*), den sie ihm geleistet haben. Diese Bindung besitzt hohe religiöse und staatsbürgerliche Bedeutung auch noch im 1. Jh. v. Chr. – verdammt ist, wer sie bricht. Das Imperium, die militärische Gewalt des Feldherrn, verleiht Recht über Leben und Tod der Soldaten, was außerhalb der Armee ohne Urteilsspruch undenkbar wäre. Und diese Praxis bleibt, neben einer ganzen Reihe kleinerer, aber wirksamer Disziplinierungsmaßnahmen – Ruten- und Stockschlägen oder Haftstrafen – bestehen. Exzellente Anreize, die dem verdienten Soldaten Ehre und unbestreitbares Ansehen bei seinen Kameraden einbringen, sind wiederum die Orden.

Doch bedeutet der lateinische Begriff *disciplina* weit mehr als ein Unterdrückungssystem, welches mit jeder militärischen Gemeinschaft untrennbar verbunden ist. Mit ihm wird vielmehr eine Serie von Praktiken umschrieben, die wir heute eher als «Training» bezeichnen würden, die den römischen Soldaten nicht etwa zum isolierten Individuum, sondern zu einem Zahnrad in einer gut laufenden Maschine machen, zu einem Teil des Ganzen, in dem jeder Mann weiß, was und wie er etwas zu tun hat. Jeden Abend das Lager aufschlagen oder die Schanzgräben ausheben, sich in die Marschordnung einfügen, seinen Platz in der Schlachtordnung einnehmen, Manöver mit seiner Einheit absolvieren – all das ist nicht improvisiert, sondern muß gelernt sein, indem so oft wie möglich Übungen abgehalten werden. Die militärische Routine ist nicht nur Schikane oder fixe Idee altgedienter Haudegen; sie ist der Preis, um schlagkräftig zu sein, zu siegen und seine Haut retten zu können. In dieser Hinsicht hat die römische Armee gegenüber den zwar tapferen, aber – im konkreten Sinne des antiken Begriffs – «undisziplinierten» Galliern einen gewaltigen Vorsprung, weil letztere nicht auf dieselben Traditionen militärischer Organisation zurückblicken können. Im übrigen betont Caesar gern die Tapferkeit seiner Männer: Als sie einmal beim Aufschlagen ihres Lagers von den Belgern überrascht werden, verlieren die Römer, obwohl die Situation sehr heiß ist, keineswegs den Kopf: «Caesar hatte

Die Legionen Caesars während des Gallischen Krieges

59	VII	VIII	IX	X							
58	VII	VIII	IX	X	XI	XII					
57	VII	VIII	IX	X	XI	XII	XIII	XIV			
56	VII	VIII	IX	X	XI	XII	XIII	XIV			
55	VII	VIII	IX	X	XI	XII	XIII	XIV			
54	VII	VIII	IX	X	XI	XII	XIII	XIV			
53	VII	VIII	IX	X	XI	XII	XIII	XIV	XV	I		
52	VII	VIII	IX	X	XI	XII	XIII	XIV	XV	I	V	VI
51	VII	VIII	IX	X	XI	XII	XIII	XIV	XV	I	V	VI
50	VII	VIII	IX	X	XI	XII	XIII	XIV	V	VI		

Entwicklung der caesarischen Legionen nach L. Keppie.

Die anfänglichen vier caesarischen Legionen sind auf zwölf aufgestockt worden, wenn man L. Keppie (*The Making of the Roman Army, London*, ^{2}1998) folgt. Die XIV. Legion wurde während des Winters 54/53 v. Chr. vollständig erneuert, die I. und XV. Legion im Jahr 50 v. Chr. an Pompeius zurückgegeben. Diese Informationen stammen im wesentlichen aus Caesars eigenen Texten, wobei die Anwesenheit dieser oder jener Legion nicht immer ausdrücklich erwähnt wird. Eine Reihe von Spezialisten schätzt, daß Caesar vor Alesia nicht mehr als zehn Legionen zur Verfügung standen.

Zwei Caesarporträts antiker Historiker

Sueton, *Caesar* 45: «Caesar wird dargestellt als ein Mann von hohem Wuchs, weißer Hautfarbe, starken Gliedern, einem etwas vollen Gesicht, schwarzen, lebhaften Augen; sein Gesundheitszustand war gut, abgesehen davon, daß er in der letzten Zeit öfter an plötzlichen Ohnmachten und unruhigen Träumen zu leiden hatte. Auch hat er zweimal bei einer öffentlichen Versammlung einen epileptischen Anfall erlitten. In der Körperpflege war er etwas zu pedantisch; so ließ er sich nicht nur sorgfältig die Haare schneiden und rasieren, sondern, wie ihm einige nachgesagt haben, sogar die einzelnen Körperhaare auszupfen. Daher konnte er sich nur schwer mit der Entstellung seines Äußeren durch seine Glatze abfinden, zumal er deswegen oft von Seiten seiner Gegner Witze über sich ergehen lassen mußte. Deshalb war er gewohnt, seine spärlichen Haare von hinten über den Scheitel nach vorne zu kämmen; und von allen Ehrungen, die ihm Senat und Volk zuerkannt hatten, nahm er keine lieber an oder nahm sie lieber in Anspruch als das Recht, ständig einen Lorbeerkranz tragen zu dürfen. Auch in Bezug auf seine Kleidung soll er aufgefallen sein. Seine Senatorentoga mit dem breiten Purpursaum war nämlich bis zu den Händen hin mit Fransen besetzt, und er trug sie nie anders als mit einem Gürtel darüber, und zwar nur ganz lose geschnallt.»

Plutarch, *Caesar* 17: «Solchen Mut und Ehrgeiz weckte und nährte Caesar selber durch seine Freigebigkeit in Belohnungen und Beförderungen. Er bewies damit, daß er die Reichtümer, welche der Krieg ihm zuwarf, nicht an sich raffte, um selber in Üppigkeit und Luxus zu schwelgen, sondern daß er sie in treue Obhut nahm als allen gehörigen Lohn für tapfere Taten und für sich nur das Recht beanspruchte, sie an verdiente Soldaten verteilen zu dürfen. Er spornte aber seine Leute auch dadurch an, daß er vor keiner Gefahr zurückscheute und keiner Anstrengung aus dem Wege ging. Ob seiner Verwegenheit wunderte sich freilich niemand, der seinen Ehrgeiz kannte. Seine Ausdauer hingegen setzte alle in Erstaunen, schien er doch Strapazen auszuhalten, die über seine Kräfte gingen. Er war von hagerer Gestalt und hatte eine zarte weiße Haut, auch litt er unter Kopfschmerzen und wurde von epileptischen Anfällen heimgesucht. Dieses Leiden soll ihn in Corduba zum ersten Mal befallen haben. Hätte er ein ruhiges Leben führen wollen, so wäre seine schwache Konstitution hierfür Grund genug gewesen, doch trachtete er im Gegenteil darnach, seine Kränklichkeit im Feld zu überwinden. Durch lange Märsche und karge Kost, durch ständigen Aufenthalt unter freiem Himmel und harte Anforderungen an seinen Körper kämpfte er gegen das Übel an und erhielt sich widerstandsfähig. Er schlief meistens im Wagen oder in der Sänfte, um auch während der Ruhezeit tätig zu sein, und wenn er unter Tags durch das Land fuhr zu Festungen, Städten oder Lagern, dann saß ein Sklave neben ihm, der gewohnt war, während der Reise nach seinem Diktat zu schreiben; hinter ihm aber stand ein einziger Soldat, mit dem Schwert bewaffnet. Er reiste so schnell, daß er das erste Mal den Weg von Rom an die Rhône in nur acht Tagen zurücklegte. Schon als Knabe war Caesar ein guter Reiter gewesen. Er hatte sich daran gewöhnt, die Hände auf dem Rücken zu verschränken und das Pferd dabei in raschem Trab laufen zu lassen. Auf jenem Feldzug brachte er es durch dauernde Übung so weit, daß er im Reiten Briefe diktieren und zwei, nach Oppius' Zeugnis gar noch mehr Schreiber gleichzeitig beschäftigen konnte. Caesar soll auch als erster auf den Gedanken gekommen sein, mit seinen Freunden brieflich zu verkehren, wenn die Ereignisse sich drängten und die Fülle der Geschäfte sowie die Größe der Stadt ihm keine Zeit zu einer persönlichen Begegnung ließen. Von seiner Anspruchslosigkeit im Essen zeugt auch folgende Begebenheit. In Mailand hatte ihn sein Gastfreund Valerius Leo zu Tisch geladen und ihm Spargel vorgesetzt, welche nicht mit reinem Olivenöl, sondern mit Salböl übergossen waren. Caesar aß davon, ohne Umstände zu machen, und als seine Freunde sich über die Ungehörigkeit aufhielten, wies er sie zurecht: ‹Ihr hättet euch begnügen können, stehen zu lassen, was euch nicht schmeckte. Wer solche Plumpheit tadelt, ist selber plump.› Einmal, da er unterwegs war, trieb ihn ein Unwetter in die Hütte eines armen Bauern, wo er nichts fand als eine einzige Kammer, kaum groß genug, einen Menschen zu beherbergen. Da sagte er zu seinen Freunden: ‹Die Ehrenplätze muß man den Vornehmsten abtreten, die notwendige Ruhestätte aber gebührt dem Schwächsten.› So mußte sich Oppius auf seinen Befehl drinnen niederlegen, während er selber mit den andern unter dem Wetterdach vor der Türe schlief.»

alles auf einmal tun müssen: die Fahne aufstecken, die das Zeichen gab, zu den Waffen zu eilen, das Signal mit der Tuba geben lassen, Soldaten von der Schanzarbeit ab- und die Männer zurückrufen, die sich etwas entfernt hatten, um Baustoff für den Wall zu holen, die Aufstellung anordnen, die Soldaten anfeuern und den Befehl zum Angriff geben. An den meisten dieser Aufgaben hinderten ihn Zeitnot und Ansturm der Feinde. Doch kam in dieser Bedrängnis zweierlei zustatten: einmal Geschick und Erfahrung der Soldaten, die aus früheren Kämpfen ebensogut selbst wußten, was sie zu tun hatten, und keine fremden Befehle brauchten [...].» (Caesar, *de bello Gallico* II 20).

Als Caesar sich anschickt, sein zweites Kommando in der Provinz zu übernehmen, nach seiner Proprätur in Spanien, ist Caesar 42 oder 43 Jahre alt (Abb. 14). Man hat ihm, bis hin zur Übertreibung, so ziemlich alles nachgesagt. Doch was weiß man in diesem ausgehenden Jahr 59 v. Chr., als er sein Konsulat für die Gallia Cisalpina verläßt, wirklich von ihm und seinen militärischen Qualitäten? Sicherlich, daß er Aristokrat bis in die Fingerspitzen, von Ehrgeiz zerfressen, ein geschickter, waghalsiger Intrigant, auch ein vernichtender, zu allem fähiger Demagoge ist. Ein Wüstling vielleicht? Böse Zungen behaupten, er habe in allen Betten geschlafen, selbst in jenem des Nikomedes, des Königs von Bithynien. Ist er auch ein großer Heerführer, ein genialer Stratege, ein gefährlicher Taktiker? Das muß noch bewiesen werden, denn im Jahr 58 v. Chr. hat Caesar noch keine großen militärischen Erfolge vorzuweisen. Sicher hat er, wie jeder in die Provinz geschickte Magistrat, gegen irgendwelche obskuren Barbarenstämme gekämpft und diese recht schnell besiegt (Obelix hätte gefragt: «Wer sind bloß diese Callaiker, Asterix?»), was ihm natürlich den Triumph einbringt, den man jedem Aristokraten «schuldet», der aus dem Feld heimkehrt und nicht vernichtend geschlagen wird. Mit einem Wort – im Jahr 58 v. Chr. ist die Legende noch nicht geschrieben!

Gleichwohl erweist sich der Karrierist nun als Kriegsherr. Eine Episode ist aufschlußreich: Kurz nach seinem Einmarsch in Gallien kommen die Adligen zu ihm und bitten ihn um Hilfe und Schutz gegen die gefährlichen Germanen des Ariovist: «[...] die [Gallier] erzählten, die Germanen seien riesengroß, unglaublich tapfer und kriegsgeübt (sie hätten oft im Verkehr mit ihnen nicht einmal ihre wilde Miene und die scharfen Augen ertragen), plötzlich ergriff solche Bestürzung das ganze Heer, daß bei allen das klare Denken und der Mut erheblich nachließen. Die Angst ging aus von den Kriegstribunen, Präfekten und anderen Leuten, die Caesar aus Freundschaft von Rom gefolgt waren und nicht viel Kriegserfahrung besaßen. Von diesen bat einer nach dem anderen unter diesem und jenem Vorwand, der ihn angeblich zur Abreise zwang, Caesar um Erlaubnis, abreisen zu dürfen; nur wenige schämten sich und blieben da, um dem Verdacht der Feigheit zu entgehen. Doch konnten sie weder Tapferkeit heucheln noch ab und zu die Tränen zurückhalten; [...] Im ganzen Lager wurden überall Testamente versiegelt.» (Caesar, *de bello Gallico* I 39).

Caesar beruft daraufhin die Zenturionen ein und hält ihnen eine echte Kriegsrede, die er mit folgenden Worten beschließt: «Wer aber seine Furcht hinter der Sorge um die Verpflegung und die Schwierigkeiten beim Marsch verstecke, handle anmaßend, da er anscheinend am Pflichtbewußtsein des Feldherrn zweifle oder ihm Vorschriften mache. Er wisse aber, was er zu tun habe; [...] Und wenn es heiße, sie würden nicht aufs Wort gehorchen und marschieren, so mache ihm das nicht den geringsten Eindruck; [...] Und sollte ihm sonst niemand folgen, werde er doch mit der zehnten Legion allein marschieren, der er vertraue und die seine Leibgarde sein werde. Diese Legion bevorzuge er besonders und vertraue ihr unbedingt wegen ihrer Tapferkeit. – Diese Rede bewirkte bei allen einen erstaunlichen Stimmungswandel und entfachte höchste Begeisterung und Kriegslust.» (Caesar, *de bello Gallico* I 40–41).

Was soll man über diese Episode denken, die – wenn nicht erfunden – so doch geschönt sein kann? Der großartige Schreiber zeichnet hier kraftvollen, schlüssigen und eleganten Stils das gefällige Porträt eines künftigen großen Heerführers, nämlich seiner selbst.

Abb. 14
Porträt Caesars auf einem Denar des Lucius Flaminius Chilo (43 v. Chr.), aus der Sammlung Danicourt in Péronne.

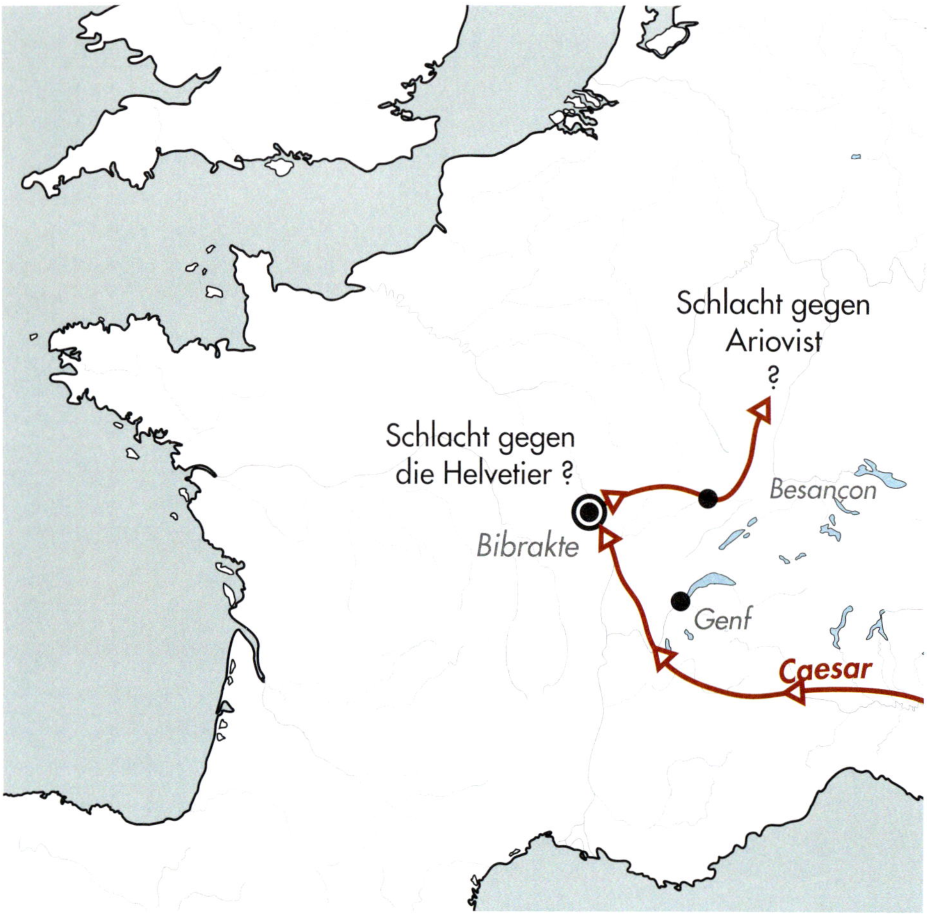

Abb. 15 Rechts: Caesars Route im Jahr 58 v. Chr.

Die Eroberung Galliens

«Wir hätten von Caesar eine andere Vorstellung, hätte Vercingetorix seine Commentarii geschrieben.»
(Gustave Flaubert, *Bouvard und Pécuchet*)

Früher hatten die Fachleute die Eroberung Galliens häufig als in sich schlüssige und folgerichtige Erscheinung dargestellt, die in der Alesia-Episode kulminierte. Darin waren sie ausschließlich dem Bericht Caesars gefolgt, der es selbst nicht für nötig gehalten hatte, über die schwierigen Kämpfe des Jahres 51 v. Chr. zu berichten, so als wäre der Abschluß der Eroberung nicht mehr als eine unvermeidbare, aber nebensächliche Folge des großen Sieges über Vercingetorix gewesen. Die römischen Geschichtsschreiber ihrerseits interessieren sich in hohem Maße für die Ereignisse, die sich zur gleichen Zeit in der Hauptstadt abspielen, so daß die beiden Ereignisstränge dieser großen Unternehmung rund um die Eroberung Galliens häufig getrennt behandelt werden – und sei es nur, um den Fluß der Berichterstattung nicht zu komplizieren. So verfuhr im 2. Jh. n. Chr. auch der Schriftsteller Appian: Er gliederte seine Darstellung in zwei Bücher, von denen das eine dem Bürgerkrieg, das andere dem Keltentum gewidmet war. Im Grunde kann man jedoch die beiden Schauplätze nicht gesondert betrachten, zumal weder ein permanenter noch allgemeiner Kriegszustand herrschte. Nicht nur, daß der Krieg nach alter Gewohnheit während des Winters unterbrochen wurde – dies erlaubte Caesar, nach Italien zurückzukehren und dort unmittelbar in die Angelegenheiten der Hauptstadt einzugreifen –, sondern auch wegen des eigenen Rhythmus' des Krieges mit seinen Fortschritten, Unterbrechungen und Rückschlägen. Und niemals – mit Ausnahme der Ereignisse ab 52 v. Chr. – betraf er das gesamte Land, sondern war stets regional begrenzt.

Auf dem Weg zum Protektorat

Man hat sich oft gefragt, ob Caesar die Eroberung Galliens wirklich beabsichtigt und geplant hatte. Sein eigener Bericht, der im vorliegenden Fall unsere Hauptquelle ist, scheint ausreichend zu belegen, daß ihn eine ganze Kette unvorhersehbarer Ereignisse veranlaßt hatte, im Norden der Transalpina einzugreifen, zu einem Zeitpunkt, als – gemäß seinem ursprünglichen Auftrag, der hauptsächlich Illyrien betraf – seine Armee in Aquileia, dem hintersten Winkel der Adria, konzentriert war.

Tatsächlich befindet sich Caesar noch in Rom, als er erfährt, daß die Helvetier, die zwischen Jura und Alpen siedeln, und deren Verbündete, allen voran die Rauriker aus der Umgebung von Basel und die Boier aus dem Noricum, sich auf einen Zug in das unabhängige Gallien vorbereiten, um sich im Westen des Landes bei den Santonen niederzulassen. Damit verfolgen sie den Plan eines ihrer Häuptlinge, des kurz zuvor verstorbenen Orgetorix. Zwei Marschrouten sind möglich, die eine durch das Land der Sequaner, die heutige Franche-Comté, die andere, einfachere, durch das Gebiet der Allobroger, die heutige Dauphiné. Doch hier befindet man sich in der römischen Provinz bei einem aufsässigen Volk, dessen letzte Revolte gerade erst niedergeschlagen worden ist. Der Albtraum der germanischen Invasion der Kimbern und Teutonen ist noch frisch im Gedächtnis; man wird doch nicht etwa wieder dieselbe fürchterliche Situation erleben, die Rom ein halbes Jahrhundert zuvor erschüttert hat?

Daß Caesar die drohende Gefahr übertrieben hat, ist möglich. Daß er in dieser Angelegenheit einen willkommenen Vorwand für eine militärische Intervention sieht, ist wahrscheinlich. Daß wir die wirklichen Beweggründe der Helvetier nur schlecht einschätzen können, ist sicher. Caesar profitiert davon, denn er kann so, als er sich in das westliche Mittelgallien begibt, behaupten, die Barbaren würden die zur römischen Provinz zählende Region um Toulouse bedrohen. Ein gutes Beispiel «historischer Verzerrung»! Fühlten sich nicht eher die Helvetier von den «Germanen» Ariovists bedroht, die einige Jahre zuvor von den Sequanern in deren Streit mit den Häduern zur Hilfe gerufen worden waren? Diese Hypothese ist zweifelsohne wahrscheinlicher, wenn auch nicht zu belegen. Jedenfalls konnte es sich der für die Cisalpina und die Transalpina zuständige Prokonsul nicht erlauben, nicht einzugreifen. Die «Geschwindigkeit» seines Berichts, die angeblich seinen Eifer für die Republik widerspiegelt, kann die Tatsache, daß er überrascht wurde, während das Gros seiner Truppen immer noch im weit entfernten Aquileia stand, nur schwerlich verbergen: «Als Caesar erfuhr, sie [die Helvetier] versuchten, durch unsere Provinz zu ziehen, brach er sofort auf, eilte in möglichst großen Tagereisen ins jenseitige Gallien und kam nach Genava [Genf]. Der ganzen Provinz befahl er, so viele Soldaten wie möglich zu stellen (im jenseitigen Gallien stand überhaupt nur eine Legion), und ließ die Brücke bei Genava abbrechen.» (Caesar, *de bello Gallico* I 7) Es ist Ende März des Jahres 58 v. Chr. Caesar ist nicht mehr Konsul und trägt seit dem 1. Januar die Verantwortung für seine Provinz, befindet sich aber immer noch in Rom, wo sein Gefolgsmann Clodius als Volkstribun den Terror regieren läßt, indem er verschiedene populäre Gesetze verabschiedet, insbesondere jenes zur kostenlosen Verteilung von Weizen. Cicero befindet sich im Exil, Cato ist weit weg. Zweifelsohne verfolgt Caesar – gewissermaßen unter der Hand – seine eigene Politik. Als er endlich Rom verläßt, eingeholt von der dringlichen Lage dort in Gallien, um das er sich bislang kaum gekümmert hatte, liegt die Macht des Staates auf der Straße. Aber Caesar glaubt die Straße durch Clodius kontrollieren zu können.

Bei seiner Ankunft in Genf, riegelt Caesar den Helvetiern mittels einer Befestigungslinie zwischen Jura und Genfer See die Durchgangspassage ab und verhindert damit die Invasion in das unabhängige Gallien. Dann kehrt er nach Italien zurück, ruft seine Truppen aus Aquileia herbei und hebt, wenn man seinem Bericht Glauben schenken darf, zwei neue Legionen in der Cisalpina aus. Nicht ohne militärische Schwierigkeiten überquert Caesar erneut die Alpen und führt seine Armee zu den Segusiavern in der Umgebung der heutigen Stadt Lyon. Dort entschließt er sich, alarmiert von den Häduern und den Ambarrern, die sich von den Helvetiern bedroht fühlen, zum Kampf. Es folgen mehrere Schlachten – darunter eine an der Saône und eine in der Nähe von Bibracte –, die mit der Niederschlagung und Vertreibung der Eindringlinge enden. «Nach dem Ende des Helvetierkrieges fanden sich aus fast ganz Gallien die führenden Männer der Stämme als Gesandte bei Caesar ein, um ihm zu gratulieren [...].» (Caesar, *de bello Gallico* I 30)

Nun steht er da, der römische Besieger der Barbaren,im Glanz seines völlig neuen Ansehens. Daraus wird er Vorteile ziehen. Anläßlich einer Versammlung der Gallier wenden sich die Stammesfürsten an ihn und bitten um seinen Schutz gegen die «Germanen» Ariovists, die einen Teil des Sequanergebiets besetzt halten und dadurch eine Gefahr für den gesamten zentralen Osten darstellen. Es folgt ein Feldzug, der die Legionen zum ersten Mal in den keltischen Norden bis ins Elsaß führt und mit einem vernichtendem Sieg endet. Die Sueben ziehen sich über den Rhein zurück; Ariovist ward nie mehr gesehen (Abb. 15).

Damit richtete Caesar, der sich ursprünglich kaum um das nördliche Gallien gekümmert hatte, sondern vielmehr von den Ereignissen mitgerissen worden war, ein wirkliches Pro-

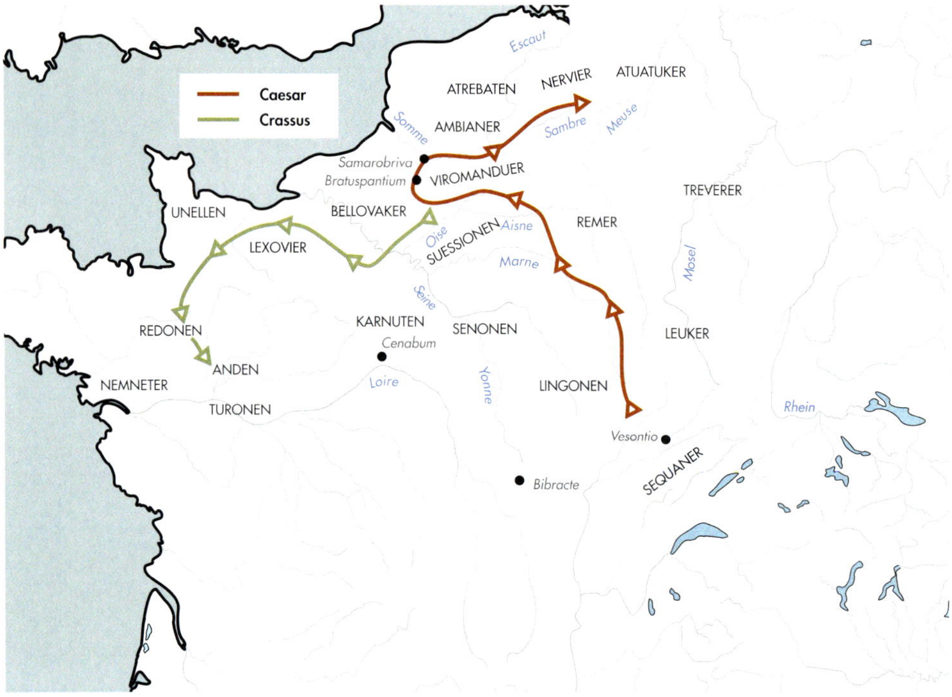

Abb. 16 Der Feldzug im Jahr 57 v. Chr.

tektorat auf der Nordflanke des transalpinen Raums ein. Doch dies genügte ihm nicht mehr.

Dem Ruhm entgegen

Seit dem Winter 58/57 v. Chr. läßt Caesar, der nach Italien zurückgekehrt ist, seine neuen Absichten erkennen: Er läßt die Truppen im Sequanerland überwintern, statt sie in seine Provinz zurückzuziehen. Die Art und Weise, wie er Anfang 57 v. Chr. seine neue Intervention begründet, ist wohl nur ein Vorwand: «Während sich Caesar, wie berichtet, im diesseitigen Gallien aufhielt, gelangten vielfach Aufstandsgerüchte zu ihm, und auch Labienus schrieb, alle Belger, die wir als den dritten Teil Galliens bezeichneten, unternähmen eine Verschwörung gegen das römische Volk und tauschten Geiseln aus. Gründe für die Verschwörung seien folgende: Erstens fürchteten sie, nach der Unterwerfung ganz Galliens könne unser Heer auch zu ihnen kommen; zweitens würden sie von einigen Galliern aufgehetzt, und zwar zum Teil von solchen, die keine Germanen länger in Gallien dulden wollten, doch ebenso empört waren, daß das römische Heer dort überwintere und sich einniste; zum Teil strebten sie aus Unbeständigkeit und Leichtsinn neue Herrschaftsverhältnisse an; und weil in Gallien die Mächtigen und Leute, die genug Mittel hatten, Menschen an sich zu binden, gemeinhin die Königsherrschaft übernahmen, ging auch von manchen Unruhe aus, die unter unserer Herrschaft ihr Ziel weniger leicht erreichen konnten.» (Caesar, *de bello Gallico* II 1).

Auf eigene Kosten hebt Caesar in der Cisalpina zwei neue Legionen aus und liefert sich, nicht immer ohne Probleme, eine Reihe von Schlachten mit den Belgern. Zur selben Zeit kämpft sein Legat mit einer Legion im Nordwesten Galliens, eine Expedition, die er mit einem lapidaren Satz abhakt: «Gleichzeitig erhielt er von Publius Crassus [...] die Meldung, alle diese Stämme seien nun unter Gewalt und Herrschaft Roms.» (Caesar, *de bello Gallico* II 34). Und geschickt sich selbst in den Vordergrund spielend fährt er fort: «Als diese glücklichen Unternehmen ganz Gallien zur Ruhe gebracht hatten, war der Eindruck dieses Krieges bei den Barbaren so überwältigend, daß sogar Völker von jenseits des Rheins Gesandte zu Caesar schickten und versprachen, Geiseln zu stellen und seine Befehle auszuführen.» (Caesar, *de bello Gallico* II 35).

Offenkundig erhält der Gallische Krieg im Jahr 57 v. Chr. eine neue Zielrichtung. Aus dem ursprünglich eher defensiven und zufälligen Unternehmen entwickelt sich eine gewollte Eroberung, die vorgibt, weniger eine sofortige Annexion neuer Territorien zu sein – so geht Rom selten vor – als eine tiefgreifende Erweiterung der Schutzzone der Provinz (Abb. 16). Die Unterwerfung neuer Völker, die Ausdehnung der römischen Vorherrschaft über die bereits vereinnahmten Territorien hinaus erlaubt es, diese noch stärker zu assimilieren und auf die Zukunft vorzubereiten. Daß diese Politik, die nicht vom Senat beschlossen worden ist, nur dem persönlichen Vorteil des Eroberers dient, ist offenkundig: So erringt man Ruhm und Reichtum, und so gelangt man nach und nach an die Spitze Roms. Zum Beweis: Nach Erhalt des Berichts, den

Caesar geschickt über seine eigenen Glanzleistungen zu präsentieren wußte, gewährte ihm der Senat eine 15tägige *supplicatio* (öffentliche Gebete, begleitet von Festivitäten), eine außergewöhnliche Ehrung, die zuvor noch niemand erfahren hatte, selbst Marius nicht nach seinem Sieg über die Kimbern und Teutonen, und auch nicht der große Pompeius zu Zeiten seiner Triumphe.

In Rom indessen wurde die Lage beunruhigend: Gewiß, Pompeius war geschwächt, doch die Banden des Clodius wurden immer unkontrollierbarer; besonders einer der größten Feinde Caesars, Lucius Domitius Ahenobarbus, wollte sich um den Konsulat bewerben und den Prokonsul Galliens, Caesar, seines Oberkommandos entheben! Das hätte bedeutet, daß dieser auf das gesellschaftliche Niveau eines einfachen Privatmanns zurückgefallen wäre, ohne Macht, denn er konnte sich für kein Amt bewerben. Die Verbündeten von gestern – Caesar, Pompeius und Crassus –, deren Bündnis ungemein geschwächt war, trafen sich im Frühjahr 56 v. Chr. in Lucca und erneuerten ihren Pakt: Pompeius und Crassus bewarben sich für den Konsulat des Jahres 55 v. Chr., verhinderten so den Aufstieg des Ahenobarbus und erhielten dann den Oberbefehl über die Provinzen in Spanien und Syrien; Caesars Prokonsulat wurde um fünf Jahre verlängert. Cicero, der ein Jahr zuvor aus dem Exil zurückgerufen worden war und sich in gewohnter Art bald mit aller Welt überworfen hatte, wurde «beauftragt», die neue Machtaufteilung vor dem Senat darzulegen. Das Ganze kam wieder einmal einer Verrenkung gleich: «In diesem Fall ist nur die Rücksicht auf den Krieg, nur das Staatswohl in seiner ganzen Dringlichkeit für mich maßgeblich. Und Caesar selbst: warum wünscht er, in der Provinz zu bleiben, wenn nicht, um, was er schon so weit vorangetrieben hat, zu vollenden und in unser Gemeinwesen einzugliedern? Es könnte ja sein, daß ihn der Zauber der Landschaft, die Schönheit der Städte, die gewinnende Lebensart der dort

Abb. 17 Das Schlachtfeld an der Aisne, Mauchamp bei Berry-au-Bac, aus dem Atlas Napoleons III.

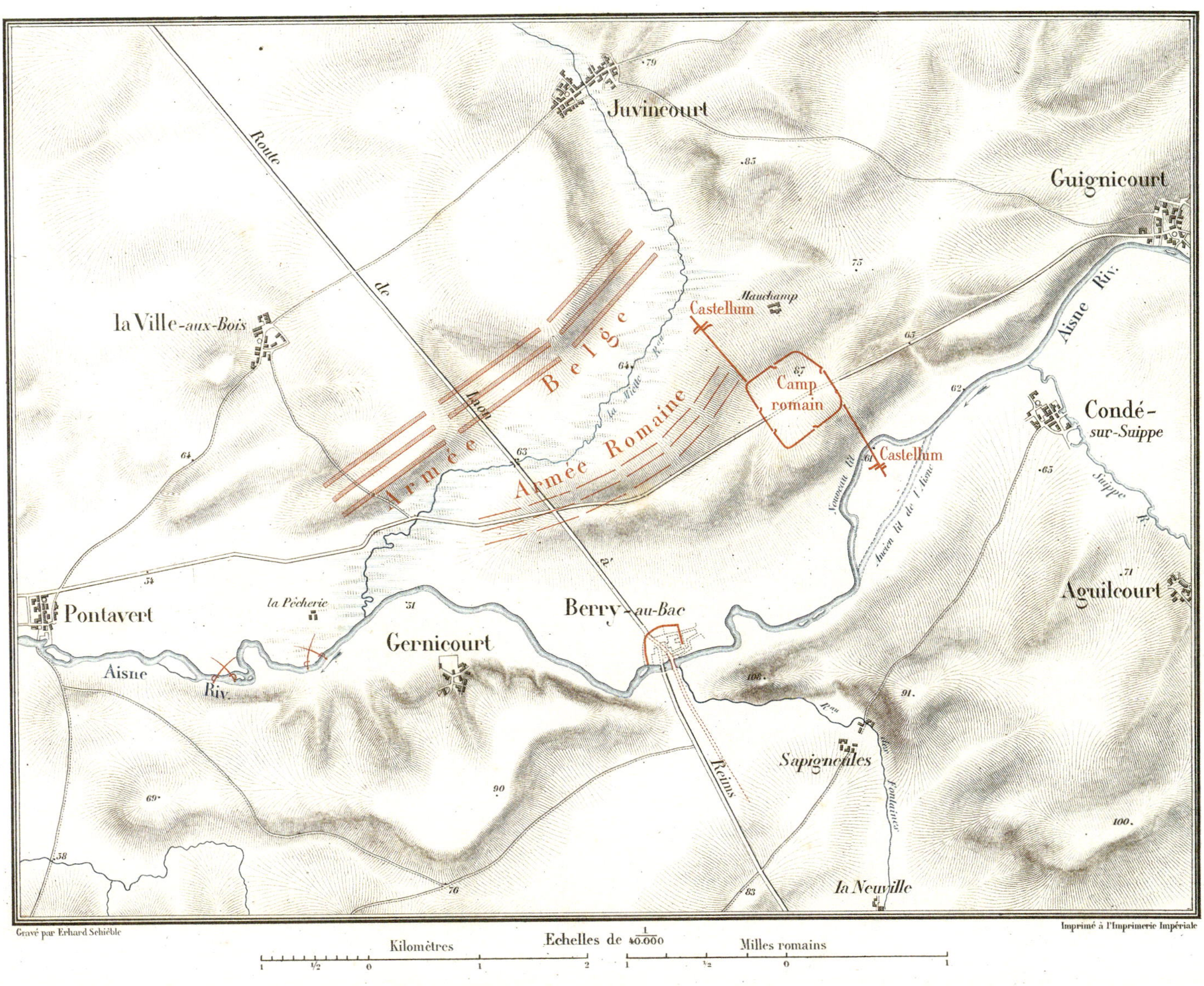

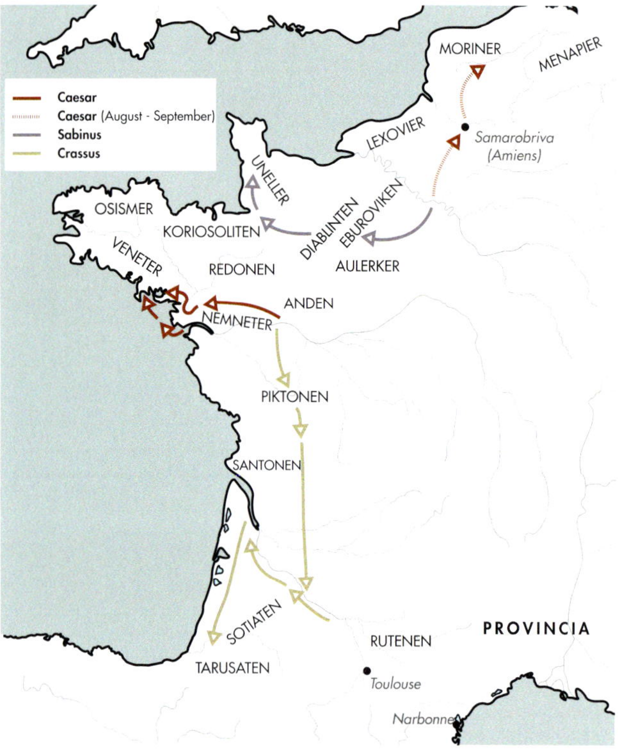

Abb. 18 Der Feldzug des Jahres 56 v. Chr.

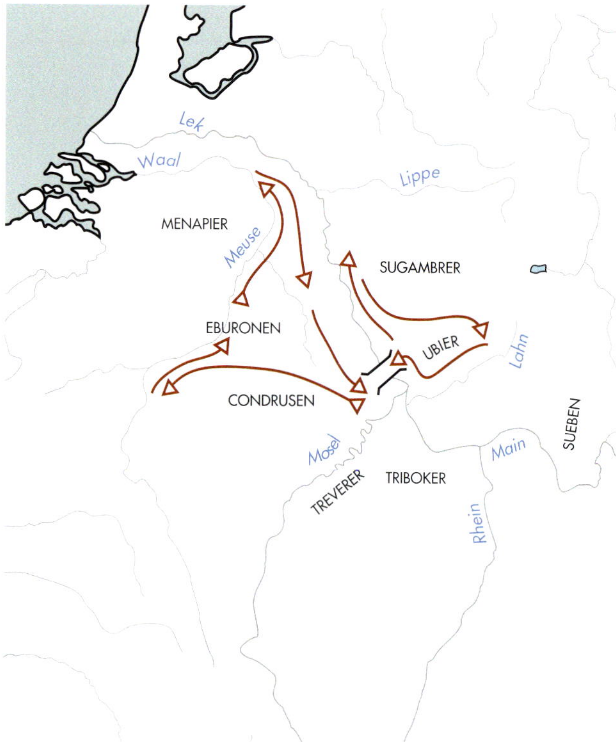

Abb. 19 Der Feldzug des Jahres 55 v. Chr.

beheimateten Menschen und Völker, der Ehrgeiz, Siege zu erringen, und die Absicht, das Reichsgebiet zu vergrößern, zurückhält! Gibt es denn Rauheres als die Gegenden, Öderes als die Städte, Wilderes als die Völker dort, und gibt es etwas Herrlicheres als so viele Siege, etwas Entlegeneres als den Ozean? Oder könnte ihn die Heimkehr in Schwierigkeiten bringen – etwa beim Volk, das ihn antsandt, oder beim Senat, der ihn ausgezeichnet hat? Was bringt ihm ein Aufschub ein – mehr Sehnsucht nach ihm? Doch wohl mehr Gleichgültigkeit! Und verlieren nicht die in großen Gefahren errungenen Lorbeeren durch die Länge der Zeit an Frische? Wem der Mann unsympathisch ist, der hat somit keinen Grund, ihn aus der Provinz abzuberufen.» (Cicero, *de provinciis consolaribus* 29). Die Eroberung Galliens konnte also fortgesetzt werden (Abb. 17).

Im übrigen hatte Caesar gar nicht abgewartet. Nach der Übereinkunft von Lucca war er nach Gallien zurückgekehrt, um dieses Mal gegen die Völker am Atlantik zu kämpfen – ein

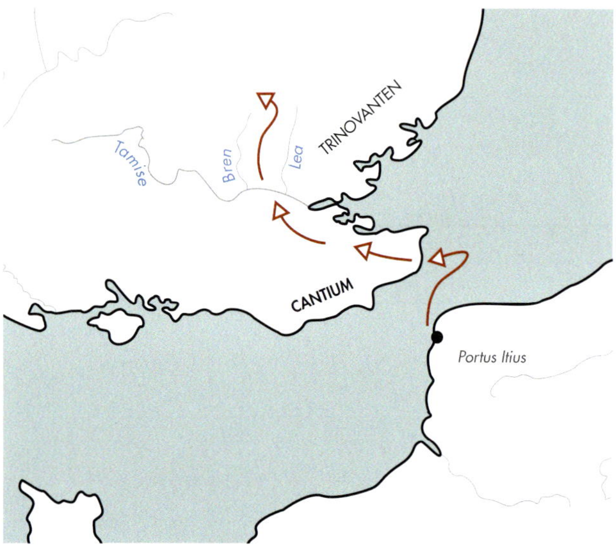

Abb. 20 Der Feldzug des Jahres 54 v. Chr. in Britannien.

mühsamer Feldzug, für den er sich rächte, indem er alle Adligen, die sich ergeben hatten, niedermetzelte und die Übrigen versteigerte. Zur selben Zeit mußte Labienus die Belger in Schach halten; seinen jungen Legaten Publius Crassus schickte er nach Aquitanien, wo sich die Operationen ebenfalls schwierig gestalteten (Abb. 18). Gegen Ende dieses Jahres 56 v. Chr. war ganz Gallien befriedet. Wirklich ganz Gallien? Nein! Im Norden gab es noch irgendwelche Unbeugsame ... Grund für einen neuerlichen, sagenhaften Ritt, der Caesar im Frühling 55 v. Chr. zunächst in die Belgica führte, dann den Rhein überqueren und endlich in das undurchdringliche Germanien vorrücken ließ (Abb. 19). Dann die Glanzleistung: Der neue Alexander überquert das Meer und liefert sich eine Schlacht mit den Britanniern. Dieses Mal genehmigt ihm der Senat eine 20tägige *supplicatio*, fünf Tage mehr als im Jahr 57 v. Chr. So etwas hat man noch nie gesehen! In Rom weiht Pompeius sein großartiges Theater ein, das erste seiner Art, mit seiner Statue in der Mitte der 40 von ihm unterworfenen Völker. Phantastische Spiele werden gegeben, bei denen zum ersten Mal ein Rhinozeros zu sehen ist. Das ist noch nicht alles: Mit seiner Beute aus Gallien kauft Caesar ein riesiges Areal auf, um ein neues Forum zu bauen, «auf dem Marsfeld wollen wir für die Tributkomitien gedeckte Abstimmungsräume aus Marmor bauen und mit Arkaden umgeben, die sich über eine Meile erstrecken; zugleich wird die *villa publica* in diese Planung miteinbezogen.» (Cicero, *ad Atticum* IV, 16, 8). Allein die Grundstücke kosten 60 Millionen Sesterzen. Der Ruhm jenes Mannes, der unlängst noch mit Schulden überhäuft war, kennt keinen Preis.

Und der Eroberer strebt weiter: Noch im Jahre 54 v. Chr. überquert er wieder das Meer, um die Britannier zu unterwerfen, ein schwieriges Unterfangen, das ohne große Niederlage, aber auch ohne wirklichen Erfolg endet (Abb. 20). Als er aufs Festland zurückkehrt, verschlechtert sich jedoch die Lage.

Der Niederlage entgegen

Der Krieg lastete schwer auf den Stämmen Galliens, die zwar immer noch frei waren, aber zunehmend zu Vasallen wurden. Die Eroberung erbrachte nicht wirklich eine territoriale Besitznahme, aber eine zunehmende Versorgung mit Weizen sowie Geldabgaben und Aushebungen von Soldaten, vor allem für die Kavallerie, denn die römische Armee verfügte ja nur über Infanteristen. Es ist keineswegs so, daß die keltischen Adligen durchweg Kriegsfeinde waren. Wie die römischen Aristokraten errangen auch sie Ruhm und Vermögen, und eine ganze Reihe von ihnen begleitete den Eroberer aus freien Stücken. Die Schlachten fanden übrigens nicht im östlichen Mittelgallien statt, das schon seit langem mit Rom verbündet war, sondern in den Grenzregionen des Landes, vor allem bei den Belgern, wo die Truppen seit zwei Wintern ihre Lager aufschlugen. Für die einheimische Bevölkerung stellte die Überwinterung einer Armee, die zu diesem Zeitpunkt aus acht Legionen bestand, eine große Belastung dar; außerdem bedeutete sie eine enorme logistische Herausforderung.

Genau darum geht es wieder Ende des Jahres 54 v. Chr.; der Bericht Caesars kaschiert nur schlecht die Probleme, mit denen sich der Imperator bei seiner Rückkehr aus Britannien konfrontiert sieht: «Die Flotte wurde an Land gezogen und in Samarobriva [Amiens] eine Versammlung der Gallier abgehalten; weil aber in diesem Jahr wegen anhaltender Dürre die Getreideernte in Gallien recht knapp ausgefallen war, sah er sich gezwungen, das Heer nicht wie in den Jahren bisher in nahe verbundene Winterlager zu geben, sondern die Legionen auf mehrere Stämme zu verteilen (Abb. 21). Eine Legion unter dem Legaten Gaius Fabius schickte er zu den Morinern, eine zweite unter Quintus Cicero zu den Nerviern, eine dritte unter Lucius Roscius zu den Essuviern; eine vierte sollte mit Titus Labienus im Grenzgebiet der Remer zu den Treverern

Abb. 21
Ungefähre Verteilung der Winterquartiere der caesarischen Armee in der Belgica, Winter 54/53 v. Chr.: 1. Gaius Fabius; 2. Quintus Cicero; 3. Titus Labienus; 4. Quintus Sabinus und Lucius Cotta; 5. Marcus Crassus; 6. Lucius Plancus; 7. Gaius Trebonius.

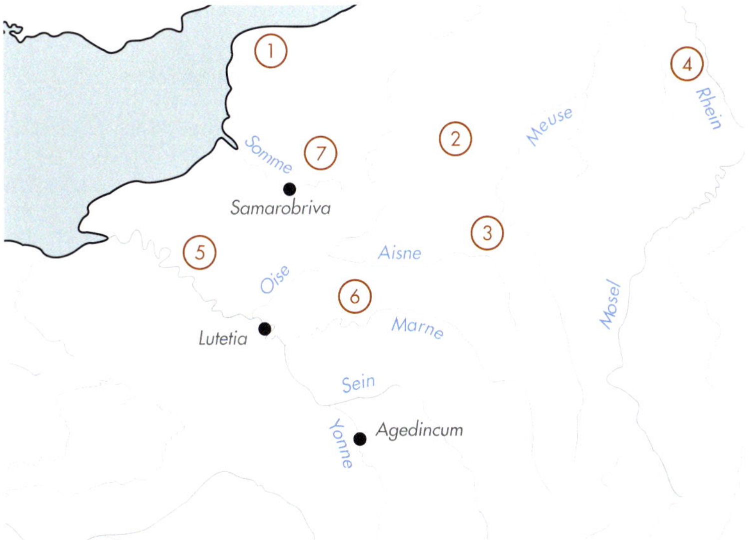

Kriegsbilder aus den nordgallischen Wäldern

Im Jahr 57 v. Chr. ersinnen die Nervier eine neue Kriegslist: «Sie sägen junge Bäume an, biegen sie herunter und bewirken durch die vielen in die Breite nachwachsenden Äste, auch mit zwischengepflanztem Brombeer- und Dorngesträuch, daß diese Gehege Befestigungen mit der Wirkung von Mauern bilden, die nicht nur ein Durchkommen, sondern selbst einen Durchblick unmöglich machen. Da unser Herr durch solche Hecken im Marsch behindert wurde, glaubten die Nervier, an ihrem Plan festhalten zu sollen.

Das Gelände für den Lagerplatz, das unsere Leute ausgesucht hatten, war so beschaffen: Eine Anhöhe fiel in stetiger Neigung zum oben erwähnten Fluß Sabis ab. Gegenüber am anderen Ufer stieg ein Hügel in gleicher Neigung wieder empor, unten auf etwa zweihundert Schritt Breite offen, oben aber bewaldet, so daß man kaum in die Tiefe hineinsehen konnte. In diesen Wäldern hielten sich die Feinde versteckt. Auf dem offenen Gelände längs des Flusses sah man einzelne Reiterposten. Der Fluß war etwa drei Fuß tief.» (Caesar, *de bello Gallico* II 17–18)

In den Wäldern der Ardennen profitierten im Jahr 56 v. Chr. die Eburonen von den schwierigen Geländegegebenheiten: «Diese Verstecke waren nur den Nachbarn bekannt, und man mußte sehr auf der Hut sein, nicht, um das ganze Heer zu sichern (denn allen zusammen konnte von den Eingeschüchterten und Versprengten keine Gefahr drohen), doch um die einzelnen Soldaten zu schützen, und von dieser Vorsorge hing wiederum die Sicherheit des Gesamtheeres ab. Denn Beutegier lockte viele Soldaten immer weiter, und die Wälder mit ihren unsicheren und versteckten Pfaden verhinderten einen Angriff in geschlossener Ordnung. Wollte man die Sache zu Ende bringen und die Bande verbrecherischer Existenzen ausrotten, so mußte man mehrere Einheiten aussenden und dadurch das Heer zersplittern; wollte man aber die Manipel bei den Feldzeichen zusammenhalten, wie es hergebrachte Sitte und Gefechtsordnung des römischen Heeres verlangten, dann bot das Land selbst den Barbaren Schutz, und manche waren verwegen genug, Hinterhalte zu legen und einzeln operierende Soldaten zu überfallen. Bei solchen Schwierigkeiten wandte man sorgsam alle mögliche Vorsicht an; man ließ lieber eine Gelegenheit, dem Feind zu schaden, vorbei, mochten auch alle vor Rachedurst glühen, als daß man dem Feind schadete, dabei aber Verluste an Soldaten in Kauf nahm. Caesar schickte an die Nachbarstämme Boten und lud alle, die Beute machen wollten, zur Plünderung der Eburonen ein, damit in den Wäldern lieber Gallier in Lebensgefahr gerieten als ein Legionär. Zugleich sollten durch die riesige Übermacht, die sich ringsum ergoß, Stamm und Gemeinwesen der Eburonen für die unerhörte Untat mit Stumpf und Stiel ausgerottet werden. Wirklich strömte von allen Seiten rasch eine große Masse von Galliern herbei.» (Caesar, *de bello Gallico* VI 34)

Im Jahr 54 v. Chr. wurden die Truppen von Sabinus und Cotta, als sie sich aus dem Lager wagten, während ihres Marsches niedergemetzelt, ähnlich wie es 55 Jahre später den Truppen des Varus im Teutoburger Wald ergehen sollte: «Als aber die Feinde am nächtlichen Lärm und der Geschäftigkeit der Soldaten den Entschluß zum Abzug erkannten, teilten sie sich, bezogen in den Wäldern in einem guten Versteck, etwa zwei Meilen entfernt, ihren Hinterhalt und erwarteten das Eintreffen der Römer. Als der größte Teil des Zuges in ein langes Tal hinabmarschiert war, erschienen sie plötzlich auf beiden Seiten des Tals, begannen, die Nachhut zu bedrängen, der Spitze den Ausgang zu verlegen und an einem für unsere Truppen höchst nachteiligen Platz anzugreifen.» (Caesar, *de bello Gallico* V 32)

Während ihres Feldzugs gegen die Moriner und Menapier im Jahr 56 v. Chr. schützten sich die römischen Truppen, indem sie den Wald fällten: «Weil sie nämlich sahen, daß sogar die größten Völker in offener Feldschlacht geschlagen und überwunden waren, sie aber zusammenhängende Wälder und Sümpfe hatten, zogen sie sich mit ihrer ganzen Habe dorthin zurück. Als Caesar an den Rand dieser Wälder kam und die Befestigung des Lagers begonnen hatte, ohne daß sich bis dahin ein Feind sehen ließ, und die Unseren bei der Arbeit zerstreut waren, flogen sie plötzlich an allen Seiten des Waldes hervor und überfielen unsere Leute. Die Männer griffen rasch zu den Waffen und trieben den Feind in die Wälder zurück. Sie machten mehrere nieder, verfolgten die anderen an schwer zugänglichen Stellen, verloren dabei jedoch einige Leute.

An allen folgenden Tagen ließ Caesar Waldstücke niederhauen, und damit nicht unsere Soldaten waffenlos und unversehens einem Flankenangriff ausgesetzt wären, ließ er alle gefällten Bäume mit der Krone zum Feind hin aufstapeln und so auf beiden Seiten Verhaue bilden.» (Caesar, *de bello Gallico* III 28–29)

hin überwintern; drei Legionen verlegte er zu den Belgern; den Oberbefehl über diese gab er dem Quästor Marcus Crassus sowie den Legaten Lucius Munantius Plancus und Gaius Trebonius. Eine Legion, die er erst vor kurzem jenseits des Padus ausgehoben hatte, und fünf Kohorten entsandte er zu den Eburonen, die größtenteils zwischen Maas und Rhein wohnen und von Ambiorix und Catuvolcus beherrscht wurden. Diese Einheit unterstellte er den Legaten Quintus Titurius Sabinus und Lucius Aurunculeius Cotta. Durch diese Verteilung der Legionen meinte er, dem Getreidemangel am besten begegnen zu können. Immerhin lagen die Winterquartiere aller dieser Legionen (mit Ausnahme der einen, die unter Lucius Roscius in den friedlichsten und ruhigsten Landesteil gegangen war) in einem Umkreis von hundert Meilen. Er selbst beschloß, in Gallien zu bleiben, bis er sicher wußte, die Legionen seien untergebracht und die Standorte befestigt.» (Caesar, *de bello Gallico* V 24). Ob die von Caesar vorgetragene logistische Begründung der Wahrheit entspricht, oder – was wahrscheinlicher ist – die politische Situation extrem schlecht war, weil der Prokonsul sich selbst gezwungen sah, eine allzu große Zahl von Volksstämmen zu überwachen, tut hier nichts zur Sache. Die Zerstreuung der Truppen im Feindesland war mit Sicherheit ein militärischer Fehler, wie der weitere Verlauf beweisen wird.

Der Winter war schrecklich, sämtliche Garnisonen belagert oder bedroht, die Legaten Sabinus und Cotta samt ihren Truppen niedergemetzelt, Aufstand bei den Armorikanern, Aufruhr bei den Senonen, ganz Gallien in Gärung. Von überall her trafen schlechte Nachrichten ein, auch aus Rom, wo Iulia, die Tochter Caesars, die er mit Pompeius verheiratet hatte, im Kindbett starb. Trotz der energischen Maßnahmen, die er ergriff, um die militärische Ordnung wiederherzustellen, war Caesar erstmals gezwungen, den ganzen Winter in Gallien zu verbringen. Sicherlich wäre er gerne nach Italien zurückgekehrt, wo die Situation so bedrohlich wie nie zuvor war: Die Banden des Clodius und seines Rivalen Milo führten entsetzliche Straßenkriege, so daß man sich gar mit dem Gedanken trug, Pompeius die Diktatur zu übertragen.

Der Krieg begann recht früh in diesem Jahr. Caesar hob in der Cisalpina zwei Legionen aus und lieh sich eine dritte bei Pompeius. Und wieder lieferte sich der Imperator Schlacht auf Schlacht in der gesamten Belgica, plünderte, brandschatzte und vernichtete. In einem für die römische Armee ungünstigen Terrain wurde er in einen furchtbaren Waldkrieg verwickelt, aus dem er sich kaum mehr retten konnte. Seine zweite Rheinüberschreitung verschleiert die Heftigkeit und Sinnlosigkeit dieser endlosen Schlachten nur unzureichend. Das zeigen uns in den *Commentarii* zwei berühmte Exkurse über die Gallier und die Germanen, die literarisch gewissermaßen Ersatz sind für die militärischen Mißerfolge. Zumindest bleibt Caesar das schreckliche Los des Crassus erspart, von dessen Schicksal man mitten im Sommer 53 v. Chr. erfährt: Die Parther haben eine römische Armee völlig aufgerieben, der Heerführer ist tot, die Feldzeichen verloren! Gleichzeitig wird in Rom Clodius getötet und Pompeius – man mag es kaum glauben – zum einzigen Konsul ernannt. Der läßt sogleich ein Gesetz über die Verwaltung der Provinzen verabschieden, das die Ablösung Caesars im Herbst 50 v. Chr. quasi unvermeidbar macht. Die Dinge stehen wirklich schlecht.

Und es wird noch schlimmer zu Beginn dieses Jahres 52 v. Chr., in dem sich der Schrecken ankündigt. Obgleich er

Abb. 22
Vercingetorix auf einem Goldstater des Musée des Antiquités Nationales (Inv.-Nr. 45). Die Münze stammt aus Pionsat, Puy-de-Dome (ehemalige Sammlung Gréau). Die Aufschrift beweist, daß «Vercingetorix» ein Eigenname ist.

Abb. 23 Die Belagerungswerke Caesars vor Avaricum (Bourges). Modell des Musée des Antiquités Nationales.

während des Winters nach Italien zurückkehren kann, sich um die einzige Angelegenheit zu kümmern, die ihn wirklich interessiert, nämlich Rom, ist es um Caesars Position schlecht bestellt. Überall schwelt Revolte; aber dieses Mal weitet sie sich aus und organisiert sich unter der Führung des jungen Arvernerhäuptlings Vercingetorix, der aus dem Nichts auftaucht, um dann in die Geschichte einzugehen (Abb. 22). Von großer Tragweite ist, daß dieser Aufstand nicht nur die Belger, sondern ganz Mittelgallien betrifft: Karnuten, Bituriger, alle Stämme des zentralen Westens und vor allem das mächtige Volk der Arverner, mit denen die Römer einstmals Streit hatten, die sich aber seit Beginn des Krieges strikt neutral verhalten hatten. Einzig die Remer, Lingonen, Sequaner und für den Augenblick die Häduer bleiben mit Rom verbündet. Da erfährt man, daß italische Kaufleute aus Cenabum (Orléans) ermordet worden sind und die römische Provinz bedroht ist.

Die Gegenoffensive Caesars geschieht blitzartig und ist des großen Feldherrn, der er im Laufe der Jahre geworden ist, würdig. Eilig aus Ravenna zurückgekehrt, hebt er in der Transalpina frische Truppen aus und überquert mitten im

Abb. 24 Der Feldzug des Jahres 52 v. Chr. bis nach Gergovia.

Winter die schneebedeckten Cevennen, um die Arverner aus der Hinterhand zu bedrohen und Vercingetorix zu zwingen, schleunigst zurückzukehren. Die Schlacht sucht der Prokonsul mit seinen zahlenmäßig unterlegenen und wenig kampferprobten Truppen dagegen nicht. Er weicht aus, erreicht das Land der Lingonen, konzentriert seine Legionen und ist dann bereit zum Kampf. Er nimmt Vellaudunum (Montargis?), Cenabum (Orléans) und Noviodunum (?) wieder ein und belagert Avaricum (Bourges) (Abb. 23). Diese rasche und waghalsige Strategie zahlt sich aus: Trotz der von Vercingetorix praktizierten neuen Taktik der verbrannten Erde fällt das Oppidum der Bituriger unter dem Ansturm der Legionen, die Verteidiger werden niedergemetzelt und der gallische Anführer ist gezwungen, sich nach Gergovia, der Hauptstadt der Arverner, zurückzuziehen (Abb. 24).

Das Kriegsglück wechselt erneut das Lager

Caesar teilt seine Truppen und überträgt Labienus die Aufgabe, eine Schlacht gegen die Belger im Pariser Becken zu führen. Er selbst schließt Gergovia ein (Abb. 25), verfügt aber nicht mehr über ausreichend Truppen, um eine Belagerung in angemessener Form durchzuführen, und scheitert beim Versuch der Erstürmung. Das ist der Moment, in dem sich die Häduer entscheiden, die Front zu wechseln und sich mit den Arvernern, ihren alten Feinden, zu verbünden. Der sowohl militärische wie diplomatische Mißerfolg hat schwerwiegende Konsequenzen für die Römer: Um nicht mitten in Gallien isoliert dazustehen, ist Caesar gezwungen, sich nach Norden zurückzuziehen und dort seine Legionen neu zusammenzustellen. Er trifft Labienus bei den Senonen an und bringt seine Streitkräfte im Laufe des Sommers 52 v. Chr. in Ordnung, indem er heimlich bei den Germanen eine umfangreiche Kavallerie anheuert. Währenddessen bleibt Vercingetorix nicht untätig. Er zieht Truppen zusammen, schneidet Caesar die Versorgungswege ab, lehnt eine Schlacht im offenen Gelände ab und richtet statt dessen einen Ablenkungsangriff gegen die Provinz. Insgeheim bittet er die Allobroger um Unterstützung, obwohl diese nach wie vor wenig vertrauenswürdig sind. Ganz Gallien ist in Aufruhr, und die Situation wird für Caesar unhaltbar. Er muß möglichst schnell abziehen, den Durchmarsch durch das Land der – immer noch getreuen – Lingonen in jenes der unzuverlässigen Sequaner erzwingen, Genf erreichen und die Brücke über die Rhône, die einzige noch mögliche Passage nach Süden, da die Häduer bereits das Tal der Saône abschneiden. Ende des Sommers 52 v. Chr. ist der ruhmreiche Prokonsul Galliens strategisch geschlagen und auf dem Rückmarsch.

«Nach sieben Jahren», schreibt Camille Jullian, «fand sich der römische Feldherr in dem Land wieder, von dem er zur Eroberung des Okzidents aufgebrochen war, und er fand sich dort wieder in einer ähnlichen Situation, bis auf die Hoffnung. Alles, was er geleistet hatte, war nicht mehr als ein unnützer Traum: Germanien, Britannien und die Belgica tilgten die Spuren seiner Lager und das Ergebnis seiner Siege. In Gallien, das ihm in Gänze Gehorsam geleistet hatte, verblieben ihm nur zwei Verbündete, die Lingonen und die Remer, zu wenige Freunde, um seinen Legionen ausreichend Ruhe und Verpflegung zu geben. Gerade jetzt, wo alle wieder zu den Waffen griffen, entglitten ihm noch seine Parteigänger in Rom. Pompeius setzte sich als Konsul mit Scipio, einen Gegner Caesars zur Seite (1. August), und Cato reichte seine Kandidatur für den Konsulat des Folgejahres ein.»

Guerillakampf und «Taktik der verbrannten Erde» im Jahr 52 v. Chr.

«Vercingetorix, der Schlag um Schlag so viele Niederlagen, bei Vellaunodunum, Cenabum, Noviodunum hatte einstecken müssen, berief seine Leute zu einer Versammlung. Er setzt auseinander, man müsse den Krieg ganz anders führen als bisher; auf jede Art müsse man versuchen, die Römer von der Versorgung mit Futter und Nachschub abzuschneiden. Dies sei bei ihrer Übermacht an Reiterei leicht, und zudem würden sie durch die Jahreszeit begünstigt. Futter könne man noch nicht schneiden, und notgedrungen würden sich die Feinde zerstreuen, um es aus den Gehöften zu holen; die Reiter könnten alle diese Gruppen Tag für Tag vernichten. Zudem müsse man, um zu überleben, Besitz und Vermögen hintansetzen und in der ganzen Gegend überall die Weiler und Höfe niederbrennen, wohin die Römer etwa zum Futterholen kommen könnten. Solchen Nachschub hätten sie selbst in Fülle, da ihnen die Vorräte der Gallier zugute kämen, in deren Gebiet man Krieg führe; die Römer würden dem Mangel erliegen oder sich nur unter großer Gefahr weiter vom Lager entfernen, und es mache keinen Unterschied, ob man sie selbst niedermache oder ihnen die Lebensmittel nehme, ohne die eine Kriegsführung unmöglich sei. Zudem müsse man alle Städte, die nicht durch Befestigung und Lage vor jeder Gefahr sicher seien, niederbrennen, damit sie nicht zum Schlupfwinkel für die Feiglinge in den eigenen Reihen würden oder für die Römer einladende Lagerplätze voller Lebensmittel und Beute bildeten, die man nur wegzunehmen brauche.»

(Caesar, *de bello Gallico* VII 14)

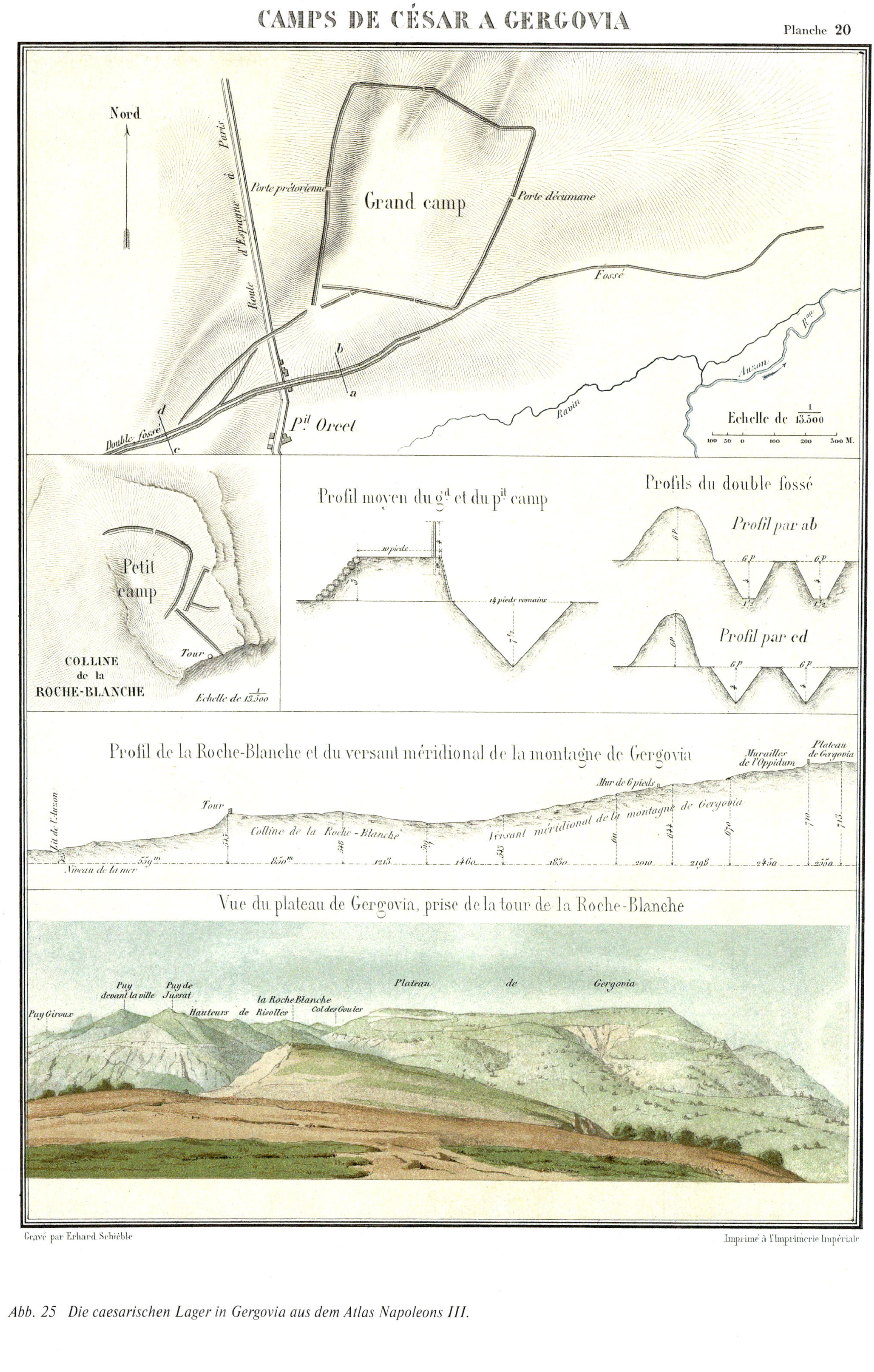

Abb. 25 Die caesarischen Lager in Gergovia aus dem Atlas Napoleons III.

Die Schlacht von Alesia

Man darf sich Caesars Marsch nicht als eine überstürzte Flucht vorstellen. Er ist zwar strategisch geschlagen und gezwungen, die bedrohte Provinz zurückzugewinnen, während in Gallien der Aufstand in vollem Gange ist, jedoch hat der Prokonsul keine Niederlage hinnehmen müssen; und das immer noch intakte militärische Instrument, über das er zu diesem Zeitpunkt verfügt, zählt zweifelsohne zu den leistungsstärksten, die jemals existiert haben: Zehn oder zwölf kampferprobte Legionen, d. h. mindestens 40 000–45 000 Mann, darüber hinaus einige Hilfstruppen und die gefährliche germanische Reiterei, zahlreich genug, um jener des Vercingetorix einen Streich zu spielen. Dazu kommen noch die Waffenknechte (*calones*), die gewöhnlich die Soldaten begleiten und diesen gewisse Hilfsdienste leisten. Zum Vergleich: Als Scipio in Zama Hannibal gegenüberstand, hatte er lediglich 25 000 Mann und eine große numidische Kavallerie. Auch wenn wir von Caesar selbst keine genauen Angaben über die eigene Truppenstärke erhalten, er statt dessen immer nur die des Gegners herausstellt, wird seine Armee ungefähr ein Drittel der Stärke von Legionärskorps der hohen Kaiserzeit umfaßt haben. Man bedenke auch, daß die Germanen auf dem Höhepunkt der augusteischen Eroberung niemals mehr als acht Legionen gezählt haben, oder daß die Eroberung Britanniens unter Claudius mit vier Legionen bewältigt worden ist. Einzig bei der Eroberung Dakiens unter Traian werden größere Truppenkontingente mobilisiert.

Die Präliminarien

Die Armee zieht sich also wohlgeordnet zurück und folgt einer Route, die von der Hochebene von Langres zum linken Ufer der Saône, dann über den Jura und schließlich nach Genf führt, dem ersten Oppidum im Stammesgebiet der Allobroger und Tor zur römischen Provinz (Abb. 26). Denn es ist nicht möglich, den direkten Weg zu nehmen, da die Häduer, die sich auf die Seite der Aufständischen geschlagen haben, ab der Gegend um Chalon das Tal der Saône besetzt halten. Währenddessen hat Vercingetorix seine Truppen, hauptsächlich bestehend aus Arvernern und einer starken Kavallerie verschiedener, nicht näher bezeichneter gallischer Stämme, zusammengezogen. Um die Legionen aufzuhalten, hat er sich wahrscheinlich an deren voraussichtlichen Zugweg postiert; Caesar vermutet dagegen, daß jener sich einer geordneten Feldschlacht stellen wolle. Die Begegnung beginnt mit dem Versuch eines Hinterhalts: Die römische Marschkolonne wird an der Spitze und auf ihren Flanken von der gallischen Reiterei angegriffen. Aber der Überraschungseffekt ist erfolglos; die Legionäre stellen sich im Viereck auf, das Gepäck in der Mitte, während die germanische Kavallerie an allen Fronten kämpft und wahre Wunder vollbringt, indem sie jene des Vercingetorix vor sich hertreibt, die bislang, ohne sich zu rühren, auf ihren Positionen geblieben ist. Das bedeutet die Niederlage: Die Gallier erkämpfen den Rückzug und verschanzen sich in Alesia, dem Oppidum der Mandubier, verfolgt von den Römern und attackiert von der gegnerischen Reiterei.

Hatte Vercingetorix dieses Manöver vorhergesehen, als er Caesar in einen ähnlichen Hinterhalt wie in Gergovia lockte? Einige haben dies behauptet in der Überzeugung, daß der erste große Name in der «Geschichte Frankreichs», der «Held nationaler Unabhängigkeit», nicht ein mittelmäßiger Kriegsherr sein könne. In diese abenteuerliche Rekonstruktion der Ereignisse fließt derart viel Ideologie ein, daß man besser Abstand davon nehmen sollte; im übrigen läßt sie sich in den Quellen durch nichts belegen. Ebenso sollte man die gelegentlich vorgetragene Hypothese, Vercingetorix sei ein Geheimagent Caesars gewesen, der die gallische Armee freiwillig ins Verderben geführt habe, getrost vergessen.

Wenden wir uns jetzt dem caesarischen Bericht zu: «Als die ganze Reiterei geschlagen war, führte Vercingetorix seine Fußtruppen, so wie er sie vor dem Lager aufgestellt hatte, zurück, brach sogleich in Richtung Alesia, der Stadt der Mandubier, auf, wohin er auch rasch das Gepäck aus dem Lager wegführen und nachbringen ließ. Caesar führte den Tross auf die nächste Anhöhe, ließ zwei Legionen zur Bedeckung zurück und folgte ihm nach, solange er Tageslicht hatte, wobei etwa 3000 Feinde aus der Nachhut umkamen; am folgenden [bzw. übernächsten] Tag schlug er Lager bei Alesia. Das Ergebnis einer genauen Lageerkundung der Stadt und die tiefe Bestürzung der Feinde über die Niederlage ihrer Reiterei (auf diesen Heeresteil setzten sie am meisten) bestimmten Caesar, die Soldaten zu unverdrossener Arbeit aufzufordern und Alesia mit Wall und Graben einzuschließen.» (Caesar, *de bello Gallico* VII 68).

Diese Episode löste in Frankreich wahre Tintenfluten aus, die die Bibliotheken überschwemmten und heute noch den «Streit um Alesia» nähren. Die meisten Gelehrten hatten zunächst versucht, die Reiterschlacht zu lokalisieren. Da nämlich Vercingetorix ein oder zwei Tagesmärsche brauchte, um nach der Niederlage seiner Truppen das Oppidum der Mandubier zu erreichen, scheint die Lage des Schlachtfeldes der Schlüssel zum Verständnis der Lokalisierung Alesias zu sein. Einige wollten beweisen, daß das Zusammentreffen nur westlich der Saône stattgefunden haben könnte, im Burgund also, andere behaupteten, es habe sich bei den Sequanern, also östlich des Flusses, abgespielt. Bei diesen rein philologischen Überlegungen, die die archäologische Wirklichkeit völlig außer acht lassen, wird die Lokalisierung von Alesia völlig von jener der Reiterschlacht abhängig gemacht.

Doch wo hat diese Begegnung stattgefunden, wenn kein einziger antiker Text die Örtlichkeit ausdrücklich benennt? Um aus dieser Schwierigkeit herauszukommen, versucht man, die Marschroute Caesars zu rekonstruieren. Am Ende gibt es so viele Autoren – mehr oder weniger Sachkundige, vom Fachmann bis zum Dorfgelehrten – wie es unterschiedliche Routen gibt.

Zurück zu den Quellen! Zu dieser Frage liegen drei «nützliche» antike Texte vor: Der erste ist der aus Caesars eigener Feder. Er ist der einzige unmittelbare Zeuge, dessen Werke sich über die Zeit erhalten haben. Es gab zwar noch andere Zeitgenossen – dem Prokonsul nicht alle wohlgesonnen –, die über die Ereignisse dieser Zeit berichteten, doch sind ihre Bücher verloren gegangen. Möglicherweise auf ihnen beruhen die Informationen späterer Autoren wie Plutarch oder Cassius Dio. Dies ist jedoch sehr umstritten. Diese beiden sehr verschiedenen Historiker schrieben auf Griechisch, der eine gegen Ende des 1. oder Anfang des 2. Jhs. n. Chr., der andere zu Beginn des 3. Jhs. n. Chr. Plutarch ist ein brillanter Geist, ein «Romancier» der Geschichte, der uns unter anderem die «Lebensbeschreibungen» hinterlassen hat, in denen er gewissermaßen spiegelbildlich die großen Persönlichkeiten der Antike – jeweils einen Griechen und einen Römer – einander gegenüberstellt, dabei das Anekdotische und Pittoreske der Analyse vorziehend. So wird Caesar, Eroberer des Westens, Alexander gegenübergestellt, dem Eroberer des Ostens und Vorbild Caesars. Cassius Dio ist nüchterner, mehr ein Historiker, im allgemeinen gut informiert, aber er schreibt drei Jahrhunderte nach den Ereignissen, die uns hier beschäftigen, ein gewaltiger Zeitraum. Einmal folgt sein Bericht dem Caesars, ein anderes Mal weicht er davon ab, ohne daß wir wissen, welche anderen Quellen er möglicherweise nutzt. Die übrigen antiken Schriftsteller, die – in der Regel sehr kurz – den Gallischen Krieg abhandeln, sind für unsere Belange nicht interessant.

Die erste Frage, die man sich stellen muß, wenn man die Marschroute Caesars rekonstruieren will, ist die nach dem Ausgangspunkt, das heißt nach dem Ort, wo Caesar, aus Gergovia kommend, seine Truppen und jene des Labienus, die von Lutetia kommen, zusammenführt. Was sagen die Texte hierzu?

«So kam Caesar nach starken Tag- und Nachtmärschen wider alles Erwarten schnell zum Liger [Loire] und [...] setzte sich zum Gebiet der Senonen in Marsch.» (Caesar, *de bello Gallico* VII 56). Währenddessen kehrte Labienus, der sich bei Lutetia eine Schlacht geliefert hatte, «nach Agedincum [Sens]

Abb. 26
Caesars Marschroute in die römische Provinz.
Die Karte stammt aus dem Atlas Napoleons III.

CARTE GÉNÉRALE DE LA CAMPAGNE DE L'AN 702

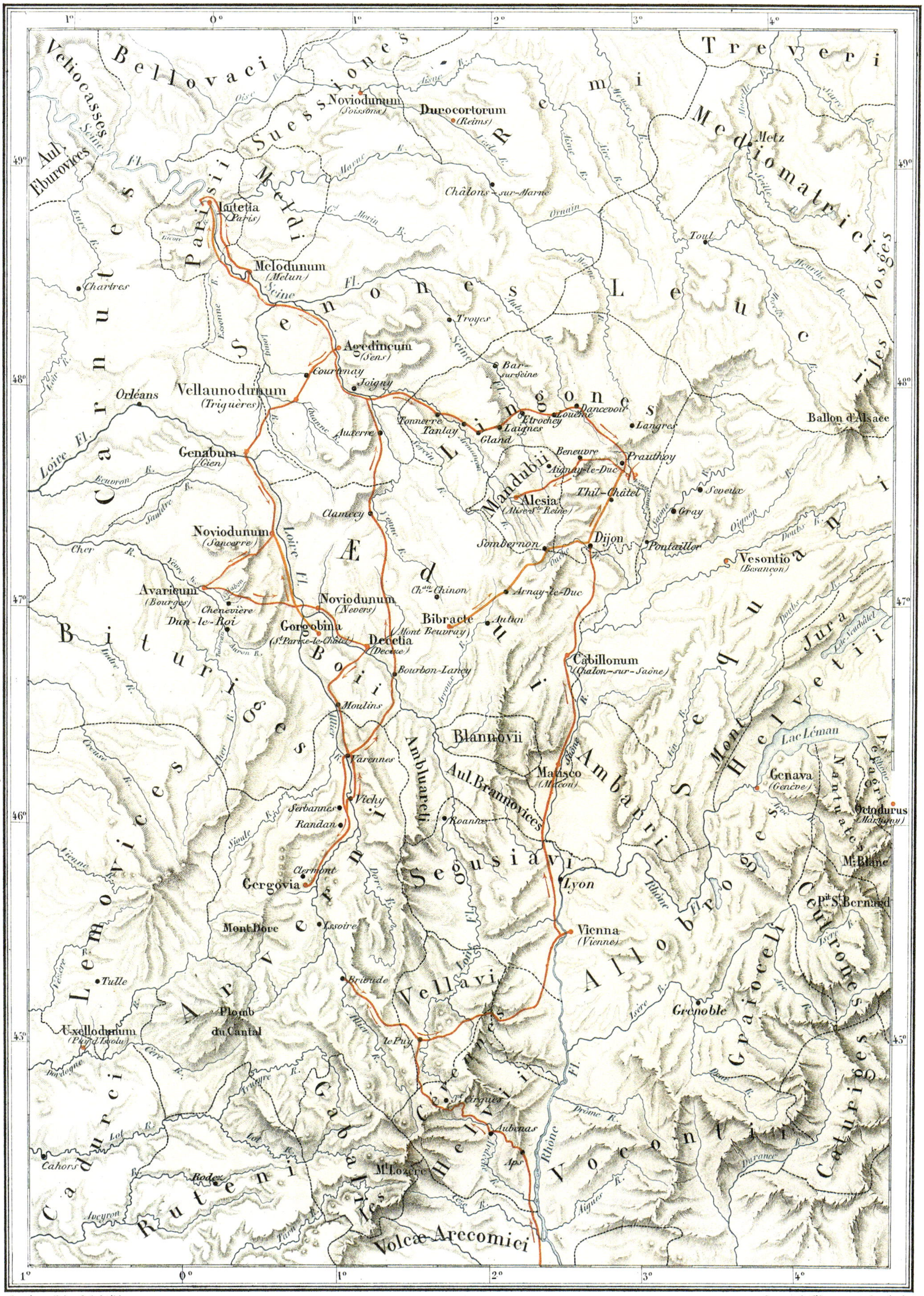

Gravé par Erhard Schièble

Imprimé à l'Imprimerie Impériale

Echelles de $\frac{1}{2{,}400{,}000}$

Kilomètres: 50 40 30 20 10 0 50 100

Milles romains: 0 10 20 30 40 50 100

zurück, wo das Gepäck des ganzen Herres geblieben war; dort führt er seine gesamten Streitkräfte zu Caesar zurück.» (Caesar, *de bello Gallico* VII 62). Wo fand diese Begegnung statt? Die einen haben Joigny vorgeschlagen, andere Auxerre, Laroche, Saint-Florentin, Avrolles. [...] Im Grunde weiß man nichts, weil die geographischen Angaben Caesars wie gewöhnlich sehr vage sind. Wieviel Zeit nahm diese Begebenheit in Anspruch? Darüber weiß man ebenfalls nichts. Denn all das hatte für Caesars Leser keinerlei Bedeutung; vielmehr war es die Spannung des Berichts, seine Dramaturgie, die für den Römer seinerzeit zählte und nicht die überflüssigen Details einer Marschroute.

Was sagen die anderen Texte? Plutarch (*Caesar* 26,6) berichtet folgendermaßen: «Deshalb räumte er das Lager an diesem Ort, an dem es sich befand, und durchquerte das Land der Lingonen.» Wir sind keinen Schritt weiter.

Cassius Dio (XL 38) liefert eine völlig andere Version: «Caesar brach auf zu den Lingonen.» Eindeutig handele es sich um Langres, behaupten andere Autoren, bei den befreundeten Lingonen, bei denen Caesar seine Truppen ausruhen und neu organisieren läßt und auf die Ankunft der berühmten germanischen Reiterei warten, die später die Situation retten soll. Und sicherlich von dort bricht er in die Provinz auf. Diese Hypothese ist glaubhaft – ziemlich wahrscheinlich sogar – und auch mit dem caesarischen Text in Einklang zu bringen, denn, um von der Loire zu den Lingonen zu gelangen, ist es denkbar, daß der Imperator das Land der Senonen durchqueren mußte. Aber daraus eine Gewißheit ableiten zu wollen ...

Schauen wir auf das Weitere: Caesar (*de bello Gallico* VII 65–66) schildert den Fortgang der Ereignisse: «Nach ihrer Ankunft [der Germanen] nahm er, weil sie weniger gute Pferde hatten, die Pferde der Kriegstribunen, der übrigen römischen Ritter und der freiwillig Längerdienenden und verteilte sie an die Germanen. Unterdessen kamen die feindlichen Truppen aus dem Land der Arverner und die Reiter zu-

Die Kommentare des Gallischen Krieges

Die *Commentarii de bello Gallico* umfassen sieben Bücher, die von Caesar selbst im Winter 52/51 v. Chr. während seines Aufenthaltes in Bibracte niedergeschrieben wurden; diese werden durch ein achtes Buch ergänzt, das nach dem Tod des Diktators von seinem Legaten Hirtius verfaßt wurden und den Bericht der Jahre 51–50 v. Chr. enthält.

Dieses Werk, das später mit anderen Texten des «caesarischen Corpus» zusammengefaßt wurde, hatte die offizielle Bestimmung, dem für die römische Politik verantwortlichen Senat Rechenschaft abzulegen über den Verlauf des Krieges und die vom Prokonsul im Namen der Republik unternommenen Aktionen zu rechtfertigen. Nach alter Tradition ist die Erzählung der Vorkommnisse chronologisch nach Jahren gegliedert.

Es steht außer Frage, daß dieses in einer vortrefflichen Sprache geschriebene literarische Meisterwerk auch ein schmeichelhaftes «Selbstporträt» ist. Wenngleich die Fakten wahrscheinlich exakt wiedergegeben sind – es gab zu viele beteiligte Zeugen –, sind die Blickwinkel und inhaltlichen Verkettungen fast immer so ausgerichtet, daß der Imperator Recht hat, er in glorreichem Licht erscheint; die Rolle der anderen Akteure (besonders der Legaten) wird klein gehalten, die der Soldaten wiederum aufgewertet, da deren Gunst ein militärisch wie politisch fundamentales Pfand bedeutete. Wie damals üblich, wurden sämtliche Reden nachträglich niedergeschrieben, vor allem die des Gegners komplett erfunden. Die Absichten, die Caesar den gallischen Anführern, vor allem Vercingetorix, zuschreibt, müssen mit Vorsicht betrachtet werden; sie dienen der Unterstützung der eigenen Sache, indem die Dinge in einer Weise gegenüber gestellt werden, daß der Sieger aufgewertet wird. Dies ist eine übliche Vorgehensweise der antiken Historiker. Man könnte die Figur des Vercingetorix mit der des Arminius vergleichen, der sich laut Tacitus den Römern widersetzt und Varus in seine Niederlage im Teutoburger Wald führt. Erinnern wir uns schließlich, daß in der Antike ein stereotypes Bild der «barbarischen»Welt existierte, und daß Caesar, ebenso wie seine Zeitgenossen, diese traditionellen Klischees von Mut und Raserei, von Menschenmassen und Unordnung sowie von der Unbeständigkeit dieser Volksstämme perfekt bediente.

Für den modernen Historiker besteht die Schwierigkeit, ein solches Werk objektiv zu beurteilen, wenn keine andere zeitgenössische Quelle überliefert ist. Der caesarische Bericht erscheint im Kontext der politischen Kontroversen seiner Zeit als ein geradliniges, nahezu glattes Werk, bei dem dem Leser nichts bleibt, als sich auf seinen kritischen Verstand zu verlassen. So wie sich das Werk Caesars in all seinen Qualitäten, seinen Informationen, auch dem Ungesagten und den historischen Verzerrungen darstellt, bleibt er eine unverzichtbare Hauptquelle, nicht zuletzt, weil sie einzigartig ist.

sammen, die ganz Gallien stellen mußte. Nachdem eine große Zahl von Kriegern versammelt war, und als Caesar durch das Grenzgebiet der Lingonen zu den Sequanern marschierte, um der Provinz leichter Hilfe zu bringen, ging Vercingetorix nach drei Etappen (*trinis castris*) in Stellung, etwa 10 Meilen von den Römern entfernt.» Für den letzten Satzteil, der von manchen anders verstanden wird, habe ich hier eine eigene Übersetzung geliefert. Üblicherweise liest man: «Vercingetorix bezog etwa 10 Meilen von den Römern entfernt drei Lager.» Auch in den nichtfranzösischen Ausgaben – etwa in der englischen der Sammlung Loeb, der italienischen von Cipriani oder der deutschen von Dorminger, um nur einige zu nennen – wird die Version von L.-A. Constans wiedergegeben. Meine eigene Übersetzung kann ich allerdings mit einem absolut parallelen Begriff begründen, den Caesar in Buch VII 36 verwendet: Hier beschreibt er seinen Marsch auf Gergovia mit *quintis castris*, was einhellig und korrekt übersetzt «in fünf Tagesmärschen» bedeutet. Insgesamt tut dies wenig zur Sache, denn wesentlich ist der vorausgehende Satzteil: Caesar bricht auf, um sich zu den Sequanern (*in Sequanos*) zu begeben. Wie immer dem auch sei: hier verstehen zu wollen, Caesar sei bereits bei den Sequanern gewesen, ist ein derart schwerwiegender Fehler, daß, wenn er einem Studenten unterliefe, dieser sein Examen wiederholen müßte. Der Herzog von Aumale hat sich diesem Problem übrigens mit einem Schmunzeln gewidmet: «Anhand der Grundlagen mache ich mich entschlossen an den Satz *cum Caesar in Sequanos* ... Nachdem ich im Lhomond [die Lateingrammatik der damaligen Zeit] die Frage *quo* und die Regel *eo Lugdunum* nachgeschaut habe, komme ich nach Prüfung zu dem Schluß, daß in dem Moment, in dem die Gallier zehn Meilen von Caesar entfernt lagerten, dieser sich nicht mitten im Sequanerland befand, sondern erst auf dieses Gebiet hin zubewegte.»

Und Plutarch? Hier komplizieren sich die Dinge. «Deshalb räumte er [Caesar] das Lager an diesem Ort, an dem er sich befand, und durchquerte das Land der Lingonen, um in das der Sequaner zu gelangen, ein befreundetes Volk, das sich gegenüber dem übrigen Gallien vor Italien stellte. Dann (*entautha*), von mehreren Zehntausend Feinden angegriffen und umzingelt, machte er sich daran, eine Entscheidungsschlacht zu schlagen.» (Plutarch, *Caesar* 26,6–7). Diese Übersetzung von R. Flacelière, obwohl Plutarch-Spezialist, ist angefochten worden. Das griechische Wort *entautha* kann in der Tat sowohl den Ort (Hauptbedeutung) als auch die Zeit (ebenso häufig verwendete Zweitbedeutung) bezeichnen. Wie sollen wir also «an diesem Ort» beziehungsweise «dann» interpretieren? Je nach dem, ob man den Begriff auf Alise, westlich der Saône, oder auf Alesia in der Franche-Comté, also östlich der Saône, bezieht, teilen sich die philologischen Präferenzen und man führt mittels griechischer Zitate erbitterte Dispute.

Und Cassius Dio? Hier sind die Dinge eindeutig: «Dabei gelang es ihm [Vercingetorix], den römischen Feldherrn [Caesar], der zur Hilfestellung für sie [Allobroger] aufgebrochen war, während seines Aufenthaltes im Lande der Sequaner abzuschneiden und einzukreisen.» (Cassius Dio XL 39) Hier befindet man sich zweifelsohne bei den Sequanern. Da die Sequaner, wie Strabon uns bestätigt, östlich der Saône siedelten, fand die Reiterschlacht auf der anderen Seite des Flusses statt. Dies wiederum bedeutet, verläßt man sich auf den Text von Cassius Dio, daß Alesia in der Franche-Comté zu lokalisieren ist.

Wir verfügen somit über drei unterschiedliche antike Textversionen. Und einzig anhand der Textpassagen, die hier zitiert wurden – andere gibt es nicht – rekonstruiert jeder nach seinem Geschmack die Marschroute Caesars. Wie will man auch vor dem Hintergrund der dürftigen und widersprüchlichen Informationen, die uns vorliegen, vermeiden, daß jeder Autor seine eigene Version der Fakten vorträgt? So entstehen die akademischen Streitereien in bester scholastischer Tradition, aus denen Molière ein komödiantisches Szenario komponiert hätte. Das erklärt auch, warum die einen, die eine nördliche Route rekonstruieren, Alesia zwischen Vesoul und Montbéliard lokalisieren, während die anderen, die eine Südstrecke favorisieren, es ins Ain plazieren. Widmen wir uns wieder dem Bericht Caesars, um die Ereignisse weiter zu verfolgen. Die Römer befinden sich vor dem Oppidum der Mandubier und Caesar beschreibt die Örtlichkeiten in der ihm eigenen Lebhaftigkeit.

Die entscheidende Konfrontation

«Die Stadt Alesia lag hoch oben auf einer Hügelkuppe, so daß es offensichtlich nur durch Einschließung zu erobern war. Zwei Flüsse umströmten auf zwei Seiten den Fuß der Anhöhe. Vor der Stadt öffnete sich eine Ebene auf eine Länge von etwa 3 Meilen; auf allen anderen Seiten umgaben sie Hügel in mäßigem Abstand, die etwa gleich hoch wie die Stadt waren. Unterhalb der Stadtmauer hatten die Streitkräfte der Gallier den ganzen Ostteil des Hügels vollständig besetzt und einen Graben mit einer Lehmmauer von sechs Fuß Höhe davor gezogen (Abb. 27. 28). Der Umfang der Befestigung, die von den Römern angelegt wurde, betrug 10 Meilen. An geeigneten Punkten waren Lager angelegt und 23 Stützpunkte ausgebaut. In den Stützpunkten standen bei Tag Feldwachen, um überraschenden Ausfällen zu begegnen; nachts wurden sie von starken Wachabteilungen besetzt, die dort lagerten.

Nach Beginn der Schanzarbeiten kam es zu einem Reitergefecht in der Ebene, die sich, wie erwähnt, auf dem Raum zwischen den Hügeln drei Meilen weit hinzieht. Beide Seiten fechten mit höchster Anstrengung. Den Unseren, die in Bedrängnis gerieten, schickte Caesar die Germanen zu Hilfe und ließ die Legionen vor dem Lager in Stellung gehen, um ein plötzliches Vorpreschen der feindlichen Fußtruppen zu verhindern. Die Deckung durch die Legionen erfüllt die Unseren mit neuem Mut; Feinde wurden geschlagen, behinderten einander durch ihre Masse und stauten sich in den ziemlich engen Mauerdurchlässen. Die Germanen verfolgten sie ziemlich hitzig bis zur Mauer. Es gibt ein großes Blutbad. Einige lassen ihre Pferde im Stich und versuchen, über den Graben zu springen und die Lehmmauer zu überklettern. Caesar ließ die vor dem eigenen Wall aufmarschierten Legionen vorrücken. Nun geraten auch die Gallier innerhalb der Schanzen in Verwirrung und schlagen in Befürchtung eines sofortigen Angriffs Alarm; manche stürzen, außer sich vor Schrecken, in die Stadt. Vercingetorix läßt die Stadttore schließen, um eine allgemeine Flucht aus dem Lager zu verhindern. Nachdem zahlreiche Gallier getötet und ziemlich viele Pferde erbeutet sind, ziehen sich die Germanen zurück.

Vercingetorix beschloß, seine ganze Reiterei bei Nacht zu entlassen, bevor die Römer ihre Verschanzungen fertigstellten. Beim Abzug trug er ihnen auf, jeder solle seinen Stamm aufsuchen und alle Männer im waffenfähigen Alter zum Krieg aufbieten. Er hält ihnen seine Verdienste um sie vor und beschwört sie, nun an seine Rettung zu denken und ihn nicht für seine hohen Verdienste um die Freiheit aller den Feinden zu einem qualvollen Tod preiszugeben. Wenn sie es an Energie fehlen ließen, seien 80 000 auserlesene Kämpfer und er selbst verloren. Nach seiner Berechnung hätten sie für knapp 30 Tage Getreide, könnten aber bei sparsamem Verbrauch noch etwas länger aushalten. Mit diesen Aufträgen schickt er um die zweite Nachtwache die Reiter in aller Stille durch eine Lücke unserer Einschließung fort. Er läßt alles Getreide bei sich abliefern; für alle, die dem Befehl nicht Folge leisten, setzt er die Todesstrafe fest; das Vieh, das die Mandubier in großer Menge zusammengetrieben hatten, verteilte er nach der Kopfzahl und ließ das Korn in sparsamen Zuteilungen ausgeben. Alle Streitkräfte, die vor der Stadt lagerten, zog er in die Stadt zurück. Diese Maßregeln ermöglichten es ihm, den Entsatz durch Gallien abzuwarten und den Krieg fortzusetzen.

Als Caesar durch Überläufer und Gefangene von allen Maßnahmen des Vercingetorix erfahren hatte, führte er folgende Arten von Befestigungen auf: Er ließ einen 20 Fuß breiten Graben mit senkrechten Wänden anlegen, so daß der Graben am Boden ebenso breit war wie an den oberen Rändern. Alle weiteren Befestigungen legte er erst 400 Fuß dahinter an, um zu verhindern, daß bei der Notwendigkeit einer Umfassung dieser Riesenfläche und der Schwierigkeit, das ganze Werk mit einer durchgehenden Reihe von Soldaten zu besetzen, die feindliche Masse überraschend nachts an die Be-

Abb. 27 Szene XI der Traianssäule: Soldaten bei Erdarbeiten, während Wachposten (rechts) Wache schieben. So etwa darf man sich die Arbeiten vor Alesia vorstellen, nur die Uniformen entsprechen denen des 2. Jhs. n. Chr.

Abb. 28 Szene XII der Traianssäule: Errichtung eines Schanzwerks aus Grassoden. Legionäre füllen Körbe mit Erde, um das Innere der Befestigungsmauer aufzuschütten.

Abb. 29 Szene XXXII der Traianssäule: Einheimische (hier Daker) beim Angriff auf ein von den Römern aus Grassoden errichtetes Feldlager.

festigung heranrannte oder tagsüber unsere zur Arbeit eingeteilten Männer beschießen konnte. Nach diesem Zwischenraum zog er zwei 15 Fuß breite und ebenso tiefe Gräben; den inneren füllt er an ebenen und niedirg gelegenen Stellen mit Wasser, das er aus einem Fluß ableitete. Hinter den Gräben ließ er einen Wall mit Palisaden [d. h. eine Holz-Erde-Konstruktion] von insgesamt 12 Fuß Höhe errichten. Diesen rüstete er mit einer Brustwehr und Zinnen aus, dazu dort, wo die Deckungen auf dem Wall aufsaßen, mit starken gabelförmigen Spitzpfählen, um den Feinden das Hinaufklettern zu erschweren; er ließ auch rings um die ganze Belagerungslinie Türme in Abständen von 80 Fuß errichten.

Man mußte zur gleichen Zeit Holz schlagen, Getreide besorgen und diese großen Befestigungen anlegen, so daß unsere Streitkräfte durch die weiter vom Lager wegführenden Entsendungen nie ihre Sollstärke aufwiesen. Daher versuchten die Gallier nicht selten, unsere Werke anzugreifen und aus mehreren Toren mit aller Gewalt einen Ausfall aus der Stadt zu unternehmen (Abb. 29). Caesar meinte deshalb, seine Werke verstärken zu müssen, um die Linien mit möglichst wenig Mannschaft verteidigen zu können. Also wurden Baumstämme oder sehr starke Äste angeschlagen und ihre Spitzen entrindet und zugespitzt. Dann zog man durchlaufende fünf Fuß tiefe Gräben. In diese wurden die Stämme gerammt und unten so verankert, daß man sie nicht herausreißen konnte; dort wo die Äste anfingen, ragten sie über den Grabenrand. Immer fünf Reihen von Stämmen waren miteinander verbunden und verflochten; wagte sich jemand hinein, geriet er in die scharfen Spitzen der Pfähle. Diese nannten die Soldaten ‹Leichensteine› [*cippi*]. Vor ihnen wurden in schrägen Reihen, angeordnet in Form einer Würfelfünf, trichterförmige Gruben von drei Fuß Tiefe angelegt. In diesen brachte man unten glatte, oben zugespitzte und im Feuer gehärtete schenkeldicke Pfähle so an, daß sie nur vier Finger aus dem Boden ragten; zugleich wurde zur Befestigung und Sicherung der Pfähle in der Grube Erdreich einen Fuß hoch festgestampft, während der obere Teil der Grube zur Tarnung der Falle mit Flechtwerk und Reisig überdeckt wurde. Von diesen Gruben wurden acht Reihen angelegt, die je drei Fuß voneinander entfernt waren. Diese nannte man wegen der Ähnlichkeit mit der Blume ‹Lilie›. Vor ihnen wurden einen Fuß lange Fußangeln mit eisernen Haken fast ganz in die Erde eingegraben und mit kleinen Zwischenräumen überall verteilt; diese hießen ‹Ochsenstacheln›.

Nach Fertigstellung dieser Anlagen legte Caesar in Anlehnung an möglichst ebenes Gelände und in einem Umkreis von 14 Meilen noch einmal die gleichen Befestigungen mit der Front nach außen gegen den dortigen Feind an, um bei eigenem Teilabzug eine Einschließung der Besatzungen der Werke durch das feindliche Entsatzheer, selbst wenn es in größerer Stärke anrückte, unmöglich zu machen (Abb. 30). Um auch nicht gezwungen zu sein, das Lager unter Gefahr zu verlassen, befahl er, das ganze Heer mit Futter und Getreide für 30 Tage zu bevorraten.» (Caesar, *de bello Gallico* VII 69 – 74)

Abb. 30 Das Oppidum und die römischen Linien, gesehen vom Berg von Bussy (Lager des Labienus). Dieses Aquarell von Jean-Claude Golvin vermittelt einen guten Eindruck von den römischen Belagerungswerken. Von Lager C auf dem Berg von Bussy (im Vordergrund) schaut man direkt auf das Oppidum, das ganz nah erscheint. In der Mitte darunter der innere Belagerungsring am Fuß des Hügels, der die Stellung des Vercingetorix umringt und jeden Ausbruch verhindert. Im Hintergrund auf dem Berg von Flavigny sind ebenfalls römische Truppen versammelt, deren Stellungen (Lager B und «castellum» 11) sichtbar sind. Links erkennt man die äußere Verteidigungslinie, die den Bergsattel des Pennevelle überwindet und die Römer nach hinten schützt. Ganz rechts wird die Anlage vom Mont Réa geschlossen; die Position der ihn schützenden Lager ist hier rekonstruiert. Zwischen diesem Hügel und dem Oppidum öffnet sich das Tal der Oze zur Ebene von Laumes im Hintergrund. Ganz hinten rechts auf dem Berg von Mussy waren zweifelsohne die Truppen der Hilfsarmee versammelt.

In der Zwischenzeit, solange Verbindungen nach außen noch möglich sind, beschließt Vercingetorix, verschiedene gallische Völker um die Entsendung von Hilfstruppen zu bitten. Diese versammeln sich im Land der Häduer, wo der Rat der Stammesführer den Oberbefehl an einen Ältestenrat überträgt; dem gehören der Atrebate Commius und die adligen Häduer Viridomarus und Eporedorix sowie der Arverner Vercassivellaunus, ein Vetter des Vercingetorix, ein schönes Beispiel politischer und militärischer Einheit. Wie soll man es während der Blockade in Alesia aber mit dem Essen halten? Es bleibt nichts anderes übrig, als sich von unnützen Essern zu trennen, und so beschließt Vercingetorix, Kranke und Alte, Frauen und Kinder der Mandubier abzuschieben. Die irren nun zwischen den feindlichen Linien umher, werden niedergemetzelt oder sterben vor Hunger.

«Im belagerten Alesia fließt die Zeit trübselig und immer gleich dahin.» (C. Jullian, *Vercingetorix* [1993] 255).

Nach einem gewissen Zeitraum, der nach dem Bericht Caesars nicht genauer einzugrenzen ist, aber zweifelsohne Wochen andauert, treffen endlich die Hilfstruppen ein. Auf

Abb. 31 Der Aussichtspunkt Caesars. Von Lager A (vorne rechts) hat man den besten Überblick über die Ebene von Laumes. Dieses Aquarell von Jean-Claude Golvin zeigt eine Gesamtansicht der römischen Anlage und der durch sie gebildeten schmalen Schneise. Die Ebene verengt sich im Hintergrund eingangs des Tales der Brenne, die die Bäche Oze und Ozerain aufnimmt. In der Mitte im Hintergrund erkennt man den Mont Réa, auf dem in ungünstiger Position die Lager der beiden Legaten aufgeschlagen sind. In der Mitte weiter rechts das Oppidum, von dem aus Vercingetorix ebenfalls die Truppenbewegungen beobachten konnte. Ganz im Hintergrund rechts das Lager des Labienus (Lager C). Die Hilfstruppen waren höchstwahrscheinlich auf den Hängen des Berges von Mussy (ganz links) postiert. Bei der Betrachtung dieses Bildes wird nachvollziehbar, wie verletzbar die isolierten römischen Positionen in der Ebene und auf dem Mont Réa bei einem Zangenangriff waren. Nur der Einsatz der germanischen Reiterei konnte die römischen Streitkräfte entlasten.

gallischer Seite glaubt man, nun sei der entscheidende Moment gekommen: Die Belagerten verlassen das Oppidum, Commius stellt seine Reiterei in Schlachtordnung auf und alle schicken sich an, in einer gemeinsamen Anstrengung die Römer von zwei Seiten unter Beschuß zu nehmen. Caesar seinerseits holt die Kavallerie aus ihren Verschanzungen hervor, hinter denen die Legionen Stellung bezogen haben. Die Schlacht ist hart, unentschieden bis zur Abenddämmerung, als die Germanen plötzlich noch ein Mal in Massen angreifen und Caesar dadurch die Oberhand gewinnt.

Am übernächsten Tag kommt es zu einem erneuten Generalangriff von innen und von außen. Nun ist Caesar der Belagerte. Der Angriff findet nachts statt. Bis zum Morgengrauen herrscht Ungewißheit, doch die von den Legionären vorbereiteten Fallen und die Solidität der Schanzwerke bewirken Wunder: Wieder werden die Gallier zurückgeschlagen.

«Zweimal mit großem Verlust zurückgeschlagen, beraten die Gallier, was sie unternehmen sollen, ziehen ortskundige Leute bei und erfahren von diesen Stellung und Anlage der oberen Lager. Im Norden lag ein Hügel, den unsere Männer wegen seiner Größe nicht ganz in die Linien hatten einbeziehen können. Notgedrungen schlugen sie auf einem fast ungeeigneten, leicht abfallenden Gelände ihr Lager auf. Dieses hielten die Legaten Gaius Antistius Reginus und Gaius Caninius Rebilus mit zwei Legionen besetzt.» (Caesar, *de bello Gallico* VII 83)

Das ist der entscheidende Moment. Vercassivellaunus, der Vetter von Vercingetorix, wählt 60 000 seiner besten Männer aus. Mit einem nächtlichen Umgehungsmanöver gelingt es ihm, sich hinter dem Nordhügel aufzustellen. Gegen Mittag bewegen sich sämtliche gallische Truppen auf den Feind zu; Vercingetorix versucht einen Ausbruch. Die Römer sehen sich von allen Seiten auf zwei Fronten bedroht. Besonders große Gefahr geht von den Truppen des Vercassivellaunus aus, vor denen die Legionen des Reginus und Rebilus beinahe zurückweichen.

Caesar schickt den beiden Legaten Labienus zur Hilfe und verstärkt die Reihen. Er versucht einen Ausbruch der Reiterei, um den Feind von hinten anzugreifen. Aber die Situation scheint hoffnungslos. Da steigt der mit seinem Purpurmantel bekleidete Imperator von seinem Beobachtungsposten herab (Abb. 31), stürzt sich selbst in das Kampfgetümmel und setzt alles auf eine Karte. Einmal mehr kommt es zur Entscheidung zwischen Labienus auf der einen und den Germanen auf der anderen Seite. Die Römer fassen wieder Mut. Es gibt ein regelrechtes Blutbad; Vercassivellaunus wird gefangengenommen und man überbringt Caesar 74 Feldzeichen. Die Gallier weichen überall zurück und versuchen, ihre Verschanzungen zu erreichen, um dem Ansturm der Reiterei zu entkommen. Um Mitternacht sind alle Kampfhandlungen beendet, und die gallischen Hilfstruppen lösen sich auf.

Vercingetorix ergibt sich

Was bleibt als Nachhall von diesem atemlosen, dramatischen Bericht? Die Einnahme des Oppidums der Mandubier nimmt im Gesamtaufbau des «Gallischen Krieges» einen ganz speziellen Platz ein. Denn diese Episode beschließt das Buch VII, das letzte von Caesar selbst geschriebene, bevor Hirtius mit der Erzählung der Ereignisse ab dem Jahr 51 v. Chr. fortführt. Wir können wirklich nicht wissen, ob es im Sinne des Prokonsuls war oder nicht, daß die große Niederlage der Gallier den Orgelpunkt der Eroberung darstellte, denn diese war zum damaligen Zeitpunkt ja längst noch nicht abgeschlossen. Buch VII endet mit der Ankündigung einer 20tägigen *supplicatio* in Rom, ein Zeichen, daß man die Bedeutung des Ereignisses in der Hauptstadt sehr wohl erkannte. Alesia stellt in der Tat den Höhepunkt der Eroberung dar; es ist die Entscheidungsschlacht, und damit auch die ungewöhnliche Länge des Berichts gerechtfertigt. Verglichen mit anderen großen Episoden des Gallischen Krieges, nimmt dieses Ereignis mehr als 40 Kapitel in Anspruch, während die Schlacht an der Aisne nur ein halbes Dutzend, die an der Sambre zehn, der Feldzug gegen die Veneter ein halbes Dutzend, die beiden britannischen Feldzüge 15 bzw. zehn Kapitel umfassen. Die Erzählung der beiden anderen großen Belagerungen des Krieges, in Avaricum und Gergovia, geht jeweils nicht über 15 Kapitel hinaus. In der Struktur des *Bellum Gallicum* stellt Alesia folglich den Kriegshöhepunkt dar, den Caesar groß herausstellte und mit dem er Ruhm erlangen wollte.

Die Belagerung von Alesia – Geniestreich oder alte militärische Tradition?

Die Belagerung eines befestigten Ortes gehört seit uralten Zeiten zum Kriegshandwerk. Sie kann, wie es bei Gergovia der Fall war, auf aktive Weise durch einen Angriff stattfinden oder wie in Alesia auf passive Weise durch eine Einschließung. Es werden auch beide Methoden nacheinander angewandt, wenn die erste, die naheliegendere gescheitert ist. Wenn eine gewaltsame Einnahme für unmöglich erachtet wird, bleibt als letzte Alternative die Blockade, die aber immer riskant ist: Denn sie kann sehr lang dauern, wenn der Ort gut mit Vorräten versorgt ist, und sie stellt die Belagerer, die sich weit entfernt von ihrer eigentlichen Truppenbasis befinden, vor erhebliche logistische Probleme. Insbesondere gilt es, den Wintereinbruch zu vermeiden, da die besser geschützten Belagerten dann naturgemäß die Oberhand gewinnen. Das zweite große Risiko für die Belagerer bestand in der Gefahr, im Rücken angegriffen zu werden. Da man sich dieser besonders gefährlichen Situation sehr bewußt war, richtete man nach Möglichkeit eine zweite Verteidigungslinie ein. Hier wird die doppelte Bedrohung Caesars in Alesia deutlich: Weil der Sommer sich dem Ende zuneigte, mußte er zum einen fürchten, daß die Situation sich festfahren werde; zum anderen bestand die Möglichkeit des Angriffs im Rücken und damit die Gefahr, im gallischen Zangengriff aufgerieben zu werden.

Ein Belagerungskrieg ist nicht zu unterschätzen. Er folgt strikten, auf Erfahrung beruhenden Regeln, wie uns die zahlreich erhaltenen Berichte beweisen. In den verschiedenen Texten werden häufig identische Ereignisse geschildert. Doch sie werden nur dann erwähnt, wenn sie für das Verständnis des Berichts vonnöten sind, oder wenn eine außergewöhnliche Technik, womöglich in ungewöhnlicher Breite, erläutert werden soll. Da die Regeln allgemein bekannt waren, bedurfte der Leser zum Verständnis keine langen Beschreibungen, sofern es sich um einen Fall aus dem Lehrbuch handelte: So beschränkt sich Thukydides darauf zu schreiben, daß die Athener vor Plataä «den Bau einer Umfassungsmauer vorbereiteten» (Thukydides II 77,1), oder daß sie sich vor Syrakus umgehend daran machten, eine kreisförmige Umschanzung zu errichten, die mit einem einfachen *Terminus technicus* (*kyklos* = Kreis) bezeichnet wird. Wesentlich interessanter für den Leser waren der dramatische Ablauf der Ereignisse, hohe Lebendigkeit des Berichts, die Heldentaten, die Gewitztheit dieser oder jener Person, der Mut, die Verzweiflung, die Statur des Anführers, all das, was den antiken historischen Bericht von einer technischen Abhandlung – und auch von einer heutigen historischen Studie – unterscheidet. Man vergleiche in den caesarischen *Commentarii* die kurze Textstelle zur Belagerung von Vellaunodunum, in der Caesar lediglich bemerkt: «Er beschloß, sie zu belagern; in zwei Tagen schloß er sie mit Wall und Graben ein (*circumvallavit*)» (Caesar, *de bello Gallico* VII 11), mit der ausführlichen Alesia-Episode: Dort das «Nicht-Ereignis», das sich nicht zu beschreiben lohnt, weil jeder den einfachen technischen Begriff *circumvallavit* versteht; hier, in Alesia, das Großereignis, das eine Inszenierung verdient.

Um einen befestigten Ort einzuschließen, begann ein guter Feldherr zunächst damit, rundherum diverse Lager in günstigen Positionen einzurichten. Dabei muß man unterscheiden zwischen den Hauptlagern (lateinisch *castra*, griechisch *stratopeda*), die häufig an zwei Seiten gegenüber der Stadt errichtet wurden, und den kleinen Forts (lateinisch *castella*, griechisch *phrouria*), die einen Kranz bildeten. Vor Mytilene bau-

Die Unterwerfung des Vercingetorix

Seit dem 19. Jh. wird in Schulbüchern, der großen Malerei und gelegentlich auch von Historikern diese äußerst dramatische Szene auf populäre Weise veranschaulicht, wobei man im wesentlichen von Quellen ausgeht, die weitaus später als die Ereignisse sind. So gewollt nüchtern und trocken der Bericht Caesars ist, so reich an pittoresken und romanhaften Details sind die Schilderungen seiner Nachfolger; doch genau so unglaubwürdig sind sie auch. Diese «Variationen» desselben Themas illustrieren sehr gut die Art und Weise, wie gewisse antike Autoren Geschichte begreifen, ein im wesentlichen rhetorisches Werk nach Aussage von Cicero selbst, das zu einer Darstellung führen muß, die den Leser interessieren, ihn bewegen soll, indem diese mehr an seine Gefühle als an seinen Verstand appelliert. Daß die Zuverlässigkeit dieser Sekundärquellen anzuzweifeln ist, liegt auf der Hand.

Der Bericht Caesars: «Er befiehlt, die Waffen abzugeben und die Führer auszuliefern. Er selbst nimmt auf dem Wall vor dem Lager Platz; dort werden die Heerführer vorgeführt, Vercingetorix ausgeliefert, die Waffen hingeworfen.» (Caesar, *de bello gallico* VII 89).

Der Bericht Plutarchs (2. Jh. n. Chr.): «Vercingetorix, der oberste Befehlshaber im Kriege, waffnete sich auf das prächtigste und ritt dann auf glänzend aufgezäumten Pferd zum Tor hinaus. Einmal sprengte er im Kreis um das Tribunal, auf welchem Caesar Platz genommen hatte, sprang dann vom Pferd, warf die Rüstung ab und setzte sich zu Füßen Caesars nieder, ruhig wartend, bis man ihn in den Kerker führte, wo er für den Triumph aufgespart werden sollte.» (Plutarch, *Caesar* 27, 9–10).

Der Bericht von Florus (2. Jh. n. Chr.): «Als schließlich jener König persönlich, die größte Zier des Krieges, demütig bittend ins römische Lager kam, legte er sein Pferd, den Pferdeschmuck und seine eigenen Waffen vor Caesar nieder. ‹Hier hast du mich. Du hast einen tapferen Mann besiegt, du, der du der tapferste bist.›» (Florus I 45).
Der Bericht von Cassius Dio (3. Jh. n. Chr.): «Vercingetorix hätte entkommen können, da er weder gefangen noch verwundet war, er hoffte aber, da er einmal in freundschaftlichem Verhältnis zu Caesar gestanden hatte, Verzeihung bei ihm zu finden. So fand er sich, ohne sein Kommen durch einen Herold ankündigen zu lassen, bei ihm ein und erschien plötzlich vor dem Feldherrn, wie dieser gerade auf dem Tribunal saß. Lebhafte Aufregung bei einigen Anwesenden war die Folge, war er doch an sich schon ein Riese und machte gar in seinen Waffen einen gewaltigen Eindruck. Als nun Ruhe eingetreten war, blieb Vercingetorix stumm, fiel auf die Knie und flehte mit gefalteten Händen. Dies erfüllte in Erinnerung an sein einstiges Glück und angesichts des augenblicklichen Jammerbilds viele Zuschauer mit Mitleid, doch Caesar machte ihm gerade das zum Vorwurf, wodurch er sich vor allem Begnadigung erwartet hatte; denn indem er der einstigen Freundschaft die jüngste Feindschaft gegenüber stellte, erklärte er sein Verbrechen für noch schwerwiegender. So begnadigte er Vercingetorix nicht einmal in diesem Augenblick, sondern ließ ihn alsbald in Fesseln legen, späterhin zu seinem Triumph entsenden und dann töten.» (Cassius Dio XL 41).

Anzumerken ist, daß Caesar, der einzige unmittelbare Zeuge, das Passiv (*deditur*) benutzt, um den Moment der Auslieferung des gallischen Anführers zu umschreiben, was wohl eher nicht auf einen freiwilligen Akt schließen läßt, einen effektvollen Auftritt voller Noblesse, wie ihn die anderen Autoren sicherlich beschönigend beschreiben. Umgekehrt wird bei der Übergabe von Uxellodunum von Hirtius die reflexive Form (*se tradiderunt*) benutzt, was auf eine absichtliche Handlung schließen läßt. Trotz der Legende gibt es also gut Gründe, davon auszugehen, daß die Belagerten von Alesia nach alter Sitte ihren Anführer zusammen mit ihren Waffen auslieferten.

ten die Athener zunächst nur zwei Hauptlager auf (Thukydides III 6,1), fügten dann aber entlang des Belagerungsrings eine Serie kleiner Forts an strategisch günstigen Positionen hinzu (Thukydides III 18,4). Während des Ersten Punischen Krieges gingen die Römer vor Agrigent auf die gleiche Weise vor: «Die Feldherren der Römer teilten ihr Heer in zwei Teile und blieben mit dem einen beim Asklepiosheiligtum vor der Stadt, mit dem anderen bezogen sie auf der Herakleia zugekehrten Seite der Stadt ein Lager. [...] Den Raum zwischen den Gräben und den Lagern besetzten sie mit Wachtposten und befestigten in gewissen Abständen hierzu geeignete Stellen.» (Polybios I 18). Dasselbe taktische Schema wurde im Jahr 250 v. Chr. vor Lilybaeum angewandt (Polybios I 42,8). Vor Capua im Jahr 212 v. Chr. errichtete man – da man die römischen Streitkräfte entsprechend aufgeteilt hatte – drei Hauptlager, die wiederum um kleine Forts rund um die Stadt ergänzt wurden (Titus Livius XXV 22,8). Vor Numantia errichtete Scipio an den beiden äußersten Enden seiner Stellungen zwei Lager, von denen er das eine seinem Bruder Maximus übertrug; dann installierte er sieben Forts, die einen Kranz um die Stadt bildeten (Appian, *Iberica* 90). Diese Aufstellung kommt häufig vor, auch wenn das Vokabular nicht immer präzise ist: Mithridates schloß Kyzikos mit zehn *stratopeda* ein, ein Begriff, der hier sowohl die Hauptlager als auch die Sekundärstellungen bezeichnet (Plutarch, *Lucullus* 9). Offensichtlich wurde jeder Sektor mit einem eigenen Kontingent unter der Verantwortung eines Offiziers besetzt.

Während der ersten Einschließungsphase waren die Verbindungen zwischen den Belagerten und der Außenwelt nicht vollständig unterbrochen. Man nutzte die verbleibende Zeit, um überzählige Soldaten und vor allem unnütze Esser (Alte, Frauen und Kinder) hinauszubringen und somit einer drohenden Hungersnot zu entgehen. So geschah es vor Platää (Thukydides II 6,4) und ebenso in Alesia. Um sich während dieser sehr gefährlichen Phase – denn man mußte unter dem Beschuß des Feindes arbeiten – zu schützen, errichteten die Belagerer manchmal hastig eine erste provisorische Einschließungslinie und bauten dann in aller Ruhe die endgültige Umschanzung. Die Anleitung hierzu stammt von dem Baumeister Philon von Byzanz, deren praktische Umsetzung der griechische Schriftsteller Xenophon beschreibt (*Hellenica* V 2,4). Auch Scipio hatte vor Numantia diese Vorsichtsmaßnahme angewandt, indem er zunächst einen Graben und eine Palisade errichtete, um dann erst zum Bau der eigentlichen Befestigung überzugehen (Appian, *Iberica* 90).

Erst nach diesen Präliminarien begann der Bau der eigentlichen Einschließungslinie. Diese Aktion wird im Lateinischen *circumvallare* oder *circummunire* genannt. Napoleon III. machte einen groben Fehler, die Einschließungslinie von Alesia als «contrevallation» und die den Hilfstruppen zugewandte Linie als *circonvallation* zu bezeichnen; genau umgekehrt müßte es nach antikem Sprachgebrauch heißen. Diese Linie baute man mit vor Ort verfügbaren Materialien, wobei der Graben allenfalls als Lehmgrube diente und eigentlich keine defensive Bedeutung besaß. In Numantia zum Beispiel, im alten Kastilien, wo Scipio Aemilianus im Jahre 133 v. Chr. mit den letzten Keltiberern abrechnete, haben die Grabungen A. Schultens keine Spur eines Grabens zutage gefördert, weil die Römer sich damit begnügten, die zahlreichen Steine zu verwenden, mit denen der Boden dieser Gegend übersät ist. Meistens genügte eine einfache Mauer, wie sie später Titus während des großen jüdischen Aufstandes 70 n. Chr. vor Jerusalem errichten sollte (Flavius Josephus, *bellum Iudaicum* V 12). Die Bauzeit war häufig sehr kurz. Vor Syrakus, 402–401 v. Chr., brauchte Dionysios 20 Tage, um mit 60 000 Männern eine Umschließung von 5,5 km Länge zu errichten (Diodor XIV 18). Scipio schnitt im Jahr 146 v. Chr. innerhalb von 20 Tagen die Landenge von Karthago mit einer Armee von 80 000 Mann ab. Noch besser machte es Titus 70 n. Chr., als er vor Jerusalem mit etwa 60 000 Mann in drei Tagen eine Mauer von 39 Stadien (ungefähr 7 km) Länge baute (Flavius Josephus, *bellum Iudaicum* V 12). Das Beispiel von Vellaunodunum, das von Caesar mit sechs Legionen innerhalb von zwei Tagen eingeschlossen wurde, ist bereits erwähnt worden.

In manchen Fällen mußte der Belagerer noch seine Rückflanke schützen. So 262 v. Chr. in Agrigent: «Die Strecke zwischen diesen Lagern aber befestigten sie nach beiden Seiten; den Graben nach innen zu warfen sie auf, um gegen Ausfälle aus der Stadt gesichert zu sein, den äußeren zogen sie zum Schutz gegen Angriffe von außen her und um alles abzuhalten, was in belagerte Städte an Zufuhren und Hilfstruppen hineingeworfen zu werden pflegt.» (Polybios I 18) Ebenso war es vor Capua (Titus Livius XXV 22, 16). Vor Karthago schützte Scipio seine Rückfront durch palisadenbewehrte Gräben (Appian, *Punica* 119).

Das Beispiel der Belagerung von Numantia durch Scipio Aemilianus 134–133 v. Chr. (Abb. 32), weniger als ein Jahrhundert vor Alesia, illustriert besser als jedes andere, wie sehr Caesar die taktischen Konzepte seiner Zeit befolgt: Konfrontiert mit den spanischen Keltiberern, die seit Jahrzehnten den republikanischen Truppen das Leben schwer machten, beschloß der römische Feldherr, deren Hauptstadt zu belagern. Appian (*Iberica* 90) beschreibt den Ablauf der Operationen: «Kurz danach errichtete Scipio zwei Lager in unmittelbarer Nähe von Numantia und unterstellte das eine dem Befehl seines Bruders (Q. Fabius) Maximus, während er selbst das Kommando über das andere führte.» Die Numantier wollen sich dem Kampf stellen, was er jedoch ablehnt. Ganz im Gegenteil: «So errichtete er sieben Befestigungen um die Stadt, und die Belagerung ... (Lücke im Text, etwa: ... begann er, die Verbündeten aber ...) ... ließ er jeweils schriftlich wissen, wie viele Hilfstruppen sie zu entsenden hätten. Als diese dann eintrafen, teilte er sie in viele Gruppen und gleichermaßen auch sein eigenes Heer. Dann bestellte er für jede Abteilung einen eigenen Befehlshaber und befahl ihnen, die Stadt mit Gräben und Palisaden zu umgeben. Der Umfang von Numantia selbst belief sich auf 24 Stadien, der Einschließungsring auf mehr als das Doppelte. Diese ganze Strecke hatte er jeweils einzelnen Abteilungen zugewiesen und ihnen befohlen, man solle, sofern die Feinde irgendwo Widerstand leisteten, ihm ein Zeichen geben, bei Tag durch eine rote Flagge auf einer hohen Lanze, bei Nacht durch Feuerschein; das sollte ihn und Maximus veranlassen, den bedrängten Kameraden beizuspringen und zu helfen. Als er nun mit dem Schanzwerk völlig fertig war und Störversuche wirkungsvoll abwehren konnte, ließ er einen zweiten Graben nicht weit hinter dem ersten ausheben und mit Palisaden versehen, außerdem führte er eine Mauer auf, acht Fuß dick und – die Brustwehr nicht eingerechnet – zehn Fuß hoch. In Abständen von je einem Plethron (= 100 Fuß) aber waren Türme über die ganze Länge (auf allen Seiten) hin von ihm errichtet.»

Ein kurzer Blick auf den Plan der beiden Stellungen genügt, um sich von deren Ähnlichkeit zu überzeugen. Die Parallelität der Texte und der Geländegegebenheiten ist offenkundig – ähnliche Topographien und eng verwandte taktische Konzepte. In der Geschichte von Numantia fehlt lediglich die rückwärtige Verteidigungslinie, die dort unnötig war, weil die Belagerten keine Unterstützung von außen erwarteten.

Der Bericht über Alesia ist demnach in diesen Kontext militärischer Traditionen einzureihen. Die wenigen, von uns zi-

Abb. 32 Plan der Schlacht von Numantia (Prov. Soria, Spanien).

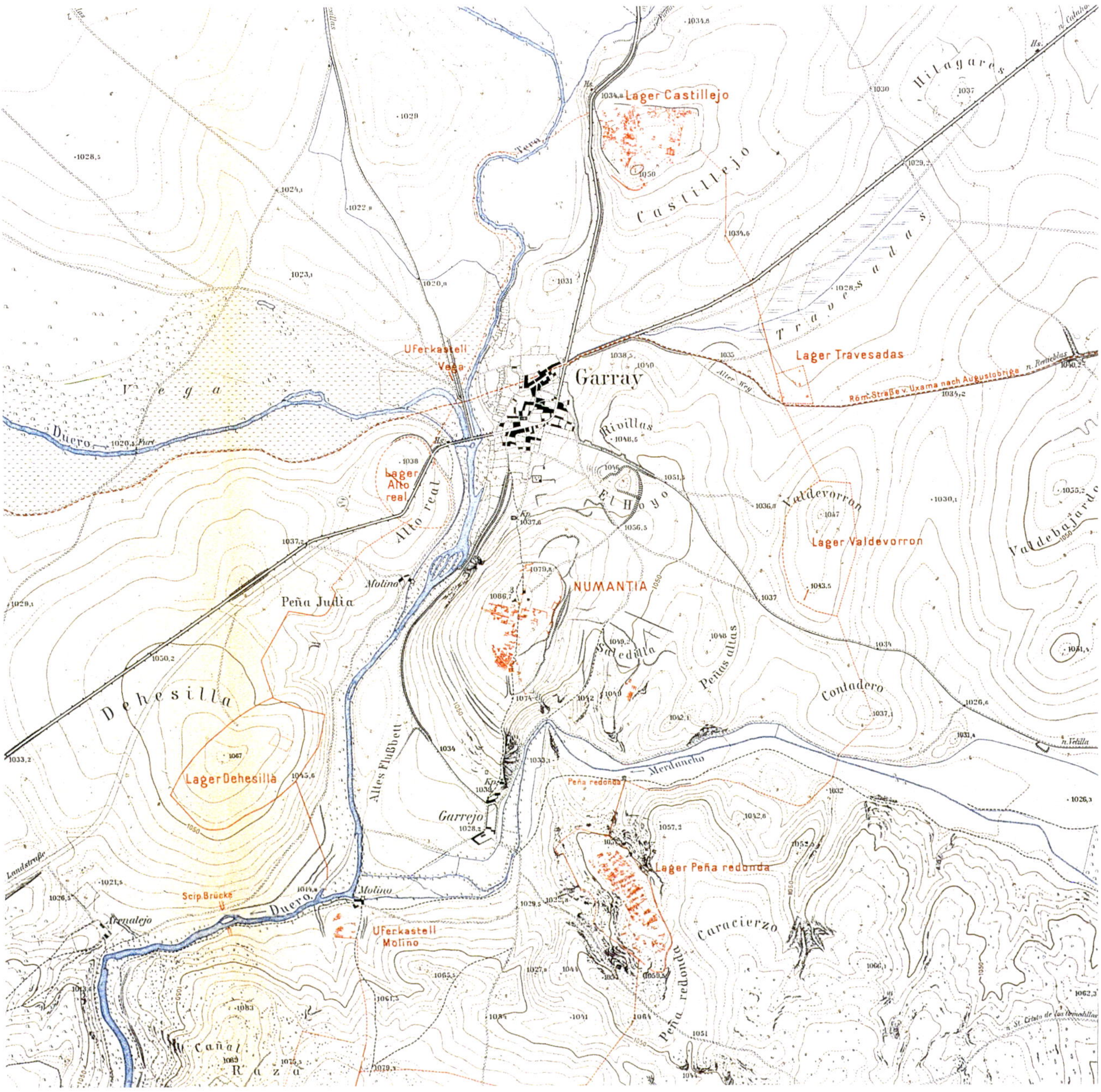

tierten Beispiele mögen genügen, um aufzuzeigen, daß die gesamte caesarische Aufstellung, häufig als Großtat eines außergewöhnlichen militärischen Genies gefeiert, in Wahrheit auf eine jahrhundertealte Praxis zurückzuführen ist, die nach und nach perfektioniert und sowohl von den Griechen wie von den Römern häufig angewandt worden ist. Ein Leichtes ist es, zu belegen, daß dieselben taktischen Konzepte auch nach Alesia verwendet werden: Bei der Belagerung von Perusia 41 v. Chr. nimmt Oktavian eine identische Aufstellung vor (Appian, *bella civilia* V 133); das Beispiel von Jerusalem und insbesondere das von Masada (72–73 n. Chr.) belegen das Fortbestehen dieser belagerungstechnischen Praktiken noch während der Kaiserzeit. Die von Caesar ergriffenen Maßnahmen scheinen somit einem Handbuch der Kriegskunst entlehnt zu sein, dessen Regeln in der vorgeschriebenen Weise zur Anwendung kamen. Einige Episoden, die man für ungewöhnlich hielt und über die – wie die Ausweisung der Mandubier durch Vercingetorix – etwas abenteuerliche moralische Betrachtungen angestellt worden sind, sind im Falle einer Belagerung ganz gewöhnliche Vorsichtsmaßnahmen, die in verschiedenen Berichten immer wiederkehren.

Bedeutet dies, daß Caesar in seinen *Commentarii* die Wirklichkeit verfälschte, indem er sich nach einem literarischen Vorbild richtete? Sicher nicht, denn kein anderes Zeugnis jener Zeit widerspricht der Darstellung des Prokonsuls. Die anderen uns zur Verfügung stehenden Quellen, Plutarch und Cassius Dio, berichten über die Schlacht weitaus weniger detailliert und lassen keinen sinnvollen Vergleich zu, zumal sie wesentlich jünger als die Ereignisse sind. Wir können lediglich sagen, daß der Bericht des Schriftstellers Caesar bestens dem Ruhm des Kriegsherrn Caesar dient, indem er nicht nur dessen Kenntnisse des Kriegshandwerks herausstellt, sondern auch die Großartigkeit seiner Glanztat: Einem zahlenmäßig überlegenen Gegner gegenüber, bedroht von allen Seiten, ist er mindestens so gut wie Scipio Aemilianus, jener berühmte Mann, dessen Andenken und Fähigkeiten Cicero in einem halb politischen, halb philosophischen Werk (*de re publica*) so sehr rühmt, daß er zum Vorbild eines jeden Staatsmannes wird. In dem Augenblick, in dem der Imperator von seinen persönlichen Feinden bedrängt wird, sein Oberkommando niederzulegen, in dem er von diesen Galliern, die ihm seine Eroberung und seinen Ruhm streitig machen, bedroht wird und er sich anschickt, auf der römischen Bühne alles auf eine Karte zu setzen, macht die literarische Inszenierung von Alesia aus Caesar einen neuen Aemilianus. Der Sieg erregte unter den Zeitgenossen sicher großes Aufsehen, das sich noch in dem (procaesarischen) Bericht von Velleius Paterculus niederschlug. In seiner Römischen Geschichte schrieb er um 30 v. Chr.: «Bei Alesia aber geschahen so große Heldentaten, wie sie kaum ein Mensch wagen und eigentlich nur ein Gott vollbringen kann.» (Velleius Paterculus II 47,1).

Abb. 33 Modell der römischen Anlagen zur Umleitung der Quelle von Uxellodunum. Musée des Antiquités Nationales, Saint-Germain-en-Laye.

Caesar hat eine Schlacht, aber nicht den Krieg gewonnen

Die moderne Geschichtsschreibung hat diese Tradition respektiert. Fasziniert vom Duell zwischen Vercingetorix und seinem Besieger, hat man die große Schlacht von Alesia als den entscheidenden Moment der Eroberung angesehen, nach dem alles zusammenbricht. Die Tatsachen in romantischer Hinwendung verdrehend, übernimmt C. Jullian das schöne literarische Konstrukt des Siegers und macht, vielleicht ohne es zu wollen und darin der tiefgründigen Absicht des Siegers folgend, ebenfalls aus Alesia den Höhepunkt des Gallischen Krieges. Das nachfolgende Kapitel seines Buches trägt bezeichnenderweise den Titel «Die letzten Widerstände», so, als ob im Grunde schon alles vorbei gewesen sei.

Doch ist zu diesem Zeitpunkt noch nichts beendet. Anstatt in die Cisalpina zurückzukehren, muß Caesar den Winter in Bibracte verbringen, obwohl die Illyrer gerade dabei sind, Tergeste (Triest) vor den Toren Norditaliens zu erobern. Die Legionen überwintern bei den Sequanern, den Remern, auch in der Belgica, um ein Auge auf die unbeugsamen Bellovaker zu halten, bei den Biturigern und im Südwesten, wo der Aufstand gärt, sowie im Tal der Saône, um den Nachschub zu sichern. Die Lage ist angespannt, wie Hirtius belegt, der fortan anstelle Caesars zur Feder greift: «Nach dem Sieg über ganz Gallien und den ununterbrochenen Feldzügen seit dem Sommer des letzten Jahres wollte Caesar seinen Soldaten in der Ruhe der Winterquartiere Erholung von den schweren Strapazen gönnen, erfuhr jedoch, daß mehrere Stämme gleichzeitig von neuem Kriegspläne schmiedeten und Verschwörungen anzettelten. Als wahrscheinlicher Grund dafür verlautete, alle Gallier wüßten zwar, man könne den Römern mit keiner noch so großen versammelten Masse widerstehen; schlügen jedoch mehrere Stämme an räumlich weit auseinanderliegenden Orten gleichzeitig los, so besitze das römische Heer nicht genug Hilfsmittel, Raumdeckung und Streitkräfte, um überall einzugreifen; es dürfe sich aber kein betroffener Stamm sträuben, das Unglück einer Niederlage zu ertragen, wenn alle anderen mit dieser hinhaltenden Taktik die Freiheit gewinnen könnten.» (Caesar, *de bello Gallico* VIII 1)

Das Jahr 51 v. Chr. wurde in der Tat mindestens so schrecklich wie das vorausgegangene: zunächst der Feldzug gegen die Bituriger, dann über mehrere Monate hinweg ein richtiger Krieg gegen die Bellovaker; Labienus mußte die Treverer unterwerfen; die Völker im Westen erhoben sich; schließlich verlagerte sich der Krieg zu den Kadurkern, denn die letzten Aufständischen waren nach Uxellodunum (Le Puy d'Issolud) geflohen, wo sie ebenso erbitterten wie verzweifelten Widerstand leisteten (Abb. 34). Caesar mußte sich persönlich dorthin be-

Abb. 34
Plan von Uxellodunum aus dem Atlas Napoleons III.

Ein großer Feldherr beurteilt einen anderen – Napoleon I. als Leser von Caesar

Auf St. Helena diktierte Napoleon seinem Kammerdiener Marchand einige der Überlegungen, zu denen ihn der Bericht über den Gallischen Krieg inspiriert hatte. Sein Urteil ist wie gewöhnlich scharf. Es ist umso interessanter, als es einen Einblick in die Denk- und Betrachtungsweise eines Militärs der damaligen Zeit erlaubt, wie dieser den antiken Krieg einerseits vor der Mechanisierung der modernen Armeen, andererseits nach der Erfindung des Schießpulvers beurteilte.

Buch V: «Warum ist nun eine so weise, an großen Erfolgen so fruchtbare Regel [die allabendliche Einrichtung eines verschanzten Lagers] von den Feldherrn der neuern Zeit ganz aufgegeben? Weil das Wesen der Offensivwaffen ein ganz anderes geworden ist. Die vornehmsten Waffen der Alten waren die Handwaffen; mit seinem kurzen Schwerte hat der Legionssoldat die Welt unterworfen, mit der macedonischen Pike hat Alexander Asien erobert. Die Hauptwaffe der heutigen Heere ist die Wurfwaffe, die Flinte, die Waffe, die weit über allen menschlichen Erfindungen der Art steht: keine Defensivwaffe vermag dagegen zu schützen, Schilde, Panzerhemden, Kürasse wurden als nutzlos aufgegeben. Mit diesem furchtbaren Werkzeug kann ein Soldat in einer Viertelstunde 60 Mann verwunden oder tödten; an Patronen fehlt es ihm nie, wiegen sie doch blos sechs Quent [alt. Gewichtseinheit]; die Kugel fliegt fünfhundert Toisen weit, sie ist gefährlich auf hundertundzwanzig, höchst mörderisch auf 90 Toisen [alt. Längenmaß].

Damit, daß die Alten Schwert oder Pike als Hauptwaffe hatten, war ihre gewöhnliche Stellung die tiefe Schlachtordnung. Die Legion und die Phalanx mochten angegriffen werden, von welcher Seite sie wollten, von der Front, in der rechten oder in der linken Flanke, überall boten sie die Spitze ohne irgendeinen Nachtheil; sie konnten sich auf beschränktem Raume lagern, um mit Befestigung des Umfangs weniger Mühe zu haben und das Lager vom kleinstmöglichen Detaschement bewachen zu lassen. Ein consularisches Heer, sammt den leichten Truppen und den Hülfsvölkern, 24 000 Mann zu Fuß, 1800 Pferde, im Ganzen gegen 30 000 Mann stark, lagerte in einem Viereck von 330 Toisen Seite, 1344 Toisen im Umfang, 21 Mann auf die Toise; jeder Mann trug drei Pfähle, also kamen 63 Pfähle auf die laufende Toise. Der Flächeninhalt des Lagers war 11 000 Quadrattoisen: drei eine halbe Toise auf den Mann, wenn man nur zwei Drittheile der Mannschaft rechnet, weil dieß bei der Arbeit 14 Arbeiter auf die laufende Toise gibt: wenn jeder nur dreißig Minuten arbeitete, so war das Lager befestigt und gehörig gedeckt.

Damit, daß die Hauptwaffe der Neuern die Wurfwaffe ist, muß ihre gewöhnliche Stellung die breite Schlachtordnung seyn, weil sie nur bei dieser alle ihre Wurfmaschinen spielen lassen können. Da diese Waffen sehr weit reichen, so liegt der Hauptvortheil bei den Neuern in der Stellung, die man nimmt.»

Buch VII: «In diesem Feldzug lieferte Cäsar mehrere Schlachten und führte drei große Belagerungen, wovon zwei zum Ziele führten; zum erstenmal hatte er es mit den vereinigten Galliern zu thun. Ihre Entschlossenheit, das Talent ihres Feldherrn Vercingetorix, die Stärke ihres Heers, Alles dieß macht diesen Feldzug zu einem glorreichen für die Römer. Sie hatten zehn Legionen, und mit der Reiterei, den Hülfsvölkern, den Germanen und den leichten Truppen machte dieß ein Heer von 80 000 Mann. Das Benehmen der Einwohner von Bourges, Clermont, Alise, und des Hülfsheers zeugt eben so wohl von der Entschlossenheit und dem Muthe der Gallier, als von ihrer Ohnmacht in Folge des Mangels an Ordnung, Kriegszucht und militärischer Haltung.

Ist es aber wahr, daß sich Vercingetorix mit 80 000 Mann

geben, um – dank der militärischen Kunst seiner Legionen – den Ort einzunehmen (Abb. 33). Den Rebellen ließ er die Hände abschlagen. Die Niederschlagung war grauenhaft – zahllose Massaker und unfaßbare Plünderungen.

Dieses Mal war ganz Gallien besiegt

Auch befriedet? Noch nicht, denn Caesar mußte erneut bei den Belgern, in Nemetocenna (Arras), überwintern und dies zu einer Zeit, in der seine Anwesenheit in Italien so notwendig gewesen wäre. Obwohl er Anfang 51 v. Chr. dank des – trotz allem – immer noch getreuen Pompeius im alten Bündnis eine Galgenfrist erhalten hatte, wußte Caesar, daß er sein Oberkommando werde abgeben müssen. Er strebte nach einem zweiten Konsulat, wollte sich aber nicht als einfacher, seiner militärischen Macht beraubter Kandidat präsentieren. Dies hätte bedeutet, sich kampflos seinen Feinden auszuliefern, die in Rom von Tag zu Tag aktiver wurden. Während des Winters 51/50 v. Chr. war die Situation in Gallien nicht gerade glänzend, wenngleich keine großen Operationen stattfanden, wie uns Hirtius berichtet: «Während Caesar in Belgium überwinterte, war sein einziges Ziel, die Freundschaft mit allen Stämmen zu erhalten und bei niemandem die Hoffnung auf einen Krieg zu erwecken oder Anlaß dafür zu geben. Ihm lag nämlich sehr daran, bei seinem Weggang nicht einen Krieg zurückzulassen, den ganz Gallien mit Freuden ohne augenblickliche Gefahr aufgriffe. So richtete er ehrenvolle Appelle in die nur mittelmäßige Stadt eingeschlossen? Er schickt seine Reiterei weg, warum nicht zugleich drei Viertheile seines Fußvolks? 20 000 Mann waren übrig genug zur Verstärkung der Besatzung von Alise, das auf einer, 3000 Toisen im Umfang messenden Landhöhe liegt und überdieß eine zahlreiche kriegerische Bevölkerung hatte. Der Platz hatte nur auf dreißig Tage Lebensmittel; wozu also so viele Menschen darin einsperren, die zur Vertheidigung unnöthig waren und nur die Uebergabe beschleunigten? Alise war ein von Natur fester Platz, es hatte nur den Hunger zu fürchten. Behielt Vercingetorix statt 80 000 nur 20 000, so hatte er auf 120 Tage Lebensmittel, während 60 000 Mann im freien Felde die Belagerer beunruhigten. Es brauchte über 50 Tage, bis ein neues gallisches Heer auf den Beinen war und dem Platz zu Hülfe kommen konnte. Endlich, wenn Vercingetorix wirklich 80 000 Mann hatte, ist es zu glauben, daß er sich in die Ringmauern einschloß? Er hätte sich außerhalb seitwärts festgesetzt und wäre in verschanztem Lager stehengeblieben, um jeden Augenblick debouchiren und Cäsarn angreifen zu können. Das Hülfsheer war nach Cäsar 240 000 Mann stark: es lagert sich nicht, es manövrirt nicht wie ein dem Feind so weit überlegenes, sondern wie ein gleich starkes Heer. Nach zwei Angriffen entsendet es 60 000 Mann, die nördliche Höhe anzugreifen; dieses Detaschement wird geschlagen, deßhalb brauchte sich aber das Heer nicht in Unordnung zurückzuziehen. Cäsars Werke waren sehr bedeutend; das Heer hatte dazu 40 Tage vor sich, und die Offensivwaffen der Gallier waren nicht im Stande, dergleichen Hindernisse wegzuräumen. Ließe sich heutzutage ein ähnliches Problem lösen? könnten 100 000 Mann einen Platz mittelst Contravallationslinien blokiren und sich gegen den Angriff von 100 000 Mann hinter der Circumvallation schützen?»

Bürgerkrieg: «Betrachtet man aufmerksam die Werke, welche beide Heere bei Dyrrachium und Cäsar vor Alise errichteten, versetzt man zwei neuere Heere in dieselbe Lage, so drängt sich einem der Unterschied zwischen beiden Arten Krieg zu führen sogleich auf. Vor Alise legt Cäsar mit 80 000 Mann eine doppelte Circumvallationslinie an; er schließt ein gleich starkes Heer ein und deckt das seinige durch eine Contravallation von fünf, sechs Lienes im Umfang gegen mehr als 200 000 Mann. Es leuchtet ein, daß er ohne diese Feldschanzen einen Angriff nicht hätte aushalten können; er nützt aber die 40 Tage, die er bis zu Ankunft des Hülfsheers vor sich hat, um sich durch Gräben, Wälle, Wolfsgruben und dergleichen zu decken, und ist sofort unbezwinglich. Wenn nun ein neueres Heer, seine Organisation der der römischen Heere gleich angenommen, innerhalb 40 Tagen auch noch so bedeutende Werke aufwürfe, so würden diese Vortheile gleich zu nichte, wenn der angreifende Theil an Geschütz sehr überlegen wäre; das Geschütz des Heers innerhalb der Linien zerstreute sich nach allen Seiten, während das Geschütz des Hülfsheers am Hauptangriffspunkt beisammen wäre, abgerechnet, was man zu den falschen Angriffen brauchte; das Geschütz des Heers innerhalb der Linien würde sofort durch die große Ueberlegenheit des Angreifenden zum Schweigen gebracht, und benützte dieser nun einen beherrschenden Punkt, beschösse er geradeaus oder von der Seite, sein Heer, gedeckt durch zahlreiches Geschütz, brauchte nur die Gräben, Wolfsgruben u. s. w. mit Faschinen [Reisigbündel] zu füllen und Treppen in die Linien zu schneiden. Diesen Vortheil hatten die Alten nicht, weil ihre Wurfgeschoße zu unbedeutend, und blanke Waffen ihre Hauptwehr waren; damit blieb das künstliche Hinderniß in seiner vollen Stärke.»

an die Stämme, sandte ihren führenden Männern großartige Geschenke, legte keine neuen Lasten auf und konnte so Gallien, das durch viele Niederlagen erschöpft war und die Abhängigkeit nun erträglicher fand, leicht in Ruhe halten.» (Caesar, *de bello Gallico* VIII 49)

Diese versöhnlichere Politik scheint Früchte getragen zu haben. Caesar konnte sich für einen Augenblick frei machen, um in die Cisalpina zurückzukehren, bevor er «in aller Eile» nach Nemetocenna aufbrach, um dort einen weiteren Winter (50/49 v. Chr.) zu verbringen und bei den Treverern eine Demonstration der Stärke abzuhalten. Gerade jetzt verlangte der Senat von ihm, zwei Legionen zurückzugeben, Vorzeichen einer veritablen Kriegserklärung, die nicht lange auf sich warten lassen sollte. Gallien wurde für den nun mit Gold und Ruhm bedeckten Caesar zweitrangig; er zögerte noch, aber man war nicht mehr weit vom Rubikon entfernt.

Trotzdem bleibt Gallien bis in augusteische Zeit unruhig. Die wenigen Quellen, die uns zur Verfügung stehen, lassen eine verworrene Situation erkennen: Im Jahr 46 v. Chr. mußte Didius Iunius Brutus Albinus, Legat Caesars, erneut einen Feldzug gegen die Bellovaker führen; verschiedene Zuckungen waren noch bis in die 20er Jahre spürbar, vor allem bei den Belgern und in Aquitanien. Insgesamt hatte der römische Sieg von Alesia zwar das Scheitern eines gemeinsamen Kommandos und des organisierten Aufstandes besiegelt, bedeutete aber nicht das Ende des Krieges, noch weniger die Befriedung und schon gar nicht die Romanisierung eines Landes, das erst 30 Jahre später begann, wirklich verwaltet zu werden.

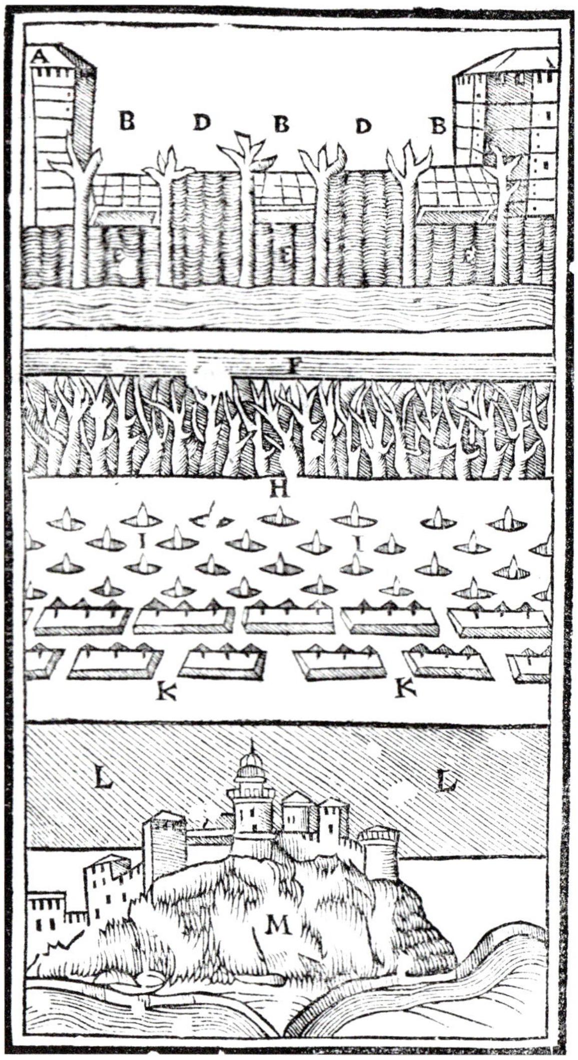

Abb. 35 Stich mit idealisierter Darstellung der Schanzwerke von Alesia in einer der ersten gedruckten Caesar-Ausgaben (1544).

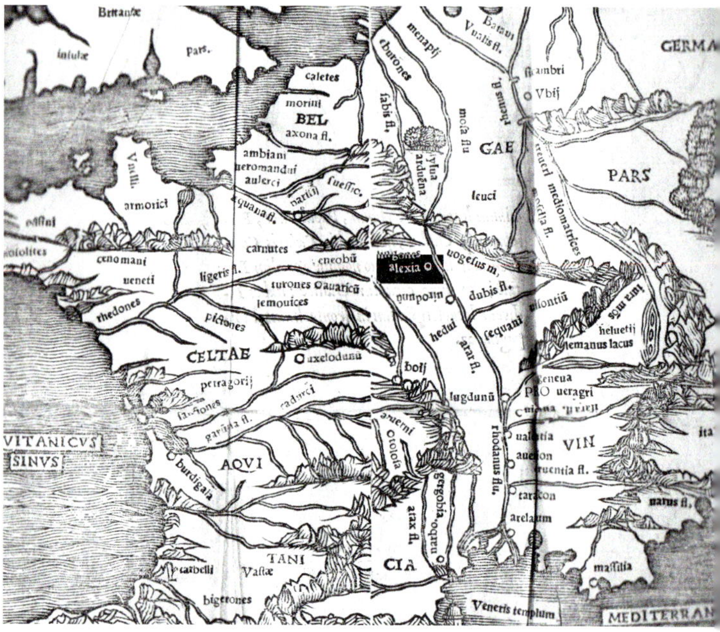

Abb. 36 Karte Galliens in einer der ersten gedruckten Caesar-Ausgaben (1549). Der Ort «Alexia» ist westlich der Saône und südlich des Gebietes der Lingonen eingetragen (= Alise-Sainte-Reine).

Auf der Suche nach Alesia: Die Überlieferung

Napoleon III. hat, im Gegensatz zu dem, was allzu häufig angenommen wird, die Lokalisierung Alesias keineswegs «erfunden». Seit dem Hochmittelalter wird in der Tat Alise-Sainte-Reine bei Montbard (Côte-d'Or) von den Gelehrten, den Humanisten der Renaissance, wie auch von allen Altertumsfreunden für Alesia gehalten – und zwar wegen der sicherlich verwirrenden Toponymie, aber auch basierend auf einer sehr alten Tradition.

Denn aus dem Wort «Alesia» ist die Gebietsbezeichnung, der mittelalterliche *pagus Alesiensis*, das spätere «pays d'Auxois» hervorgegangen. In der 1. Hälfte des 5. Jhs. n. Chr. weilte der heilige Germanus, Bischof von Auxerre, in Alesia, wo damals eine Basilika die Reliquien der Sainte Reine barg, einer Einheimischen und späteren Patronin der Region. Dies bezeugen mehrere hagiographische Texte, von denen die ältesten in die Zeit von 450–495 n. Chr. zurückreichen. Damals gehörte Alise zur Diozöse Autun, denn das Bistum Dijon wurde nicht vor dem 18. Jh. geschaffen. Um die Mitte des 8. Jhs. wurde das nahe der Basilika errichtete Kloster der Abtei von Flavigny unterstellt; dorthin wurden am 22. März 865 die Reliquien der Heiligen unter dem Jubel einer großen Menschenmenge verbracht. Etwa zur selben Zeit dichtete

Héri, Mönch von Saint-Germain d'Auxerre, seine Verse über das Leben des heiligen Bischofs, in denen er auch an den Eroberer Galliens erinnerte:
«Auch du, Alesia, deren Schicksal von den Armeen Caesars besiegelt,
vergeblich weigerte ich mich, dich in meinen Versen zu rühmen,
dich, von der man sagt, deinen Namen erhalten zu haben,
weil du deine Bewohner mit vortrefflichem Brot nährst,
Beschützerin der Grenzen der Häduerlande,
Caesar überfiel dich einst in einem schrecklichen Kampf
und mit Mühe hielt er die römischen Scharen in einer ungleichen Schlacht,
erfuhr, wozu Gallien fähig war,
gerüstet zur Verteidigung seiner Unabhängigkeit.
Nur Überreste sind von diesem antiken Castrum geblieben ...»

Es ist durchaus möglich, daß diese Verse Frucht der Wiederentdeckung des Textes über den Gallischen Krieg sind. Denn in der 1. Hälfte des 9. Jhs. hatte Loup, Abt von Ferrières-en-Gâtinais und Schüler des Rabanus Maurus in Fulda, vom Werk Caesars Kenntnis erhalten durch ein Exemplar, dessen sich Eginhard bedient hatte. Damals waren Kopien eine Seltenheit und antike Texte schon zum Großteil verschollen. Nach Gallien zurückgekehrt, hatte Loup Héri zum Schüler; zwischen 841 – 847 teilte er seinem Bruder in einem Brief seine Kenntnis des *Bellum Gallicum* mit. Man kann demnach nicht ausschließen, daß die Gleichsetzung des caesarischen Alesia mit dem mittelalterlichen Alise Ergebnis einer gelehrten Interpretation ist, wie wir sie auch von anderen Beispielen kennen. Dennoch ist nicht wirklich sicher, ob es sich hier um eine Erfindung oder um eine Mischung aus Gelehrsamkeit und mündlicher antiker Überlieferung handelt.

Jedenfalls wurde später die Identität der beiden Orte nicht angefochten. Im Bericht zur Überführung der Reliquien der Sainte Reine, der zeitgenössischen Dokumenten zufolge wahrscheinlich im Laufe des 11. Jhs. verfaßt wurde, wird die Identifizierung von Alesia/Alise nicht in Zweifel gezogen. In seiner Chronik über die Belagerung von Montecatini, die in der 1. Hälfte des 14. Jhs. geschrieben wurde, bestätigt der Florentiner Giovanni Villani, der zuvor Frankreich bereist hatte: «Es ist sicher, daß die Wallgräben und Sperranlagen, die – wie man liest – Iulius Caesar am Kastell von Alise im Burgund errichtet hat, und deren Umwallung man heute noch sieht, nicht mächtiger und größer waren als jene, die die Florentiner um Montecatini gebaut haben.»

Die ersten Caesar-Editionen des 16. Jhs. sind mit Tafeln illustriert, die die römischen Schanzwerke zeigen – rekonstruiert nach dem Text Caesars. Alesia erscheint als Renaissancestadt auf dem Gipfel eines Felsens (Abb. 35. 37). Interessant ist jedoch die Feststellung, daß auf einer 1549 herausgegebenen Karte Galliens, die einer dieser Ausgaben beigefügt ist, die Hauptstadt der Mandubier im Burgund, südlich des Gebietes der Lingonen, erscheint (Abb. 36). Im allgemeinen lokalisierte man demnach die große Schlacht der Gallier im Burgund, wenngleich man auch auf seltene Ausnahmen stößt: So

Abb. 37
Idealisierte Darstellung von Alesia in der von Justus Lipsius herausgegebenen Caesar-Ausgabe (16. Jh.).

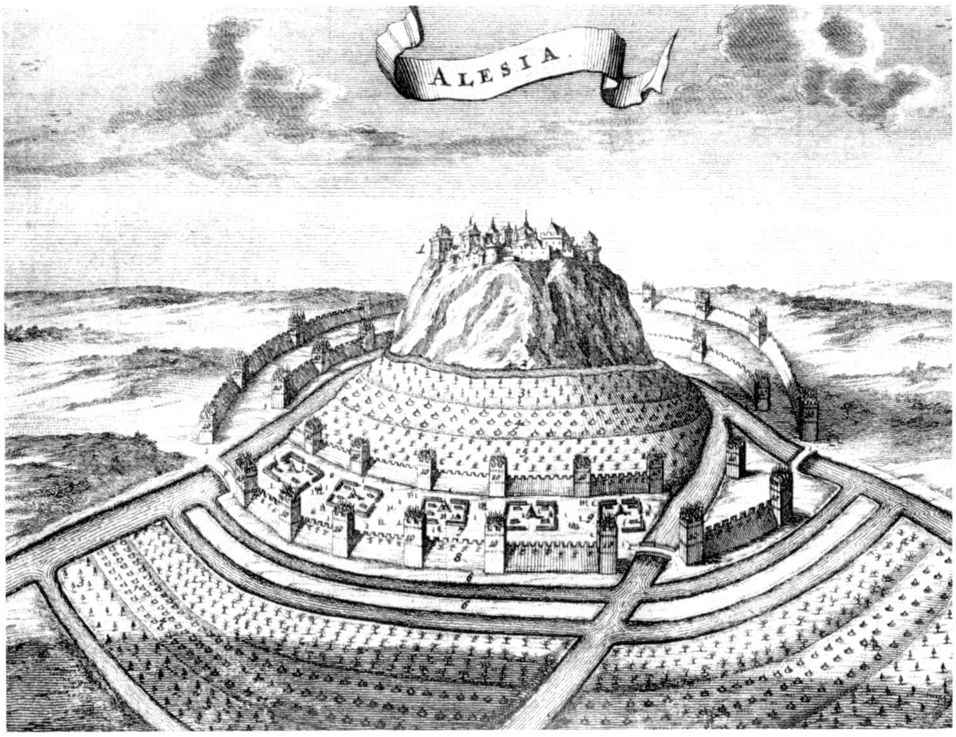

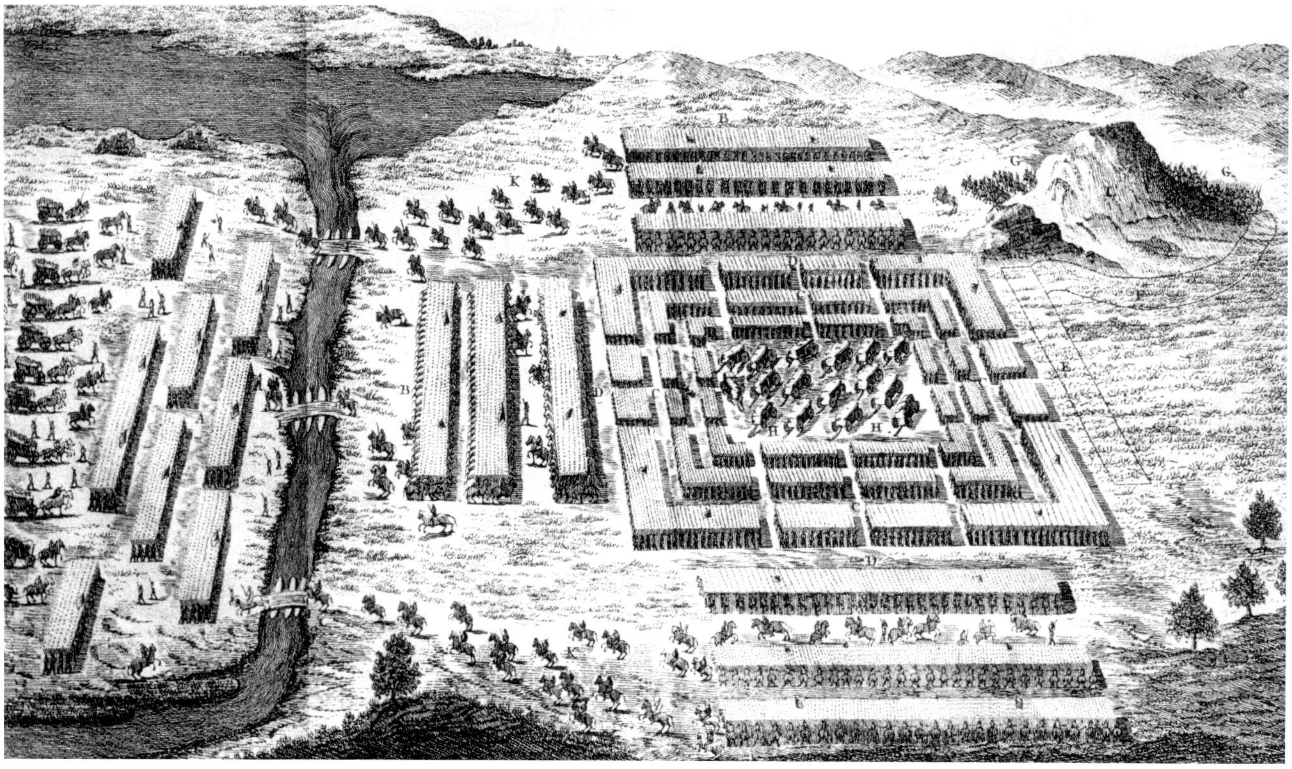

Abb. 38 Die Schlachtordnung bei Alesia, nach dem «Poliorceticon» (Belagerungshandbuch) von Justus Lipsius (16. Jh.).

verlangte ein gewisser Jean-Pierre des Ours de Mandajors, Alesia nach Alès im Languedoc zu verlegen. Das schien den meisten zu verwegen.

Es folgt das Jahrhundert der Aufklärung mit seinem sehr modernen Bemühen, nach objektiven Tatsachen zu urteilen und sich nicht mehr mit gewissen Vorstellungswelten zufrieden zu geben. In seiner *Notice de la Gaule* zeichnet J. B. Bourguignon d'Anville 1760 nach dem Kenntnisstand seiner Zeit eine sehr genaue Karte der gallischen Städte. Diese Darstellung fußt bereits auf dem Gedanken, daß die mittelalterlichen Diözesen recht zuverlässig die gallorömischen *civitates* widerspiegeln, die ihrerseits die Siedlungsstrukturen der keltischen Stämme beerben. Die Mandubier sind dort ausdrücklich im Auxois rund um Alise-Sainte-Reine/Alesia lokalisiert. Hierzu schreibt d'Anville: «Die Belagerung von Alesia durch Caesar, deren Gelingen den Römern die Herrschaft über Gallien sicherte, hat diese Stadt sehr berühmt gemacht.» (Abb. 38). Die Operationen dieser sagenhaften Belagerung, bei der Caesar sich von ganz Gallien umschlossen sah, das sich gegen Rom verbündet hatte, um seine Freiheit wiederzuerlangen, sind sehr detailliert in den *Eclaircissements géographiques sur l'ancienne Gaule* [*Geographische Erläuterungen zum alten Gallien*] beschrieben, einem weiteren größeren Werk von d'Anville, das 1741 erschienen ist. Dieser Beschreibung ist ein Plan beigegeben, der die Örtlichkeit von Alesia und seiner Umgebung realistisch wiedergibt und nicht von althergebrachten Vorstellungen getragen wird. Dieser Plan wurde von dem Benediktiner D. Jourdain aufgenommen, der sich neben seinen eigentlichen beruflichen Qualitäten durch umfassende Kenntnisse und wissenschaftlichen Fähigkeiten auszeichnete (Abb. 39). Die Übereinstimmung zwischen den örtlichen Gegebenheiten und den Umständen der Belagerung, wie sie im siebten Buch der *Commentarii* beschrieben sind, läßt keinen Zweifel darüber aufkommen, daß Alise, oder besser der Gipfel des Mont-Auxois, der Standort Alesias ist. Wenngleich die Auffassung, daß Alise ein Überrest von Alesia sein könnte, nicht völlig neu war, hatte sie jedoch nie den Grad an Deutlichkeit und Gewißheit erlangt, wie ihn nun der eingehende Vergleich zwischen der Örtlichkeit und den Geschehnissen erbrachte. Alesia gehörte den Mandubiern, die von den Häduern abhängig waren; und wie Diodor berichtet, soll Herkules bei seiner Rückkehr aus Iberien diese Stadt gegründet haben. Dies ist ebenso falsch wie die Schreibung Alexia in einigen Ausgaben der *Commentarii*. In den ältesten Manuskripten ist Alesia zu lesen, ebenso bei Strabon, Plinius, Florus, Plutarch, Polyainos und Cassius Dio. Während Florus angibt, Caesar habe Alesia zerstört, beweisen die Überreste mehrerer römischer Straßen, die auf die Stadt zulaufen, daß sie noch in der Kaiserzeit florierte Plinius teilt uns mit, daß man hier Verzierungen von Pferdeschirrungen versilberte. Doch im 9. Jh. verfiel Alise, wie der Mönch Erric, der das Leben des Hl. Germanus von Auxerre in Versen niederschrieb, berichtet:

Nunc restant veteris tantum vestigia castri
(«Es bleiben nur Trümmer von diesem antiken Castrum»)

«Wegen der Reliquien der Sainte Reine, die in Alise seit der Zeit unseres ersten Königsgeschlechts verehrt wurden, ist dort ein Marktflecken mit dem Namen der Heiligen bestehen geblieben. Die alte Würde von Alise ist durch den Namen *pagus Alisiensis* wachgehalten worden. Den liest man im Leben des Hl. Germanus von Paris, das gegen Ende des 6. Jhs. n. Chr. von Fortunatus niedergeschrieben worden ist, in späteren Akten auch Alsinsis, und er ist diesem Landstrich, der vermutlich zum Territorium der Mandubier gehörte, deren Hauptstadt Alesia war, erhalten geblieben. Auch der Name der Region, das Auxois, ist von der ursprünglichen Bezeichnung abgeleitet, ebenso der Berg, der Mont-Auxois, auf dem Alesia sich befand.» Die Grundzüge moderner historischer Forschung sind in diesem Text d'Anvilles bereits erkennbar. Er begnügt sich nicht mehr mit der Wiedergabe althergebrachter Meinungen, sondern sucht mittels wohlüberlegter Quellenkritik und direkter Erkundung der Örtlichkeit die Übereinstimmung von Topographie und Texten herzustellen.

Alise war seinerzeit berühmt für seine Heilwasser, deren

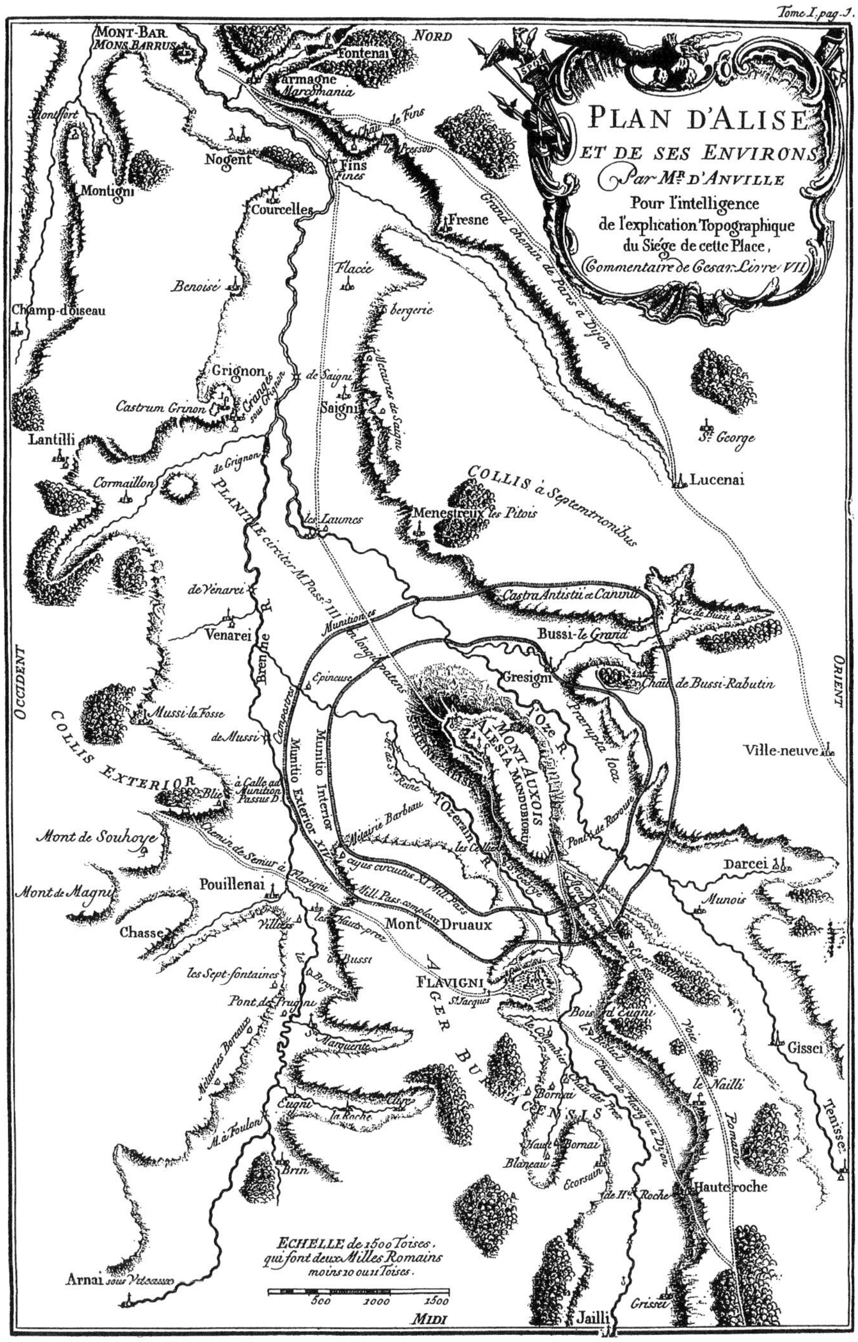

Abb. 39
Plan von Alise, aufgenommen von D. Jourdain, veröffentlicht 1741 von J.-B. Bourguignon d'Anville.

Plinius der Ältere und die Schmiede von Alesia

«Das weiße Blei wird nach einer Erfindung der gallischen Provinzen zum Überziehen von kupfernen Gegenständen so verwendet, daß man Mühe hat, es vom Silber zu unterscheiden; man nennt diese (Gegenstände) *incoctilia*. Später begann man auch in der Stadt Alesia, auf ähnliche Weise mit Silber zu überziehen, vor allem die Verzierungen der Pferde und Saumtiere und der Joche; übrigens gebührt den Biturigen der Ruhm der Erfindung.»
(Plinius d. Ä., *naturalis historia* XXXIV 162–163)

guter Ruf bestimmt bis in keltische Zeit zurückreicht, wie dies in Gallien keine Seltenheit ist. Bedeutende Persönlichkeiten, so die Prinzessin de Conti und der ehemalige König Polens, wallfahrten dorthin, um «von dem Wasser zu nehmen». 1659 wurde ein Hospiz zur Unterbringung der Kranken gegründet, und es entwickelte sich ein blühender Handel mit dem «Wasser aus Alise», der – dank des Transports durch die Flußschiffer der Seine – bis Anfang des 20. Jhs. andauerte. Königin Anna von Österreich, Mutter Ludwigs XIV., verwendete das Wasser ebenfalls zu Heilzwecken.

Das Studium der Feldzüge Caesars, besonders der Belagerung Alesias, bot auch den Militärs reichlich Stoff. So veröffentlichte 1785 Generalleutnant L. Turpin de Crissé seine *Commentaires de César traduits du latin avec des notes historiques, critiques et militaires* [*Commentarii von Caesar, aus dem Lateinischen übersetzt mit historischen, kritischen und militärischen Erläuterungen*]. Selbst Napoleon I. diktierte im tiefsten Exil Marchand seine Gedanken, die vom Gallischen Krieg inspiriert waren. 1839 schrieb Dumesnil, Chef der Stabsschwadron, für *Le spectateur militaire* eine *Notiz über Alesia*, zu der er angeregt wurde durch einen unveröffentlichten Aufsatz des jungen Leutnants Charles Le Bris.

In dasselbe Jahr gehört die phantastische Entdeckung der längsten, in Stein gehauenen Inschrift in gallischer Sprache, die die Identifizierung der Örtlichkeit mit Alesia direkt bestätigt (Abb. 40). Es handelt sich um eine in lateinischer Schrift – zu Zeiten ihrer Unabhängigkeit bevorzugten die Kelten das griechische Alphabet – verfaßte Weihung aus der Kaiserzeit, die an Ucuetis, einen der Hauptgötter Alesias und Schutzgott der Schmiede, gerichtet ist. Inzwischen ist sein Heiligtum entdeckt und ausgegraben worden. Da man zum Zeitpunkt der Entdeckung kaum Kenntnisse von der gallischen Sprache hatte, verstand man nur den Anfang und das Ende der Inschrift. Bis heute ist man sich, trotz der Fortschritte moderner Sprachwissenschaft, der exakten Übersetzung nicht ganz sicher, wenngleich der Inhalt im wesentlichen mittlerweile bekannt ist. Der Text besagt etwa folgendes: «Martialis, Sohn des Dannotalis, hat diese Krypta (?) für Ucuetis gegeben, mit den (oder: für die) Schmiede(n), die [die Statue des] Ucuetis in Alisiia gefertigt haben.» Wegen ihrer Unverständlichkeit konnte man die Inschrift damals nicht mit dem berühmten Text in Verbindung bringen, in dem Plinius der Ältere über die Arbeitsweise der Bronzeschmiede von Alesia im 1. Jh. n. Chr. berichtet. Und erst recht konnten damals spätere archäologische Entdeckungen nicht berücksichtigt werden, die erst umfassend die Bedeutung der metallurgischen Aktivitäten, mit denen die Mandubier sowohl zu Zeiten ihrer Unabhängigkeit als auch in der Kaiserzeit ihr Vermögen machten, bestätigt haben. Immerhin hatte man eine Eintrittsmarke für das Theater mit der Aufschrift ALI(sienses) gefunden. Man glaubte zwar fälschlich, es handele sich um eine Münze, doch ist die Identifizierung mit den Einwohnern von Alesia über jeden Zweifel erhaben.

Abb. 40 Die von Martialis dem Gott Ucuetis geweihte Inschrift, auf der der Name Alesia erscheint (CIL XIII, 2880). Musée municipal d'Alise-Sainte-Reine.

Abb. 41 Gemälde von François Ehrmann, «Vercingetorix ruft die Gallier zur Verteidigung von Alaise auf» (1869). Musée des Beaux-Arts, Clermont-Ferrand.

Auf der Suche nach Alesia: Neue Hypothesen

Heute mag es paradox erscheinen, daß sich bis zu Beginn des 19. Jhs. niemand für die Person des Vercingetorix interessierte. Wenn man einen berühmten Gallier benennen wollte, so dachte man an Brennus, der Rom eingenommen und geplündert hatte. Zu Zeiten des Ancien Régime begann die Geschichte Frankreichs in der Regel mit den Franken, den Begründern der Monarchie. Die Kelten dagegen spielten überhaupt keine Rolle, außer bei einigen wenigen Gelehrten: Sie gehörten zu den Barbarenvölkern, waren von Caesar, dessen Feldzüge man wie am Modell studierte, erobert worden, und nur diesem galt die Bewunderung der Gebildeten. Damals stellte sich die Frage nicht, den gallischen Aufstand unter dem Oberbefehl des Vercingetorix als ein herausragendes historisches Ereignis und diesen als Gründer einer nationalen Identität zu interpretieren. Gegen Ende des 18. Jhs. indessen und zu Beginn der Romantik begannen die Kelten, gewisse Erfolge zu verzeichnen. Dabei wußte man nicht, daß die «druidischen Denkmäler», Dolmen, Menhire, «Allées Couvertes» und Steinsetzungen von Carnac nichts mit den Galliern zu tun hatten. Chateaubriand setzte in seinen *Martyrs* eine schöne junge Druidin namens Veleda in Szene, die die Leser mit ihrem Charme betörte und wesentlich dazu beitrug, das Thema Kelten populär zu machen. Als man 1816 den Pont-Neuf in Paris mit 16 Statuen schmückte, die den nationalen Ruhm und Stolz darstellen sollten, war Vercingetorix nicht dabei. Noch 1833 richtete Michelet in seiner *Histoire de France* sein Augenmerk nur auf den römischen Feldherrn und erwähnte «den Vercingetorix» nur nebenbei; für ihn war das Wort kein Eigenname, sondern ein Titel. Der Begriff des gallischen Patriotismus taucht in seinem Werk, wenn er sein Bild dieser fernen Zeit zeichnet, nicht auf. Weitaus später wurde nach Michelet – infolge eines vielschichtigen ethnischen Prozesses – Frankreich mit seiner eigenen geistigen Kultur geboren.

Es blieb anderen, heute vergessenen Schriftstellern vorbehalten, Vercingetorix zu «popularisieren» und mit ihm den Mythos des «gallischen Vaterlandes» zu erfinden, dessen Symbole Gergovia und Alesia werden. Da ist zunächst Amédée Thierry, der Bruder des besser bekannten Augustin. Er veröffentlicht ab 1828 (also fünf Jahre vor Michelet) eine glänzende, kolorierte und romantisch verbrämte *Histoire des Gaulois*: Da ist nun der junge, hochgewachsene Anführer, stolz und martialisch, von edlem Herz, ein entschlossener Patriot, zu allen Opfern bereit. Ein echter romantischer Held. In seiner Schlußfolgerung beteuert Amédée Thierry die genetische Verbindung zwischen Gallien und Frankreich und umreißt gewissermaßen die unvergänglichen «Züge» des «Nationalcharakters»: «Abkömmlinge der Soldaten des Brennus und des Vercingetorix, Bürger von Carnuntum und Gergovia, Räte von Durocortorum und Bibracte, tragen wir nichts mehr von unseren Vätern in uns? Dieser Typus, der die ersten Generationen so stark prägte, hat ihn die Zeit bei den nachfolgenden ausgelöscht? Volk moderner Gesellschaften, hat die Zivilisation, diese Zierde der Menschengeschlechter, sich ebenso gewandelt, wie sie den «Alten Adam» [den ursprünglichen Menschen] im Laufe der Zeit vollständig veränderte? Und wenn wir uns in mancher dieser Krisen recht prüfen, in der die Völker, alle sozialen Konventionen hinter sich lassend, sich sozusagen in der Nackheit ihrer Natur wieder zeigen, ist es da unmöglich, irgendein Zeichen dieser Ähnlichkeit von Tugend und Laster zu entdecken? Ich weiß nicht, aber als ich die Berichte dieses umfassenden Werkes entwarf, habe ich mehr als ein Mal vor innerlicher Bewegung innegehalten; mehr als ein Mal habe ich geglaubt, vor meinen Augen das Bild der Menschen vorbeiziehen zu sehen, die aus uns hervorgegangen sind; und ich kam zu dem Schluß, daß unsere guten wie schlechten Anlagen keineswegs gestern auf dieser Erde, auf der wir sie wieder zurücklassen werden, geboren wurden.»

Der zweite dieser Historiker, heute ebenfalls fast vergessen, ist Henri Martin, der zwischen 1837 und 1854 eine *Histoire de France* in 19 Bänden veröffentlicht, die alsbald umgearbeitet und neu herausgegeben wird. Die Thesen Amédée Thierrys wieder aufgreifend, vermittelt er ein Bild des Vercingetorix als romantischem Helden: «Im Arvernerland gab es einen jungen Mann, der mehr noch wegen seiner persönlichen Qualitäten als wegen der Berühmtheit seiner Familie alle Blicke auf sich zog. Sein hoher Wuchs, seine Schönheit, seine geistige Schärfe, seine Gewandtheit im Kampf und sein kriegerisches Genie, das in seinen Augen funkelte, erzeugten jene Mischung aus Bewunderung und Furcht, die dem Ideal eines Galliers entsprach.» (Abb. 41) So schrieb man Geschichte in der 1. Hälfte des 19. Jhs.: Mit dichterischer Begeisterung wurden der «Roman» Plutarchs ausgeschmückt und die Quellen um zusätzliche psychologische Details ergänzt. Mehr denn je handelte es sich um ein farbenprächtiges Drama, wie es die Zeitgenossen bei den Premieren der Stücke von Hernani, Ruy Blas oder Lorenzaccio bejubelten – oder auch ausbuhten.

Der Erfolg war phantastisch. Amédée Thierry und Henri Martin verleihen den Galliern ihre Adelsbriefe und animieren unzählige Nacheiferer. In der Literatur wimmelt es nun von historischen Traktätchen, Büchlein, von Romanen, die den Kelten, den Druiden und den Anfängen Frankreichs gewidmet sind. In diesem Klima patriotischer Schwärmerei, aufgereizt durch die Revolution von 1848 und sicherlich auch intellektuelle Leidenschaft, bricht plötzlich der Streit um Alesia aus und fällt so auf fruchtbaren Boden.

«Querelles de clochers» – Lokalpatriotische Streitereien

Anläßlich ihrer Sitzung vom 10. November 1855 lauschte die Société d'Émulation du Doubs dem Vortrag einer ihrer herausragendsten Persönlichkeiten, des Monsieur Alphonse Delacroix, Architekt der Stadt Besançon, Mitglied der Zentralen Architektenvereinigung und der Meteorologischen Gesellschaft Frankreichs. Zu dieser Zeit gab es in Frankreich Hunderte von gelehrten Gesellschaften, denen in der Provinz alle Gebildeten angehörten, die – wir befinden uns im 19. Jh. – ihr humanistisches Gymnasium absolviert hatten und ziemlich gut Griechisch und Latein beherrschten. Es war eine reiche und überschäumende Zeit, sprudelnd vor neuen Ideen, leidenschaftlich entflammt für Entdeckungen und positivistische Wissenschaft. Überall diskutiert und erfindet man, und – selbst wenn wir heute manche Überzeugung belächeln – bleiben wir diesen «Altertumsfreunden» und ihrem fortschrittlichen intellektuellen Bemühen häufig zu tiefem Dank verpflichtet, selbst ihren Irrtümern, die gewissermaßen auch einen Fortschritt darstellen. An der Spitze der Pyramide steht das Institut de France, dessen Mitglieder die obersten Richter der Gelehrsamkeit sind. Die Académie des Inscriptions et Belles Lettres [Akademie der Inschriften und Schönen Künste] veranstaltet jährlich einen vielbeachteten Wettbewerb zur Antike Frankreichs, der noch heute abgehalten wird. Dorthin schickt man Unmengen wissenschaftlicher Studien, die – sofern angenommen – in öffentlicher Sitzung verlesen werden. Eine beträchtliche Ehre, vor allem in der Provinz, die demjenigen, der das Glück hat, ausgezeichnet worden zu sein, zu Ruhm verhilft.

Die These, die Delacroix seinen Kollegen aus Doubs vorstellt, ist revolutionär: Caesars Alesia ist nicht identisch mit Alise-Sainte-Reine (Côte-d'Or), sondern mit Alaise (Doubs). Die Beweisführung beruht auf folgenden Argumenten:

1. In dieser gesamten Region gibt es eine große Zahl von *tumuli* (also vorgeschichtlichen Grabhügeln), aus denen viele Waffen stammen;
2. die Waffenfunde beweisen, daß dort eine große Schlacht stattgefunden hat;
3. liest man bei Caesar nach, erkennt man, daß er gar nicht anders konnte, als die Gegend von Alaise zu durchqueren;
4. genau dort hat die Reiterschlacht stattgefunden, die der Belagerung von Alesia vorausging, was hinlänglich durch zahlreiche, ortskundlich bedeutungsvolle Flurnamen («Ile de bataille», «Champ de la Victoire», «Champ de guerre», «Champ des enseignes» usw.) bewiesen wird;
5. die Landschaft entspricht sehr gut der von Caesar beschriebenen;
6. Alaise ist (wegen der beziehungsreichen Ortsbezeichnung) eindeutig Alesia.

Heute wissen wir, daß diese Überlegungen auf falschen Voraussetzungen basieren, da die von Delacroix angeführten Grabhügel absolut nichts mit der Zeit des Gallischen Krieges zu tun haben und häufig mehrere Jahrhunderte älter sind. Seinerzeit meinten auch andere Gelehrte – und keineswegs unbedeutende (Rossignol, de Saulcy) – die Überreste der von Caesar geschlagenen helvetischen Armee im Burgund identifizieren zu können, weil damals die Chronologie der Gräber noch kaum erforscht war.

Die These von Delacroix hat verheerende Folgen. So wie sie sich verbreitet, wird sie sogleich mit einem Schuß Lokalpatriotismus gewürzt. Zum Beispiel lesen wir im *Feuille d'affiches judiciaires et commerciales, nouvelles littéraires et scientifiques de la Franche Comté* [*Anzeigenblatt für Justiz und Handel und für literarische und wissenschaftliche Neuigkeiten der Franche Comté*] vom 9. März 1856: «Nicht ohne Stolz erblicken wir nun in den Annalen unserer Provinz die denkwürdige Belagerung, die das Schicksal des Vercingetorix besiegelte. Durch solche Andenken geadelt, brauchen unsere Täler der Loue und des Lison nun nicht mehr den Vergleich mit den schönsten Orten der Schweiz und den klassischen Gefilden Italiens zu scheuen. Über diese lokale Bedeutung hinaus, die ob der Bemühungen des Herrn Delacroix alle Sympathien unserer Landsleute verdient [...]»

Es folgt natürlich die Antwort der Burgunder, nicht ohne eine gewisse Herablassung. Am 14. Juni 1856 berichtet der *Moniteur de la Côte-d'Or* über Debatten der Akademie von Dijon: «Monsieur Rossignol hat die Lektüre seiner Dissertation über die Lokalisierung von Alesia fortgesetzt, die von ei-

Die Tesserae der Alesier

In Gallien gibt es Bleimarken (*tesserae*), die die Form einer Münze haben; sie tragen auf der Vorderseite den Namen eines Stammes (gelegentlich eines *pagus*) und auf der Rückseite üblicherweise das Bild einer Gottheit. So begegnet man den Lingones, den Treveri, den Ambiani (Stämme), den Ansenses, den Pertenses, den Nasienses (*pagi*) und ... den Ali(sienses). Von der Fundstätte Alise sind seit dem 19. Jh. eine ganze Reihe dieser gallorömischen *tesserae* auf uns gekommen, die den Namen der Einwohner dieser Kleinstadt bestätigen. Die Funktion dieser Objekte ist nicht konkret erschlossen. Sind es Eintrittsmarken für den Theaterbesuch, Marken für die Lebensmittelverteilung oder Gastgeschenke? Verschiedene Hypothesen sind aufgestellt worden, von denen aber keine wirklich überzeugt. Die jüngste Entdeckung stammt aus den Grabungen der ausgehenden 1970er Jahre von J. Le Gall und J. Bénard.

Bronzene *tessera* mit der Aufschrift ALI(siensis) auf der Vorderseite; auf der Rückseite eine sitzende Person. Gefunden 1970 bei den Ausgrabungen südöstlich des Forums von Alise.

nem gewissen Autor aus der Franche Comté bestritten wird; der ist bestrebt, das Schlachtfeld des Kampfes zwischen Iulius Caesar und Vercingetorix in ein obskures Dorf in der Gegend von Salins zu verlegen. Diese Arbeit, die gerade in Druck geht und von der Akademie herausgegeben wird, beweist unwiderlegbar, daß diese denkwürdige, zuvor völlig verfälschte historische Episode zweifellos der Geschichte unseres Landes zuzuordnen ist.»

Nun mischt sich ein richtiger Gelehrter ein: Am 28. Juni 1856 erklärt sich Emile Desjardins, großer Spezialist der antiken Geographie, im *Journal de Saône et Loire* zum Anhänger der Alaise-These. Seine Kernaussage ist, Alise sei gut mit dem caesarischen Text in Einklang zu bringen, ebenso aber Alaise; überdies habe man in Alaise und nicht in Alise Waffen gefunden – ein entscheidendes Argument zu einer Zeit, in der man gewöhnlich die Chronologien der Bronze- und Eisenzeit vermischt. Genauso gut oder auch schlecht wird man wenige Jahre später im Zusammenhang mit dem bronzezeitlichen Hortfund von Épineuse bei Alise vorgehen. Wir werden noch darauf zurückkommen.

Am 16. August ist die Feder des *Journal de la Côte-d'Or* mit Säure getränkt: «Es überrascht keineswegs, daß ein verwirrter Geist, ein Träumer oder Witzbold sich einen Spaß daraus macht, sich in Debatten zu ergehen, sämtliche von der Wissenschaft errungenen und angenommenen Vorstellungen zu zerstören, die historischen Fakten, die auf solidesten Grundlagen beruhen, auf den Kopf zu stellen und schließlich seine Hirngespinste an die Stelle der Wahrheit zu setzen.»

Dann erreicht dieser an sich lächerliche provinzielle Streit Paris, wo er sich selbstverständlich ausweitet. Jetzt steigen die Schwergewichte in den Ring. Da ist zum Beispiel Jules Quicherat, ein wirklicher Gelehrter, Bruder eines berühmten Latinisten. 1857 gibt er ein Memorandum mit dem Titel *L'Alésia de César rendue à la Franche Comté. Réfutation de tous les mémoires pour Alise* [*Caesars Alesia der Franche Comté zurückgegeben. Widerlegung sämtlicher Schriften für Alise*] heraus. Sofort antwortet ihm der Chef der Stabsschwadron, R. de Coynard, mit *L'Alésia de César laissée à sa place* [*Caesars Alesia an seinem Platz gelassen*] in dem damals viel gelesenen *Le spectateur militaire*. Unmittelbar darauf erscheint von Quicherat eine *Conclusion pour Alaise dans la question d'Alésia* [Schlußfolgerung für Alaise in der Alesia-Frage] (1858). Ich überspringe drei Dutzend ganz ähnliche Stellungnahmen, um die Geduld des Lesers nicht zu strapazieren. Es sei nur die anonyme Antwort des Herzogs von Aumale, Sohn Louis-Philippes, erwähnt, der im Exil eine ausführliche Schrift zugunsten von Alise für *La Revue des deux Mondes* verfaßt. Es ist der 1. Mai 1858, drei Jahre vor Beginn der Ausgrabungen Napoleons III.

Angesichts dieser Flut von Schriften ohne schlagkräftige Argumente hielten es einige Altertumsfreunde für sinnvoll, eine dritte Lösung vorzuschlagen. So veröffentlicht 1856 ein gewisser Victor Revillout eine Schrift mit dem Titel *Alaise, Alise, ni l'une ni l'autre peut être Alésia. Études critiques d'histoire et de topographie* [*Alaise, Alise, weder die eine noch die andere kann Alesia sein. Kritische Studien zur Geschichte und Topographie*]. Ein Monsieur Gravot schreibt 1862 eine *Étude sur l'Alésia de César. Alise-Izernore (Ain)* [*Studie über das Alesia Caesars. Alise-Izernore (Ain)*]. Es gab keinen Grund mehr, auf halbem Wege halt zu machen, und wir werden sehen, daß die Zahl der Kandidaten mit der Zeit immer stärker stieg.

Und auch der Streit verschärft sich. Delacroix schickt dem Ständigen Sekretär der Académie des Inscriptions et Belles Lettres eine Schrift mit dem Titel *Alaise à la barre de l'Institut* [*Alaise auf der Anklagebank des Instituts*], in der er die herausragenden Gelehrten vom Quai Conti als Richter anruft, nicht ohne hinzuzufügen: «Dies ist der Beginn einer späten, aber entschlossenen Erwiderung gegen die ungerechte Offensive, die der von der Antikenkommission Frankreichs in Ihrer öffentlichen Sitzung vom 7. Dezember 1860 verlesene Bericht gegen die Anhänger von Alaise richtet. Laut diesem Dokument, das sicherlich noch eigenartiger ist als der Titel meiner Antwort, hätten wir versucht, ‹Terror› zu verbreiten, und außerdem Texte benutzt, die ‹speziell für die Bedürfnisse der Sache gewaltsam entstellt worden seien›.

Diese Anwürfe – ein kultivierter Geist wie der Ihre wird dem zustimmen – sind von einer Art, wie sie die Höflichkeit verbieten müßte. Allein die Härte der Ausdrucksweise weckt den Wunsch nach Vergeltung, der die Gegenseite nur mit Mühe widerstehen kann. Und man läuft Gefahr, unzivilisiert zu werden. Nichtsdestotrotz fordert ein solcher Angriff Verteidigung heraus; das gebietet die Ehre.

Ich, der ich immer sorgsam darauf bedacht war, die Akademie nicht mit meiner unbedeutenden Person und meinen Studien zu belästigen, sehe mich nun infolge einer von oben lancierten Provokation gezwungen, den Schild zu heben und entgegen meiner Gewohnheiten vorzugehen! Doch ich werde mich dieser Aufgabe stellen. Auch meine Freunde sind bereit, der Wahrheit zu ihrem Recht zu verhelfen und werden mit Begeisterung in die Arena steigen. Wir werden die Waffen nicht eher ruhen lassen, bis die Alaise-Frage gesiegt hat.

Nach dieser werden Sie noch eine ganze Reihe weiterer Schriften im Laufe dieses Jahres erhalten.» (30. März 1861, Archiv des Instituts)

Jules Quicherat, ein glühender Anhänger von Alaise, begegnet den Befürwortern des Mont-Auxois mit geistreicher Ironie und entlarvt den Tenor dieses wahrlich «byzantinischen» Streits, indem er auf die Zeremonien des Hofs von Konstantinopel anspielt: «Die Vorhänge des Allerheiligsten heben sich, und die Menschen erblicken den Herrn Archivar der Côte-d'Or auf seinem Ruhmessitz; er ist umgeben von einer Kohorte von Beweihräucherern, sein Lobgesang erklingt in allen Tonarten, und nichts wird fortan über den Mont-

Auxois gedruckt, das nicht im Epilog oder im Vorwort die geheiligte Überschrift trägt, die sich jeder gern mit Stolz anheftet: ‹Gekrönt vom Institut›».

In einem Brief vom 15. Februar 1862, weniger als ein Jahr nach Beginn der von Napoleon III. angeordneten Ausgrabungen vor Alise, streckt Delacroix die Waffen. Dennoch setzt sich die Debatte zumindest eine Zeit lang fort. Die Anhänger von Alaise geben sich so schnell nicht geschlagen, Denkschriften überschwemmen weiterhin das Büro des Ständigen Sekretärs, zum Beispiel die von Léon Fallue: «Es kann nicht angehen, daß jene, die nach uns kommen, den Gelehrten und Militärs unserer Zeit vorwerfen, behauptet zu haben, über einen Monat seien 170 Tausend Menschen und eine beachtliche Anzahl von Tieren auf einem Gebirgsmassiv eingeschlossen gewesen, auf dem es noch nicht einmal einen Tropfen Wasser gibt.» (29. April 1862, Archiv des Instituts)

Trotz allem schlichten die anfangs zweifelhaften, dann immer deutlicheren archäologischen Ergebnisse von Alise am Ende diesen mehr leidenschaftlichen als fesselnden Streit; er beginnt zu langweilen. Ein gewisser Georges Debombourg veröffentlicht 1866 in Lyon ein ironisches Büchlein mit dem Titel *Coups de plumes et coups de pioches. A propos d'Alise* [*Federstiche und Hackenschläge. Ein Beitrag zu Alise*], das folgendermaßen beginnt: «Der Ruf ‹Herr, erlöse uns auch von Alise und Alesia› erschallt in Besançon, hat Herr Vicomte Chifflet, Träger eines Namens, der in der Republik verpflichtet, sich erkühnt zu schreiben [...] Aber es ist nun einmal nicht anders! Die Nerven des ehrenwerten Vicomte sind derart gereizt gewesen, daß er kein Buch aufschlagen, keine Broschüre aufschneiden und keine Zeitung seiner Heimat aufblättern kann, ohne als wahrhaftiges Mene Tekel Upharsin die drei Wörter Alise, Alaise und Alesia vor seinen Augen zu sehen. Schließlich hat er einen Schrei der Erschöpfung gegen die Homonymie und Ubiquität dieser drei Wörter ausgestoßen.

Recht hat er, bedenkt man, daß zwei Napoleone, ein Prinz von Orléans, ein Schweizer General, ein deutscher Gelehrter, das Institut de France, die großen literarischen Zeitschriften, der Moniteur, die Débats, die gesamte Presse beider Provinzen eine Phalanx von Wissenschaftlern, eine Schwadron schriftstellernder Offiziere, gefolgt von einem Schwarm Freiwilliger im Burgund und der Franche-Comté, die Côte-d'Or und den Doubs mit Denkschriften, Abhandlungen [...] überschwemmt haben».

Aber gab es überhaupt etwas in Alaise? Sicher doch! Obwohl wegen der Grabungen des Second Empire für das Dorf in der Franche-Comté eine Zeitlang die Totenglocken zu läuten schienen, zumal die «großen» Anhänger von Alaise (besonders Quicherat) einer nach dem anderen die Waffen streckten, flackerte der Streit gelegentlich auf. Das verdanken wir insbesondere der gelehrten Feder eines Professors der Naturwissenschaften, Georges Colomb, bekannter unter seinem Pseudonym «Christophe», literarischer Vater des berühmten Sapeur Camember. In einem keineswegs spaßig gemeinten Buch, erschienen 1922, tauchte das «Rätsel von Alesia» wieder an die Oberfläche auf, und Colomb ließ nicht locker, die Frage wieder aufzugreifen. Doch erst sehr spät, 1952 und 1953, wurden Feldforschungen unter der Leitung von Maurice Dayet durchgeführt. Bis dahin hatte man sich damit begnügt, Caesar, Plutarch und Cassius Dio zu Rate zu ziehen. Die archäologischen Forschungen sind zwar summarisch, doch leicht verständlich in der *Revue Archéologique de l'Est* veröffentlicht worden. Das Ergebnis ist eindeutig: Dort, wo man ein keltisches Oppidum vermutete, befinden sich in Wirklichkeit Hütten in Trockenmauerwerk aus dem späten Mittelalter. «Zusammenfassend kann gesagt werden, daß die Grabungen von 1952 und 1953 um Alaise ein interessantes mittelalterliches Ensemble zutage gebracht haben; es bestand aus einem Gehöft, das zweifelsohne im 16. Jh. aufgegeben wurde, und drei kleinen Forts, Le Châtaillon, Le Châtelet und der von Castan untersuchte Camp Baron. Diese bildeten die vorgezogene Verteidigungslinie rund um Salins» (*Revue Archéologie de l'Est* 1955, 188). Die wenig ergiebigen Funde datieren allesamt ins 15.–16. Jh., wobei keinerlei eisenzeitliches Material dort, wo man das große Oppidum des Vercingetorix erwartete, zutagekam.

Und trotzdem sind einige noch heute bemüht, die Fackel für Alaise hoch zu halten!

Das erste Großprojekt nationaler Archäologie

Die Kontroverse über die Lokalisierung von Alesia dauerte von November 1855 bis Anfang 1861, als Napoleon III. beschloß, archäologische Ausgrabungen am Fuße von Alise-Sainte-Reine durchzuführen. Hier kam der Zufall zu Hilfe, da bei Drainagearbeiten, die Monsieur de Gasc in der Laumes-Ebene durchführen ließ, ein beträchtliches Kontingent an Bronzewaffen entdeckt wurde, das man sehr, letztlich zu schnell als Zeugnis der caesarischen Episode ansah. Kaum daß man den Kaiser benachrichtigt hatte, ließ dieser sich die Objekte sowie weitere aus Alise stammende Funde zuschicken, um im Louvre ein kleines Spezialmuseum einzurichten.

Dieser «Hort von Épineuse», so benannt nach einem Gutshof, der heute noch besteht, hat jedoch nichts mit der Belagerung des Jahres 52 v. Chr. zu tun. Es handelt sich um Waffen der Bronzezeit, wie man sie in dieser Ebene, die reich an Fundstellen dieser Periode ist, häufig findet. Man wußte eben noch nicht, daß zur Zeit des Vercingetorix solche Waffentypen schon über ein Jahrtausend nicht mehr in Gebrauch waren. Dieser Zufallsfund schien also die These der Alise-Befürworter in jenem endlosen Streit bestens zu erhärten. Zur selben Zeit wurden in Alaise aufgrund der Tumuli, mit denen der Boden dieser Region übersät ist, die gleichen Rückschlüsse ge-

Abb. 42 Kaiser Napoleon III., Gemälde von Franz Xaver Winterhalter (1858). Musée Antoine Vivenel, Compiègne.

zogen. Aber auch diese datieren wesentlich früher als der Gallische Krieg.

Heute wissen nur Wenige, daß Napoleon III. selbst ein passionierter Geschichtsfreund war, sehr belesen und um alle Methoden moderner Wissenschaft bemüht (Abb. 42). Bereits in seiner Jugend hatte er mehrere Artikel zu verschiedensten Themen veröffentlicht. Das Bild des Autokraten, der Presse wie Universität Maulkörbe anlegt, hat seine ungleich größere Bedeutung als aufgeklärter Kaiser, als Freund der Wissenschaften und Förderer des Fortschritts in den Hintergrund gedrängt. Die demütigende Niederlage von Sedan (1870) sowie der ursprüngliche Makel des Staatsstreichs taten das ihre, nach Meinung der Franzosen das Ansehen dessen zu ruinieren, den Victor Hugo spöttisch mit «Napoleon der Kleine» bezeichnet hatte. Tatsache ist, daß die Leidenschaft des Monarchen für Geschichte und Archäologie äußerst wach und aufrichtig war und keineswegs den Spott verdient, den sie hervorgerufen hat. Sie war Teil jener großen geistigen Bewegung, die ganz Europa um die Mitte des 19. Jhs. erfaßte, in der Frankreich aber etwas hinterherhinkte; dies wollte der Kaiser ausgleichen.

Der reine Begriff «Archäologie», ohne auf die Inhalte einzugehen, war damals noch sehr neu und kaum gebräuchlich. Er ist Resultat eines inneren Wandels der Altertumswissenschaften, die auf der Vorrangstellung der «klassischen» Bildung gegründet waren. Die Philologie wurde weitaus höher eingeschätzt als Geländebeobachtungen, und man widmete sich lieber dem Sammeln, vor allem der «schönsten» Objekte, als deren stratigraphischem und kulturellem Kontext Beachtung zu schenken. Es ist im wesentlichen die deutsche Forschung – wobei man den Beitrag der Skandinavier und Briten in diesem Zusammenhang nicht vergessen darf –, die wohl am meisten zur Entwicklung der Fachdisziplin beigetragen hat. Nachdem man sich mit dem notwendigen methodischen Handwerkzeug ausgestattet hatte, besaß man die praktischen Hilfsmittel, um dieser experimentellen, positivistischen Wissenschaft nachzugehen; die Archäologie wurde zur historischen Quelle – mit demselben Stellenwert wie die klassischen Texte.

In diesem erkenntnistheoretischen Neuerungsprozeß war Frankreich sicher etwas in Verzug, vielleicht wegen seines zu starren universitären Systems. Das autoritäre Kaiserreich hatte es – aus naheliegenden politischen Gründen – nicht verstanden, dieses weiterzuentwickeln. Doch die kaiserlichen Bemühungen selbst waren schließlich der Antrieb für eine tiefgreifende, wenngleich unvollendete Neuerung der Archäologie. Seit seiner Machtergreifung arbeitete Napoleon III. an seiner *Histoire de Jules César*, die nach und nach zu einem umfangreichen nationalen Forschungsunternehmen heranwuchs. Zahlreiche Wissenschaftler waren eingebunden, umfangreiche Geldmittel wurden bereitgestellt, die zumindest teilweise aus dem persönlichen Budget des Souveräns stammten, Ausgrabungen riesigen Ausmaßes wurden ins Leben gerufen, kurzum: Es handelte sich um die Verwirklichung eines bedeutenden archäologischen Mäzenatentums, wie es Frankreich zuvor noch nie erlebt hatte. Sicher war die Absicht des Kaisers nicht ohne politische Hintergedanken; so schrieb er im Vorwort seines 1865 erschienen Werkes: «Das Vorstehende zeigt genügend das Ziel, das ich mir bei der Abfassung dieser Geschichte setzte. Dieses Ziel ist, zu beweisen, daß die Vorsehung, wenn sie Männer wie Cäsar, Carl den Großen, Napoleon hervorbringt, damit den Völkern die Bahn, welche sie verfolgen sollen, vorzeichnen, mit dem Gepräge ihres Genies eine neue Ära bezeichnen und in wenigen Jahren vollenden will. Glücklich die Völker, welche sie begreifen und ihnen folgen! Wehe denen, welche sie verkennen und bekämpfen!» Um seine Ziele zu erreichen, versammelte der Monarch um sich einen Kreis hochkarätiger Universitätsleute (Victor Duruy, Félix de Saulcy, Alexandre Bertrand, Léon Renier …), Offiziere mit gediegener Bildung (Verchère de Reffye, Creuly, Stoffel ...) und hohe Beamte oder Minister, die selbst Intellektuelle waren (Maury, Mérimée, Viollet-Le-Duc, Comte de Nieuwerkerke ...), unter ihnen ein junger Deutscher, Wilhelm Froehner, Sekretär und Privatlehrer seines illustren Schülers, sowie als intelligente Ratgeberin Hortense Cornu, eine Jugendfreundin des Kaisers.

Zudem verstand es Napoleon, seinem Unternehmen einen institutionellen Charakter zu verleihen: 1858 schuf er die «Kommission zur Topographie Galliens» unter der Präsidentschaft des herausragenden Wissenschaftlers Félix de Saulcy, Mitglied des Instituts, der die intellektuellen und materiellen Grundlagen für ein Vorhaben legte, das nun auf Dauer unter einer wissenschaftlichen Schirmherrschaft stehen sollte. Überall begann die Kommission bedeutende Ausgrabungen, vor allem im Wald von Compiègne, wo ihre Arbeiten heute noch die Grundlage unseres Wissens bilden. Auf dem Schreibtisch des Ständigen Sekretärs der Académie des Inscriptions et Belles Lettres stapelten sich die Berichte, die zur Diskussion und zur Veröffentlichung in den *Comptes rendus* anstanden. Das archäologische Schaffen des Second Empire war im übrigen nicht auf Frankreich beschränkt: Grabungen in Rom, vor allem auf dem Palatin, Grabungen in Algerien, Expeditionen in den Orient – die wissenschaftliche Ausbeute ist beträchtlich.

In genau diesem Zusammenhang müssen die napoleonischen Arbeiten rund um Alise-Sainte-Reine beurteilt werden. Es gilt nicht nur, einen hartnäckigen Streit inmitten der gelehrten Vorurteile jener Zeit zu schlichten. Man wollte auch beobachten, beweisen durch eine Vorgehensweise, die sich auf Erfahrung gründete, was damals eher ungewöhnlich war. Der Wahrheitsgehalt der Theorie sollte belegt werden statt sich mit – möglicherweise falschen – Wahrscheinlichkeiten auf der Grundlage nur der antiken Textquellen zufrieden zu geben. Nachdem de Saulcy, Creuly und Bertrand, Mitglieder der Kommisssion, Alaise und Alise bereist hatten, begannen sie am 21. April 1861 genau dort mit Erdarbeiten, wo man einige Monate zuvor die berühmten Bronzewaffen des Hortes von Épineuse entdeckt hatte.

Die Grabung

Victor Pernet, Vorarbeiter der Ausgrabungen, berichtet in seinen Erinnerungen, die er 40 Jahre später niederschreibt, über die ersten schwierigen Tage (Abb. 43–45). Jeder Archäologe wird sich hier wiederfinden: «Die Untersuchungen waren anfangs sehr mühsam. Noch niemand konnte sagen, an welchen Merkmalen man die vor fast 2000 Jahren durchgeführten Schanzarbeiten erkennen würde. Dann stellten wir im weiteren Verlauf fest, daß der Grabungsarbeiter besonderes Talent, Beobachtungsgabe und viel praktisches Geschick besitzen mußte.

Nach mehreren Tagen vergeblicher Versuche ordnete die Kommission einen nicht näher bezeichneten Grabungsschnitt an, der an der Straße begann und in Richtung des stärksten

Abb. 43–45 Die drei mit der Grabung in Alise beauftragten Männer. Von links nach rechts: Paul Millot (1812–1900), Straßenbaumeister von Flavigny; Oberst Baron Eugène Stoffel (1821–1907) im Alter von 86 Jahren (Gipsbüste von A. de Stuers); Victor Pernet, der Vorarbeiter, später Bürgermeister von Alise, Photo um 1880.

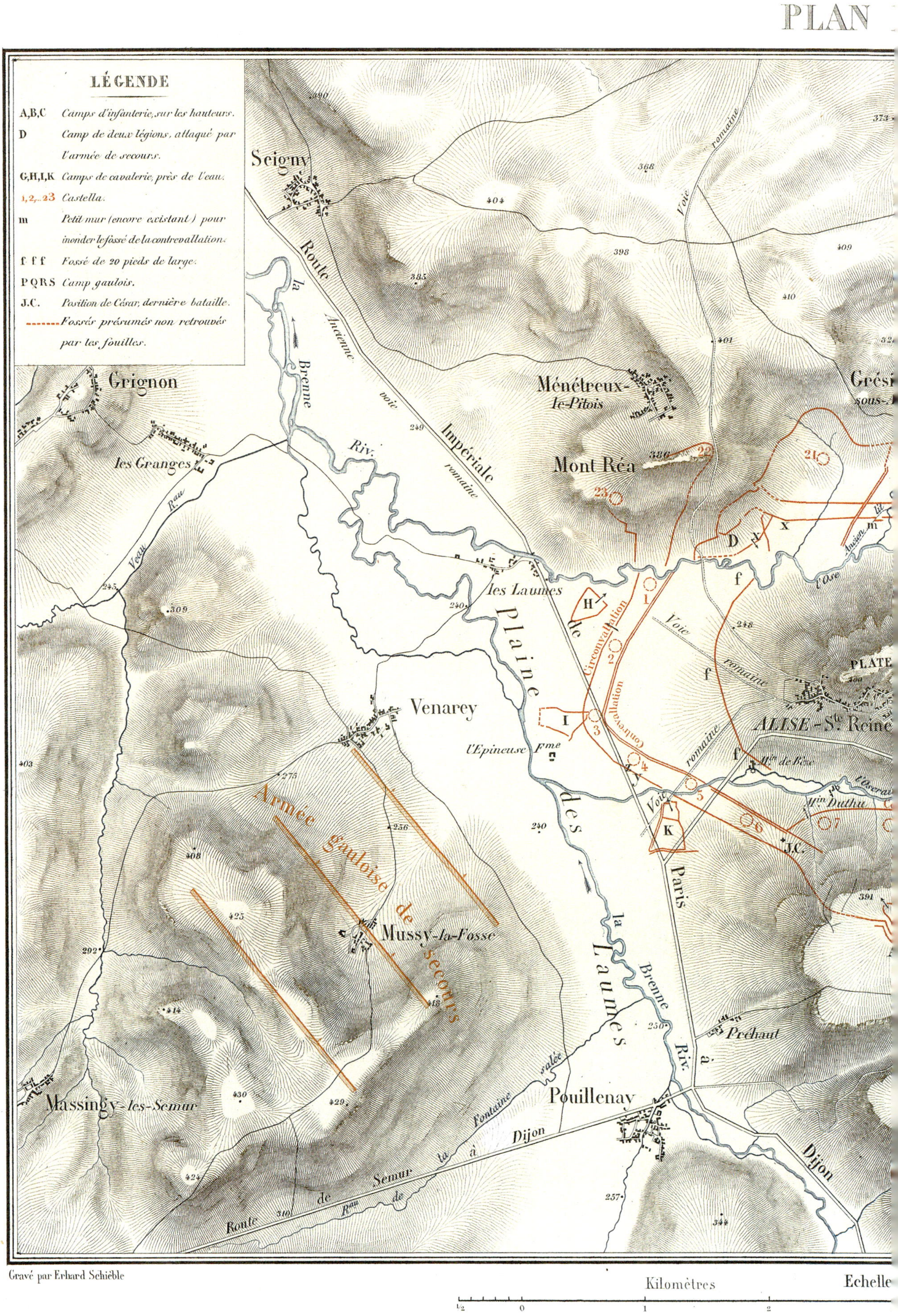

Abb. 46 Plan von Alesia aus dem Atlas Napoleons III.

Imprimé à l'Imprimerie Impériale

Gefälles auf den Gipfel des ‹des Fins› genannten Hügels zu verlief. Dieser Schnitt lag 80 m links des Gemeindewegs von Alise nach Vénarey und zu diesem wiederum fast parallel.

In diesem Teil der Ebene von Laumes ist die Humusschicht 40 cm bis zu 1 m stark; der Untergrund besteht in der Ebene aus sehr dichtem, erdigem Sand und an den Hängen beginnend aus Mergel.

Da die Gräben Caesars mit Wasser aus dem Fluß angefüllt gewesen waren, dachte die Kommission zu Recht, daß deren Niveau nur unter dem des Flußbettes liegen könne. Man hob also den Grabungsschnitt bis zum gewachsenen Boden aus, in der Ebene bis zum Sand, am Hang bis zum Mergel.

Genau am Fuß der Steigung stellte man fest, daß sich der gewachsene Boden nicht in derselben Weise fortsetzte und daß die Erde, die man dort abgrub, nicht mehr dieselbe Konsistenz hatte: Es handelte sich nun um Schwemmerde, gewaschenen Sand und Flußschlamm. Man wurde sich bewußt, daß diese Auffüllung, in der sich verschiedene Schichten überlagerten, von wiederholten Überflutungen eines Wasserlaufs herrührten. Man leerte diese Vertiefung, ohne den gewachsenen Boden zu berühren. Es handelte sich um einen im Schnitt viereckigen Graben, der in einer uns wünschenswerten Richtung verlief. Dieser Graben war an seinem Rand 4,40 m, auf seiner Sohle 2 m breit und 2,5 m tief.

Bevor man in Siegeshymnen ausbrach, legte man einige Dutzend Meter entfernt in der angenommenen Grabenrichtung einen weiteren Schnitt neben dem Weg von Alise nach Vénarey an: Dieselben Anzeichen lieferten uns dieselben Resultate. Es handelte sich also um die Fortsetzung des Grabens mit denselben Abmessungen.

Ein weiterer Schnitt, der noch dichter an dem Weg von Alise nach Vénarey angelegt wurde, führte zunächst zur Entdeckung eines Spitzgrabens von 4,40 m Breite und 2,40 m Tiefe. Gleichzeitig entdeckten wir vor diesem Spitzgraben die Fortsetzung des Viereckgrabens. Zwischen beiden Gräben bestand ein Abstand von lediglich 0,80 m. Alsbald vergewisserte man sich, daß dieser neue Graben auch in den vorausgegangenen Grabungsschnitten vorgelagert war. So kam man zu dem Schluß, daß es sich um ein parallel verlaufendes Grabenpaar handelte.»

Man beachte den ausgeprägten Sinn für Geländebeobachtungen, der diesen Text auszeichnet, und dies zu einer Zeit, in der die Archäologie noch in den Kinderschuhen steckt, es sich darüber hinaus in der Laumes-Ebene um komplexe Bodenverhältnisse handelt. In der Folge wird sich der ganze Scharfsinn der von Napoleon herbeigerufenen Männer erweisen, die Sorgfalt, mit der sie ihre Arbeit verrichten, die Präzision ihrer Dokumentation und die Zweifel, die sie hegen.

Tatsächlich sind lange Zeit die von den Ausgräbern des Second Empire durchgeführten Arbeiten Ziel eines sehr ungerechten Rufmordes gewesen: Hatte man nicht, um dem «Despoten» zu gefallen, alles erfunden oder zumindest gefälscht und hineininterpretiert? Die einzige Rechtfertigung dieser übertriebenen Zweifel beruht auf der Tatsache, daß Napoleon III. bei der Abfassung seiner *Histoire de Jules César* auf eine Vorlage der erbrachten materiellen Beweise verzichtete. Zum Historiker geworden, hatte sich der Monarch auf einen allgemeinen Kommentar beschränkt, ohne diesen mit Plänen, Schnitten und Beschreibungen auszustatten, was notwendig, aber nach dem damaligen Zeitgeist mit Sicherheit langweilig gewesen wäre. Seine Intention war «literarischer», eben eine ganz andere!

Doch die aus den Geländebeobachtungen hervorgegangene Originaldokumentation existiert größtenteils noch; sie ist sehr umfangreich, präzise, unumstößlich und mittlerweile gut publiziert. Paul Millot, eigentlich Straßenbaumeister von Flavigny, war Topograph der Kommission und wurde recht bald von Victor Pernet unterstützt. Seine Zeichungen, wiederentdeckt nach dem zweiten Weltkrieg, umfassen eine Serie großer farbiger Pläne, auf denen sehr präzise die verschiedenen Grabungsstellen mit ihrer Numerierung eingetragen sind. Hier und dort finden sich Anmerkungen zu Fundmaterialien, zu Planungen, zu verschwundenen Trassen und zu Veränderungen. Napoleon III., Adressat dieser Urkunden, hat dies alles bereinigt, eine Auswahl dessen vorgenommen, was ihm wesentlich erschien und nur das zuverlässig Belegbare, keine Hypothesen aber dargeboten (Abb. 46–48. 51. 52). Neben diesen Plänen hat Joël Le Gall zahlreiche exakt vermaßte Schnitte veröffentlicht, die eine erstaunlich gute stratigraphische Beobachtung belegen. Hinzu kommt eine sehr umfangreiche schriftliche Dokumentation, die den organisatorischen Ablauf der Grabungen beleuchtet. Diese Archivalien sind von großem historiographischem Wert, zeigen sie doch die Arbeitsmethoden im Second Empire, die eingesetzten Mittel, den Forschungsrhythmus und die Verfahrensweise bei der Interpretation der Ergebnisse.

Moderne Methoden wie das großflächige Abtragen in einem Arealsystem, das eine kontinuierliche Freilegung der verschiedenen aufeinanderfolgenden Strukturen erlaubt, waren aber noch unbekannt. Man arbeitete mit schmalen Schnitten, die rechtwinklig zum vermuteten Befund verliefen: Sobald man einen der Gräben aufgrund von Bodenverfärbungen, von im geologischen Untergrund sichtbaren Einschnitten oder anhand der Bodenkonsistenz entdeckt hatte, hielt man inne und verlegte die Grabung einige Dutzend Meter weiter, um dieselbe Befundlinie nochmals zu schneiden. Planum und Schnitt wurden vermessen und dokumentiert. Die Suche wurde von Caesars Text und der eigenen Intuition gelenkt. Wenn sich eine Linie verlor, weil sie unvermittelt die Richtung änderte, wurde die Anzahl der Schnitte vermehrt. Diese Taktik erlaubte es, im Laufe von fünf Jahren den Mont-Auxois zu umrunden und die Topographie der Belagerungswerke in ihrer Gesamtheit festzustellen. Stoffel, der ab 1862 die Grabungsleitung übernommen hatte, beschrieb sehr schön die

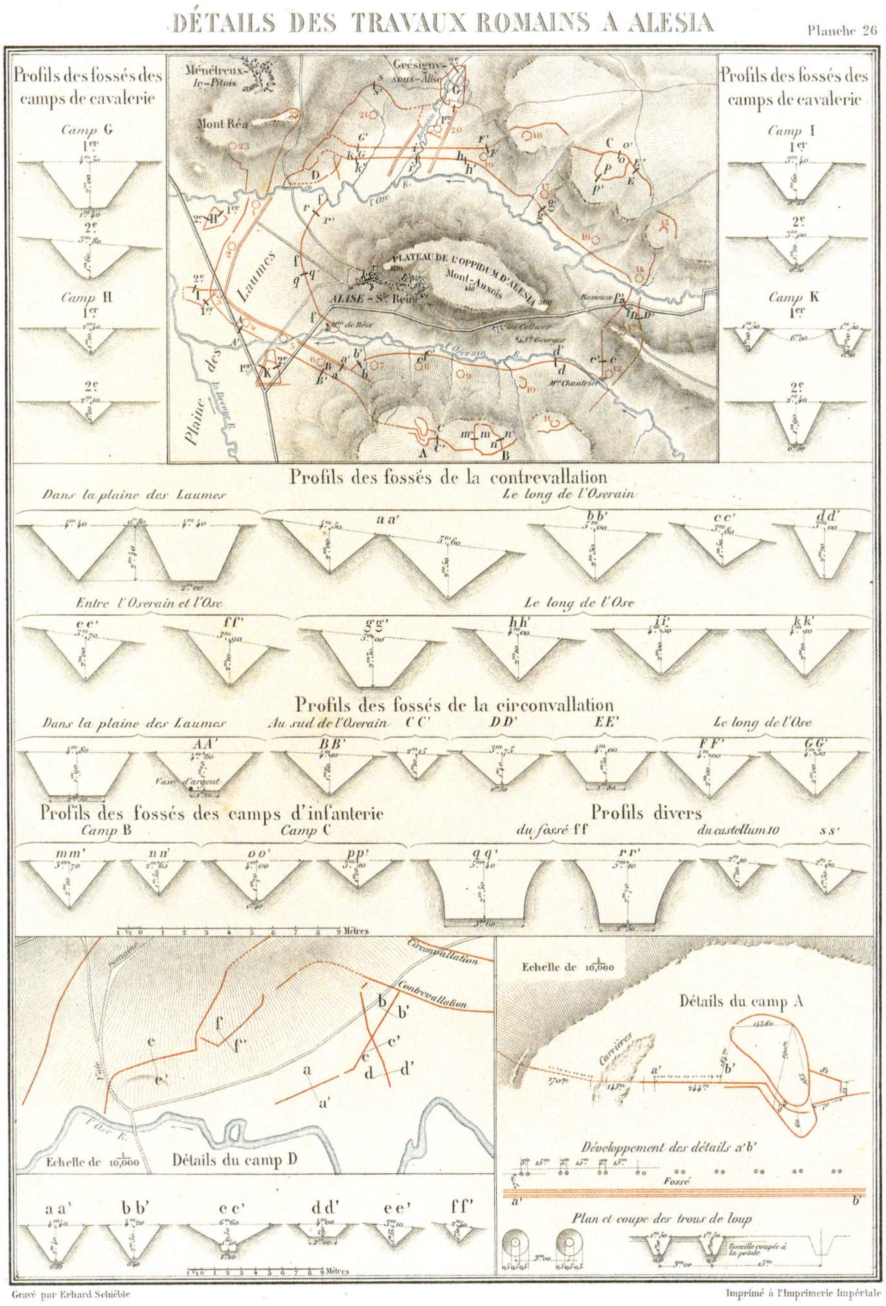

Abb. 47 Dokumentation der verschiedenen Gräben in Alesia, Plan aus dem Atlas Napoleons III.

Grabungstechnik in einem Brief an den britischen Wissenschaftler Theodore Rice Holmes (Abb. 49): «Sie wollen erfahren, mit welcher Methode ich die Spuren der von Caesars Armee während des Gallischen Krieges errichteten Lager wiedergefunden habe. Hierzu sind einige Vorbemerkungen notwendig. Das Gelände, auf dem diese Lager errichtet worden waren, weist wie alle bestellten Flächen Mutterboden als oberste Schicht, genannt Humus, auf. Dessen Mächtigkeit kann je nach Landstrich ein oder zwei bis hin zu vier oder fünf Fuß und mehr betragen. Unter dieser Mutterbodenschicht befindet sich der jungfräuliche (oder gewachsene) Boden, der je nach Gegend aus Mergel, Kies oder Kalk besteht. In Alesia (in der Laumes-Ebene) haben wir es mit dickem, hartem Mergel zu tun; in Berry-au-Bac handelt es sich um leichteren Mergel; bei Roche-Blanche (gegenüber von Gergovia) ist es harter weißer Kalkboden. Wenn nach einer Schlacht oder Belage-

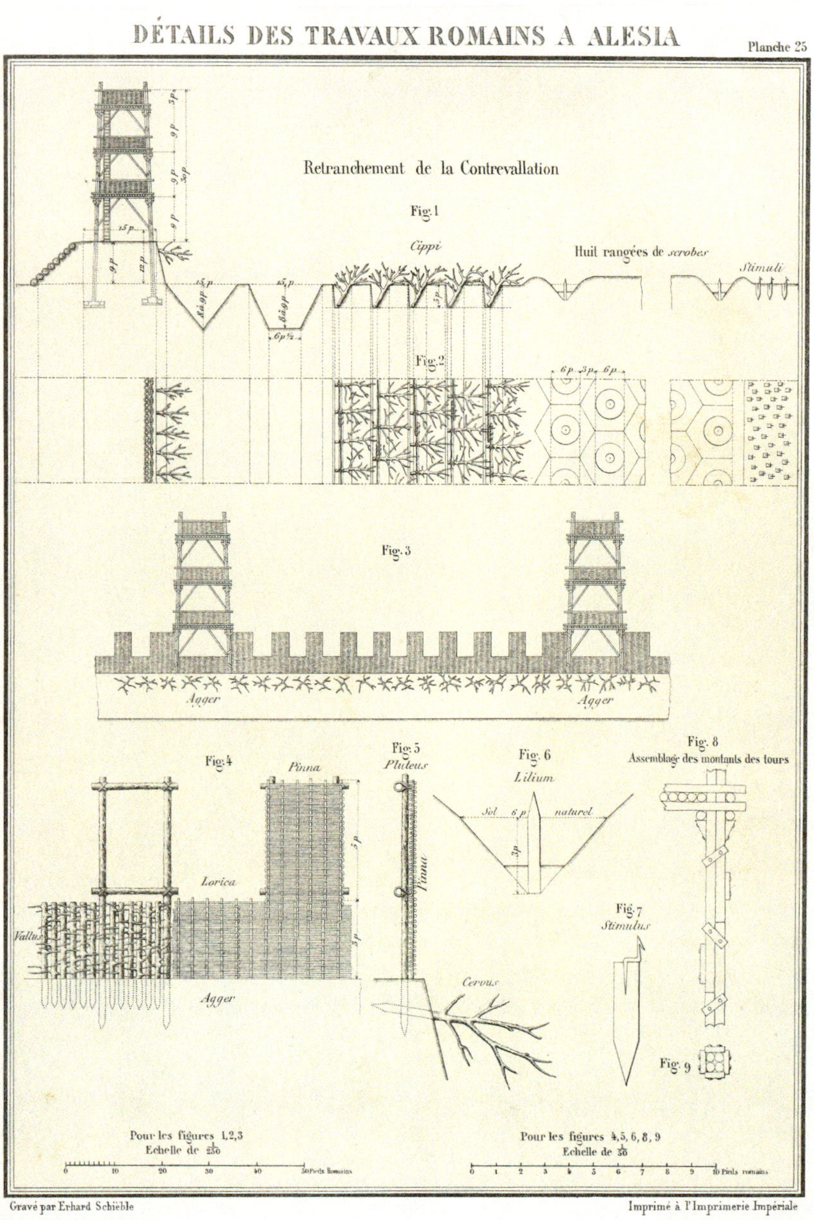

Abb. 48 Dokumentation der Wehranlage von Alesia aus dem Atlas Napoleons III.

Abb. 49 Die erläuternde Skizze, die E. Stoffel dem auf S. 71–74 zitierten Brief an T. Rice Holmes beilegte.

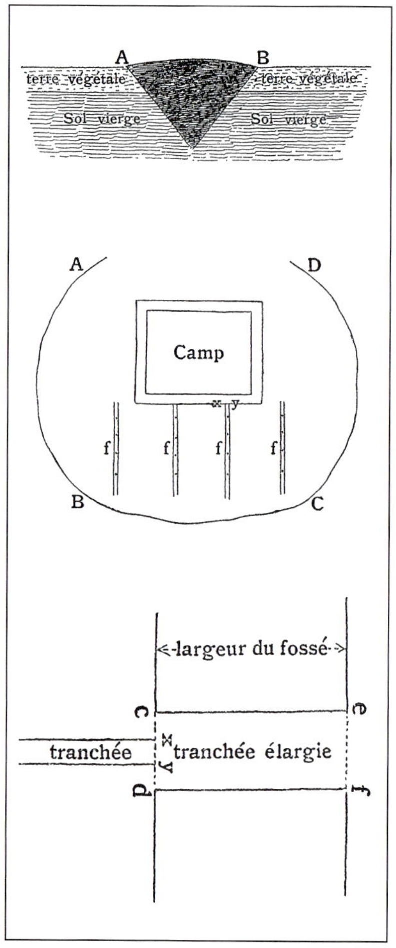

rung die römische Armee ihr Lager verließ, zerstörte die Landbevölkerung deren Schanzwerke, um die Äcker wieder bestellen zu können. Sie brachten die Erde der Aufschüttung wieder in den Graben ein. Diese Erde im Graben war somit völlig durchmischt, bestand aus Mutterboden wie gewachsenem Boden und beinhaltete häufig Objekte, die die römischen Soldaten auf den Wehranlagen hinterlassen hatten: Überreste von Waffen, steinerne Schleuderkugeln, Münzen, Knochen usw. Eine Zeitlang hatte die Oberseite des verfüllten Grabens wegen der überschüssigen Erde die Form AB; durch die jährliche Beackerung wurde er aber allmählich eingeebnet, so daß die Spuren der caesarischen Lager verschwunden sind. Jedenfalls ist die Verfüllung der Gräben eine sehr lockere Erde, und wichtig zu bemerken, sie ist locker geblieben und hat niemals mehr die Konsistenz des gewachsenen Bodens angenommen; selbst heute, nachdem 2000 Jahre vergangen sind, läßt sie sich leicht mit der Hacke abheben. Genau dieser Tatbestand erleichtert die Wiederauffindung der Gräben, sobald man den Standort eines Lagers bestimmt hat. Das ist, wie Sie richtig sagen, die Grundvoraussetzung. Man muß also zunächst das Gelände, wo man ein Lager vermutet, genau studieren, was eine vorzügliche Kenntnis der *Commentarii* Caesars und spezielle militärische Kenntnisse voraussetzt.

Im folgenden zeige ich auf, wie ich jeweils vorgegangen bin, um die Gräben eines Lagers aufzufinden. Nehmen wir an, ABCD sei die Geländefläche, in der ich den Standort eines

Lagers vermutete, das es zu entdecken galt; nehmen wir weiterhin an, die Mutterbodenschicht sei 70 cm stark. Ich setzte die Arbeiter mit Schaufel und Hacke in mehreren Reihen ffff ein, und zwar rechtwinklig zu einer der vermuteten Seiten des Lagers; die Arbeiter jeder Reihe waren jeweils 20 oder 30 m voneinander entfernt. Jeder von ihnen war angewiesen, die Humusschicht auf einer Breite von zwei Fuß abzutragen. Wenn sie diese Schicht bis auf eine Tiefe von 70 cm abgetragen hatten und dann spürten, daß ihre Hacken auf harten Boden stießen, bedeutete das, daß dieser noch niemals bewegt worden war und man sich nicht über einem römischen Graben befand. Die Arbeiter rückten darauf jeweils vor, solange sich nichts Neues tat. Wenn sie aber bei xy zweifelsfrei auf dem Graben anlangten, sah die Sache anders aus. Nach Abtragen des Mutterbodens bis auf eine Tiefe von 70 cm stießen sie nicht mehr auf den harten jungfräulichen, sondern auf einen lockeren Boden, der sich leicht abheben ließ. Dies berechtigte zu der Vermutung, daß dieser einstmals bewegt worden war. Daraufhin ließ ich den Schnitt von zwei (xy) auf sechs Fuß Breite (cd) erweitern, damit die Arbeiter bequemer arbeiten konnten; sie tieften den Schnitt ab, bis sie auf den natürlich gewachsenen Boden stießen. Im übrigen konnte man sehr rasch feststellen, ob man sich über dem römischen Graben befand oder nicht; denn wenn man dort angelangt war, konnte man auf beiden Seiten (ec und fd) des Suchschnitts, links und rechts der Arbeiter, leicht das Profil des Grabens erkennen, der sich durch die melierte Erdfarbe (der ehemaligen Wallanlage) von der Farbe des ihn umgebenden gewachsenen Bodens unterschied.

Um auf die Nachforschungen zurückzukommen, die notwendig sind, um den Standort eines Lagers festzustellen: Wenn es mir gelungen war, einen der Punkte durch das Grabenprofil zu erfassen, beschränkte ich mich darauf, fünf oder sechs weitere Punkte auf der Länge jeder Seite aufzuspüren. Das reichte aus, um die Grenzen des Lagers festzulegen und seine exakte Form zu erkennen [...] In Alesia haben die Forschungen mehr als zwei Jahre angedauert, weil man nicht nur die Spuren der Lager auffinden mußte, sondern auch die Linien des inneren Belagerungs- und des äußeren Verteidigungsrings. Hierfür habe ich 300 Arbeiter angestellt. Sie verstehen, Monsieur, daß ich nur lächeln kann, wenn ich höre, daß ein gewisser Mr. Stock meinen Entdeckungen keinen Glauben schenken will [...] Warum hat er, als er die Örtlichkeiten besucht hat, nicht die zahlreichen Arbeiter befragt, die ich angestellt habe und von denen der Großteil noch lebt? Sie hätten ihm von allen möglichen Funden berichten können,

Abb. 50 Einem Brief von Stoffel an Millot beigefügte Zeichnung (26. April 1864).

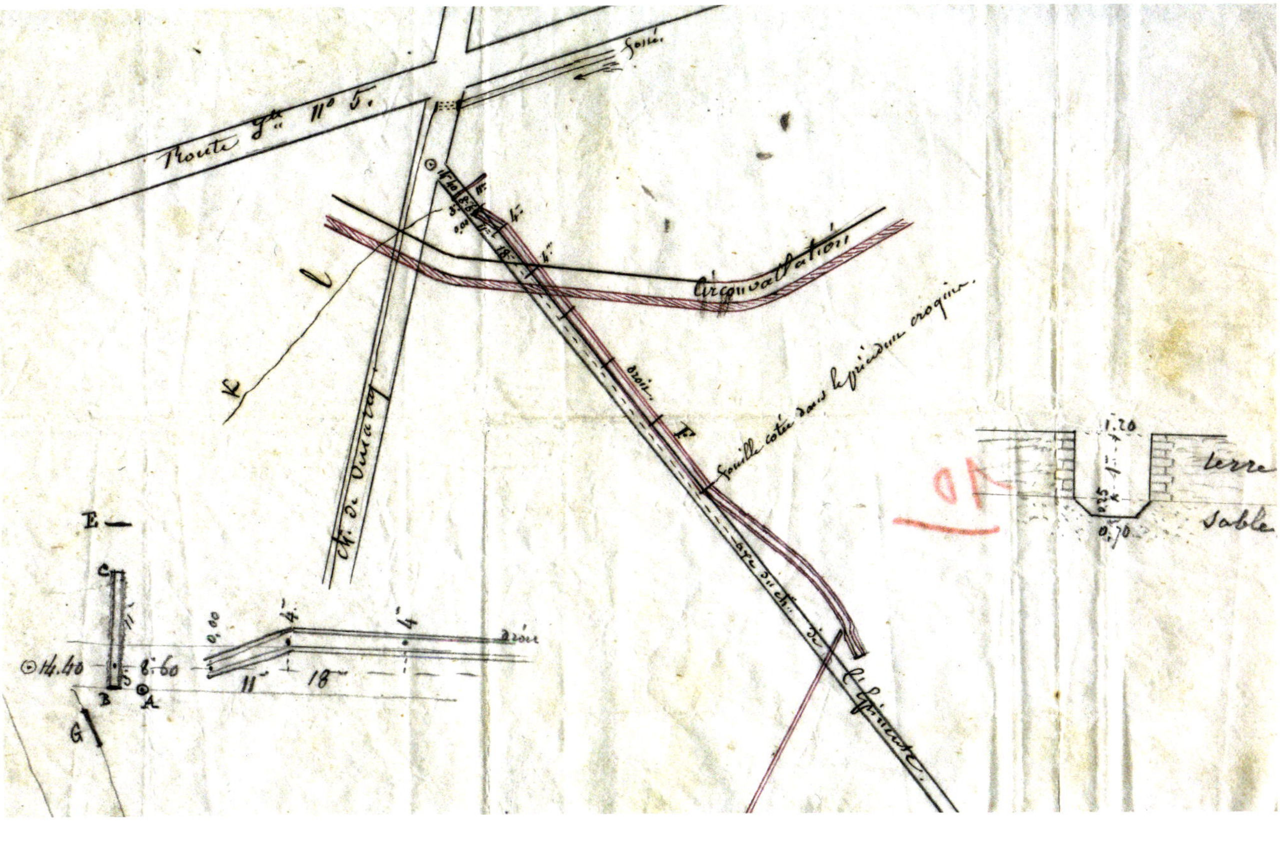

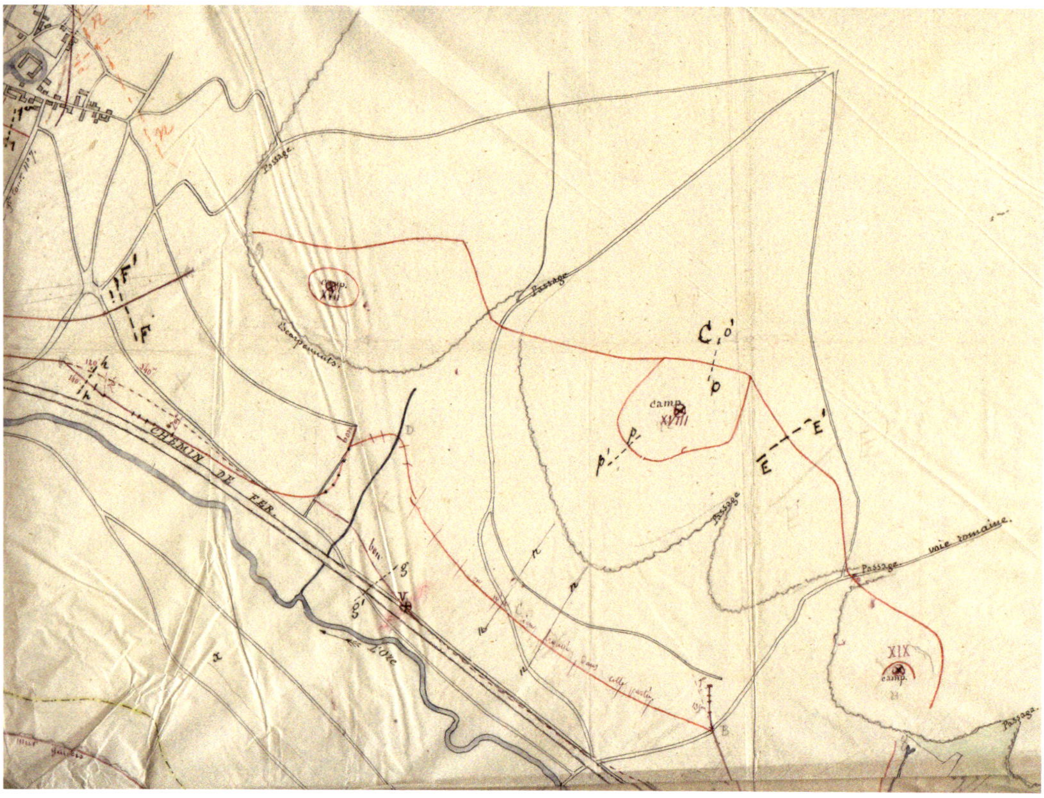

Abb. 51 Plan von Paul Millot (7. Januar 1863). Ausschnitt mit dem Tal der Oze und dem Berg von Bussy.

die sie auf der Sohle der Gräben in 6, 8 oder gar 15 Fuß Tiefe gemacht haben, von den Waffenresten, den Schleuderkugeln, Hunderten von Münzen; und sie hätten ihm erklärt, daß diese Dinge nicht vom lieben Gott bei der Erschaffung der Welt dort niedergelegt worden waren.»

Zu Beginn der Ausgrabungen waren nur etwa 15 Arbeiter tätig, die aus der Privatschatulle des Kaisers bezahlt wurden. Hierzu war bei der Finanzverwaltung der Côte-d'Or ein Spezialkonto eingerichtet worden, über das Baron de Bry, Präfekt des Departements, offensichtlich mit größter Aufmerksamkeit wachte. Niemand wußte, wie lange dieses Unternehmen dauern würde. Die ersten Entdeckungen wurde keineswegs einhellig zugestimmt; Hauptmann Paul Bial zum Beispiel, ein Anhänger von Alaise, zeigte sich bei einer Geländebegehung äußerst skeptisch. Also beschloß der Kaiser, selbst vor Ort zu erscheinen und sich ein Urteil zu bilden; am 19. Juni 1861 reiste er mit der Eisenbahn von Paris nach Dijon, ein Besuch, der sogleich Thema eines Artikels im Moniteur Universel wurde:

«Fontainebleau, den 19. Juni 1861 –
10 Uhr und 15 Minuten, abends
Der Kaiser, begleitet von den Herren Mérimée und de Saulcy, Senatoren, Mitglieder des Instituts, von Herrn General Fleury, Stallmeisteradjutant, Herrn Kommandant Baron de Vassart, Ordonnanzoffizier, Herrn A. Maury, Mitglied des Instituts und sein Bibliothekar, ist heute Morgen um acht Uhr von Fontainebleau mit der Eisenbahn in Richtung Lyon aufgebrochen, um sich nach Alise-Sainte-Reine (Côte-d'Or) zu begeben: Der Kaiser wünschte, die Ausgrabungen zu besuchen, die auf seine Weisung hin in dieser Ortschaft stattfinden mit dem Ziel, die Spuren des denkwürdigen Ereignisses aufzufinden, dessen Schauplatz immer noch für Diskussionen unter den Altertumsforschern sorgt.

Mittags in Alise-Sainte-Reine angekommen, wird der Kaiser von Herrn Bouillet, Unterpräfekt von Semur, und den Herren Generälen Creuly, A. Bertrand und A. Jacobes, Mitgliedern der Kommission der Karte Galliens, empfangen, denen sich Herr G. Rey, ein bedeutender Geograph, hinzugesellte.

Seine Majestät begab sich zu Fuß zu den Stellen, wo Grabungsschnitte geöffnet worden waren; dann, nach Besteigung des Mont-Auxois, erreichte Seine Majestät den hochgelegenen Gipfel, von dem aus man die gesamte Landschaft überblicken kann. Dort hat der Kaiser jene Passage der *Commentarii* Caesars nachgelesen, in der über die Belagerung von Alise berichtet wird.

Er erkannte, daß die dort niedergeschriebenen Details vollkommen mit den örtlichen Gegebenheiten übereinstimmen, und bekräftigte somit, daß die Frage, die von höchstem Interesse sei und seit mehreren Jahren die wissenschaftliche Welt lebhaft beschäftigt habe, nun gelöst sei.

Der Kaiser erkundete dann zu Fuß das gesamte gallische Oppidum. Nach dieser Geländebesichtigung, die nicht weniger als drei Stunden dauerte, kehrte er nach Alise-Sainte-Reine zurück, wo er das Hospiz besuchte, eine fromme Stiftung, die seit über zwei Jahrhunderten besteht. Seine Majestät hat insbesondere das Antikenmuseum in Augenschein genommen, das man auf seinen Wunsch gerade in einem Nebenraum vorgenannter Einrichtung aufbaut.

Die Bevölkerung des Örtchens bereitete dem Kaiser einen enthusiastischen Empfang, und er hinterließ dem Hospiz und der Kirche Zeichen seiner gewohnten Großzügigkeit.

Um sechs Uhr bestieg Seine Majestät am Bahnhof des Laumes wieder die Eisenbahn und kehrte um zehn Uhr abends nach Fontainebleau zurück.»

Mérimée, immer zu Späßen aufgelegt, hat seine Eindrücke dieser Reise in weniger offizielle Worte gefaßt: «Ich habe einen Monat in Fontainebleau verbracht und bin immer noch ein wenig gerädert vom höfischen Leben, das mir überhaupt nicht bekommt. S(eine) M(ajestät) ist voller Ideen zu archäologischen Forschungen. Er hat Alesia mit dem Enthusiasmus eines Neubekehrten besucht und hat mich auf dem Plateau, von wo aus man alle Belagerungswerke Caesars verfolgen kann, dreieinhalb Stunden lang schmoren lassen. Ich bin mir sicher, daß es trotz der Ausbrüche des Vercingetorix den Römer niemals so heiß war.»

Da die Forschungen vielversprechend, aber langsam voranschritten, beschloß man, zum äußersten Mittel zu greifen: Der Kaiser ernannte einen seiner Adjutanten zum Ausgrabungsleiter, Baron Eugène Stoffel, Ingenieur und Artilleriehauptmann, der einer Familie aus dem schweizerischen Thurgau entstammte. Eine Depesche vom 12. September 1862 kündigt seine Ankunft an. Seitdem kamen die Grabungen, die nun in großem Maßstab mit bisweilen 50 Arbeitern durchgeführt wurden, rasch voran. Allerdings sind die Ergebnisse teils schwer zu überprüfen, weil die Originalaufzeichnungen jener Zeit, wenn sie überhaupt existiert haben, nicht mehr auffindbar sind. Im Unterschied zu dem, was zu Zeiten der Kommission geschah, scheint Eugène Stoffel die Grabungen, von denen übrigens recht häufig die ursprüngliche Dokumentation fehlt, nicht nummeriert zu haben. Es existieren lediglich die großen Übersichtspläne von Millot und verschiedene Skizzen (Abb. 50), die zeigen, daß man damals verschiedene Gräben auf ihre gesamte Länge hin ausräumte, vor allem am

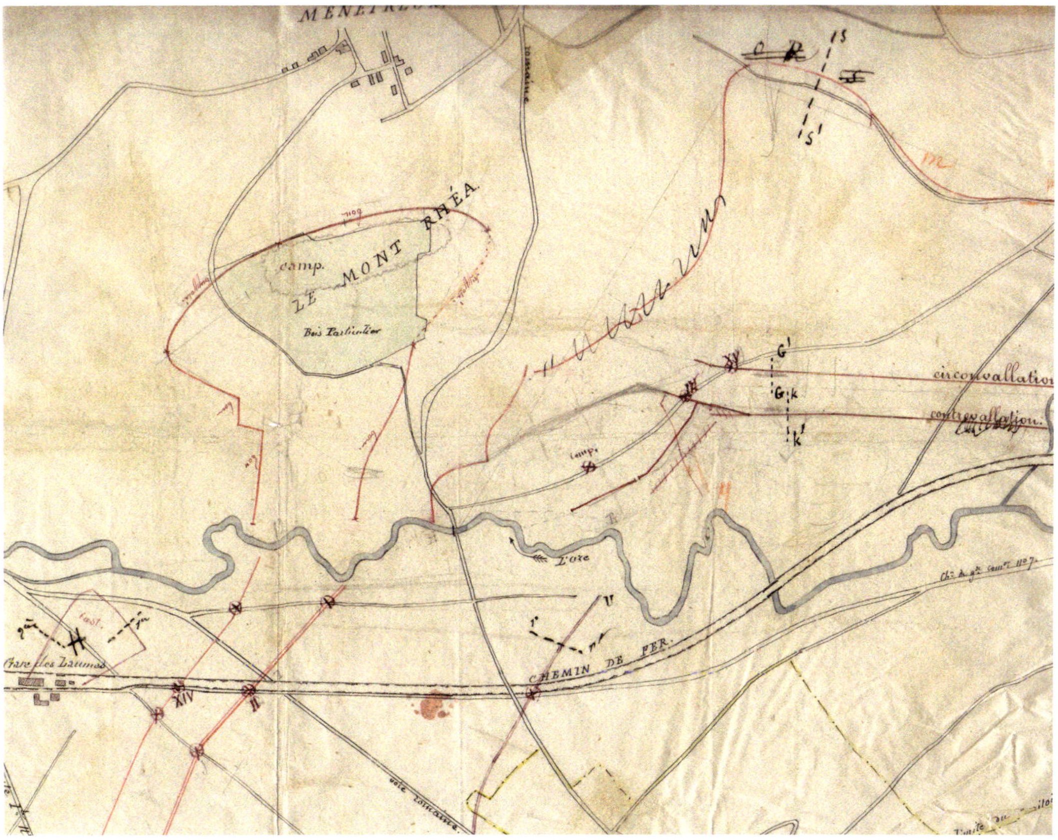

Abb. 52 Plan von Paul Millot (7. Januar 1863). Ausschnitt mit dem Tal der Oze und dem Mont Réa.

Die Kommentare von Prosper Mérimée

Mérimée verfolgte die Arbeiten rund um Alise aus nächster Nähe, wie diese Briefe bezeugen (nach *Archéologia* 24, 1968, 22–24).

An Antonio Panizzi (24. Juni 1861)
Anderntags habe ich mit Seiner Majestät die Grabungen angeschaut, die rund um Alise durchgeführt wurden, um in Erfahrung zu bringen, ob diese Stadt das Alesia Caesars war. Wir haben die Gräben der Contrevallation und der *Circonvallation* der Römer noch gut erhalten vorgefunden. Der Boden ist eine Art Kieskonglomerat, das mit natürlichem Zement gebunden ist, alles sehr hart. Die Gräben, obwohl von herabgestürzten Erdmassen und solchen, die durch Regenfälle dorthin geschwemmt wurden, verfüllt, sind überall erkennbar an ihren Böschungen, deren Wandungen sich gut erhalten haben.
[...] Auf dem Boden eines dieser Gräben haben wir ein schönes römisches Schwert und eine große Zahl von Pfeilspitzen oder Bronzelanzen gefunden; und schließlich das Kurioseste, ein Dutzend Fußangeln, die Caesar *stimuli* nennt und die er vor seine Schanzlinien werfen ließ, damit sie unseren Vorfahren in die Füße stachen.

An Jenny Dacquin (am selben Tag)
Der Kaiser ist ein perfekter Archäologe geworden. Dreieinhalb Stunden hat er unter der fürchterlichsten Sonne der Welt auf dem Berg verbracht, um die Spuren der Belagerung Caesars zu studieren und in den *Commentarii* zu lesen. Uns allen ist die Haut auf den Ohren verbrannt, und wir sind schwarz wie die Schornsteinfeger zurückgekehrt.

An Sir Edward Burnett Tylor (2. Juli 1861)
Ich habe vor einigen Tagen eine lange archäologische Exkursion mit dem Kaiser unternommen. Sie wissen vielleicht, daß die Altertumsfreunde der Franche-Comté Himmel und Hölle in Bewegung setzen, um das Alesia Mandubiorum in ihrer Gegend anzusiedeln. Der Doubs (Dubis) fließt in der Franche-Comté, und es gibt ein Dorf namens Alaise, in dessen Nähe man Steinbeile und Gräber gefunden hat. Vielmehr brauchte man nicht, um eine neue Übersetzung der *Commentarii* in die Welt zu setzen, wobei man sich reichlich mit sprachlichen Fehlern behalf. Doch Alise-Sainte-Reine in der Côte-d'Or leistete immer Widerstand, und auch die Gelehrten und Militärs beharrten darauf, in dieser die von Vercingetorix verteidigte Stadt zu sehen. Der Kaiser hat dort Grabungen durchführen lassen, die die Angelegenheit selbst den hartnäckigsten Verfechtern von Alaise unzweifelhaft beweisen. Wir haben die Gräben der *Circonvallation* und der Contrevallation genau so vorgefunden, wie sie Caesar beschreibt. Der Boden ist eine Art Puddingstein, der aus Kieseln zusammengesetzt ist, die durch einen natürlichen Zement verklumpt sind. Die in den Boden eingetieften Gräben sind perfekt erhalten, zumindest in ihrem unteren Teil.
Auf einer dieser Böschungen hat man ein schönes römisches Schwert in seiner eisernen Scheide gefunden sowie den Ring, mit dem man es am Gürtel befestigte. Man hat eine recht große Zahl von Speerspitzen gefunden, die einen aus Eisen, die anderen aus Bronze, außerdem gallische Schwerter aus Bronze und schließlich fünf oder sechs caesarische *stimuli*. [...]

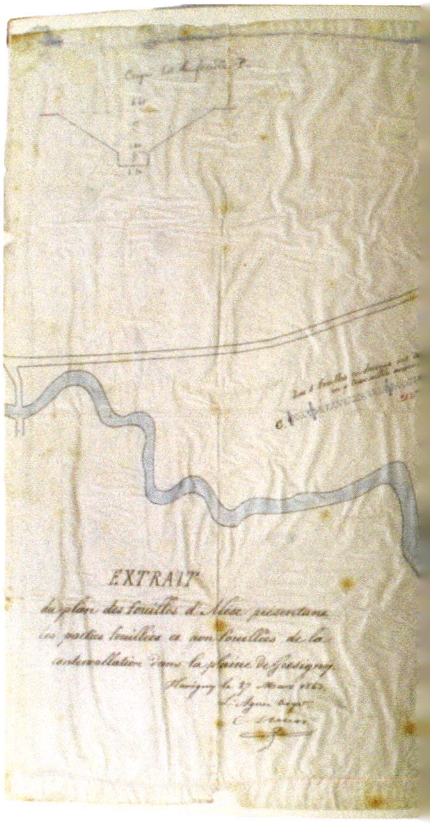

Plan der Grabungen in der Ebene von Grésigny von Paul Millot (27. März 1863). Die Eintragungen mit Bleistift sollen von Napoleon III. stammen. Aquarellierte Durchzeichnung.

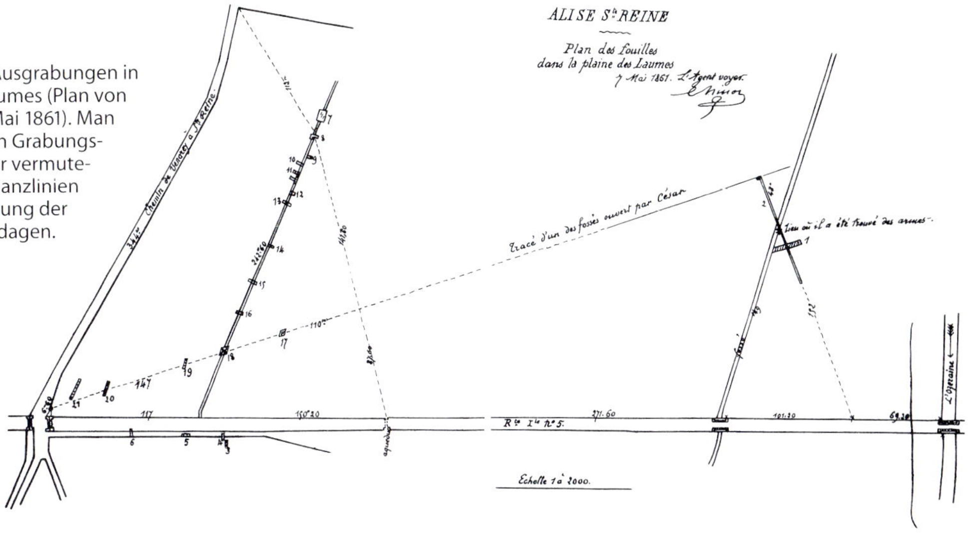

Der Beginn der Ausgrabungen in der Ebene von Laumes (Plan von Paul Millot, 7. Mai 1861). Man erkennt die langen Grabungsschnitte quer zur vermuteten Achse der Schanzlinien und die Anordnung der Sondagen.

Ich bin noch auf einige Schleuderkugeln aufmerksam geworden, die offenbar aus den Eisenminen des Berry stammen, wo man viele solcher Erzkugeln findet, die annähernd rund sind und ein Gewicht von 2–3 Unzen haben. Auf dem Gipfel des Plateaus von Alise haben wir die *Commentarii* gelesen, und es gibt keine einzige Passage dieses Berichts, die bei der Betrachtung der Landschaft nicht absolut klar würde. Ich vergaß, Ihnen als letzten Beweis die Entdeckung zweier Inschriften mit dem Wort Alesia zu nennen.

Prosper Mérimée

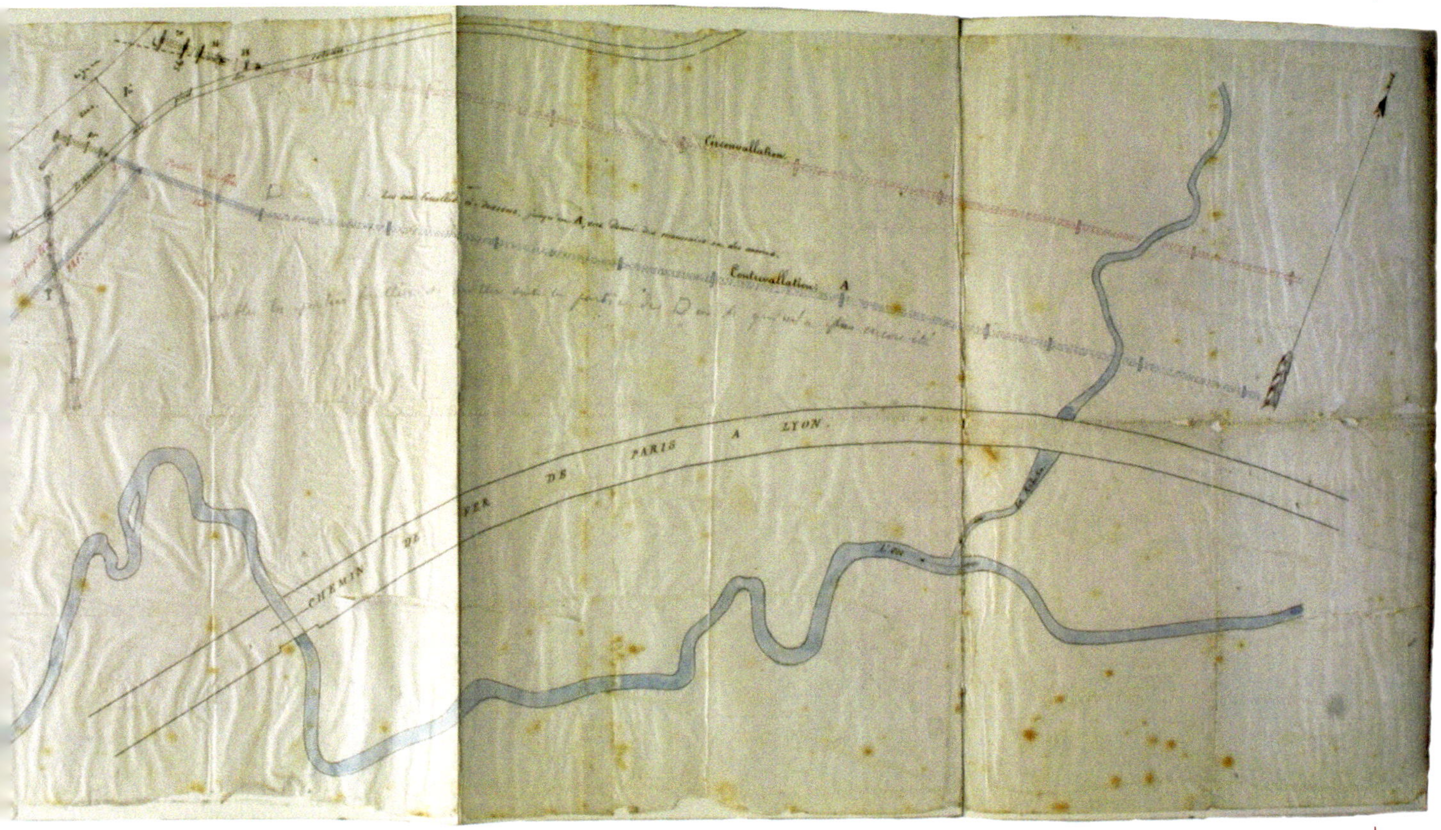

Fuß des Mont Réa, um nach Objekten zu suchen. Andererseits besitzen wir dadurch wesentlich größere Materialbestände, als sie bei den Grabungen der Kommission entdeckt wurden. Im Herbst 1865 scheinen die Ausgrabungen beendet worden zu sein; zu diesem Zeitpunkt arbeitete Kommandant Stoffel bereits in Puy d'Issolud.

Die von Napoleon III. beschlossenen Forschungen endeten hier jedoch nicht. Der wißbegierige Kaiser ließ bei Meudon in einem Militärgebiet, wo man neue, noch geheime Waffen zur Modernisierung der französischen Armee erprobte, eine Werkstatt einrichten, die die in der Ebene von Laumes entdeckten Waffen reproduzieren und erproben

Abb. 53 Meudon, Rekonstruktion der Schanzwerke Caesars unter dem Second Empire.

Abb. 54 Meudon, Rekonstruktion der Schanzwerke Caesars unter dem Second Empire.

Abb. 55 Einweihung der Statue am 27. August 1865, abgebildet in «Le Monde Illustré» vom 16. September 1865.

sollte. So wurden römische Katapulte rekonstruiert, die heute im Museum von Saint-Germain stehen, und Schießversuche mit *pilum* (römische Wurflanze), Pfeilen und verschiedenen Projektilen unter der Leitung des hervorragenden Spezialisten Verchère de Reffye unternommen. Zur selben Zeit verfolgte man die ersten Forschungen zur experimentellen Archäologie und rekonstruierte in natürlicher Größe die Befestigungswerke Caesars (Abb. 53. 54). Die Gründung des Musée des Antiquités Nationales de Saint-Germain-en-Laye krönte dieses einzigartige archäologische Werk.

Außerhalb des Städtischen Museums, das im Hof des Hospizes eingerichtet ist und dafür vorgesehen war, einen Teil der Sammlungen zu beherbergen, ließ der Kaiser im Gelände selbst Markierungssteine setzen, um den Verlauf der Linien an den Stellen, wo sie die Straßen schneiden, und das Zentrum der Lager zu kennzeichnen. Schließlich wurde am 27. August 1865 in Anwesenheit einer riesigen Menschenmenge eine bronzene Kolossalstatue des Vercingetorix errichtet, die man – bezahlt aus der persönlichen Schatulle des Kaisers – bei dem Bildhauer Aimé Millet in Auftrag gegeben hatte (Abb. 55). Auf der Vorderseite des Sockels ist folgende Inschrift zu lesen:

«Das vereinte Gallien,
eine einzige Nation bildend,
vom selben Geist beseelt,
kann das Universum herausfordern.
(Caesar, *de bello Gallico* VII 29)
Napoleon III.
für Vercingetorix»

Böse Zungen behaupteten nicht ohne Grund, daß die Gesichtszüge des gallischen Führers denen des Herrschers ihrer Zeit sehr ähnelten!

Die Statue von Aimé Millet (1865) auf dem Gipfel von Alise-Sainte-Reine.

Arminius – Vorbild des Vercingetorixbildes?

Im Jahr 9 n. Chr. vernichtete der Cherusker Arminius drei Legionen, die Varus, Legat des Augustus, unvorsichtigerweise ins tiefste Germanien geführt hatte. Mit diesem beispiellosen Desaster wurde die römische Eroberung östlich des Rheins beendet.
Im aufkommenden deutschen Pangermanismus des 19. Jhs. zum Helden erhoben, wurde Hermann (Arminius) mit einem großen Denkmal auf der Grotenburg bei Detmold geehrt, wo man damals den Ort der Niederlage des Varus lokalisierte. In Wahrheit befindet sich dieser aber in Kalkriese, in der Gegend von Osnabrück. Die bronzene Kolossalstatue von 26 m Höhe, ein Werk Ernst von Bandels, steht auf einem 30 m hohen Sockel. Obwohl sie erst 1875, nach der Gründung des Deutschen Reiches, eingeweiht wurde, hatte man mit ihrer Anfertigung doch wesentlich früher begonnen. Die illustrierten Gazetten (*Le magasin pittoresque*, 1843, S. 117) bildeten Arminius schon seit der Jahrhundertmitte ab und übten auf die französischen Künstler (vor Millet) einen starken Einfluß aus. So weiß man von mehreren Projekten, die unmittelbar von der Darstellung des germanischen Helden inspiriert wurden, und dies zu einer Zeit, in der der aufflackernde Nationalismus eine bewaffnete Konfrontation beider Länder von Tag zu Tag wahrscheinlicher werden ließ. Anscheinend war Théophile Gautier verblüfft über die Ähnlichkeit zwischen der Statue von Alesia und ihrem deutschen Vorbild.
Ein noch kolossaleres Projekt hatte sich 1865 Auguste Préault ausgedacht. Ein ganzer Berggipfel in der Auvergne sollte skulptiert, mit Statuen verziert und von einem Sockel umkränzt werden, der «aus Rüstungen, Gerätschaften und symbolischen Gegenständen aus dem Leben unserer Vorfahren» komponiert sein sollte. Ein Druide, Brennus, der Eroberer Roms, ein Barde und die Druidin Veleda hätten das Ganze flankiert, darüber eine 20 (!) m hohe Reiterstatue des Vercingetorix, der «die Arme ausgestreckt hat und ‹Zu den Waffen!› ruft» (nach Anne Pingeot, *Les Gaulois sculptés* [1850–1914], in: *Nos ancètres les Gaulois*, *Clermont-Ferrand* [1982] 255–256).

Arminius, Statue des Bildhauers Ernst von Bandel in der Nähe von Detmold.

Die Fortsetzung eines alten Streits

Wo befinden wir uns in diesem Streit um die Lokalisierung, anderthalb Jahrhunderte nach dem Großprojekt des Second Empire? Nach einer ruhigen Phase hat die Suche nach dem «wirklichen» Alesia die Gestalt einer wahrhaftigen lernäischen Hydra angenommen, der ständig neue Köpfe nachwachsen. Mittlerweile mehrere Dutzend «Fundstätten» werden seitens der Presse oder gewählter Volksvertreter der öffentlichen Aufmerksamkeit angedient, meist in entwaffnend sympathischer Amateurhaftigkeit, und selbst archäologische Kapazitäten werden ständig zu Erklärungen aufgefordert. Weil der Bekanntheitsgrad von Alaise heute nur noch auf Geschichtsschreibung beruht, werden ständig andere – alte oder neue – Kandidaten ausgerufen. Ich möchte im folgenden keine vollständige Auflistung – man würde zwangsläufig etwas vergessen –, sondern eine kleine Blütenlese angeblicher Alesias aufführen:

- Alès (Gard)
- Alaise (Doubs)
- Alièze (Jura)
- Aloise (Saône-et-Loire)
- Aluze (Saône-et-Loire)
- Authezat (Puy-de-Dome)
- Auxonne (Côte-d'Or)
- Champagnole (Jura)
- Château-Chalon (Jura)
- Conliège (Jura)
- Guillon (Yonne)
- Izernore (Ain)
- Novalaise (Savoie)
- Ornans (Doubs)
- Pont-de-Roide (Doubs)
- Rougemont (Doubs)
- Salins (Jura)
- Syam/Chaux-des-Crotenay (Jura)

etc.

Die Gründe, die zu solchen Auswüchsen führten, sind vielfältig und komplex, zumal sich häufig eine Portion Leidenschaft einschleicht und auch Verwünschungen nicht fehlen.

Man verstünde diese «Debatte» nur unzureichend, würde man nicht den Stellenwert berücksichtigen, den die Symbole Vercingetorix und Alesia noch in der Erziehung und Tiefenpsychologie unserer vor allem älteren Zeitgenossen einnehmen: Es handelt sich um «die erste Seite der Geschichte Frankreichs», um den Gründungsmythos der Nation. Das Streitobjekt geht also längst über das Gebiet der archäologischen Forschung, wie sie von Fachleuten verstanden wird, hinaus, auch wenn die Begründung für diese oder jene Lokalisierung natürlich in pseudo- oder parawissenschaftliche Argumentationen verpackt wird. Dies ist sicher auch der Grund, warum dieser «Streit» ein rein französischer bleibt und niemals über die Grenzen hinausreicht. Es gibt kein einziges internationales Kolloquium zur Archäologie des römischen Militärwesens (z. B. die bekannten Limeskongresse), das jemals – und sei es auch nur in rhetorischer Form – die Lokalisierung von Alesia in Alise-Sainte-Reine angezweifelt hätte. Kein einziger nichtfranzösischer Wissenschaftler stellt sich überhaupt diese Frage. Selbst der Wortlaut dieser «Debatte» erstaunt, amüsiert und ruft nur ein Lächeln hervor, sobald man die Grenzen Frankreichs überschreitet. Unbeeinflußt von Ideologien beurteilen die Nachbarn Frankreichs allein nach wissenschaftlichen Kriterien und archäologischen Fakten. Es ist keineswegs so, daß bei anderen Völkern solche Debatten zum eigenen «Gründungsmythos» nicht auch geführt werden. So haben die Deutschen manches Mal über den Ort der Schlacht im Teutoburger Wald diskutiert, wo Varus, von Arminius in den Hinterhalt gelockt, seine Legionen verloren hatte. Eine absolut grundlegende Frage, die aber die Franzosen kalt läßt, weil es nicht «ihre» Geschichte ist. Im übrigen wurde dieses Problem von der Archäologie kürzlich in überzeugender Weise gelöst.

Die Anfänge dieses Streits gingen, wie bereits dargelegt, dem napoleonischen Großgrabungsprojekt voraus. Gerade der «offizielle» Charakter dieser vom Kaiser organisierten nationalen Forschung hat die Debatte verschärft, indem – was niemals hätte geschehen dürfen – sie eine politische Färbung erhielt. Christian Goudineau hat dies ausgezeichnet dargelegt, dabei zunächst die Bedeutung der vom Regime aufgebotenen intellektuellen und materiellen Mittel hervorgehoben: «Und dann vor allem der Aufruf an Hunderte von Korrespondenten in der Provinz, insbesondere an die Mitglieder der gelehrten Gesellschaften, deren Anzahl und Einfluß seit dreißig Jahren ständig zunahmen. Man stelle sich eine Sitzung vor, in der ein

Mandubier, Lingonen, Häduer, Sequaner – komplizierte Grenzverläufe

Wo soll man die Mandubier lokalisieren? Dieser kleine Stamm ist nur durch die Erwähnung Caesars im Zusammenhang mit der Episode von Alesia bekannt geworden. In der Kaiserzeit, sicherlich jedoch nach der augusteischen Verwaltungsreform, verschwindet er völlig aus unseren Quellen. Dieses Verschwinden ist im übrigen keineswegs ein Einzelfall. Die Römer hatten in der Tat die Gewohnheit, eroberte Völker neuzuorganisieren, und nur selten ließen sie politische Einheiten bestehen, die zu klein waren, sich selbst zu verwalten. Diese schlug man bedeutenderen Stämmen zu und machte sie von diesen abhängig (juristischer Mechanismus der *adtributio* [Einverleibung]). So wurde zum Beispiel Nîmes Hauptstadt eines großen Verbandes von Stämmen, die zuvor nicht von ihr abhingen. Wahrscheinlich geschah es so auch dem gallorömischen Alesia, das zunächst in den Einflußbereich der Lingonen geriet, um schließlich den Häduern zugeordnet zu werden.

Im vorliegenden Fall helfen uns die Mandubier keinen Schritt weiter, Alesia zu identifizieren. Der kleine Stamm befindet sich dort, wo wir Alesia lokalisieren, und nicht umgekehrt. Seit dem 19. Jh. hat man sich anhand frei erfundener Etymologien, an denen heute noch gewisse Pseudo-Wissenschaftler festhalten, an einer Identifizierung versucht. So hat man aus *Man-dubii* die Bedeutung «Männer vom Doubs» herauslesen wollen, eine Verbindung des germanischen «man» mit dem Namen des Flusses. Das alte Lateinwörterbuch von Gaffiot gab diese entstellte Etymologie noch wieder, und erst in der jüngsten Neubearbeitung wurde dieser Irrtum glücklicherweise ausgemerzt.

Die Rekonstruktion der Grenzen der benachbarten Stämme ist keineswegs einfacher. Traditionell und in Einklang mit dem Zeugnis Strabons (IV 186), die Saône bilde die Grenze zwischen Häduern und Sequanern, werden letztere östlich des Flusses lokalisiert. Dies ist im übrigen das Hauptargument für die Alesias der Franche-Comté: Wenn sich Caesar bei den Sequanern befand (Cassius Dio), war er demnach östlich der Saône, eben dort, wo auch Alesia zu suchen ist.

Die Frage ist wahrscheinlich weniger einfach, als sie scheint. Bereits Jérome Carcopino hatte sie in einem 1958 erschienenen Büchlein *Alésia et les ruses de César* [*Alesia und die Listigkeiten Caesars*] aufgeworfen, doch beruhten die Argumente des großen Gelehrten leider auf zu schwachen Indizien, um wirklich überzeugend zu sein. Die geopolitische Situation dieser strategisch bedeutenden Region, die den Handel zwischen Mittelmeer und Nordeuropa kontrollierte, war sicherlich unbeständig und Gegenstand bewaffneter Auseinandersetzungen. Zu Beginn des Gallischen Krieges waren die Sequaner schon lange nicht mehr Herren über das Quellgebiet der Seine (Sequana), mit der ihr Name verknüpft ist. Die Häduer beklagen sich bei Caesar über deren Vorherrschaft, die sie mit Hilfe der Germanen errungen hatten (Caesar, *de bello Gallico* I 31); wir erfahren anschließend vom Prokonsul, daß verschiedene Klienten der Häduer (zweifelsohne westlich der Saône) sich gar mit den Sequanern verbündet hätten (Caesar, *de bello Gallico* VI 12). Deshalb darf man das Zeugnis Strabons nicht verwerfen, der zwar erst in augusteischer Zeit schreibt, dessen Quellen aber häufig weit zurückreichen, so für Gallien bis auf Poseidonios (Anfang des 1. Jhs. v. Chr.). Vor allem bestätigt Strabon, daß die Kontrolle des Flusses zu einem wichtigen Streitobjekt geworden war (Strabon IV 3, 2–4); wir wissen jedoch nicht, ob diese Angabe auch noch um die Zeitenwende galt. Jenseits des Streits um Alesia muß demnach folgende Frage gestellt werden: Bildete die Saône auf ihrer gesamten Strecke eine «natürliche Grenze» zwischen den verschiedenen gallischen Stämmen?

Ohne vollständig gelöst zu sein, ist dank der Archäologie das Problem jüngst etwas erhellt worden. Vor allem anhand der Keramik konnte Philippe Barral die Existenz verschiedener Materialgruppen entlang der Saône herausarbeiten, mit häduischen Enklaven östlich des Flusses. Weiter nördlich hingegen, im Bereich der Grenze zwischen Lingonen und Sequanern, stehen entsprechende Untersuchungen noch aus. Nach der Karte der hochmittelalterlichen Diözesen, die sich häufig mit den antiken Gemeinwesen decken, scheint die Grenze nördlich von Seveux westlich der Saône verlaufen zu sein. Doch wurde die Zuverlässigkeit solch einer regressiven Vorgehensweise häufig zu Recht in Frage gestellt, zumal die Grenzen der hochmittelalterlichen Diözesen in dieser Region selbst äußerst ungewiß sind.

Wenn also der Lauf der Saône die Sequaner grundsätzlich von ihren Nachbarn trennt, ist damit noch nicht gesagt, daß der Fluß im einzelnen eine feste «natürliche Grenze» bildet, welche einer geopolitischen Konzeption entspricht, die in dieser Epoche anachronistisch wäre. Vielleicht muß man in diesem Sinne den Satz Caesars (*de bello Gallico* I 12) verstehen: «Es gibt einen Fluß, Arar [Saône], der durch das Land der Häduer und Sequaner in den Rhodanus [Rhône] fließt.» Höchstwahrscheinlich haben sich im Laufe der Zeit die Grenzen geändert, doch sind uns die Einzelheiten dieser Verschiebungen unbekannt. Hinsichtlich der Grenzverläufe der verschiedenen Stämme, die von Caesars Marschroute Richtung Genf betroffen waren, gibt es heute mehr Hypothesen als Fakten. Die Frage kann heute nicht gelöst werden, ist aber weitaus vielschichtiger, als – mit einer gewissen Einfalt – die Anhänger der Franche-Comté-Theorie glauben wollen.

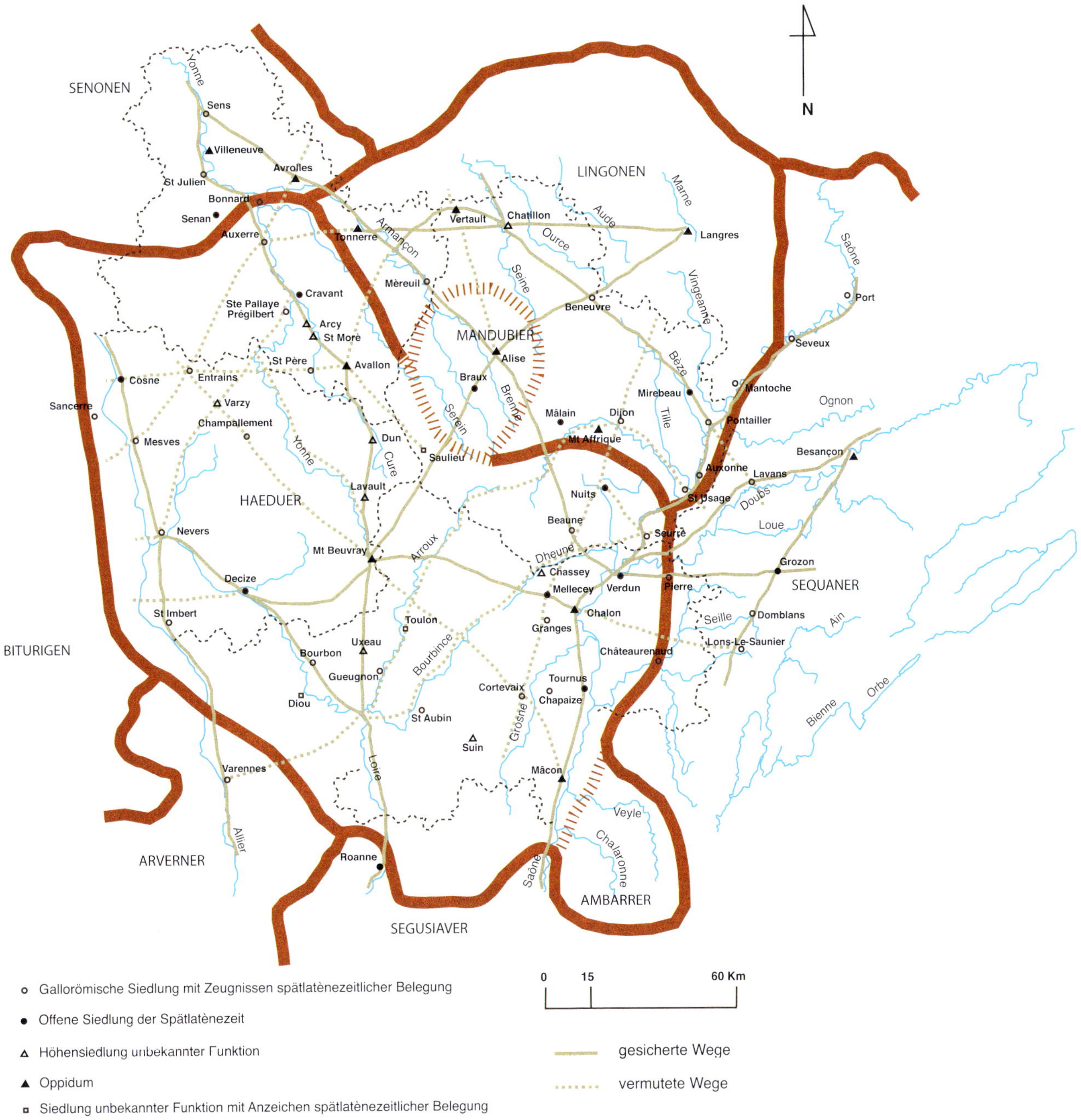

Die Stammesgrenzen in Ostgallien nach einer Zeichnung von P. Barral.

von Victor Duruy, Félix de Saulcy oder Prosper Mérimée «im Namen Seiner Kaiserlichen Hoheit» gesandter Brief verlesen wird! Etliche Notabeln widmeten sich den Forschungen, schrieben Abhandlungen, stellten Hypothesen vor und träumten davon, daß ihre Meinung Beachtung fände. Der Lokalpatriotismus war zwangsläufig wie entfesselt. Die Untersuchungen des durchlauchten Schriftstellers führten zu Tausenden von «Mini-Erkundungen». Die Leidenschaft wurde umso heftiger, als das vom Kaiser gezeichnete Werk (gezwungenermaßen) die «offizielle» Wahrheit fixierte.

Das Wort «offiziell» ist gefallen. Alle, deren Arbeiten ausgeschieden waren, bevor sie das Cabinet des Tuileries erreichten, empfanden Groll. Die «offizielle» Wahrheit ist natürlich gefälscht, vor allem von diesen suspekten «Wissenschaftlern», die bei Hofe arbeiten, Auszeichnungen erhalten und Minister werden. Das Ende des Regimes, die Niederlage, der dem besiegten Kaiser geschworene Haß, den die Schulbücher und Lehrer der Dritten Republik verbreiten – es gibt so viele Gründe die «Wahrheiten» der *Histoire de Jules César* wieder anzuzweifeln. So seriös die Grabungskampagnen in Bourges, Gergovia, Alesia, auf dem Puy d'Issolud und an anderen Orten waren, und trotz der Rede- und Vorschlagsfreiheit, die die Mitglieder der von Napoleon III. zusammengestellten Mannschaft genossen, stand und steht die Erbsünde noch im Raum. Die Vorstellung von einer «offiziellen Wissenschaft», die ihre eigenen Gesetze erzwingt und jeden Widerspruch im Keim erstickt, ist in den 1860er Jahren aufgekommen und hat sich in der Folge verstärkt. Wenn die Ausgrabungen von Alise unter Louis-Philippe oder um 1910 in Angriff genommen worden wären, hätten sich die Dinge ganz anders entwickelt. Trotz der jüngsten Versuche einer Rehabilitierung löst Napoleon III., besonders in den Provinzen, immer noch «heftige» Gefühle aus. Sein historisch-archäologisches Unternehmen leidet immer noch unter diesen Folgen.

«Besteht erst einmal ein Verdacht, gerät alles ins Wanken ...»

Fast anderthalb Jahrhunderte später hat sich die Situation kaum geändert. Die Ablehnung der «offiziellen» historischen Stätte besteht in gewissen, glücklicherweise kleineren Kreisen weiterhin fort, die der napoleonischen Erbsünde weitere, nicht weniger schwere Vorwürfe hinzufügen: Man gäbe für Alise-Sainte-Reine viel zuviel Geld aus; weil vom Kulturministerium zur «nationalen Gedenkstätte» erklärt und vom Präsidenten des Nationalrats für Archäologische Forschung (Verf. dieser Zeilen) geleitet, verfüge diese Grabung über alle nur erdenkliche Unterstützung und Mittel; unterdessen verböte man den «echten Wissenschaftlern» den Zutritt zum Gelände, man beschneide die «Freiheit der Forschung» und gäbe ihnen keinerlei Mittel. Im übrigen wisse man sehr wohl, daß «man in Alise-Sainte-Reine niemals etwas gefunden hat» und daß «alles erfunden worden ist, um Napoleon III. einen Gefallen zu tun ...». Ich möchte es dem Leser ersparen, die Herkunft dieser bedauerlichen (mehr als reichlich vorhandenen) Zitate anzugeben.

Lehnt man, nahezu ungeprüft, die gesamten archäologischen Akten über den Mont-Auxois ab, welches Argument bleibt dann noch, um von Alesia zu sprechen? Einzig und allein die antiken Texte, die gemäß alter akademischer Tradition die Philologie zur Mutter aller anderen Disziplinen machen. Gemäß dieser Logik müssen letztere, selbst wenn sie nur scheinbar oder nur in einem Detail unstimmig sind, gegenüber der Primärquelle, d. h. dem Text, zurücktreten. So erfährt die Textquelle, ob man will oder nicht, eine Art Weihe, die sie zur alleinigen Referenz erhebt, zumal wenn es sich um einen Autor wie Caesar handelt. Wahrhaft zur Bibel erklärt, stellen die Kapitel, in denen der Prokonsul Galliens von der Schlacht bei Alesia berichtet, den absoluten, verehrten und unantastbaren Prüfstein dar. In seiner vielbeachteten Abhandlung *L'art de la déformation historique dans les Commentaires de César* [*Die Kunst der historischen Verzerrung in den Commentarii Caesars*] hatte der hervorragende Latinist Michel Rambaud Anfang der 50er Jahre die literarischen Methoden dargelegt, die der Eroberer verwendete, um seine Niederlagen zu vertuschen, seine Erfolge aufzubauschen und den eigenen Ruhm zu nähren. Das Werk Caesars ist das eines geschickten Propagandisten, der im Rahmen eines verbissenen Kampfs um die Macht ein keineswegs «geheiligtes» Buch schreibt, das sich einer historischen Kritik entzöge. Es gab durchaus Zeugnisse, die belegen könnten, wie der Sieger über Gallien die Darstellung der Ereignisse zu seinem Vorteil «arrangierte»; diese anticaesarische Überlieferung der lateinischen Literatur ist jedoch leider verschollen. Es versteht sich von selbst, das die Arbeit Rambauds damals Wellen schlug!

Für den Großteil der postulierten «Alesias» gilt, daß dort niemals irgendwelche Grabungen stattgefunden haben und auch kein einziger aussagekräftiger Oberflächenfund bekannt ist. Darunter verstehen wir archäologische Indizien – Strukturen oder Materialien –, die dem entsprechen, was man aus der Spätlatènezeit (vor allem Phase D2a) oder aus römischen Kontexten um 50 v. Chr. kennt, wie den *murus gallicus*, Waffen, Münzen, typische militärische Ausstattungsgegenstände, Schmuck, Fibeln, Keramik und Amphoren – vorausgesetzt, die Datierung dieser Indizien ist gesichert. Somit müssen alle archäologischen Fundstätten ausgeschlossen werden, die chronologisch wesentlich älter (Bronze-, Hallstatt- und frühe Latènezeit) oder deutlich jünger anzusetzen sind. Man kann die «Alesias» der Franche-Comté nicht von vornherein mit der Begründung ausschließen, ihre Erfindung beruhe auf schlecht fundierten Überlegungen. So muß die Angelegenheit immer im Gelände entschieden werden, d. h. man muß prüfen, was sich jeweils im Boden verbirgt.

15 CENTIMES LE NUMÉRO
Paraissant le Jeudi

EN VENTE CHEZ TOUS LES LIBRAIRES
DANS LES KIOSQUES ET LES GARES

15 CENTIMES LE NUMÉRO
Paraissant le Jeudi

L'ENSEIGNEMENT POPULAIRE

JOURNAL HEBDOMADAIRE ILLUSTRÉ

RÉDACTEUR EN CHEF : A. BITARD

Avec la collaboration de toutes les GLOIRES FRANÇAISES

VERCINGÉTORIX SE RENDANT A CÉSAR.

Abb. 56
Ein gutes Beispiel populärer bildlicher Darstellung des Vercingetorix-Mythos in einer Zeitung der Dritten Republik: «L'Enseignement populaire», illustrierte Wochenzeitung.

Vercingetorix, der erste Franzose

Am 2. September 1870 erlebt die Verteidigung Galliens ein neues Desaster, und welch ein Desaster! Im Laufe dieses «schrecklichen Jahres», wie Victor Hugo es nannte, steht die Bestürzung der Demütigung in nichts nach. Während fast eines halben Jahrhunderts wird Frankreich mit Wut im Bauch und Vergeltung im Kopf leben. Genau da wandelt sich Vercingetorix zum großen Nationalhelden, wird Alesia, das neue Waterloo, zum Urbild der Niederlage, das sich für alle, selbst die fragwürdigsten Assoziationen eignet. Die Übergabe des Arvernerführers nimmt die von Sedan vorweg und steht für eine historische Abfolge, die aus Frankreich den direkten Erben Galliens macht, ständig vom Ausland bedroht, ständig von seinen herrschenden Klassen, Adligen und Priestern, verraten, aber auf ewig auch aus seiner Asche wiedererstehend dank seiner Volkstugenden, seines Stolzes und der Tapferkeit seiner Helden. So nimmt der Mythos vom «gallischen Vaterland» Gestalt an, der seine Legitimation in einer Abstammungsgeschichte findet, aus der sich jeder nach seinen eigenen Überzeugungen bedienen kann. Die Heldenreihe tritt an: Vercingetorix, du Guesclin, Jeanne d'Arc, die Soldaten des Jahres II [1814; neuer Kalender während der Revolutionszeit], Napoleon I., Adolphe Thiers, Gambetta – alle haben gegen die Herabwürdigung und für die Freiheit Frankreichs gekämpft. Die Niederlage von 1870 und der Verlust Elsaß-Lothringens stacheln natürlich die unterschwelligen nationalistischen Gefühle auf, aber der Boden war schon seit der Mitte des 19. Jhs. durch das Aufkommen des «gallischen Gefühls» bereitet worden, das, wie wir gesehen haben, dazu beigetragen hatte, aus Vercingetorix «den ersten Franzosen» zu machen – ein Begriff, den der Herzog von Aumale während des Alise-Alaise-Streits geprägt hatte. Unter diesem Gesichtspunkt stellen die napoleonischen Grabungen und die Errichtung der Statue Aimé Millets einen Wendepunkt dar: Der gallische Führer, vom Kaiserreich in die Reihe der großen historischen Gestalten erhoben, ist bereit, die Rolle zu spielen, die ihm die Republik übertragen wird.

Nach Sedan ist die Gleichsetzung der Niederlage von 52 v. Chr. und der von 1870 in aller Köpfe. Dieser Prozeß einer «identifikatorischen» Konstruktion ist in den letzten Jahren von verschiedenen Historikern ausführlich und gut untersucht worden. Die zur Beweisführung erbrachten, sehr umfangreichen Belege stammen aus allen gesellschaftlichen Schichten – von den kultiviertesten bis zu den einfachsten – und betreffen sämtliche «Medien»: Literatur, Presse, Schulbücher, bildende Kunst (Abb. 56), wobei die Bildhauerei stärker im Vordergrund steht als die akademische Malerei. Anstatt nun zahllose Zitate anzuhäufen, beschränken wir uns hier auf drei Beispiele, die die Palette der Befindlichkeiten sehr gut beschreiben und die Gleichsetzung der Niederlage von gestern und heute hervorragend illustrieren: Das erste ist von einem Pariser «Intellektuellen» geschrieben worden, das zweite ist einem populären Roman entnommen und das dritte ist eine Statue.

Vercingetorix, ein Drama

Zunächst jene 1880 von dem Poeten François Coppée verfaßte Kritik zu einem – glücklicherweise in Vergessenheit geratenen – Theaterstück von Edmond Cottinet (Vercingetorix, Drama in 5 Akten): «In den von Nebeln verhangenen Anfängen Frankreichs erscheint keine Gestalt größer als jene des Vercingetorix; sie überragt unsere Nationalgeschichte wie die schöne Statue von Aimé Millet, mit dem geflügelten Helm auf dem Kopf und gestützt auf ihr schweres Schwert, mit ihrer kolossalen Größe die grünen Täler der Côte-d'Or von der Höhe des Mont-Auxois beherrschend. Es ist eine nobler Gedanke, dieses Denkmal für den ruhmreichen Besiegten errichtet zu haben; unsere patriotische Trauer gedenkt heute mit melancholischem Stolz des unbezwingbaren Mutes dieses barbarischen Führers und seines unbeugsamen Kampfes gegen die römische Invasion. Diejenigen, die 1870 reif genug waren, werden uns verstehen. Allein schon bei der Nachricht, der Feind habe die Grenze überschritten, haben sie wie wir das schreckliche Entsetzen einer geschändeten Jungfrau gespürt. Instinktiv haben sie die Notwendigkeit der Vergeltung gespürt, instinktiv zur Waffe gegriffen, zornig ‹Sieg oder Tod› gerufen; und nachdem sie die offene Kehle des Vaterlandes unter dem Stiefel des Preußen haben röcheln sehen, haben sie im Grunde ihres Herzens ewige Rache bewahrt. Und diesen da – wir wollen glauben, daß sie zahlreich sind – tut es gut, von unseren ehemaligen Mißgeschicken zu berichten, und es ist heilsam, an den alten Krieg von Caesar und Vercingetorix zu erinnern. Denn sie lieben ihr Land ganz einfach in gesunder Kindesliebe, weil sie sich nicht von den Sophismen der Historiker gefangennehmen lassen, die die schlimmsten Ungerechtigkeiten mit verschwommenen Worten entschuldigen, weil sie den Fortschritt, der durch die Eroberung auferlegt wird, und die Zivilisation, die mit dem Massaker ihren Anfang nimmt, verabscheuen. Trotz des Zaubers seines Genies ist Caesar in ihren Augen nur ein ehrgeiziges Monster, das die alte gallische Eiche entwurzelt hat, um seinem Siegeskranz ein Blatt hinzuzufügen, das einen See von Blut vergossen hat, um darin seinen kaiserlichen Purpurmantel zu färben. Der Ruhm des Eroberers darf uns nicht blenden, arme Besiegte von gestern, die wir sind. Die Million gallischer Gefangener, die Caesar an die Sklavenhändler verkauft hat, um seine Verrücktheiten und Ausschweifungen aus Jugendzeiten zu bezahlen, erinnert uns an die erste Zahlung von fünf Milliarden in Straßburg, wo man Säcke von Louis auf den Waagschalen wog. Und wenn die römischen Trompeten ironisch unter den Mauern von Alesia am Tag, als die Stadt sich ergibt, gallische Märsche ertönen lassen, rufen wir uns die Musik der deutschen Garde in Erinnerung, die am Abend von Sedan die Marseillaise spielt. Im Gegenteil, mit respektvoller und rührender Bewunderung sollten wir an den unerschrockenen jungen Mann zurückdenken, der kraft seines Patriotimus alle gesunden Kräfte Galliens gebündelt in seiner Hand vereint und den Eindringlingen erbitterten Widerstand leistet, an den beherzten Führer der Arverner, dessen Seelengröße, Heldentum, Großtaten und Mißgeschicke wir nur durch einen Historiker kennen, nämlich seinen Feind Caesar [...]».

Eine gallische Tour de France

Diesem Text eines engagierten Intellektuellen dieser Zeit – man könnte noch andere zitieren, die diese Meinung von Coppée teilen – stellen wir eine Passage aus *Tour de France par deux enfants* [*Zwei Kinder auf der Reise durch Frankreich*] zur Seite. Dieser gewissermaßen gleichzeitig, im Jahr 1877 erschienene Volksroman hat lebhaften Erfolg; er erzählt von zwei kleinen Waisenkindern, die in Phalsbourg (am Tor des Elsaß) aufbrechen und eine Reise durch Frankreich unternehmen.

«Julien beginnt mit leiser, aber vernehmbarer Stimme [zu lesen].

Frankreich, unser Vaterland, war vor langer Zeit fast vollständig von großen Wäldern bedeckt. Es gab nur wenige Städte und der kleinste Hof eures Dorfes, liebe Kinder, wäre wie ein Palast erschienen. Frankreich hieß damals Gallien, und die halbwilden Menschen, die hier wohnten, waren die Gallier. Unsere Vorfahren, die Gallier, waren groß und kräftig, mit weißer Haut wie Milch, blauen Augen und langen, blonden oder rötlichen Haaren, die sie über ihre Schultern wehen ließen.

Sie schätzen vor allen Dingen den Mut und die Freiheit. Sie verspotteten den Tod und schmückten sich zum Kampf wie für ein Fest.

Ihre Frauen, die Gallierinnen, unsere Mütter von damals, standen ihnen an Mut in nichts nach. Sie folgten ihren Männern in den Krieg; auf Wagen führten sie die Kinder und ihre Habe mit; riesige wilde Hunde begleiteten die Wagen [...].

Erschütternd ist die Geschichte dessen, was zu jener Zeit in Gallien, unserer Heimat, geschah.

Es ist bald 2000 Jahre her, daß ein großer römischer General, Julius Caesar, der die ganze Welt hätte beherrschen wollen, beschloß, Gallien zu erobern.

Unsere Väter verteidigten sich tapfer, so tapfer, daß die Armeen Caesars, die aus den besten Soldaten der Welt bestanden, sieben Jahre lang brauchten, bis sie unser Vaterland unterwarfen.

Aber letztlich ergab sich Gallien, bedeckt vom Blut seiner Kinder, erschöpft vom Elend.

Ein junger, in der Auvergne geborener Gallier, entschloß sich damals, die Römer vom Boden des Vaterlandes zu vertreiben.

Er sprach so überzeugend von seinem Plan zu seinen Kameraden, daß alle schworen, lieber zu sterben als sich unter das römische Joch zu begeben. Gleichzeitig setzten sie den jungen Krieger an ihre Spitze und gaben ihm den Titel Vercingetorix, was soviel bedeutet wie Anführer.

Bald schickte Vercingetorix insgeheim Männer in alle Gegenden Galliens, die die Gallier aufstacheln sollten, sich aufzulehnen. Nachts versammelte man sich im undurchdringlichen Schatten der großen Wälder in der Nähe riesiger Steine, die als Altäre dienten; man sprach von der Freiheit, man sprach vom Vaterland und versprach, sein Leben dafür zu opfern [...].

Am zuvor bestimmten Tag erhob sich ganz Gallien auf einen Schlag, und es war ein so schreckliches Erwachen, daß an mehreren Punkten die römischen Legionen ausgelöscht wurden.

Caesar, der gerade dabei war, Gallien zu verlassen, war zu eiliger Rückkehr gezwungen, um Vercingetorix und die aufständischen Gallier zu bekämpfen. Vercingetorix jedoch besiegte Caesar in Gergovia.

– Gergovia, sagt Jean-Joseph, ist ein Ort in der Nähe von Clermont, von dem ich schon mehrfach gehört habe. Fahren Sie bitte fort, Julien; ich liebe diesen Vercingetorix.

Sechs Monate lang leistete Vercingetorix Caesar Widerstand, bald als Sieger, bald als Besiegter.

Schließlich gelang es Caesar, Vercingetorix in der Stadt Alesia einzuschließen, wohin sich dieser mit 60 000 Mann zurückgezogen hatte.

Es dauerte nicht lange, bis man in Alesia, belagert und eingeschlossen von den Römern, wie es in unseren Tagen mit unserem großen Paris durch die Preußen geschehen war, die Schrecken des Hungers zu spüren bekam.

– Oh!, sagt Julien, eine Belagerung, ich weiß, was das ist.

Abb. 57
Gipsentwurf einer Skulptur von Émile Chatrousse: Jeanne d'Arc reicht Vercingetorix die Hand. Clermont-Ferrand, Musée des Beaux-Arts.

Das ist wie in Phalsbourg, wo ich geboren bin und wo ich mich befand, als die Deutschen es umstellten. Ich habe gesehen, wie die Kanonen die Häuser in Brand geschossen haben, Jean-Joseph; Papa, der Zimmermann und Feuerwehrmann war, ist am Bein verletzt worden, als er einen Brand löschte und ein Kind rettete, das ohne ihn in den Flammen umgekommen wäre [...].

Eine große Schlacht fand statt [...] Als Vercingetorix in der Nacht, die diesem verhängnisvollen Tag folgte, sah, daß das Vaterland verloren sei, faßte er einen erhabenen Entschluß. Um das Leben seiner Waffenbrüder zu retten, gedachte er, das seine zu opfern. Er wußte, wie sehr Caesar ihn haßte; er wußte, daß seit Beginn des Krieges Caesar mehrfach versucht hatte, Vercingetorix durch seine Kriegskameraden ausliefern zu lassen, und dafür versprochen hatte, den Aufständischen zu verzeihen. Das edle Herz des Vercingetorix zögerte nicht: Er beschloß, sich selbst zu ergeben. Am Morgen rief er den Rat der Stadt zusammen und verkündete, was er beschlossen hatte. Man entsandte Ratsherren, die seine Vorschläge Caesar überbringen sollten. Nachdem sich Vercingetorix für sein heroisches Opfer wie für ein Fest geschmückt und seine prächtigste Rüstung angelegt hatte, bestieg er sein Schlachtroß. Er ließ die Tore der Stadt öffnen und stürmte im Galopp bis zu Caesars Zelt.

Bei seinem Feind angekommen, hält er plötzlich sein Pferd an, springt mit einem Satz zu Boden, wirft seine goldfunkelnden Waffen zu Füßen des Siegers und wartet stolz, wortlos und ohne Regung, daß man ihn in Ketten lege.

Das Bild des Vercingetorix

Das Vercingetorixbild hat zu allerlei Darstellungen und vielfältigen Spekulationen Anlaß gegeben. Es ist ein perfektes Spiegelbild der unterschiedlichen «Botschaften», mit denen es befrachtet wurde und die es zu vermitteln galt. Sein Bild ist darüber hinaus aus dem gallischen Mythos hervorgegangen, wie man sich ihn um die Mitte des 19. Jhs. vorstellte: lange Haare, auf dem Schlachtfeld, langer Schnurrbart, wildes Aussehen, mit Hosen bekleidet. Seine Waffen entsprechen jenen, die man den damaligen Kriegern andichtete, die aber, wie wir heute wissen, schon Jahrhunderte vor der Schlacht von Alesia nicht mehr in Gebrauch waren wie der mit Flügeln geschmückte Helm oder das uralte Antennenschwert.
Die Statue von Millet, die ihn barhaupt und mit Schnurrbart zeigt und in deren Gesichtszügen, was sehr wahrscheinlich ist, man Napoleon III. wiederzuerkennen glaubte, veranlaßte die Gegner von Alise zu sagen, man habe wieder einmal die Geschichte verfälscht. Hieraus entsprang die amüsante Zeichnung von Georges Colomb-Christophe (s. u.).
In den *Mystères du peuple* [*Geheimnisse des Volkes*] vermittelt Eugène Sue ein Bild der Übergabe des gallischen Anführers, wie man es von den Malern kennt. Hier findet man sämtliche Allgemeinplätze der Zeit: «Und dieser berittene Krieger, was ist das für einer? – An seiner Seite hängt das lange Schwert; in einer Hand hält er einen Speer; stolz und martialisch ist diese große Gestalt unter dem ehernen Harnisch, der im ersten Tageslicht funkelt; stolz und schwermütig ist sein männliches Antlitz unter dem Visier seines silbernen Helmes, der von einem ver-

Vercingetorix ergibt sich Caesar. Gemälde von Lionel Royer (1889). Musée Crozatier, Le Puy.

Vercingetorix hatte ein schönes und edles Gesicht; seine großartige Gestalt, seine stolze Haltung und seine Jugend erweckten im Lager Caesars einen Augenblick der Ergriffenheit. Aber Caesar, ungerührt von der Opferbereitschaft des jungen Anführers, ließ ihn in Ketten legen, zog ihn bei seiner Rückkehr nach Rom hinter seinem Triumphwagen her und warf ihn schließlich in den Kerker.»

Deutsch-französischer Diskurs

Das dritte Dokument, das die nationalistischen Gefühle jener Zeit anschaulich illustriert, ist eine Skulptur von Émile Chatrousse, von der wir ein Gipsmodell besitzen, das als Skizze für eine aufwendigere Arbeit diente (Abb. 57). Dargestellt sind Vercingetorix und Jeanne d'Arc, sich die Hände reichend. Die Heilige hält die französische Fahne, während Vercingetorix in der Hand das Schwert hält. Beide treten mit Füßen Ketten nieder, und auf dem (heute verschollenen) Sockel war zu lesen: «Den Märtyrern der nationalen Unabhängigkeit». Das Werk wurde realisiert, und der Staat machte es der Stadt Ham (Somme) zum Geschenk, wo Napoleon III. unter Louis-Philippe eingekerkert war.

In diesem Zusammenhang scheint es uns interessant, einen von den jüngeren Kommentatoren etwas vernachlässigten Text anzufügen, nämlich den eines Deutschen, des größten Historikers seiner Zeit, des herausragenden Gelehrten Theodor Mommsen, der vor dem Krieg natürlich zahlreiche Kontakte mit seinen französischen Kollegen pflegte, und dessen erste Bände seiner monumentalen Römischen Geschichte 1863 von Charles Alexandre ins Französische übersetzt worden waren. Dieser läßt die letzten Bände 1871 (!) erscheinen. Wenngleich seine Bewunderung für den großen Meister weiterhin besteht, ist sie doch angeschlagen und der Ton wird verletzend, dies bei einem Gerichtsbeamten, der gewohnt ist, taktvoll zu sein, nachzudenken und im Kabinett zu arbeiten: «Um diese Arbeit zum jetzigen Zeitpunkt abzuschließen, habe ich zähen Mut gebraucht und mir selbst Gewalt antun müssen. Ich habe die letzten Seiten niedergeschrieben und die letzten Texterläuterungen zusammengetragen genau in dem Moment, als Deutschland, von langer Hand vorbereitet, über das Territorium Frankreichs herfiel!

Und dennoch verlieren wir nicht den Mut, wissen, unserem Unheil ins Auge zu sehen, und wissen, daraus eine harte, aber lehrreiche Lektion für die Zukunft zu ziehen.

Rächen wir uns, indem wir zunächst die männlichen Tugenden, die uns gefehlt haben, zurückgewinnen. ‹Gewalt geht vor Recht!›, hat das gelehrte Deutschland laut aufgeschrien, und nach dem Katechismus seiner internationalen Moral brandmarkt es unsere Brüder, Elsässer und Lothringer, mit seiner Tyrannei, verleibt sich diese gegen ihren Willen der Herde seiner Völker ein!

Währenddessen stieß unser Autor, Herr Mommsen, zusammen mit der ganzen Schar germanischer Professoren ebenfalls einen Hetzschrei aus! Herr Mommsen, der einst so häufig die liberale und unverfälschte Gastfreundschaft unseres Landes genossen hat, beschimpfte uns in seinen Briefen an die Italiener in einer Sprache, die eines Gastes unwürdig ist, unwürdig auch eines edlen Feindes!

Wir greifen diese Ausdrucksweise nicht auf, wir drängen unseren Haß zurück! Rächen wir uns, indem wir jenseits des Rheins gehen, um die französische Wissenschaft des 16. Jhs., die dort gefangen gehalten wird, und diese Waffen, die dazu beigetragen haben, uns zu besiegen, zurückzuerobern: Machen wir uns auf, den Deutschen das Unterrichtswesen wieder wegzunehmen, das sich bei ihnen allgemein verbreitet hat,

Karikatur von Christophe. Zeichnung von Georges Colomb (Christophe). Vercingetorix zu seinem Bildhauer: «So was! Wollen Sie etwa meine Geschichte komplett fälschen? [...] Ich war doch bartlos! [...] Und du Unseliger machst mir einen Schnurrbart [...] und was für einen Schnäuzer!!!». (Abb. «Jura Français»)

goldeten Hahn mit halbgeöffneten Schwingen, Wahrzeichen Galliens, bekrönt wird. Im Wind flattert sein rot besticktes Gewand, das zur Hälfte das schwarze Pferd bedeckt [...] sein feuriges schwarzes Pferd [...] schweißnaß und wiehernd.»

Kurz vor dem Zweiten Weltkrieg steht Vercingetorix in einem Schulbuch für das Bild des Anführers und Retters: «Groß und stark, mit blauen Augen, kühlem Blick, energischer und zurückhaltender Gebärde. Als entschlossener Mann sprach er ohne Prahlerei, und seine Rede hinterließ bei allen einen tiefen Eindruck. [...] Rasch und präzise kamen die Entscheidungen über seine Lippen, die ein gewaltiges Vorhaben verrieten. Er sprach nicht lang; aber wenn er gesprochen hatte, schien es allen, als gäbe es nichts mehr zu sagen [...]» (zitiert nach André Simon).

Vor dem Hintergrund dessen, was wir heute wissen, vor allem dank der Münzdarstellungen, auf denen sein Portrait erhalten ist, war Vercingetorix sehr wahrscheinlich glattrasiert, trug keineswegs einen Schnurrbart, hatte gepflegtes, sicher gelocktes Haupthaar, also nicht diese struppige Mähne, die man ihm gewöhnlich zuschreibt.

die Institutionen, die die Völker an persönliche Würde, Disziplin, Pflicht- und Opferbewußtsein und an den Glauben in alle reinen Dogmen der Religion und des Vaterlandes gewöhnen.

Die letzten Tage der römischen Republik, so wie sie Herr Mommsen beschreibt, sind lehrreich; deshalb zögere ich nicht mehr, selbst in dieser Zeit, in der wir uns befinden, diesen letzten Band der Öffentlichkeit zu übergeben.

Wir haben angegriffen, wir sind geschlagen worden; der Feind seinerseits hat sich als ungerecht, grobschlächtig und grausam erwiesen, zynisch hat er das Recht der Leute mit Füßen getreten, die er tags zuvor von allen Lehrstühlen seiner Professoren aus unterrichten ließ! Er hat uns gezeigt, daß man trotz aller Bildung zur Barbarei zurückkehren kann; das begangene Verbrechen wird eines Tages seine Nemesis erleben!

Den Franzosen, die Deutschland gewaltsam von Frankreich getrennt hat und uns selbst, die wir die Arme nach ihnen ausstrecken, diktiert das alte Gesetz Roms unsere Haltung

Adversus hostem aeterna auctoritas esto! [Gegenüber einem Feind besteht ewiger Herausgabeanspruch.]

Paris, Juni 1871»

Das zweite Vorwort, geschrieben im Mai 1872, weist einen etwas weniger ungestümen Ton auf. Dort liest man: «Herr Mommsen reizt häufig durch seine ironische Härte, seinen politischen Skeptizismus, der mit den Doktrinen der preußischen Kanzlei zu konform geht.» Um diese Art von Anspielung zu verstehen, muß man die Rekonstruktion der Ereignisse des Jahres 52 v. Chr. nachlesen, wie sie der deutsche Gelehrte beschreibt: «Vercingetorix hätte vielleicht noch jetzt fliehen, wenigstens durch das letzte Mittel des freien Mannes sich erretten können [= Selbstmord, Anm. d. Verf.]; er tat es nicht, sondern erklärte im Kriegsrat, daß, da es ihm nicht gelungen sei, die Fremdherrschaft zu brechen, er bereit sei, sich als Opfer hinzugeben. [...] So geschah es. Die keltischen Offiziere lieferten ihren von der Nation feierlich erwählten Feldherrn dem Landesfeind zu geeigneter Bestrafung aus. [...]

Wie nach trübe verlaufenem Tage wohl die Sonne im Sinken durchbricht, so verleiht das Geschick noch untergehenden Völkern wohl einen letzten großartigen Mann. Also steht am Ausgang der phönikischen Geschichte Hannibal, also an dem der keltischen Vercingetorix. [...] Und doch gibt es wieder kaum einen schärferen Gegensatz, als der ist zwischen dem nüchternen Bürgersmann der phönikischen Kaufstadt mit seinen, auf das eine große Ziel hin 50 Jahre hindurch mit unwandelbarer Energie gerichteten Plänen, und dem kühnen Fürsten des Keltenlandes, dessen gewaltige Taten zugleich mit seiner hochherzigen Aufopferung, ein kurzer Sommer einschließt. Das ganze Altertum kennt keinen ritterlicheren Mann in seinem innersten Wesen wie in seiner äußeren Erscheinung. Aber der Mensch soll kein Ritter sein und am wenigsten der Staatsmann. Es war der Ritter und nicht der Held, der es verschmähte, sich aus Alesia zu retten, während doch an ihm allein der Nation mehr gelegen war als an hunderttausend gewöhnlichen tapferen Männern. Es war der Ritter, nicht der Held, der sich da zum Opfer hingab, wo durch dieses Opfer nichts weiter erreicht wird, als daß die Nation sich öffentlich entehrte und ebenso feig wie widersinnig mit ihrem letzten Atemzug ihren weltgeschichtlichen Todeskampf ein Verbrechen gegen ihren Zwingherrn nannte. Wie so ganz anders hat in den gleichen Lagern Hannibal gehandelt! Es ist nicht möglich, ohne geschichtliche und menschliche Teilnahme von dem edlen Arvernerkönig zu scheiden; aber es gehört zur Signatur der keltischen Nation, daß ihr größter Mann doch nur ein Ritter war.»

Es ist großartig, diese Texte wieder zu lesen, die dem französischen Hochmut ironisch, grausam und verletzend er-

Abb. 58 Illustration von Hansi in «L'Histoire d'Alsace racontée aux petits enfants» (1914); Vercingetorix mit französischer Symbolik (Hahn) gegenüber der germanischen Hydra, deren Köpfe Pickelhauben tragen.

scheinen und so völlig dem Mythos widersprechen, den die Nachfolger der Gallier zu konstruieren versuchten. Der Übersetzer sah sich im übrigen zu einer empörten Fußnote veranlaßt, um diese antipatriotische Sichtweise zu «korrigieren». Es erübrigt sich zu betonen, daß die Reaktionen in Frankreich heftig waren, zumal Mommsen sich weiter ins Zeug legte: «Es war dies kein zufälliges Verderben, wie das Verhängnis es auch entwicklungsfähigen Völkern wohl zuweilen bereitet, sondern eine selbstverschuldete und gewissermaßen geschichtlich notwendige Katastrophe. Schon der Verlauf des letzten Krieges beweist dies, mag man ihn nun im ganzen oder im einzelnen betrachten. Als die Fremdherrschaft gegründet werden sollte, leisteten ihr nur einzelne, noch dazu meistens deutsche oder halbdeutsche Landschaften energischen Widerstand. [...] Es findet sich alles wieder: [... zu den charakteristischen Züge der Kelten, Anm. d. Übers.] daneben aber die völlige Unfähigkeit, [...] die rechte Zeit zum Abwarten oder zum Losschlagen wahrzunehmen, zu irgendeiner Organisation, zu irgend fester militärischer oder politischer Disziplin zu gelangen oder auch nur sie zu ertragen. Es ist und bleibt zu allen Zeiten und aller Orten dieselbe faule und poetische, schwachmütige und innige, neugierige, leichtgläubige, liebenswürdige, gescheite, aber politisch durch und durch unbrauchbare Nation, und darum ist denn auch ihr Schicksal immer und überall dasselbe gewesen.»

Dreißig Jahre später antwortete Camille Jullian dem Deutschen, der trotz allem den Lehren Mommsens gefolgt war, indem er den Mythos auf seine Weise und außerdem stärker im Sinne des Nationalgeistes rekonstruierte:

«Niemand hat die ergreifende Größe dieses schlichten und würdevollen Aktes [die Auslieferung des Vercingetorix] jemals bestritten. Historiker aller Länder und aller Richtungen haben sich respektvoll vor dem Opfer des Vercingetorix verneigt, jene, die nur Wut und Verachtung gegenüber den Schwächen der Kelten verspüren, auch jene, die die Täuschung der Sinne das Leben der Menschen vergessen läßt und die auch das Streben nach Helden ablehnen, Deutsche, die verbissen Frankreich mit der Bezeichnung Gallien geißeln, Franzosen, die sich nicht wagen, ihrem Patriotismus nachzugeben [...].

Für Gallien war es ein Glücksfall, daß es mit einem solchen Anführer sein Ende fand [...]. Vercingetorix war ein Mensch von herausragendem Wesen, verliebt in Ruhm und Erhabenheit, mit den verschiedensten Begabungen, der ein intensives, kraftvolles und originelles Leben geführt hatte. Der letzte Anführer Galliens war der größte, weil er zum einen gut war und zum anderen etwas erreicht hatte. Er hat sämtliche Volksstämme aufgewiegelt, ihnen ein Bewußtsein der Gemeinsamkeit gegeben, er hat aus ihnen ein Vaterland gemacht. Er hat dieses Vaterland mit militärischen Institutionen und sozialer Disziplin ausgestattet, die es hätten retten können; und wenn er an seiner Aufgabe gescheitert ist, war dies vor allem die Schuld anderer. Um jene zu erfüllen, hat er rastlos auf den unterschiedlichsten Schlachtfeldern gekämpft. Er hat sich sechs Schlachten geliefert, drei Belagerungen standgehalten, und bis zur letzten Stunde von Alesia mußte Caesar eine Niederlage befürchten.

All diese Taten haben kaum ein Dreiviertel Jahr in Anspruch genommen; für die Geschichte hat Vercingetorix weniger als ein Jahr gelebt. Er erscheint Ende des Winters und verschwindet mit Beginn des Herbstes. Die Kürze dieser Existenz trägt zu ihrer Verherrlichung bei. Ihm war kein ganzes Menschenleben gegeben wie Hannibal und Mithridates, um gegen die Römer zu kämpfen. Ich sage nicht, er sei größer gewesen als diese, doch er steht ihnen in nichts nach

Abb. 59 Illustration von Hansi in «L'Histoire d'Alsace racontée aux petits enfants» (1914); die Germanen werden als Deutsche mit kleinen runden Brillen dargestellt, die begehrlich auf die reiche Ebene des Elsaß schauen; auf der Brust die Devise «Wotan mit uns» in Anspielung auf «Gott mit uns».

und besitzt darüber hinaus einen Charme, der diesen fehlt. Und im Vergleich zwischen Caesar und ihm zögere ich nicht: Er war ein wahrer Held, würdig, Menschen zu befehligen und den Göttern zu gefallen. – Aber, wie der Dichter sagt, die Götter jener Zeit liebten nicht die besiegten Völker.»

Damals war die Alte Geschichte nicht nur eine Angelegenheit realitätsfremder Akademiker, sondern auch politischer und ideologischer Spielball. In diesem, nach einem Ausspruch von Christian Amalvi «unversöhnlichen Kampf, der das ewige Frankreich seinem Schicksal gegenüberstellt», ist Vercingetorix für die Franzosen der Anführer, der die Energien bündelt und den die Epoche dringend brauchte. Dennoch bleibt er bis gegen Ende des Jahrhunderts ein in erster Linie demokratischer und republikanischer Held, dies zu einer Zeit, als das neue Regime seine eigenen historischen Bezüge zu begründen sucht. Insofern bildet der Arvernerführer immer einen Gegensatz zu Chlodwig, dem Begründer der Monarchie, und zwar zu einer Zeit, in der der Nationalismus der Linken vorbehalten ist. Unter diesen Voraussetzungen erstaunt es nicht, daß er in den Schulbüchern der Dritten Republik glorifiziert und als Vorbild weidlich ausgeschlachtet wird. Erst nach dem boulangistischen Abenteuer, vor allem nach der Rückgewinnung des Nationalgefühls durch die Rechte gegen Ende des Jahrhunderts und in verstärktem Maße nach dem Ersten Weltkrieg wird Vercingetorix zur Gallionsfigur des gesamten französischen Patriotismus. Dies bezeugen besonders die Schulbücher, vor allem der «petit» Lavisse, der damals maßgebend ist. In diesem Buch ist bezeichnenderweise eine Karte Galliens abgebildet, die dem Text Caesars folgend den Rhein als «natürliche» Grenze des Landes darstellt. «Man sieht also, daß Gallien viel größer war als unser Frankreich.»

Nach und nach verblaßt die Gleichsetzung der Feinde von gestern und heute zugunsten eines erneuten ideologischen Wandels. Die Bedrohung Roms ist nur noch eine literarische Erinnerung, während jene Deutschlands weiterhin besteht. Von gewissen Ausnahmen abgesehen und trotz der häufig zitierten Grausamkeit Caesars stellten die Römer in der Antike nicht die Hauptgefahr dar – ganz im Gegenteil: Für die Gebildeten, von der klassischen Kultur geprägt und voll der Bewunderung für Rom, war die Niederlage von Alesia notwendig, weil sie Gallien vor größerem Übel bewahrt hat, indem sie es während vier Jahrhunderten vor germanischen Einfällen schützte und ihm die Zivilisation brachte, die es dringend benötigte. Caesar hat also «unser Land» Frankreich zum eigenen Wohl besiegt. Diese Vorstellung ist überall präsent und findet ihren stärksten Ausdruck in der elsässischen Regionalliteratur. Im folgenden ein von dem berühmten Zeichner Hansi im Jahr 1914 verfaßter Text aus *L'Histoire d'Alsace racontée aux petits enfants* [*Die Geschichte des Elsaß, erzählt für kleine Kinder*]:

«Die Elsässer von damals führten ein sehr hartes und gefährliches Leben, aber sie waren frei. Sie gehörten zum großen gallischen oder keltischen Volk, welches das heutige Frankreich bewohnte; es waren große, schlanke und sehr mutige Menschen. Sie hatten lange Schnurrbärte, zu Zöpfen geflochtene Haare und trugen funkelnde Waffen; ihre Frauen waren hübsch und liebten bunte Kleider und schönen Schmuck [...].

Die Germanen hingegen wohnten auf der anderen Seite des Rheins und waren Wilde. Sie trugen lange rötliche und schlecht gekämmte Haare sowie struppige Bärte ähnlich wie heute, aber noch keine Brillen. Sie bedeckten sich mit Tierhäuten, die sie mit Dornen zusammenhielten. Wenn sie in großer Zahl auftraten, glaubte man, einen Haufen von Bären oder Wölfen vor sich zu haben. Sie waren bewaffnet mit Lanzen und hölzernen Schilden, auf die sie Fledermäuse und Eulen nagelten, und ihre Helme waren – wie heute noch ihre Hüte – mit Federn geschmückt.

Der Rhein trennte diese beiden so unterschiedlichen Völker [...] Über Tausende von Jahren bildete dieser Fluß die natürliche Grenze zwischen Gallien und den Wäldern Germaniens. Er trennte unsere Ländereien, unsere Wiesen und bestellten Äcker von dem Brachland dort drüben [...].

Als zum ersten Mal ein Historiker von unserem Land be-

Abb. 60 Statue des Vercingetorix in Bordeaux. Die Statue wurde von den deutschen Truppen während des Zweiten Weltkriegs entfernt und eingeschmolzen.

Abb. 61
Statue des Vercingetorix von Jules Bertin anläßlich der Weltausstellung von 1867. Diese Statue befand sich bis zum Zweiten Weltkrieg in Saint-Denis, wo sie von deutschen Truppen demontiert und eingeschmolzen wurde.

richtet, tut er dies, um einen dieser zahlreichen germanischen Einfälle zu beschreiben. Das geschah ungefähr 60 Jahre vor Christi Geburt. Das heutige Frankreich war nach etlichen Schlachten und Kämpfen von den Römer besetzt worden, und es ist ihr Feldherr, Iulius Caesar selbst, der uns alles erzählt hat, was nun folgen wird. Zu dieser Zeit gelingt es gerade ungefähr 15 000 Germanen mit ihrem Anführer Ariovist an der Spitze, den Rhein zu überqueren. Es waren diese wilden Burschen, über die ich Euch bereits weiter oben berichtet habe. Diese Männer hatten immer im Wald gelebt, und viele von ihnen hatten noch nie unter einem Dach geschlafen. Als sie das Rheinufer erreichten und von der anderen Seite des Flusses diese reich bestellte Landschaft sahen, die man die beste Gegend Galliens nannte, dieses Land, in dem die Weizenfelder einen goldenen Teppich bildeten, auf dem Häuser und Dörfer wie echte Perlen verstreut lagen, stießen sie ein entsetzliches Freudengeschrei aus [...]. Alle Gallier des Elsaß reichten nicht aus, um diesen barbarischen Scharen Widerstand zu leisten. Als man dann in Rom von dieser schrecklichen Invasion vernahm, schickte man Iulius Caesar den Germanen entgegen. Das dauerte nicht lang.»

Es folgt eine idyllische Darstellung der römischen Herrschaft, bis der nächste alamannische Einfall erfolgt. Man bemerke, daß die Niederlage von Alesia hier noch nicht einmal erwähnt wird!

Diese Übertreibungen samt den ihnen beigefügten Karikaturen hatten riesigen Erfolg bei der Bevölkerung (Abb. 58. 59). Texte aller Art ebenso wie zahlreiche Werke der Bildhauerei und Malerei vermitteln die neue Ambivalenz gegenüber der Person des Vercingetorix und den allmählichen Wandel des Mythos. Die Erinnerung an die Niederlage und der Antigermanismus bilden einen gemeinsamen Nährboden, aus dem jeder schöpft, um auf seine Weise die Geschichte umzuschreiben und so seine eigene Auffassung zu rechtfertigen. Für die einen ist Vercingetorix der erste Republikaner, weil er über die Köpfe der Adligen (und Priester) hinweg als erster an das Volk appelliert, um das Vaterland zu retten. Die im Entstehen begriffene Dritte Republik sah darin eine bequeme historische Legitimation für den Regimewechsel. Für die anderen ist es die Person des Anführers, des Monarchen, die im Vordergrund steht; zuerst die Boulangisten, dann die Monarchisten und später die Pétainisten haben sich ihrer bedient. Für die Katholiken ist das Martyrium des Besiegten von Alesia eine Vorwegnahme desjenigen von Jesus. «Vercingetorix ist für uns der nationale Christus. Zwischen dem letzten Tag des Sohnes Marias und dem letzten Tag dieses jungen Brennus

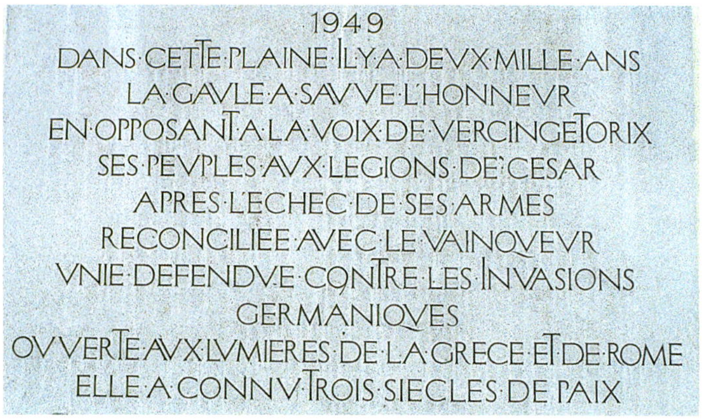

Abb. 62 Auf der Bahnhofsmauer von Laumes angebrachte Tafel.

von 30 Jahren, gibt es da keine Analogie?», fragt sich 1882 Louis Bonnemère. Der Arverner war demnach Mittelpunkt einer wirklich nebulösen Ideologie quer durch die gesamte Geschichte der Dritten Republik.

Held und Bandit

Für die Kämpfer von 1914/18 ist der gallische Anführer offenkundig derjenige, der sich an der Front opfert, aber anders als die Germanen in einer ehrenvollen Schlacht. Der Vergleich, den der geschätzte Wissenschaftler Jules Toutain, verantwortlich für die neuen Grabungen in Alesia, zwischen Vercingetorix und Arminius anstellt, ist vielsagend; der Titel faßt den Inhalt zusammen: *Held und Bandit. Vercingetorix und Arminius.*

«Der Vergleich läßt sich einfach begründen. Beide wollen ihr Vaterland vom römischen Joch befreien. [Aber] Vercingetorix kämpft immer als Soldat; [. . .] an keiner Stelle seines Berichts äußert Caesar den geringsten Vorwurf gegen Vercingetorix oder seine Truppen [. . .], die beiden Gegner kämpfen sozusagen mit offenem Visier. Es findet sich keine einzige Begebenheit, die einen Hauch von Schurkerei, Niedertracht oder Unehrenhaftigkeit enthält. Vielmehr betont der Autor [. . .] mehrfach das Heldentum und die Seelengröße der Gallier und ihres Anführers; er würdigt die herausragenden Eigenschaften des Vercingetorix.» Arminius hingegen steht für «die naturgegebene Grausamkeit der Germanen [. . .], für Verrat und Hinterhältigkeit in der Vorbereitung, für Betrügerei und Gemeinheit in der Ausführung, für raffinierte Unbarmherzigkeit und Niedertracht in der Behandlung der Besiegten.»

Dieses Konstrukt eines französischen Identifikationsmythos wurde im übrigen von den Deutschen sehr wohl verstanden, als sie während des Zweiten Weltkriegs einige Statuen des Vercingetorix, so die von Saint-Denis und Bordeaux, einschmelzen ließen (Abb. 60. 61). Der von Alise wäre es fast ebenso ergangen. Zu dieser Zeit erlebte der Nationalheld erneut eine Metamorphose, die die Kollaboration rechtfertigen sollte, indem man das Opfer des Anführers verherrlichte und an die antiken Nationaltugenden erinnerte: Die Niederlage konnte auch fruchtbar sein, wenn man es verstand, sich in das Unvermeidbare zu fügen, die moralischen Werte wiederherzustellen, mit dem Sieger zu kollaborieren, um so das Wiedererstarken des Landes vorzubereiten, wie auch Gallien dies zu tun wußte, indem es den römischen Frieden akzeptierte. Anläßlich einer feierlichen Zeremonie am 30. August 1942 in Gergovia, der Gedenkstätte des «französischen» Ruhms, begrub Marschall Pétain in einem Kenotaph eine Erdscholle aus jeder französischen Gemeinde, während René Giscard d'Estaing, Präsident der Akademie von Clermont, folgende bedeutungsträchtige Rede hielt: «Zwanzig Jahrhunderte danach, lebendige Inkarnation aller unserer Heldentaten, erklomm der Führer des leidgeprüften Frankreichs von 1942 dieselben Berghänge – auch er hat sein Schicksal mit dem des Vaterlandes verwoben, und seine Stimme erschallt wie ein grandioses Echo des Vercingetorix: ‹Ich mache meine Person Frankreich zum Geschenk!›» Alesia, Symbol der Niederlage, wurde damals natürlich verheimlicht zugunsten von Gergovia, dem Synonym des Sieges.

Nach dem Krieg wollte der Gaullismus nicht nachstehen und seinerseits den Gründungsmythos der nationalen Identität wiedererlangen. Aber damals waren es wohlgemerkt die «Résistance» gegen die ewige germanische Bedrohung und die Union mit der römischen Kultur, die Oberhand gewannen. An der Mauer des Bahnhofs von Laumes kann man immer noch die Platte mit der Inschrift sehen: «1949. Es sind 2000 Jahre her, daß in dieser Ebene die Ehre Galliens gerettet wurde, indem sich seine Völker, Vercingetorix folgend, den Legionen Caesars widersetzten. Nach dem Scheitern seiner Waffen, versöhnt mit dem Sieger, vereinigt in der Verteidigung gegen die germanischen Einfälle, den Erleuchtungen Griechenlands und Roms aufgeschlossen, erlebte es drei Jahrhunderte Frieden.» (Abb. 62).

Ich möchte, um dieses Kapitel abzuschließen, eine persönliche Anekdote erzählen. 1991 begab ich mich nach Dijon, um dort einen Prominenten der burgundischen Politik zu treffen, den ich um Finanzierungshilfe für die neuen Grabungen von Alesia bitten wollte, die man mir gerade anvertraut hatte. Nach den üblichen Vorreden, fragte er mich unvermittelt: «Aber warum, zum Teufel, wollen Sie einen Ort nationaler Niederlage ausgraben?» (Abb. 63).

Abb. 63
Statue auf der Place Jaude in Clermont-Ferrand von Auguste Bartholdi (1902).

Abb. 64 Grabungen auf dem Plateau von Alise zu Beginn des 20. Jhs.

Das Oppidum und sein Umfeld

Der Tourist, der heute zum Plateau von Alise-Sainte-Reine aufsteigt, um nach dem berühmten keltischen Oppidum zu suchen, wo die erste Seite der «Geschichte Frankreichs» geschrieben worden ist, wird dort ein kleines gallorömisches Dorf vorfinden. Aber von der großen Schlacht des Jahres 52 v. Chr. nichts oder recht wenig! Nur das Ehrenmal, die Statue des Vercingetorix, der die Gesichtszüge Napoleons III. trägt, ist heute – halb verdeckt von Bäumen – zu sehen; eigentlich sollte sie in ihrer vollen Größe eine bedeutende Stätte nationalen Gedenkens beherrschen. *Sic transit gloria mundi!*

Ein Jahrhundert Ausgrabungen gallorömischer Zeit

An Ausgrabungen hat es auf der Höhe von Alise nicht gemangelt; und sie reichen weit zurück: Schon 1784 ließ sich ein gewisser Laureau, Bediensteter des Grafen von Artois, vom königlichen Notar die Entdeckung archäologischer Überreste auf dem Plateau des Mont-Auxois beglaubigen. Während der Revolution wurden Zufallsfunde gemeldet, darunter 30 Goldmünzen aus der Spätantike.

1810 finden die ersten «organisierten» Grabungen durch den damaligen Präfekten, J.-Félix Lecouteulx, statt, dann wieder 1819 durch die Antikenkommission der Côte-d'Or, die ihre Forschungen 1836, 1839 und 1842 fortsetzt. Während einer dieser Kampagnen (1839) entdeckt H. Maillard de Chambure die vielbeachtete Weihinschrift für den einheimischen Gott Ucuetis, in der die Ortsbezeichnung «ALISIIA» erwähnt wird.

Die erste großangelegte Geländeforschung war die Napoleons III. Diese konzentrierte sich auf die caesarischen Linien und betraf nur in sehr geringem Ausmaß das eigentliche Plateau des Mont-Auxois. Als Stoffel im Herbst 1865 die Grabung verließ, waren sämtliche Grabungsschnitte wieder verfüllt; die archäologischen Aktivitäten kamen völlig zum Erliegen. Der Öffentlichkeit ist weitgehend unbekannt, daß nach der Zeit Napoleons III. keinerlei nennenswerte Forschungen im Bereich der Belagerungswerke mehr stattgefunden hatten. Einzige Ausnahme waren wenige Kontrollsondagen in der

Ebene von Laumes, die zunächst 1905, dann zwischen 1955 und 1988 von Abbé Jovignot, dem Pfarrer von Alise, dann, nach dessen Tod, von verschiedenen Mitgliedern der Mannschaft um Joël Le Gall durchgeführt worden waren. Als mich 1991 das Kulturministerium mit der Fortführung der Grabungen auf dem Mont-Auxois beauftragte, erbte ich eine wissenschaftliche Grabungsakte, die – von den Luftbildern abgesehen – auf das Second Empire zurückging.

Und das Oppidum? Nach dem kaiserlichen Unternehmen tat sich fast dreißig Jahre lang nichts. 1904 jedenfalls begann sich die Société des Sciences historiques et naturelles de Semur-en-Auxois, gegründet 1842, für den Fundort zu interessieren und beschloß, daß die Frage Alesia fortan zu den ständigen Tagesordnungspunkten gehören solle. Victor Pernet, der alte «Vorarbeiter» der napoleonischen Grabungen, wurde in die Gesellschaft aufgenommen und bald wieder vor Ort aktiv, und zwar als stellvertretender Grabungsleiter. 1905 wurde eine große Zusammenkunft von Gelehrten, unter ihnen Salomon Reinach, Konservator des Musée des Antiquités Nationales, abgehalten; 30 Jahre nach dem Abschied Stoffels wurde ein neues Großprojekt von beachtlichen Ausmaßen aus der Taufe gehoben.

Seit 1906 ist mit Ausnahme einiger, durch die beiden Weltkriege verursachter Unterbrechungen auf dem Mont-Auxois ständig gegraben worden. Dabei ist eine sehr interessante gallorömische Kleinstadt zutage gekommen, deren Kontinuität zum vorangegangenen keltischen Oppidum außer Zweifel steht (Abb. 64).

Die Arbeiten haben einige der bekanntesten Vertreter der französischen Archäologie geleitet: Commandant Émile Espérandieu, gleichermaßen Offizier und angesehener Wissenschaftler, seit 1908 Jules Toutain, Absolvent der École Normale Supérieure, ehemaliges Mitglied der École française de Rome, Professor an der École pratique des Hautes Études, und schließlich ab 1958 Joël Le Gall, Professor an der Universität Dijon und später an der Sorbonne. Man hat sogleich eine Fachzeitschrift, Pro Alésia, ins Leben gerufen, die bis 1932 erschienen ist; die Wissenschaftliche Gesellschaft kaufte Gelände auf, verwaltete und unterhielt die Fundstätte und errichtete außerdem ein neues Museum, um die ständig neu eingehenden Fundkollektionen vor Ort zu beherbergen – insgesamt eine höchst beachtliche wissenschaftliche und denkmalpflegerische Leistung von dauerhaftem Bestand.

Was aber bedeutet diese gallorömische Kleinstadt für uns? Zunächst handelt es sich nicht um den Hauptort eines Volksstammes, weil die Mandubier – vielleicht schon unmittelbar

Abb. 65 Besichtigung des Heiligtums des Ucuetis, mit einer Führung des Grabungsleiters Jules Toutain (1922–1928).

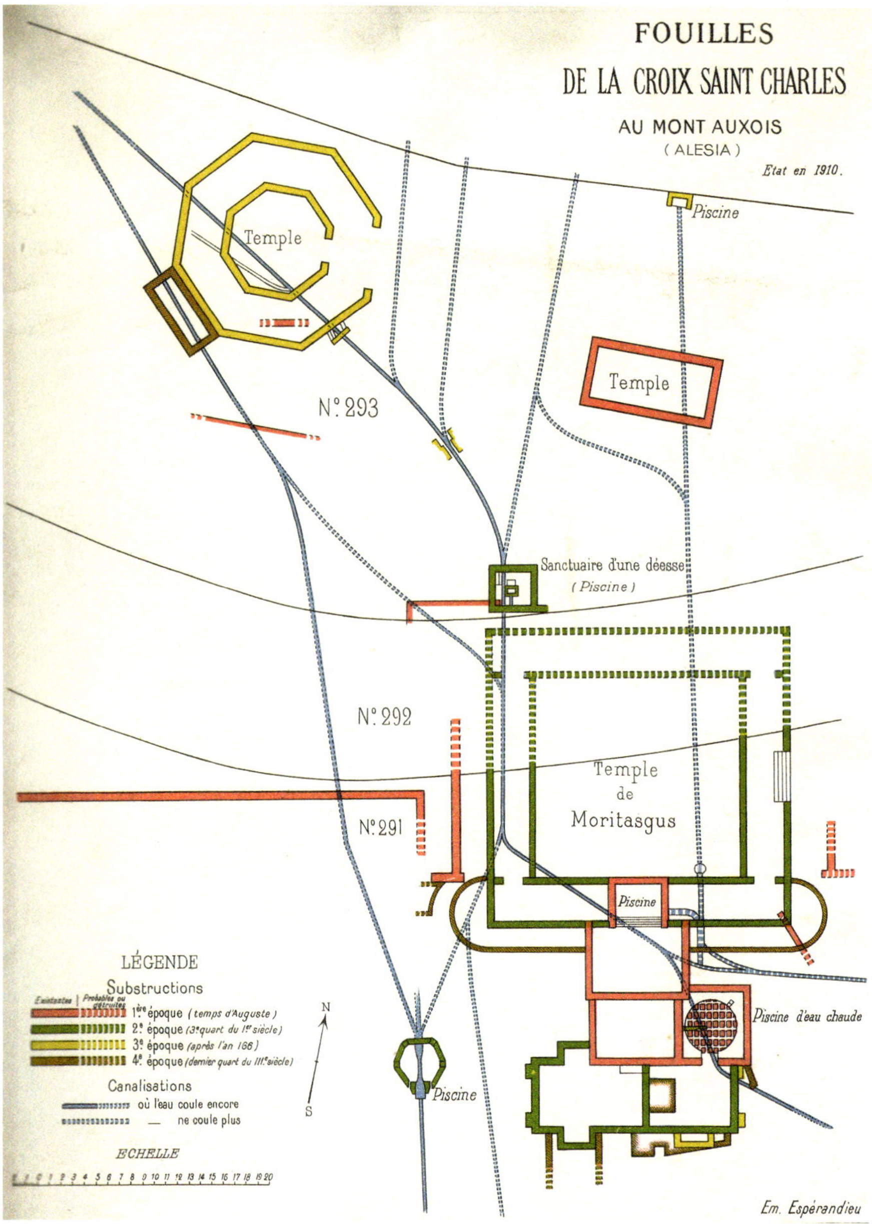

Abb. 66 Grabungsplan des Tempels des Apollon Moritasgus.

nach der Belagerung Caesars oder später im Zuge der augusteischen Neuordnung Galliens – ihre Eigenständigkeit verloren hatten. Jedenfalls erschienen sie zur Kaiserzeit nicht mehr in der Liste der gallischen Völker. Wahrscheinlich wurden sie zunächst ihren Nachbarn im Norden, den mächtigen Lingonen, «einverleibt», bevor sie später, zu einem Zeitpunkt, der nicht genau feststellbar ist, den Häduern, ihren Nachbarn im Süden, zugeordnet wurden. In der späten Kaiserzeit gehörte Alesia jedenfalls zur Diözese von Autun. Es handelt sich also um eine jener Kleinstädte, wie man sie zur Kaiserzeit häufig antrifft, ein Mittelding zwischen Hauptstadt und einfachem Dorf. Dies erklärt auch, daß sich ihr öffentliches Zentrum erst nach und nach herausbildete, d. h. nicht gleich alle für die Ausübung politischer Macht notwendigen Einrichtungen vorhanden waren. Gewiß, wir kennen das Forum, den Nachfolger eines Platzes, den (vielleicht) schon Vercingetorix gesehen hatte, eine Basilika, die in mehreren Etappen gebaut wurde, eine Kurie, ein Theater – alles eindeutige Zeichen der Romanisierung, die Stück für Stück realisiert wurden. Tiberius Claudius Professus Niger, eine lokale bedeutende Persönlichkeit und zugleich einer der wichtigsten Gönner der Stadt, hatte Vermögen und verfolgte Interessen sowohl bei den Lingonen als auch bei den Häduern, hatte außerdem bei beiden Volksstämmen öffentliche Ämter bekleidet.

Der Reichtum dieser Kleinstadt beruhte – von der Landwirtschaft abgesehen – auf dem traditionellen Können seiner Handwerker, vor allem der Bronzeschmiede, deren Fertigkeit bereits Plinius der Ältere würdigte. Jüngere Forschungen zeigen, daß Alesia im 1. Jh. n. Chr. den Truppen an der Rheingrenze einen Teil ihrer Ausrüstung beschaffte. Die Öfen und

Verkaufsstände dieser Handwerker sind bei den Ausgrabungen freigelegt worden. Daneben stellte die im Auxois traditionell betriebene Eisenmetallurgie ein zweites Standbein des Handwerks dar.

Doch parallel zu diesen offenkundigen Anzeichen der Romanisierung, die Alesia im Grunde kaum von einer anderen gallorömischen Kleinstadt unterscheiden, existieren Spuren gallischer Kultur, vor allem im religiösen Bereich, die sich erst während der Kaiserzeit verlieren. Allen voran sei das erstaunliche Heiligtum der lokalen, sicher keltischen Gottheiten Ucuetis und Bergusia genannt, die von den Metallhandwerkern verehrt wurden. Ihr Tempel, noch heute gut erkennbar, ist durch eine unterirdische Krypta und durch einen Säulenhof zu ebener Erde charakterisiert (Abb. 65).

Ein weiterer sehr wichtiger Kultplatz ist ebenfalls einer gallischen Gottheit, nämlich Moritasgus, geweiht und befindet sich östlich des Oppidums, in der Nähe von Croix-Saint-Charles, unterhalb einer der «Heilquellen» von Alise. Das Heiligtum dieses Moritasgus, später wegen seiner Heilkräfte mit Apollon gleichgesetzt, ist unter den heutigen Weideflächen nicht mehr sichtbar. Es umfaßte mehrere Kulträume, so einen sechseckigen Tempel, ein hölzernes Auffangbecken für das Wasser, eine Thermenanlage für die Kurgäste, insgesamt ein bauliches Ensemble, das man auch sonst im römischen Gallien wiederfindet (Abb. 66). Zahlreiche von den Pilgern zum Dank für ihre Heilung hinterlassene Votivgaben zeugen vom regen Besucherandrang an diesem Ort. Bei den älteren Grabungen wurden die vorrömischen Schichten zwar erfaßt und teilweise freigelegt, konnten allerdings nicht in angemessener Weise dokumentiert werden.

Schließlich befand sich unter dem römischen Zentrum des Ortes das Heiligtum der keltischen Gottheit des Donners, Taranis. Auch in diesem Bereich hätten die Schichten der Spätlatènezeit eine eingehendere und ausführlichere Untersuchung verdient (Abb. 67).

Die Spuren der althergebrachten keltischen Religion haben sich, selbst in römischem Gewand, über lange Zeit bis zur Christianisierung des Ortes erhalten. Als ebenso traditionsreich erweist sich das städtische Gesamtbild: Vergeblich würde man nach einem Straßennetz suchen, das eine Neustrukturierung der Siedlung zur Kaiserzeit belegen könnte. In Alesia gibt es weder *cardo* noch *decumanus*, sondern nur die alten Straßen aus der Zeit der Unabhängigkeit.

Erstaunlich, aber sehr charakteristisch für die einheimischen Traditionen ist, wie sie sich bis weit in die römische Zeit erhalten haben: Nachdem die Mandubier Vercingetorix in ihrer Hauptstadt aufgenommen hatten, die damals – wir kommen noch darauf zurück – mit einer Wallanlage verteidigt wurde, errichteten sie unter Tiberius, ein Dreiviertel-Jahrhundert nach der Niederlage von 52 v. Chr., einen neuen *mu-*

Abb. 67 Das Zentrum des gallorömischen Alesia.

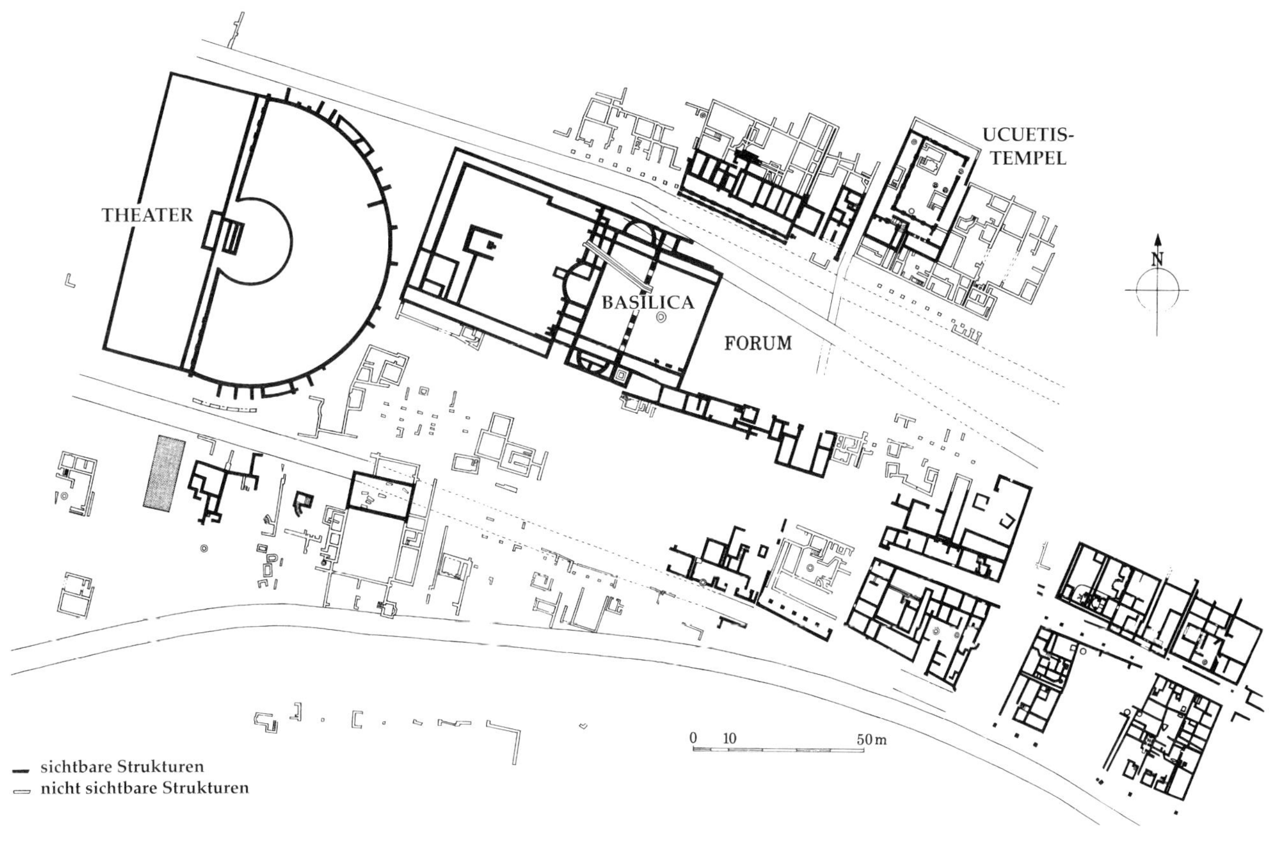

Abb. 68 Blick auf das Oppidum des Mont-Auxois von Westen mit dem modernen Dorf Alise-Sainte-Reine im Hintergrund. Das Plateau (97 ha) wird an zwei Seiten von einem kleinen Fluß eingerahmt, der es von den umliegenden Höhen trennt, auf denen die caesarischen Armeen lagerten. Im Vordergrund der Pennevelle. (Photo R. Goguey)

rus gallicus, dessen Bestimmung nicht mehr in erster Linie defensiv war, sondern die Ostseite des Oppidums schmücken sollte. Ein Stück dieser Mauer ist bei der Grabung 1997 in der Nähe von Croix-Saint-Charles wiederentdeckt worden.

Topographie und natürliches Umfeld

Die Gesamttopographie des Mont-Auxois und seiner Umgebung stellt sicherlich eines der Schlüsselelemente zum Verständnis des Ortes, des caesarischen Textes und der Schlacht von 52 v. Chr. dar. Obwohl sehr häufig verunglimpft, ist die militärische Position der Örtlichkeit von immenser Bedeutung, was selbst Napoleon I. als ausgemachter Experte feststellte (Abb. 68). Zur Beschreibung des Ortes zitiere ich Christophe Petit, Dozent der Geologie an der Universität Dijon:

«Das Plateau des Mont-Auxois, um den herum sich die Belagerung von Alesia abgespielt hat, liegt in einer Region von Kalksteinplateaus am östlichen Rand des Pariser Beckens. Zwischen dem granitischen Morvan, der vom Mont-Beuvray (Bibracte) beherrscht wird, und den Kalksteinplateaus des ‹Burgundischen Gebirges›, stellt der Auxois eine der Passagen zwischen Ärmelkanal und Mittelmeer dar.

Die Auxois-Plateaus bestehen aus horizontal liegenden Kalktafeln, die von NW-SO verlaufenden Brüchen durchzogen sind. Morphologisch besteht somit ein Unterschied zu den offenen Landschaften um den Morvan, was östlich von Semur-en-Auxois gut zu beobachten ist. Die Seine, die 20 km nordöstlich von Alesia entspringt, fließt Richtung Norden und durchquert die Plateaus des Châtillonnais. Die im oberen Auxois angesammelten Gewässer treffen dann bei Montbard auf den Armançon und weiter nordöstlich auf das weite Tal der Yonne und bilden eine Durchgangsachse quer durch die burgundischen Plateaus.

Alesia stellt sich als eine große geomorphologische Einheit dar (Abb. 69). Kalksteinplateaus überragen mit mehr als 150 m die Täler mit ihren mergeligen Hängen. Der Mont-Auxois verlängert – durch einen kaum ausgeprägten Paß verbunden – das Plateau des Pennevelle und wird von Oze und Ozerain im Norden und Süden umflossen, zwei kleinen Bächen, die sich in ihren engen Tälern dahinschlängeln. Bei ihrem Zusammenfluß mit der Brenne nahe Laumes, erweitert sich die alluviale Ebene; westlich des Mont-Auxois ist sie mehr als 3 km breit. Die Oze weist auf dem rechten Ufer zwei Hauptzuflüsse auf, den Ru de Vaux und den Ruisseau du Rabutin, diesseits und jenseits des Berges von Bussy.

Der Mont-Auxois (407 m), die zentrale Erhöhung, um die sich die Belagerung von Alesia abspielt, wird von den Plateaus benachbarter Höhen umschlossen: im Süden der Berg von Flavigny (418 m), im Osten das Plateau des Pennevelle (403 m), im Nordosten der Berg von Bussy (406 m), im Nordwesten der Mont-Réa (373 m) und etwas weiter im Südwesten der ‹Purgatoire› (415 m), die Höhen ‹La Montagne› (423 m) und ‹Bois de Venarey› (376 m), letztere schon etwas weiter von den caesarischen Belagerungslinien entfernt. Die Hauptlager auf den Höhen befinden sich nicht auf den Gipfeln, sondern sind am Rand der Plateaus, möglichst nahe am Mont-Auxois, errichtet worden. Ihre Umrisse folgen ziemlich genau den natürlichen Geländegegebenheiten, was ihre unregelmäßig-rundliche Form erklärt.

Eine Untersuchung der Hanglagen zeigt, daß das Oppidum dieselben natürlichen Defensiveigenschaften besitzt wie die umliegenden Höhen. Die Plateaus weisen Abhänge mit einem schwachen Gefälle unter 5° auf. Sie sind umgeben von Steilhängen, deren Abhänge Werte bis zu 22° erreichen. Sie gehen über in gewölbte Hanglagen (15° – 5°) bis zu den engen Tälern der Oze und des Ozerain. Nur die Ebene von Laumes weist weite ebene Flächen mit einem geringen Gefälle unter 2° auf. Am Fuße des Westhangs des Mont-Auxois ist die Terrasse ‹Trois-Ormeaux› erkennbar, auf der sich der ‹fossé de 20 pieds› befindet.» (C. Petit, in: Reddé/von Schnurbein, S. 56 ff.).

Verschiedene steile Felsabbrüche, in jüngerer Zeit aufgeforstet und deshalb heute von Büschen überwachsen, gehören der Kalkformation des Doggers (mittleres Bajocien) an und erreichen eine Höhe von bis zu 30 – 40 m. Diese vertikalen Wände sind sowohl an den Flanken des Oppidums als auch an den umliegenden Höhen zu beobachten, wie alte Stiche und Photographien es bezeugen (Abb. 74).

«Das Vorhandensein zweier Kalksteinformationen, die sich mit Mergelschichten abwechseln, bestimmt das hydrologische System der Auxois-Plateaus und die Herausbildung zweier wasserführender Netze unterschiedlicher Wichtigkeit», schreibt C. Petit. «Das Wasser dringt in die zerklüfteten Kalkschichten ein und wird in der Tiefe von undurchlässigen Mergelschichten gestaut, die dann einen Quellhorizont bilden. Das obere Quellniveau tritt auf der Höhe der Mergel (Acuminata Schichten) auf dem Gipfel des Plateaus aus; sie begrenzt eine Quellinie von schwacher und unregelmäßiger Ergiebigkeit, die zwischen eins und fünf zwischen den Niedrig- und Hochwassern schwankt. Die untere Quellzone tritt im Dach

Abb. 69 Geologische Karte von Alesia.

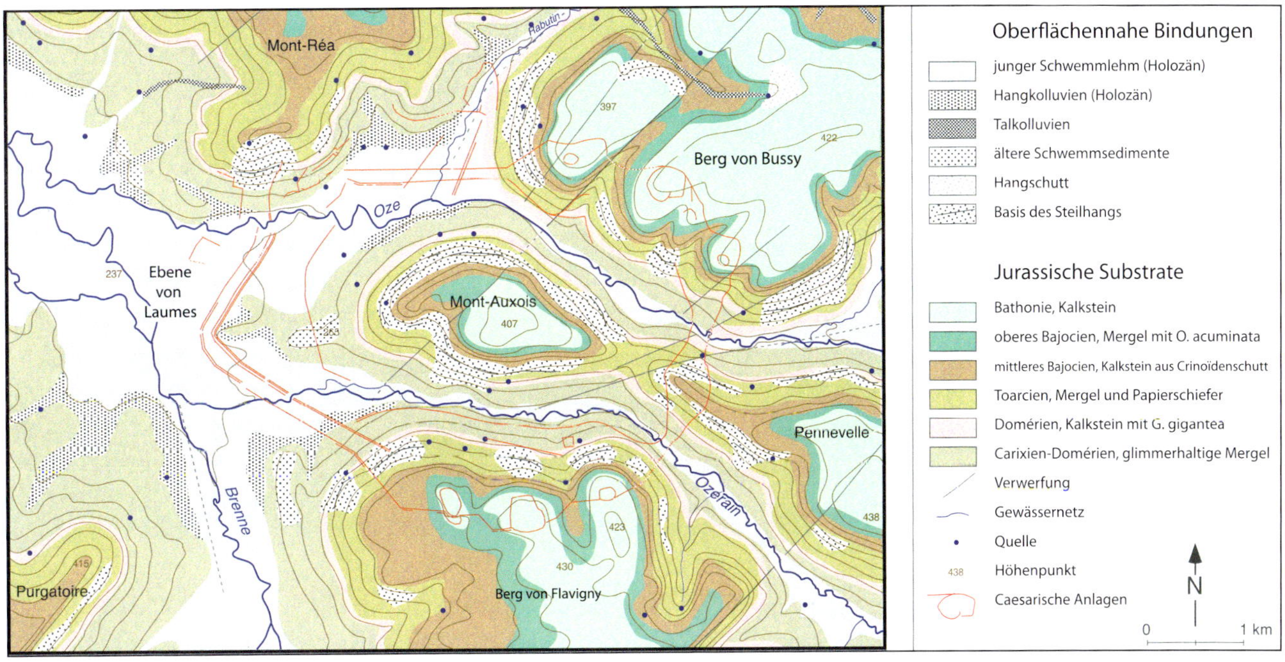

Abb. 70 Luftbild des Mont-Auxois von Westen. Im Zentrum das vom Dorf Alise beherrschte Tal des Ozerain. Die Erhebungen rechts gehören zum Berg von Flavigny; im Hintergrund der Pennevelle. (Photo R. Goguey)

Abb. 71 Das Oppidum auf dem Mont-Auxois von der Ebene von Laumes gesehen. Im Zentrum das Tal des Ozerain; im Hintergrund der Berg von Bussy. (Photo R. Goguey)

Abb. 72 Der Mont-Auxois von Süden aus gesehen. Im Vordergrund das Tal des Ozerain; zwischen dem Oppidum und dem Berg von Bussy (Hintergrund) das Tal der Oze. Die römischen Lager sind auf den Höhen von Bussy gelegen im direkten Blickfeld des Oppidums. (Photo R. Goguey)

der liasischen Mergel aus. Diese Quellen, die leicht unterhalb an den Geröllhalden am Fuß des Steilhangs hervortreten, weisen eine stärkere und regelmäßigere Wasserführung auf. Im Bereich von Alesia sind Wasserstellen häufig anzutreffen, sind im Sommer aber nicht sonderlich ergiebig.» (C. Petit, in: Reddé/von Schnurbein, S. 64–65).

Die Hügel, die den Mont-Auxois umgeben, sind durchschnittlich 1,2 km von diesem entfernt und deutlich zu sehen. Der Fuß des Plateaus wird im Norden und Süden von zwei kleinen Bächen, der Oze und dem Ozerain, umflossen, die weiter westlich in die Brenne münden; sie bilden eine weite Ebene, die sich zwischen dem Mont Réa und Berg von dem Berg von Mussy erstreckt, bevor sie sich in Richtung Montbard verengt. Im Talgrund beträgt die Abflußmenge der Bäche im Jahresschnitt ungefähr 8 und 16 $l/s/km^2$ bei einer jährlichen Niederschlagsmenge von durchschnittlich 850 mm. Sie können sehr geringe Wasserstände aufweisen (0,1 – 0,3 $l/s/km^2$), trocknen jedoch niemals aus. Die Länge der Ebene – gemessen vom Fuße des Oppidums im Bereich «Trois Ormeaux» bis zu der Stelle (Grignon), wo sie sich schließt – beträgt 4,5 km bei einer Breite von 2,5–3 km, was man mit den Angaben Caesars durchaus vergleichen kann (eine Ebene von ungefähr 3 Meilen Länge entspricht 4,4 km, gemessen in Ost-West-Richtung gemäß des Verlaufs der Bäche).

Diese Alluvialebenen der Hauptbäche, der Oze und des Ozerain, weisen dieselbe kontrastreiche Sedimentabfolge auf: über würmzeitlichen, sandigen Schottern folgen im allgemeinen braune, tonige Lehme unterschiedlicher Dicke. Auf den Luftbildern sind zahlreiche fluviale Altrinnen zu erkennen. Deren Untersuchung zeigt eine kontinuierliche Sedimentation während des Holozäns, am stärksten jedoch während der Bronzezeit auf. Das natürliche Landschaftsbild während der Antike dürfte demnach sehr ähnlich dem heutigen gewesen sein (Abb. 76).

Vom Flugzeug aus kann man die Zusammenhänge der Landschaft am besten begreifen; die von R. Goguey gefertigten Luftbilder zeigen, wie gut sich Caesars Text in die Topographie des Mont-Auxois einfügen läßt. Ich lade den Leser ein, diese selbst zu überprüfen (Abb. 70–73). Es handelt sich hier um eine militärisch sehr günstige Position; das zentral liegende Oppidum wird von Abhängen eingerahmt; mit einer Fläche von 97 ha zählt es zu den größten Innergalliens. Der

Abb. 73 Der Mont-Auxois (vorne links) wird im Norden vom Tal der Oze begrenzt, das auch die Eisenbahn Paris-Dijon nutzt. Ganz im Hintergrund der riesige Mont Réa. (Photo R. Goguey)

Fuß des Plateaus wird von zwei Wasserläufen umflossen; in geringer Entfernung befinden sich mehrere Hügel der gleichen Höhe. Im Westen vor dem Oppidum breitet sich eine Ebene aus, deren Ausmaß sehr genau derjenigen in Caesars Text entspricht.

Bleibt das Problem des Nordhügels, über das schon viel diskutiert worden ist; Napoleon III. hat ihn mit dem Mont Réa identifiziert. Wenn man sich mitten auf das Plateau stellt, ist diese Erhebung tatsächlich im Nordwesten von Alise gelegen. Sie liegt allerdings bei 340°, also genau im Norden, sofern man sich bei Lager A befindet; man befindet sich dann genau dort, wo man gelegentlich auch den Beobachtungsposten Caesars lokalisiert, weil dieser Ort die Ebene von Laumes beherrscht. Wenn man sich zwischen die römischen Linien in der Ebene stellt, dann liegt der Mont Réa genau im Norden. Im Lateinischen werden in der Regel nur die Haupthimmelsrichtungen angegeben, weil man für die davon abweichenden Orientierungen keine geeigneten Ausdrücke kannte. Mit «Norden» bezeichnet das Lateinische deshalb auch den Nordwesten oder Nordosten. Der von Caesar benutzte Begriff reicht für den Leser, der das Terrain nicht kennt und keine Karte vor Augen hat, völlig aus, sich anhand des Berichts, der die wesentlichen Elemente der Topographie erläutert, die taktische Situation vorzustellen.

Weit interessanter, um den Ablauf der Operationen zu verstehen, ist die Information, der zufolge die römischen Streitkräfte den Mont Réa wegen seiner Größe nicht vollständig befestigen konnten, sowie der Hinweis auf einen ungünstigen Hang. In der Tat ist der Réa, der einzige Hügel, der im Norden von nur schwach abfallenden Hängen begrenzt wird, die jeden Belagerten in eine ungünstige Lage versetzen; überall sonst konnten die Gipfel der Höhen, die Alise umgeben, ohne Schwierigkeit verteidigt werden. Den höchsten Punkt (La Chaume ronde, 407 m) zu besetzen, hätte zu einer deutlichen Ausweitung der Linien geführt und keinen nennenswerten Vorteil erbracht. Es gibt also nicht das Geringste in der caesarischen Beschreibung, was der Topographie des Mont-Auxois und seiner Umgebung widerspräche.

Die geschilderten topographischen Eigenheiten erklären die Vielfalt der rund um den Mont-Auxois entdeckten ar-

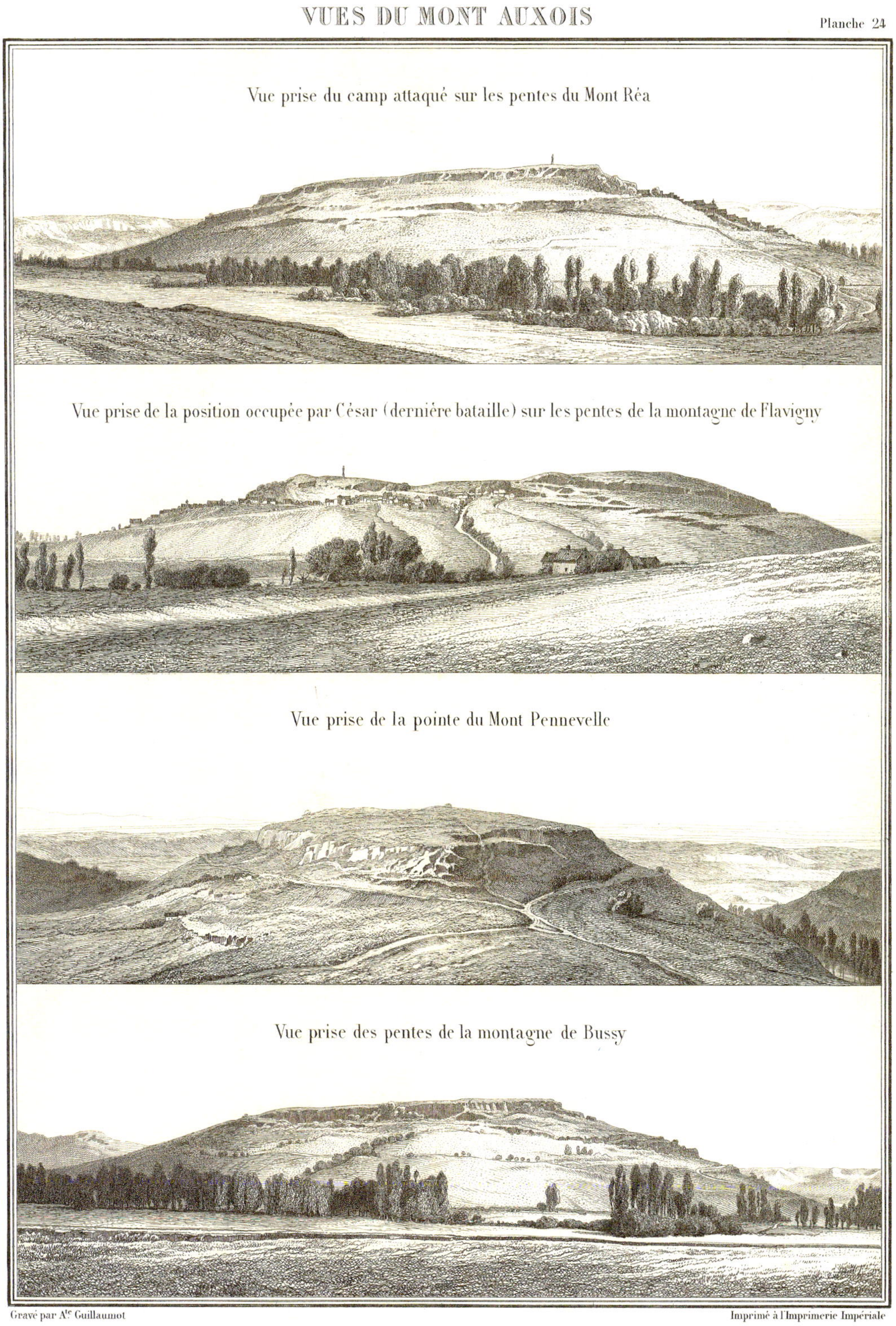

Abb. 74 Ansichten des Mont-Auxois zu Zeiten Napoleons III. vor der modernen Wiederaufforstung. Deutlich zu erkennen sind die bis zu 30 m hohen Steilhänge des Kalksteinfelsens, die einen natürlichen Schutz bieten.

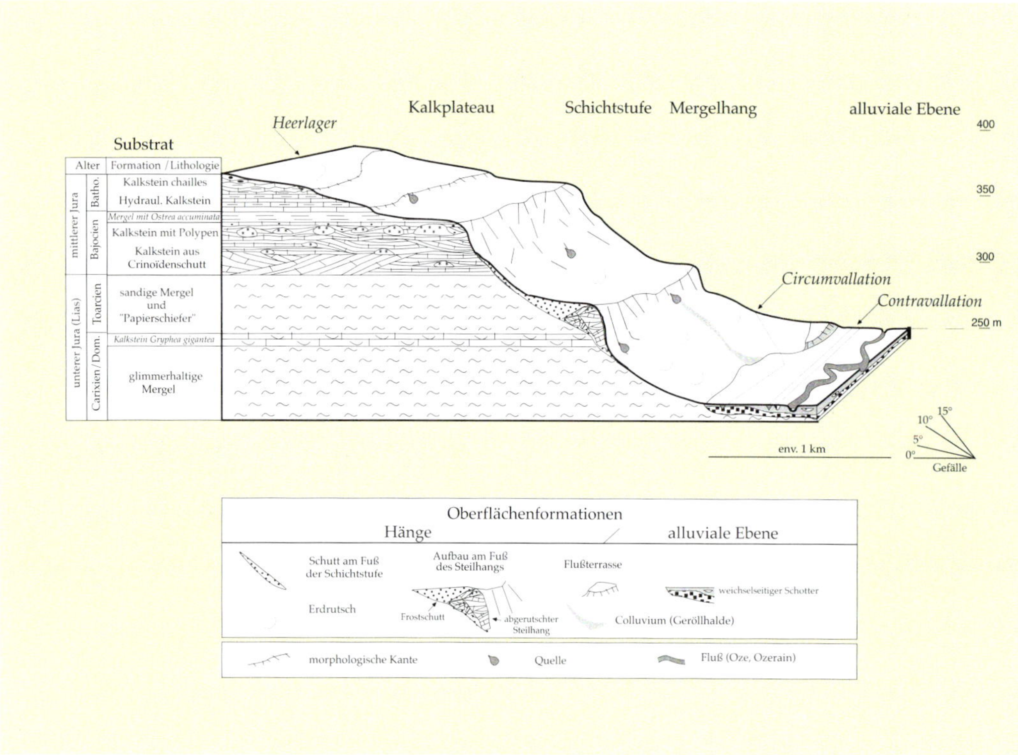

Abb. 75 Schematischer Schnitt eines Hanges zur Verdeutlichung der Position der caesarischen Linien.

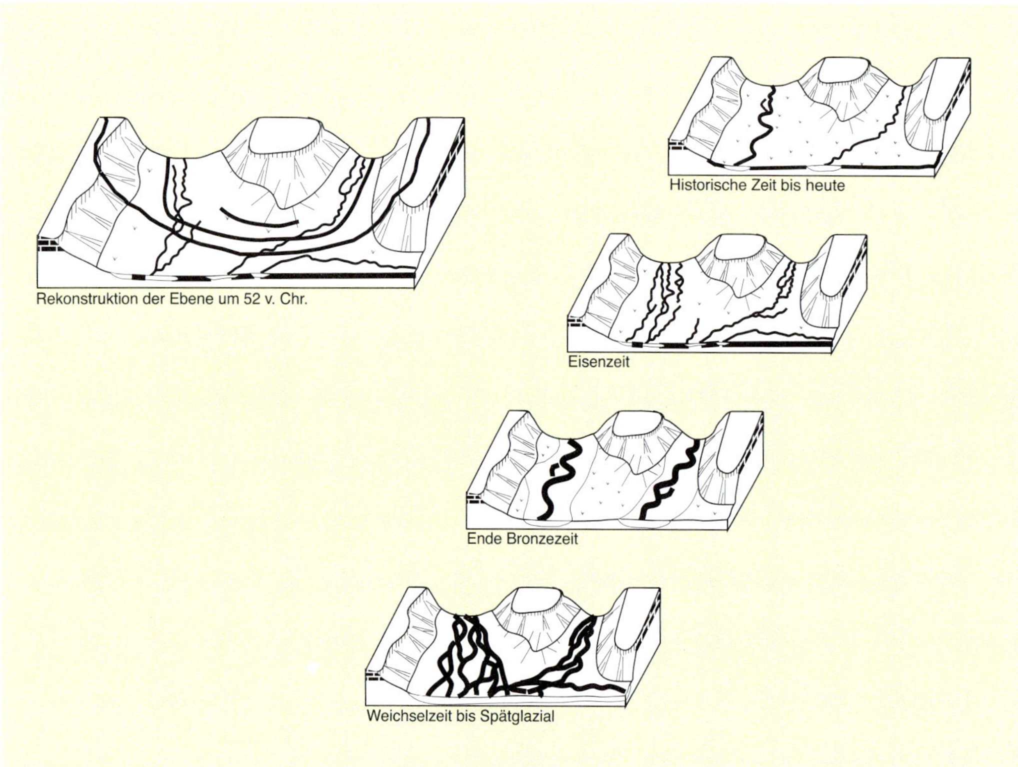

Abb. 76 Sedimentologische Entwicklung der Ebenen rund um den Mont-Auxois seit dem Holozän.

chäologischen Strukturen (Abb. 75). Die römischen Lager auf den Höhen sind auf einem sehr harten, gleichzeitig aber klüftigen Kalkfelsen errichtet worden. Dieser bricht plattig auf; zahllose Gesteinsbrocken lagen bei Ankunft der Legionäre Caesars auf dem Boden verstreut. So verfügten diese vor Ort über ausgezeichnetes Baumaterial, ohne solches von weit herholen zu müssen. Darunter, auf den niedrigeren Hügeln, wo die Hänge aus Mergeln (Acuminata-Schichten) bestehen und somit ein wesentlich lockereres und weniger stabiles Baumaterial liefern, war man folglich gezwungen, die Bauten mit

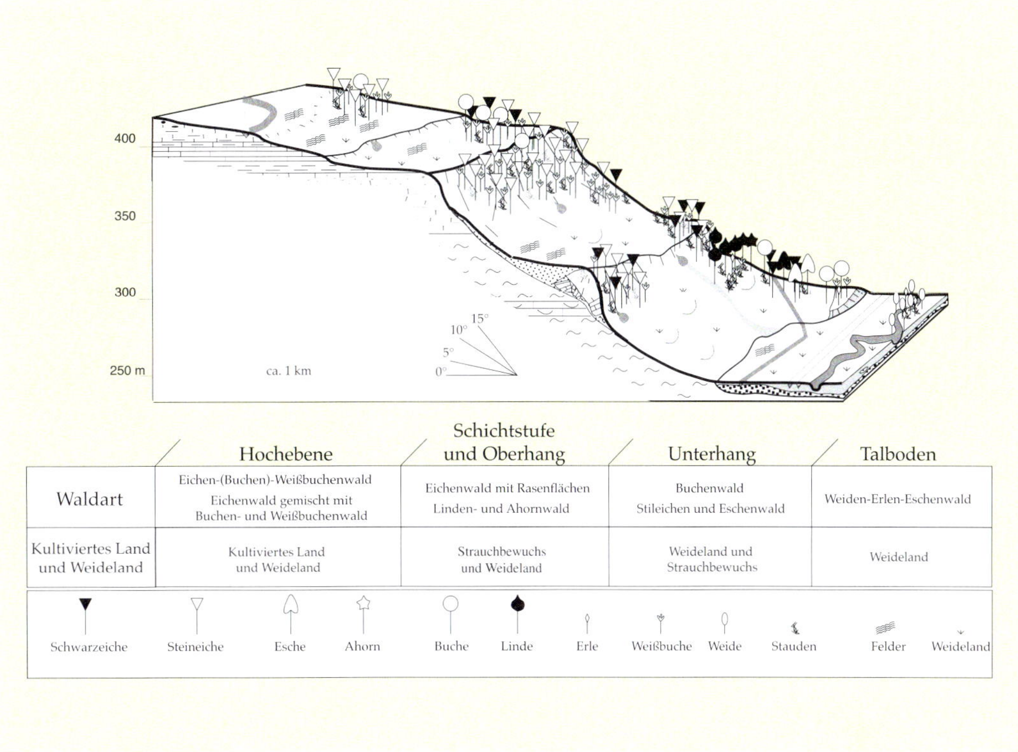

Abb. 77
Räumliche Verteilung und Art der Bewaldung am Fundort Alise.

Hölzern zu stabilisieren. In den Tälern schließlich bietet der Untergrund aus sandigen Schottern und Lehmen nur wenige geeignete oder witterungsresistente Baumaterialien. Auch hier war es notwendig, die Strukturen wie etwa Verteidigungswälle ausreichend mit Hölzern zu verstärken.

Diese topographischen und geologischen Eigenheiten erklären die Verschiedenartigkeit der archäologischen Strukturen, die Vielfalt der Verteidigungssysteme, aber auch die beträchtlichen Unterschiede in der Erhaltung der Befunde, die der jeweiligen Situation angepaßte Grabungstechniken erforderlich machen. Darauf werde ich noch mehrfach zurückkommen.

Deutlich wird die Bedeutung des Holzes bei der Erbauung der römischen Linien. Kann man in diesem Zusammenhang versuchen, die Bewuchssituation des Fundplatzes zum Zeitpunkt der Schlacht zu rekonstruieren? Heute wird Landwirtschaft auf den sehr dünnen Böden der Kalksteinplateaus betrieben, doch ist das eine sehr junge Entwicklung, die nicht vor die 30er Jahre zurückreicht. Zuvor wuchs hier Heide, die sich eher für Viehzucht eignete. Der Anteil an Waldflächen, der heute bei 15 % liegt, überschritt zum Zeitpunkt der Ausgrabungen Napoleons III. kaum 5 % (Abb. 74); erst nach dem Ersten Weltkrieg wurden große Aufforstungsmaßnahmen unternommen. Keinesfalls darf man sich zum Zeitpunkt der Belagerung im Jahr 52 v. Chr. eine komplett bewaldete Landschaft vorstellen. Im Gegenteil, jüngste Studien haben gezeigt, daß es sich um eine gemischte Landschaft aus Wäldern, Feldern und Weiden gehandelt haben muß (Abb. 77). Hierzu übergebe ich das Wort wieder dem Geomorphologen:

«Die palynologische Analyse, die auf der Grabensohle des südlichen *titulum* von Lager A auf dem Plateau von Flavigny vorgenommen wurde, zeigt, daß wir es aus vegetationskundlicher Sicht mit einer weitgehend offenen Landschaft zu tun haben. Der bewaldete Raum ist stark eingeschränkt, denn der Pollenanteil der Bäume und Sträucher macht etwas weniger als 20 % aller gezählten Pollen (ohne Sporen) aus, was sehr wenig ist. Gegenüber den Pollen von Gräsern dominieren die von Getreide, von dessen Begleitbewuchs und von anderen Pflanzen. Somit läßt sich eine Kulturlandschaft rekonstruieren, die von Getreide und wohl noch anderen Pflanzen geprägt ist. Die zweite Hauptgruppe, die der Gräserpollen, steht ebenfalls in Zusammenhang mit menschlichen Aktivitäten (Hinweise auf Trittvegetation, Brachflächen). Die Weideflächen waren anscheinend weit vom Ort der Probenentnahme entfernt. Der Wald ist stark eingeschränkt und wirkliche Waldflächen müssen sehr weit von der Fundstätte entfernt gewesen sein (mehrere Kilometer?); vor Ort dürften nur wenige Baumgruppen oder Hecken existiert haben. Das Vorhandensein von Eiche, begleitet von Buche, Linde, Esche und Ahorn inmitten einer nicht zusammenhängenden Waldzone erlaubt eine Rekonstruktion der Vegetation, die dem heutigen Modell stark ähnelt.

Die archäobotanische Untersuchung verkohlter Hölzer oder solcher aus dem Feuchtbodenbereich (Zweige, Äste,

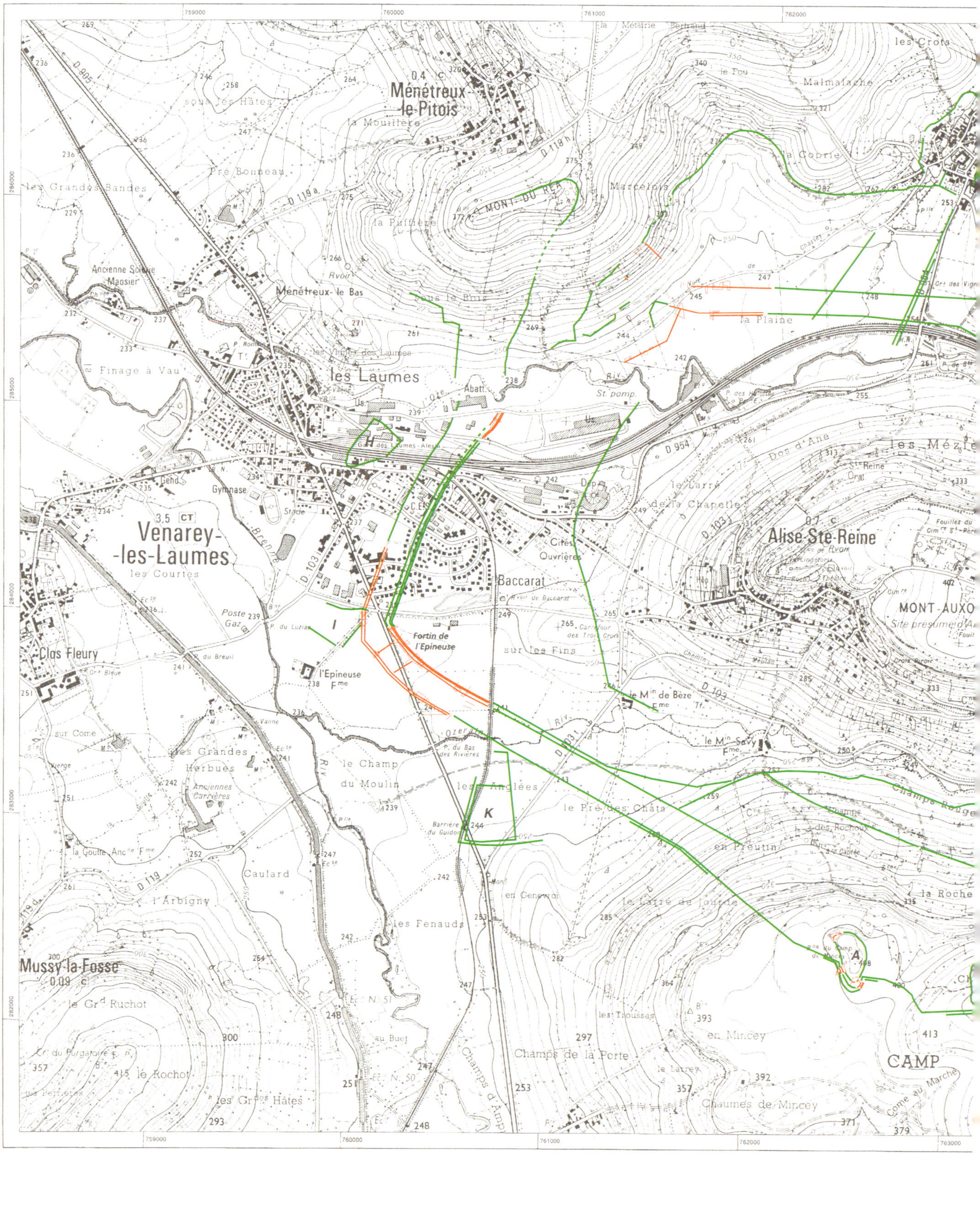

Holzspäne), die sich auf der Grabensohle des *titulum* von Lager A erhalten haben, erlaubt die Identifizierung von Eiche, Buche, Erle, Hainbuche, Haselnuß, Pflaume und Weide; das Fragment eines auf der Grabensohle entdeckten, geflochtenen Holzes erwies sich als Pappel. Der relativ hohe Anteil von Hainbuche, einer Pionierart, und von Haselnuß bestätigt die aus der palynologischen Untersuchung abgeleitete Existenz einer offenen Landschaft; die große Häufigkeit an Schlehen und Brennnesseln ist ein palynologisches Indiz für durch Nutzung veränderte oder übernutzte Wälder.

All diese natürlichen Gegebenheiten zeigen, daß die Schlacht von Alesia sich in einer offenen Landschaft abspielte,

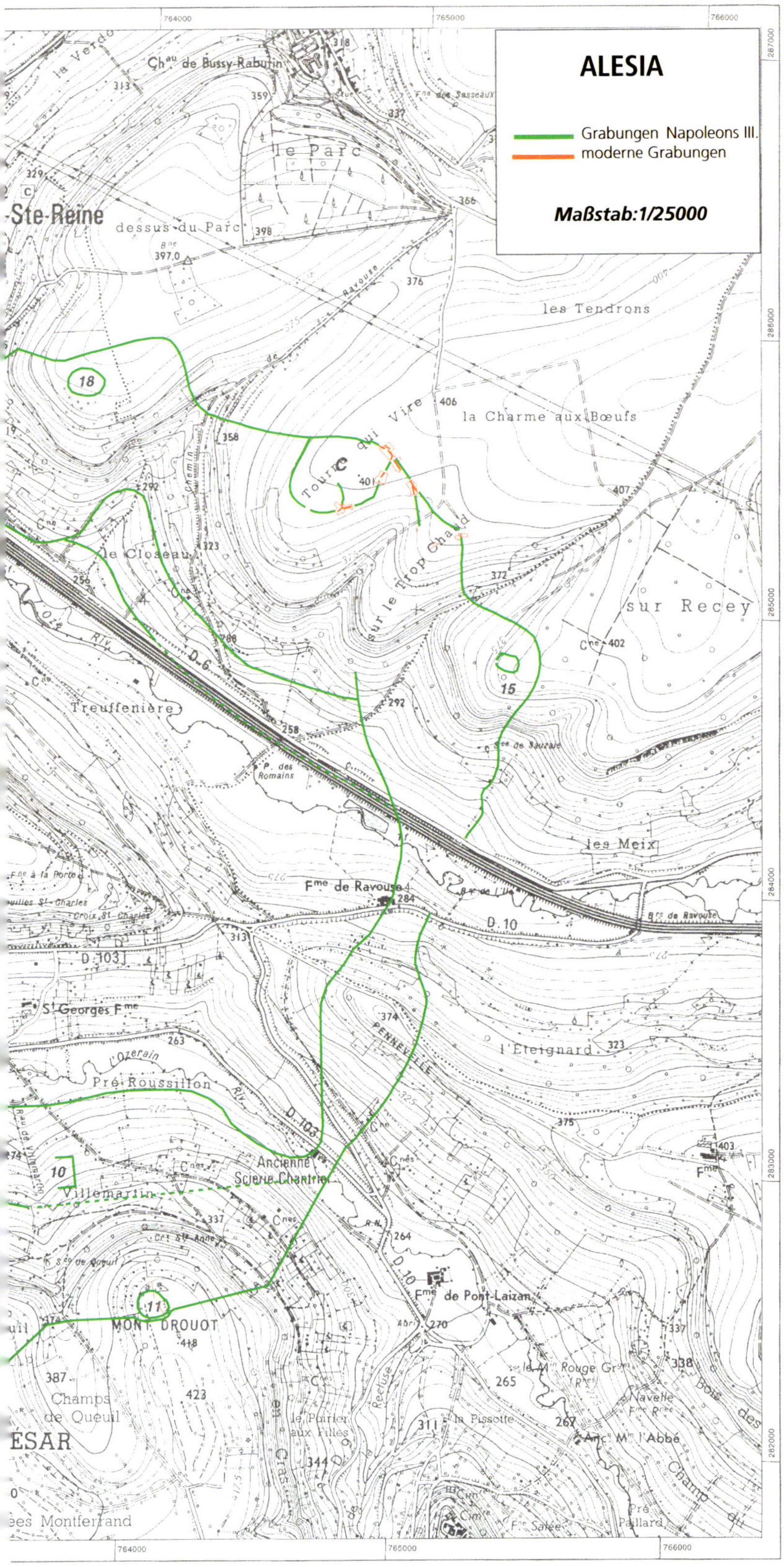

Abb. 78 Übersichtsplan der Fundstätte und römischen Positionen.

mit einem Baumanteil, der dem heutigen sicher nahe kam. Einzelne Gebüsche, Wäldchen oder Wiederbewaldungsflächen dürften noch vorhanden gewesen sein. Ausgedehnte Waldzonen gab es so gut wie nicht bzw. nur weit entfernt. Die archäologischen Untersuchungen haben gezeigt, daß dieser Raum seit der Bronzezeit besiedelt war; die bei den Nachforschungen zur Belagerung zufällig entdeckten gallischen Gehöfte belegen eine dichte Besiedlung dieser Gegend. Die Umgebung des Oppidums auf dem Mont-Auxois, in der sich die Belagerung von Alesia abspielte, war dennoch eine vom Menschen geprägte Landschaft.

Im Zusammenhang mit den Belagerungsbefunden aufgefundene verkohlte Hölzer sind selten, weil dieses Material sehr schlecht erhalten und häufig unbestimmbar ist. Auf der äußeren Verteidigungslinie in der Ebene von Grésigny wurden Eichenstämme für die Errichtung der Türme verwendet; zahlreiche, im Graben von Lager A aufgefundene Holzkohlen von Eiche und Buche, darunter ein Stück von mehr als 12 cm Durchmesser, beweisen, daß diese beiden Arten für die Torkonstruktion benutzt wurden, die verbrannte und in den Graben stürzte. Eiche und Buche wurden für große Baumaßnahmen verwendet, daneben findet man aber auch alle anderen Holzarten der Bäume und Sträucher, die in aufgelichteten Waldbeständen vorkommen (Hainbuche, Haselnuß, Erle, Pflaume, Weide und Pappel), sowie Weichhölzer von Bachufern (Weide, Pappel usw.). Diese Analysen zeigen, daß die Holzausbeutung beträchtlich war und daß man sich nicht darauf beschränkte, in einem einzigen Waldgebiet zu schlagen, sondern alle Gehölze (aus Wäldchen, aus Wiederbewaldungsflächen, von Bachufern) in Reichweite der caesarischen Linien nutzte. In Schottland haben archäobotanische Untersuchungen am Hadrianswall ebenfalls ergeben, daß hauptsächlich zwar Eiche genutzt wurde, daneben aber das gesamte Spektrum lokaler Holzarten in der Mauerkonstruktion zu finden ist. Somit verwandte man bei der Belagerung von Alesia Holz örtlicher Herkunft, genau wie es William Hanson, der sich gegen die Idee des Transportes vorgefertigter Hölzer ausgesprochen hatte, für den Hadrianswall bewiesen hat.

Die geringen Holzvorkommen im Bereich von Alesia haben die römische Armee zu regelrechten Frondiensten gezwungen, wie Caesar beklagt (Caesar, *de bello Gallico* VII 73,1–2). Man kann sich eine Nutzung etwas weiter entfernter Waldgebiete vorstellen, zum Beispiel auf dem Berg von Flavigny, dessen schwere Lehmböden für den Ackerbau wenig geeignet sind und der in keltischer Zeit mit Sicherheit, wie auch heute, als Wald belassen wurde.

Die Menge geschlagenen Holzes ist schwierig zu schätzen, doch kann man eine Mindestzahl der für die Konstruktion der Türme benutzten Bäume angeben. Die auf die Eichen-Buchen-Wälder des Auxois anwendbaren Parameter erlauben eine Schätzung der Walddichte. Pro Hektar zählt man 30 ausgewachsene Stämme mit einem Durchmesser über 37,5 cm, 60 heranwachsende (Durchmesser 20–37,5 cm) und 120 junge mit einem Durchmesser unter 17,5 cm. Auf Kalkböden erreichen ausgewachsene Bäume eine Höhe von maximal 20–25 m bei einer mittleren Verringerung des Stammdurchmessers von annähernd 1 cm/m.

Die Turmpfähle, die sich als Schatten bei der Grabung abzeichneten, hatten einen mittleren Durchmesser von 20 cm; dies entspricht einem ausgewachsenen oder heranwachsenden Baum, der kaum abgeviert ist. Für den Bau eines Turmes waren mindestens vier Bäume mit einem mittleren Durchmesser von 20 cm notwendig. Auf die Gesamtstrecke der caesarischen Linien bezogen (15 km des inneren Belagerungsrings, 20,7 km des äußeren Verteidigungsrings und die Lager), bleibt die Anzahl der Türme wegen der unregelmäßigen Abstände ungewiß; er beträgt ungefähr 15–17/18 m in den Ebenen, bei den Lagern kann er wesentlich geringer, auf den Plateaus wiederum deutlich größer sein. Wahrscheinlich kann man aufgrund der archäologischen Gegebenheiten von mehr als 1500 Türmen ausgehen, eine Zahl, die man erreicht, wenn man den von Caesar vorgegebenen Abstand von 24 m zugrundelegt (Caesar, *de bello Gallico* VII 72). Somit muß man mit mehr als 6000 Bäumen rechnen, die im Sommer 52 nur für den Bau der Türme geschlagen worden waren. Angesichts einer solchen Zahl ist der Gedanke, daß diese Militärkonstruktionen vorgefertigt und an den Ort der Belagerung transportiert worden seien, abwegig. Wenn in den Wäldern des Auxois hundert Bäume pro Hektar verwendbar waren, ist ein Einschlag von ungefähr 60 ha in Betracht zu ziehen, der zur Erleichterung und Beschleunigung der Arbeit im Kahlschlag erfolgen mußte. Äste und Reisig wurden für die leichteren Verteidigungsbauten genutzt. Die römischen Militärs mußten also nicht nur Erdarbeiter, sondern auch Holzfäller sein. Die unmittelbaren Auswirkungen auf die Vegetation der Landschaft waren gravierend: Die Abholzung entspricht einer Fläche von nahezu zwei Dritteln des Oppidums auf dem Mont-Auxois und verringert den Baumbestand der Gegend empfindlich, selbst wenn man davon ausgeht, daß die Hölzer in einiger Entfernung von den Verteidigungslinien gewonnen wurden.

Die Errichtung von mehr als 30 km caesarischer Linien zog im Verlauf des Sommers 52 die Verlagerung von mehr als 372 900 m^3 vor Ort anstehender Böden (Kalkstein, Kies, Alluviallehm und Grassoden) nach sich, außerdem in den alluvialen Ebenen die Umleitung der Bäche in den Graben mit wannenartiger Sohle des inneren Belagerungsrings sowie die Abholzung von mindestens 60 ha, einige Kilometer von den caesarischen Linien entfernt. Diese für die Belagerungswerke von Alesia errechneten Zahlen sind beachtlich, bleiben aber immer noch unter den logistischen Notwendigkeiten, die beim Bau der Hadriansmauer (122–130 n. Chr.) aufgewandt werden mußten. Diese Mauer mit einer Länge von 75 englischen Meilen, erbaut in weniger als zehn Jahren, benötigte drei Millionen Tonnen an Material und bewirkte eine Rodung von insgesamt fast 650 ha. Die eingeschlagene Holzmenge – zehnmal größer als für Alesia geschätzt – hatte offenbar aber keinen wesentlichen Einfluß auf die Landschaft; es ist wohl eher die Zunahme der Besiedlungsdichte, die für die Öffnung der Landschaft ursächlich ist, als die unmittelbare Auswirkung des Mauerbaus. Hingegen hätte der Einschlag vornehmlich ausgewachsener Bäume – wie in Schottland – zu einem Ungleichgewicht in der Waldstruktur führen können, was sich über Jahrzehnte in einem Fehlen alter Bäume bemerkbar gemacht hätte.» (C. Petit, in: Reddé/von Schnurbein, S. 95–100) (Abb. 78).

Gallier im Oppidum

Das Oppidum von Alise-Sainte-Reine ist spätestens ab Latène D2a (um 80 v. Chr.) belegt, wahrscheinlich sogar schon seit Beginn des 1. Jhs. v. Chr. Selbst wenn diese Befunde noch sehr spärlich sind, dürfen sie heute als gesichert gelten, zumal sie in einen geographischen Kontext eingebettet sind, der seit alters eine ununterbrochene Besiedlung dieses Raumes belegt. Zwei besonders bedeutsame Fakten seien hervorgehoben: die Existenz eines Walles vom Typ *murus gallicus* an den beiden äußersten Enden des Oppidums sowie das Vorhandensein keltischer Schichten unter dem ausgedehnten gallorömischen Zentrum.

Die Grabungen des Second Empire haben sich relativ wenig mit dem Mont-Auxois beschäftigt. Dennoch scheint es, daß man auf der Nordseite Segmente einer Einfriedungsmauer und an der Westspitze des Plateaus eine dicke Mauer aus vierkantig behauenen Steinblöcken beobachtete. Diese Informationen sind jedoch nicht ganz zuverlässig; wie dem auch sei, die archäologischen Überreste sind seitdem leider verschwunden. Zu Beginn des 20. Jhs. verdanken wir Kommandant Espérandieu die Entdeckung eines gallischen Wallabschnitts bei La Croix-Saint-Charles an einer Stelle, wo das Plateau nicht mehr von dem eigentlich umlaufenden, etwa 30 m hohen Kalksteinfelsen begrenzt wird, der es umgürtet. In diesem Bereich, der mit starkem Gefälle zum Paß abfällt, der den Mont-Auxois vom Pennevelle trennt, war eine Befestigung unerläßlich. Dieser Befund wurde lange Zeit bezweifelt, weil mehrere aufeinander folgende Umwallungen existieren und die ersten Ausgräber bemüht waren, diese mit den caesarischen Ereignissen zu verknüpfen. So wurde ein erster

Abb. 79
Gallorömische Straße mit Fahrrinnen am Rand eines gallorömischen Anbaus des «murus gallicus» («murus Espérandieu»). Die aus einem einfachen Schotterbett bestehende Straße biegt nach links unter den späteren Anbau ab.

Abb. 80 Der «murus gallicus» («murus Espérandieu») bei La Croix-Saint-Charles während der Grabung 1992.

Wall, wahrscheinlich der späten Bronzezeit, mit der von Caesar erwähnten *maceria* gleichgesetzt, d. h. mit der hastig und behelfsmäßig ausgeführten Verschanzung, mit der Vercingetorix seine Truppen auf der am meisten bedrohten Ostseite von Alesia zu schützen suchte. Ebenso wird die von Fourier zu Beginn des Jahrhunderts entdeckte Mauer fortan, wie bereits erwähnt, ins 1. Jh. n. Chr. datiert. Die jüngsten Ausgrabungen, die Anne Colin im Bereich von La Croix-Saint-Charles durchführte, haben wesentlich zur Klärung dieser Punkte beigetragen.

Der *murus gallicus* von La Croix-Saint-Charles

«1911 hatte E. Espérandieu auf 25 m Länge einen 6 m breiten Wallabschnitt vom Typ *murus gallicus* freigelegt; dieser besaß eine Ost-West-Orientierung, setzte am Rand des Steilhangs an und verlief rechtwinklig zu diesem. Er war noch ungefähr 1 m hoch erhalten und seine Nordseite, mit vierkantig behauenen Steinen verblendet, wies in regelmäßigen Abständen Hohlräume auf, die den Positionen senkrechter Balken entsprechen. In der Auffüllung des Walls konnten entsprechende

Abb. 81 Der «murus gallicus» («murus Espérandieu») bei La Croix-Saint-Charles während der Grabung 1992. Man erkennt als Hohlräume die Positionen der Holzbalken.

Spuren von Längsbalken beobachtet werden sowie mehrere Eisenklammern, die für diesen Mauertyp charakteristisch sind. Eine zweite, mehr oder weniger trapezförmige Konstruktion schloß sich an dieses Befestigungswerk an und bildete eine Art rechtwinkligen Vorsprung zum *murus gallicus*; im Norden wird diese Struktur von einer Straße mit zwei tiefen Fahrrinnen begrenzt (Abb. 79).

Diese verschiedenen Strukturen sind zwischen 1991 und 1994 erneut freigelegt worden (Abb. 80 – 82); dabei konnte der Aufbau des *murus gallicus* genauer studiert werden: Er ist auf einer Art Plattform errichtet, die von einer Reihe Ost-West-orientierter natürlicher Felsvorsprünge begrenzt wird. Im Westen endet die Befestigungsmauer in einer kurzen rechtwinkligen Biegung mit relativ sorgsam gesetzter Außenhaut. Nach Osten zu bis zum Steilhang sind die schlecht erhaltenen Reste der Mauer sowie deren Versturz in Hanglage aufgefunden worden. Die Herrichtung des Felsens am Rand der Böschung scheint darauf hinzuweisen, daß die Befestigungsmauer an dieser Stelle nach Süden umbog, was, geht man von einem Zangentor aus, durchaus wahrscheinlich ist. Eine Straße, bestehend aus einer Kieselschicht, die in tonig-gelblichen Untergrund eingebettet ist, wurde vor der Außenmauer freigelegt; die darüber liegenden gallorömischen Strukturen stören diesen Befund. Die 3 m breite, mit 2,5 – 3 m Abstand parallel zur Außenfront der Mauer verlaufende Straße konnte nur auf einer kurzen Strecke verfolgt werden. Wenngleich ihre Datierung nicht absolut gesichert ist, so sprechen sowohl die Orientierung als auch ihre stratigraphische Lage für einen unmittelbaren Zusammenhang mit dem *murus gallicus*. In der Annahme, man habe es mit einer zurückversetzten Toranlage zu tun, suchte man nach dem nördlichen Gegenstück des *murus gallicus* jedoch vergeblich. Dieses scheinbare Fehlen ist mit Sicherheit auf Zerstörungen zurückzuführen, die während gallorömischer Zeit bei der Wiederherrichtung des Tores stattfanden. Letztlich kann die Datierung des ‹*murus Espérandieu*› nur annähernd eingegrenzt werden, da in der Auffüllung des Walls sich kein datierbares Material fand. Weil dieser aber auf einer ausgedehnten Schicht mit charakteristischem Spätlatènematerial aufsitzt, das vor das letzte Drittel des 1. Jhs. v. Chr. zu datieren ist, muß die Errichtung des *murus gallicus* etwas später als diese Schichtdeponierung erfolgt sein.» (P. Barral, in: Reddé/von Schnurbein, S. 139 – 140).

Die Grabungen bei «En Curiot»

«Die von Fabienne Creuzenet geleiteten Grabungen im Talweg, der das Plateau des Mont-Auxois von Südwesten her erschließt, haben das Teilstück eines Befestigungswerkes mit innerer Balkenverstrebung vom Typ *murus gallicus* zutage gebracht. Dieser Befund läßt einen befestigten Zugang aus gallischer Zeit vermuten, womit man bislang nicht gerechnet hat. Hinter diesem Wall und mehr oder weniger zeitgleich mit diesem konnte eine recht gut erhaltene Siedlungszone freigelegt werden.

Das Teilstück des Befestigungswerks, das auf einer Länge von 30 m erfaßt werden konnte, ist Nordnordwest-Südsüdost-orientiert und gehört offenbar zu einer Toranlage, die noch nicht vollständig ausgegraben ist. Dieser Wallabschnitt stellt sich als eine mächtige Anhäufung von Kalksteinen dar und wurde auf einem zuvor hergerichteten Felsen mit gleichmäßigem Ost-West-Gefälle erbaut. Auf der Rückseite der Befesti-

Abb. 82
Gesamtüberblick über die Grabungen 1992 – 1993 im Bereich des «murus Espérandieu».

Abb. 83. 84 Die Grabungen des «murus gallicus» bei «En Curiot».

gung befindet sich eine innere, gut erhaltene Rampe, auf der die spätlatènezeitlichen Siedlungsschichten aufliegen. Zur Vorderseite hin ist nur noch Versturz erhalten und die ursprüngliche Struktur der Außenfront vollkommen verschwunden. Mindestens zwei Instandsetzungen konnten festgestellt werden: Die eine dürfte wohl schon sehr früh stattgefunden haben, da Balkenelemente mitsamt ihren Eisenklammern wiederverwendet wurden, die andere, dem zutage geförderten Material zufolge, eindeutig später, und zwar in gallorömischer Zeit.

Die gallische Siedlung stand auf dem Felsen und reichte bis zur inneren Rampe der Befestigungsmauer. Vier viereckige Grundrisse von Wohnbauten, die sich als Fundamente von Fachwerkbauten abzeichnen, sind freigelegt worden. Diese Wohnbauten, die in der Regel Spuren von Herdstellen und mit Kieseln gepflasterte Böden aufweisen, gruppieren sich fächerartig um eine zentrale Fläche. Bei einigen Strukturen sind Instandsetzungsmaßnahmen festgestellt worden.

Während die Befestigungsanlage keine datierenden Anhaltspunkte geliefert hat, steht uns aus dem Siedlungsbereich relativ üppiges und vielfältiges Material zur Verfügung. Wenngleich die Auswertung noch nicht abgeschlossen ist, kann vorab gesagt werden, daß sich im wesentlichen ein für Latène D2a (unmittelbar vor dem Gallischen Krieg) charakteristisches Bild abzeichnet; darüber hinaus können verschiedene Teile dem Ende von Latène D1 (um 100–80 v. Chr.) zugeordnet werden. Auf dieser Grundlage kann eine Datierung in die 1. Hälfte des 1. Jhs. v. Chr. vorgeschlagen werden. Es hat den Anschein, daß die Besiedlung in diesem Bereich nicht wesentlich in die 2. Hälfte des 1. Jhs. v. Chr. hineinreicht. Auf jeden Fall fehlen sicher in das letzte Drittel des 1. Jhs. v. Chr. datierbare Funde.

Durch die in den letzten Jahren an den beiden äußersten Enden des Plateaus des Mont-Auxois durchgeführten Grabungen ist die Verteidigungsproblematik des Oppidums neu aufgerollt worden (Abb. 83. 84). Es besteht nun die Gewißheit, daß zwei Hauptzugänge zur spätlatènezeitlichen Verteidigungsanlage gehörten. Diese beiden Anlagen, die in der Technik des *murus gallicus* errichtet worden waren, konnten nur teilweise erfaßt werden. Nichts spricht momentan gegen die Vermutung, daß es sich um Zangentore handelt, auch nicht, daß sie ein und derselben Bauphase des Verteidigungssystems angehören. Der *murus* bei «En Curiot», dessen Datierung am gesichertsten ist, kann aufgrund der Chronologie der Siedlungsschicht, die bis zur inneren Rampe reicht, sicher vor das 2. Viertel des 1. Jhs. v. Chr. gesetzt werden. Durch die Untersuchungen von La Croix-Saint-Charles sind frühere Interpretationen, die auf unvollständigen oder sogar irrigen Gegebenheiten beruhen, weitgehend überholt, insbesondere was die Lokalisierung des provisorischen gallischen Lagers und seiner *maceria* betrifft.» (P. Barral, in: Reddé/von Schnurbein, S. 144–145).

Die frühesten Schichten unter dem gallorömischen Zentrum

Zwischen 1976 und 1985 bot sich Jacky Bénard die Möglichkeit, eine Reihe von leider sehr begrenzten Sondagen am Südrand des späteren gallorömischen Forums durchzuführen. So gelang es ihm, eine Reihe von Bronzewerkstätten freizulegen. Die Begehungsflächen sind charakterisiert durch Struk-

Streit um Zahlen

Üblicherweise behaupten die Gegner von Alise, dieses Oppidum sei viel zu klein, um eine so große Armee wie die des Vercingetorix untergebracht haben zu können. Die einzigen Zahlen, die uns zur Verfügung stehen, um die Truppenstärke der Gallier abschätzen zu können, sind zwei Textpassagen, in denen Caesar den Anführer der Arverner sagen läßt, er befehlige 80 000 Mann (Caesar, *de bello Gallico* VII 71 und 77). Wir haben keine Möglichkeit, den Wahrheitsgehalt dieser Behauptungen durch Sekundärquellen zu überprüfen. Sie mögen zutreffen, es könnte aber auch sein, daß sie – nach antiker Gewohnheit – nicht exakt sind: Eine große Zahl bedeutet eine große Menschenmasse, und Caesar ist nicht der einzige, der so verfährt. Im Übrigen werden auch in modernen Militärkommuniqués Truppenstärken und feindliche Verluste stets übertrieben, beispielsweise im Golfkrieg oder im Kosovo. Wie dem auch sei, ist unmöglich zu beurteilen, ob die Zahlen Caesars verläßlich sind oder nicht. Nehmen wir einfach einmal an, sie seien es.

Eine gute Vergleichsmöglichkeit liefern uns die Angaben von Polybios (VI 27–32), worin er – weniger als ein Jahrhundert vor Alesia – ein republikanisches Marschlager beschreibt. Das Lager weist eine quadratische Form von 600 m Seitenlänge auf, also eine Fläche von 36 ha, die den Wall, die Wegetrassen und die Zelte enthält. Es werden zwei Legionen, Verbündete und Reiterei untergebracht, insgesamt 18 600 Mann. Auf einen Hektar kommen somit ungefähr 516 Mann, was kaum der Fläche der kleinsten Kohortenlager des Prinzipats, besonders in Britannien, entspricht. Diese beinhalten sogar noch massiv errichtete Gemeinschaftsbauten. Ein einfacher Dreisatz zeigt, daß bei dieser Belegungsdichte, die unter Lagerbedingungen völlig normal war, auf den 97 ha des Mont-Auxois, einem der größten Oppida Galliens, mehr als 50 000 Mann Platz fanden. Und bei dieser Rechnung sind die unteren Hänge noch nicht einmal einkalkuliert worden.

Sicherlich, zwischen 50 000 und 80 000 Mann besteht ein deutlicher Unterschied. Aber unter den Bedingungen einer Belagerung, bei der man sich mit Macht zusammendrängt (denken wir an Paris während der Kommune!), kann man immer mit einer größeren Dichte rechnen. Es ist wahr, daß man noch die Mandubier hinzurechnen muß, wird man sagen, aber die wiederum hat Vercingetorix verjagt. Und die Viehherden? Es würde mich sehr wundern, wenn man sie lange am Leben gelassen hätte, allein schon um Trinkwasser zu sparen.

Zweifelsohne bleibt es letztlich bei einer Differenz, wenn man die Zahlen Caesars zugrundelegt, doch weitaus geringer, als man gemeinhin annimmt.

turen aus Längsbalken und Pfosten, durch Höfe, Feuerstellen und Böden, auf denen Bronze- und Bleimetallreste zu erkennen sind, wohl Zeugnis der Versilberungsarbeiten, für die die Handwerker Alesias berühmt waren. Ebenfalls diesen Latène D2-Schichten gehören wahrscheinlich die Reste eines gallischen Heiligtums an, das sich unter dem gallorömischen Tempel westlich der Basilika befand. Die Grabungen haben vielfältige Metallgegenstände hervorgebracht, besonders Rädchen (*rouelles*), Ringe und zahlreiche gallische Münzen, vor allem der Lingonen, Sequaner und Häduer. Das Ganze wurde überlagert von den Schichten des augusteischen Tempels. Bedauerlicherweise handelt es sich dabei um Altgrabungen, deren archäologische Dokumentation zu wünschen übrig läßt. Dennoch ist der Befund recht gut zu datieren.

«Das Fundmaterial der ältesten Schichten (Grabungen im südöstlichen Viertel des Forums, im gallorömischen Zentrum und bei ‹En Curiot›) ist nach den Importgütern und Metallfunden eindeutig in Latène D2 zu setzen,» schreibt Philippe Barral. «Ohne in die Details zu gehen, erlaubt die Gegenüberstellung der verschiedenen Fundkomplexe die Unterscheidung zweier Zeithorizonte: Der eine ist durch eine relative Armut an Importwaren, besonders an Weinamphoren, gekennzeichnet, der zweite Horizont ist stärker romanisiert und weist vor- bzw. frühaugusteische Merkmale auf. Letzterer kann – dank des Vergleichs mit den gut stratifizierten Schichten des Mont-Beuvray – mit relativ großer Sicherheit in die Jahre 50–30 bzw. 20 v. Chr. datiert werden. Daraus folgt, daß der weniger entwickelte Horizont vor die Mitte des 1. Jhs. zu setzen ist. Wegen der nur schwach vertretenen Importe ist dieser chronologisch nur schwer einzugrenzen. Man wird ihm jedoch kaum eine kürzere Dauer als eine Generation beimessen wollen. Immerhin kann man festhalten, daß der Beginn einer systematischen Besiedlung des Oppidums am Übergang von Latène D1 zu Latène D2, das heißt in den ersten Jahrzehnten des 1. Jhs. v. Chr., stattfindet. Alesia gehört demnach nicht zu den frühesten Oppida (wie zum Beispiel der Mont-Beuvray oder Besançon), sondern reiht sich in die größere Gruppe der Oppida des östlichen Mittelgalliens ein, die sich nach dem Ende von Latène D1 entwickeln, genau wie eine große Zahl offener Siedlungen.» (P. Barral, in: Reddé/von Schnurbein, S. 129).

Keineswegs darf versäumt werden, diese Entdeckungen im Kontext der zwar bekannten, aber schlecht dokumentierten keltischen Schichten unter dem gallorömischen Tempel des Apollon Moritasgus zu betrachten, über die wir bereits gesprochen haben; ebenso gehört in diesen Zusammenhang das Heiligtum der einheimischen Gottheit Ucuetis, der wir die bedeutende Inschrift mit der Erwähnung der Ortsbezeichnung ALISIIA zu verdanken haben. Überall in Alise wurden unbestreitbare und wohldatierte Hinweise auf eine vorcaesarische Besiedlung nachgewiesen. Dennoch handelt es sich nur um punktuelle, räumlich begrenzte und oft durch gallorömische Strukturen in Mitleidenschaft gezogene Beobachtungen.

Die caesarischen Lager

Nach seiner Ankunft stellt Caesar seine Lager vorschriftsmäßig in einem Kreis rund um Alesia auf. Seit der Zeit Napoleons III. sind einige dieser Lager ausfindig gemacht und ergraben worden. Auf den Plateaus war das keine sehr schwierige Angelegenheit, da Bodenerhebungen noch sichtbar waren. Heute sind sie wegen der landwirtschaftlichen Nutzung weitgehend verschwunden, außer im Falle von Lager B, wo der Südwall als Schotterwulst in der heutigen Landschaft noch erkennbar ist. Ebenso scheint auch die Südmauer von *castellum* 18, für das wir leider keine Grabungserlaubnis bekamen, gut erhalten zu sein.

Geologie, Erhaltung der Befunde und Ausgrabungstechnik

Auf den steinigen Plateaus, die den Mont-Auxois umgeben, ist die rezente Erdschicht relativ dünn, d. h. selten stärker als 15 cm. Von manchen Zonen, in denen sich die untersten Lagen der Befestigungswerke erhalten haben, abgesehen, sind ansonsten nur die in den Fels eingetieften Negativstrukturen zu erkennen. Im wesentlichen handelt es sich um Gräben und Pfostenlöcher von Türmen oder Annäherungshindernissen.

Die Ausgräber des Second Empire, die mit sehr schmalen,

Abb. 85
Das Plateau von Bussy mit seinem System von natürlichen Felsbrüchen, die sich von den wesentlich regelmäßigeren römischen Gräben unterscheiden. (Photo R. Goguey)

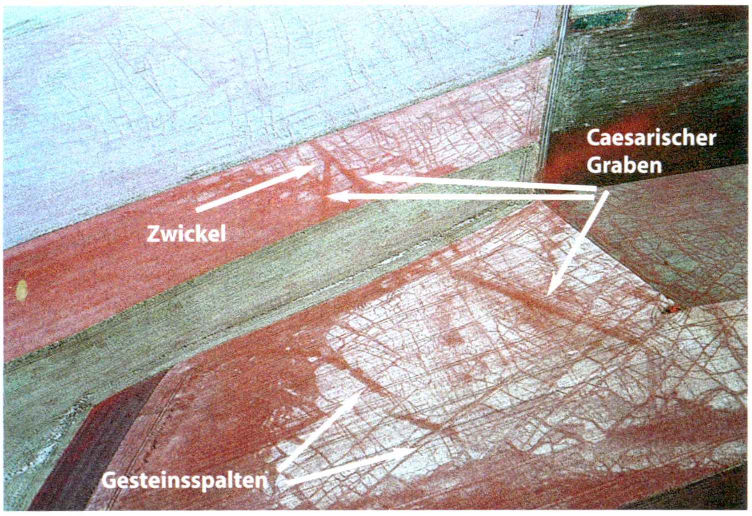

Abb. 86
Ausgrabung des auf dem oberen Photo mit Pfeil markierten Zwickels. (Photo R. Goguey)

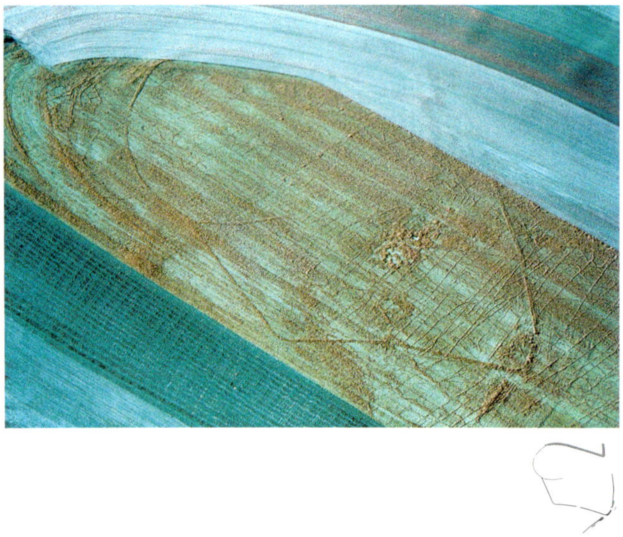

Abb. 87–90 Luftbilder des Lagers C auf dem Berg von Bussy aus unterschiedlichen Richtungen (Nordosten, Südwesten, Süden und Osten). (Photo R. Goguey)

Abb. 91 Luftbild des Lagers C auf dem Berg von Bussy, Ausschnitt mit dem Nordosttor und vorgelagertem «titulum». (Photo R. Goguey)

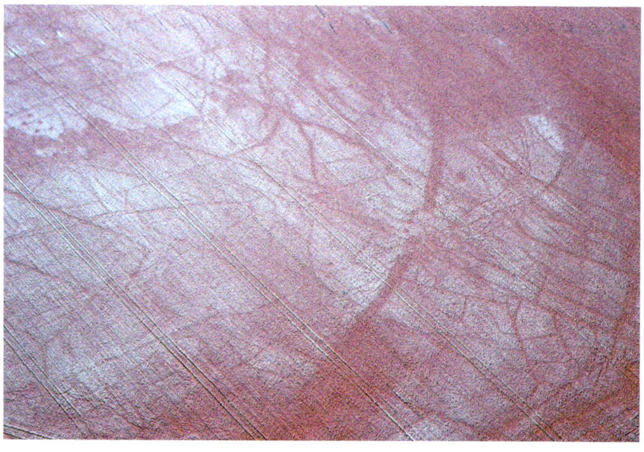
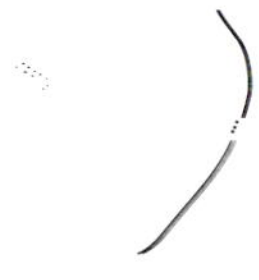

Abb. 92 Luftbild des Lagers C auf dem Berg von Bussy, Ausschnitt mit Südtor. (Photo R. Goguey)

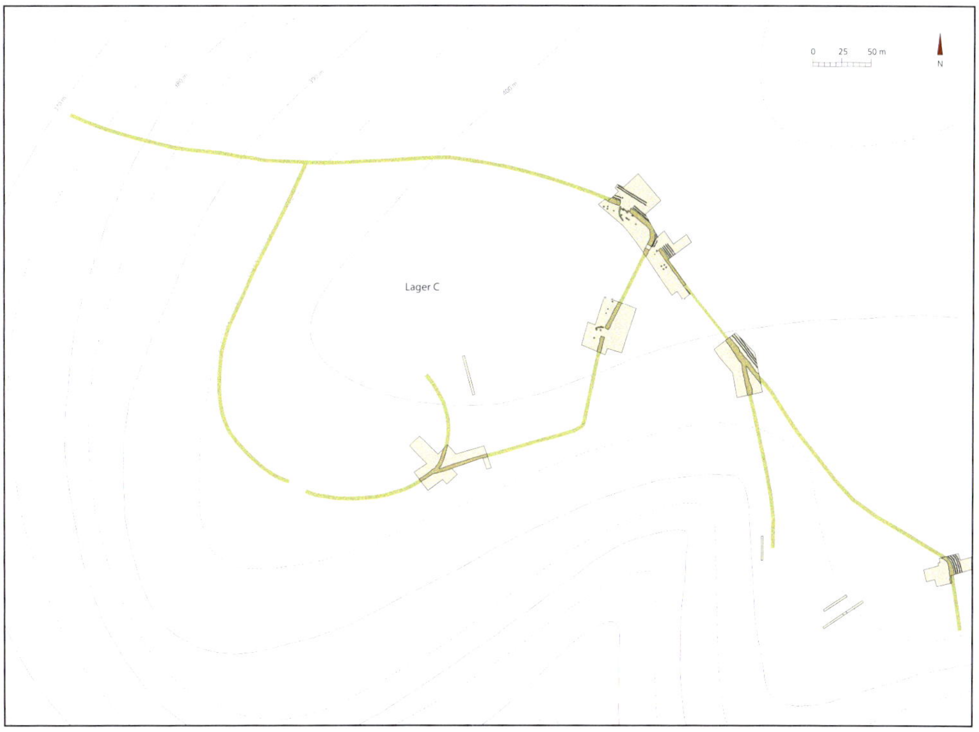

Abb. 93
Übersichtsplan von Lager C.

kaum einen halben Meter breiten Suchschnitten arbeiteten, die allerdings in sehr regelmäßigen Abständen angelegt waren (alle 18 m am Nordosttor von Lager C), konnten nur große Bodeneingriffe erfassen: Sie folgten der oberen, häufig sehr harten Decke des Kalksteinfelsens, orteten die Stelle, an der die Hacke tiefer in den Boden eindrang und gewannen so Klarheit über den Grabenverlauf. Kleinere Strukturen entgingen ihnen jedoch bei dieser Beobachtungsmethode. Manchmal spielte der Zufall ihnen einen Streich: So legten die Ausgräber Napoleons III. am Nordosttor von Lager C je einen Suchschnitt rechts und links des Durchgangs an, den sie dann um wenige Dezimeter verfehlten.

Bei den jüngeren Ausgrabungen hingegen wurde mit großflächigem Bodenabtrag gearbeitet, der einen besseren Überblick der Zusammenhänge erlaubt, und damit auch die Luftbilder, deren Maßstab sicherlich viel größer ist, ergänzt. Im einmal freigeputzten hellen Kalksteinboden zeichnen sich menschliche Eingriffe als dunkle Verfärbungen ab, die sich von geologischen Abbrüchen durch ihre Regelmäßigkeit, ihre Geradlinigkeit, die steten Wiederholungen und ihre Orientierung unterscheiden. Ist erst einmal ein Grundriß dieser Strukturen erstellt, müssen sie nur noch in verschiedene Abschnitte geteilt und ihr Inhalt ausgehoben werden. Auf diese Weise können die von Caesars Legionären angelegten, sehr kleinen Installationen wesentlich besser erfaßt werden, als es den Ausgräbern unter Napoleon III. möglich war. Zwei Luftbilder, eines vor der Ausgrabung, das andere nach dem Oberflächenabtrag aufgenommen, sind bei der Beurteilung der Bodenverhältnisse von Nutzen (Abb. 85. 86).

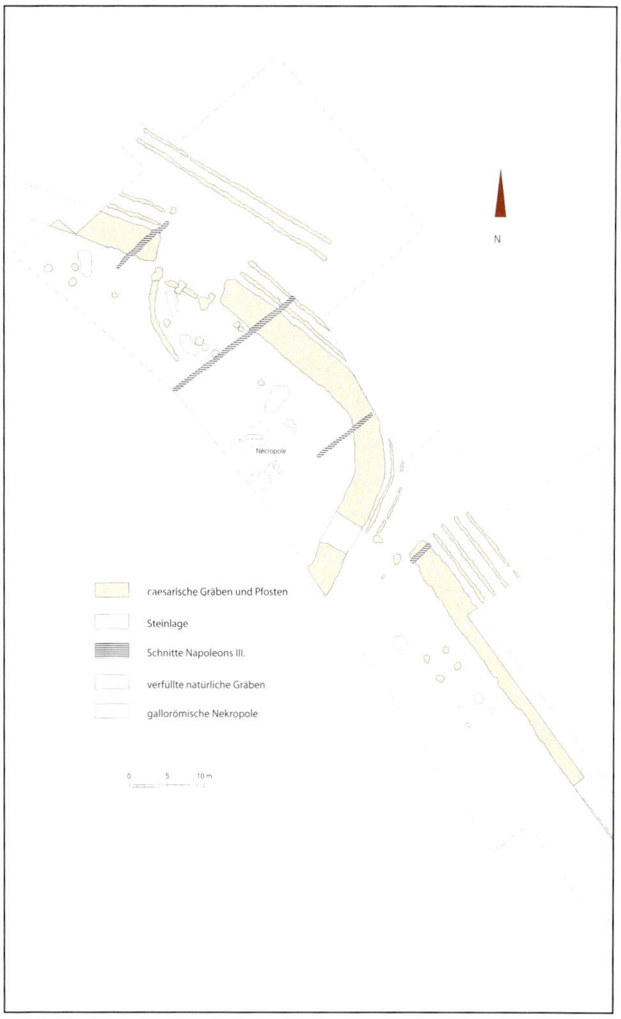

Abb. 94 Grabungsplan 1994 des Nordtores von Lager C.

Abb. 95 Der Graben von Lager C; diesem vorgelagert zwei in den Fels gegrabene Linien von «cippi».

Abb. 96 In den Fels gegrabene Linie mit «cippi». Man erkennt die Positionen der ehemals in den Schnitt eingelassenen Hölzer.

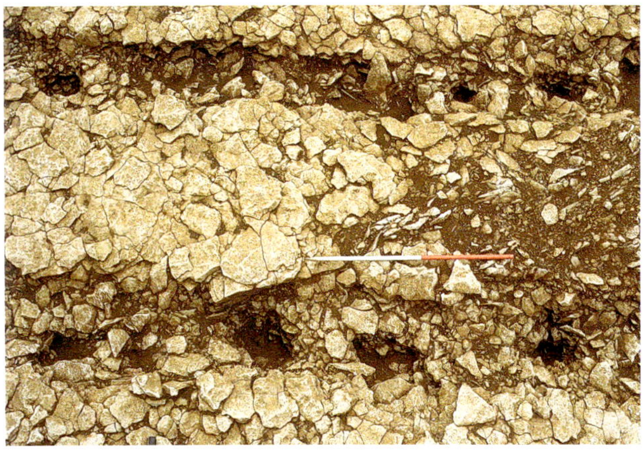

Abb. 97 Das Nordosttor von Lager C während der Ausgrabung. Man erkennt in der Mitte die Unterbrechung des Grabens (dunkler Streifen); die halbkreisförmige Spur im Vordergrund stammt von der «clavicula».

Abb. 98 Übersicht über das Nordosttor von Lager C während der Grabung. Links erkennt man das durch zwei parallele Linien gekennzeichnete «titulum».

Abb. 99 Pfostenloch eines Turmes von Lager C.

Lager C oder «Lager des Labienus»

Sicher ist Lager C heute das am besten bekannte, zum einen weil es von René Goguey luftbildarchäologisch vollständig dokumentiert, zum anderen weil es am intensivsten ergraben worden ist (Abb. 87–92). Es nimmt auf der zentralen Kuppe des Berges von Bussy eine Fläche von 6,9 ha ein. Seine südwestliche Begrenzungslinie ist gebogen und folgt genau dem Gelände zwischen den Höhenlinien 395–397; die übrigen Seiten sind deutlich geradliniger, ohne aber wirklich gerade zu sein. Eine Änderung des Verlaufs ist in der Mitte der Südseite deutlich erkennbar. Drei Toranlagen sind zur Zeit bekannt: im Nordosten, im Osten und im Süden (Abb. 93). Von Lager C aus hat man eine außergewöhnliche Sicht über die gesamte Nordflanke der caesarischen Anlage, vom Pennevelle bis hin zum Mont Réa, mit direkter Sicht auf das Oppidum und die Ebene von Laumes. Im Hintergrund sieht man deutlich Lager B (vgl. Abb. 30).

Das Lager wird durch einen V-förmigen, an der Oberkante 3–4 m breiten Graben geschützt, der teilweise verbreitert und in den Kalksteinfelsen eingegraben ist. Der Wall ist heute überall verschwunden und nur faßbar durch die hölzernen Standspuren der Türme, die seinen Verlauf markieren – zumindest im Bereich der beiden ausgegrabenen Tore. Sein Unterbau ist gelegentlich durch eine sorgfältige Verfüllung der Bodenvertiefungen gesichert worden. Als Baumaterial diente der vor Ort anstehende Stein, der den Gräben und verschiedenen Gruben entnommen wurde, die nach römischer Militärtradition regelmäßig hinter dem Wall auftreten. Das trocken gesetzte Mauerwerk mußte wahrscheinlich eine leichte Neigung besitzen, um die Stabilität der Konstruktion sicherzustellen. An der Basis war diese Befestigung ungefähr 5–6 m breit. Das Vorhandensein eines inneren Holzgerüsts ist durch sehr viele, blau verfärbte Steine belegt, Anzeichen eines langsamen Schwelbrands, der gemäß – auch in der keltischen Welt – geläufiger Praxis im Anschluß an eine Belagerung gelegt wurde, um die Befestigung zu zerstören. Annäherungshindernisse schützten die Umgebung des Grabens, aber nur an den Stellen, wo die gallische Armee zu diesem vordringen konnte, d. h., wo das Lager nicht durch die äußere Verteigungslinie gegen die Hilfsarmee geschützt war. Der Militärsprache der damaligen Zeit folgend ist diese äußere Verteidigungslinie von Napoleon III. *circonvallation* getauft worden.

Diese Sperranlagen bestehen aus 30–40 cm breiten und etwa ebenso tief in den Fels gehauenen Rinnen; dazu kommt noch eine 15–25 cm starke Ackerschicht. Diese langen Schnitte sind mit Bruchsteinen gefüllt; in Abständen von jeweils etwa 50 cm weisen sie Spuren mit Erde gefüllter Löcher auf, in denen ehemals mit Steinen verkeilte Holzpfosten standen. Parallel zur Außenfront der äußeren Verteidigungslinie sind besagte Konstruktionen in mehreren Reihen angelegt worden (Abb. 94). Das Gesamtbild, das sie ergeben, läßt weniger an Palisaden denken als an die langgezogenen Gräben,

Abb. 100 Zeichnerische Rekonstruktion der Rückansicht des Nordosttores von Lager C mit seiner «clavicula». (Zeichnung P. Connolly)

Abb. 101 Mit dem Namen T.LABI = T(itus) Labi(enus), «Leutnant» Caesars, beschriftetes Geschoß. Zwei derartige Exemplare wurden in Lager C entdeckt.

die wir aus Caesars Text kennen: «Also wurden Baumstämme oder sehr starke Äste abgeschlagen und ihre Spitzen entrindet und zugespitzt. Dann zog man durchlaufende fünf Fuß tiefe Gräben. In diese wurden die Stämme gerammt und unten so verankert, daß man sie nicht herausreißen konnte; dort, wo die Äste anfingen, ragten sie über den Grabenrand. Immer fünf Reihen von Stämmen waren miteinander verbunden und verflochten; wagte sich jemand hinein, geriet er in die scharfen Spitzen der Pfähle. Diese nannten die Soldaten *cippi* («Leichensteine»).» (Caesar, *de bello Gallico* VII 73; Abb. 95. 96). Dieser Fallentyp war keine Erfindung Caesars; schon ein Jahrhundert zuvor hatte Polybios ihn beschrieben und dabei griechische mit römischen Techniken verglichen:

«Es besteht aber auch ein großer Unterschied hinsichtlich der Schanzpfähle selbst. Die Griechen halten den Pfahl für den besten, der rings um den Stamm am meisten verzweigt ist und die stärksten Äste hat, bei den Römern dagegen haben die Pfähle nur zwei oder drei, höchstens vier Äste, und zwar nur in einer Richtung, nicht mit wechselnder Stellung. Infolgedessen sind sie ganz leicht zu transportieren: man legt sie einfach aufeinander, und dann kann ein Mann drei oder vier Pfähle tragen. Aber auch im Gebrauch bewähren sie sich viel besser. Die Pfähle, wie sie die Griechen verwenden, vor dem Lagerwall eingerammt, lassen sich erstens ohne Schwierigkeit herausziehen. Wenn nämlich das untere Ende, das in der Erde steckt und dem Pfahl Halt geben soll, ein einfaches gerades Stück ist, während er oben eine große Zahl starker Äste hat, dann brauchen nur zwei oder drei Mann an den Ästen zu ziehen, und schon haben sie den Pfahl herausgerissen. [... Anders bei den Römern:] Gleich beim Einrammen verflechten diese die Pfähle untereinander, derart, daß man nicht leicht erkennen kann, wie die Äste und die in der Erde sitzenden Stämme zueinander gehören. Daher ist es weder möglich, die Hand hineinzustecken und den Pfahl zu ergreifen, da die Äste dicht durcheinanderlaufen, außerdem scharf angespitzt sind, noch kann man ihn, wenn man ihn doch zu fassen bekommt, leicht herausziehen.» (Polybios XVIII 18).

Titus Livius (XXXIII 5) liefert uns davon eine ganz ähnliche Beschreibung. Trotz minimaler Abweichungen gegenüber dem Text, auf die ich noch zurückkommen werde, zögere ich

Abb. 102 Gesamtübersicht von Norden über das rekonstruierte Lager C. (Aquarell P. Connolly)

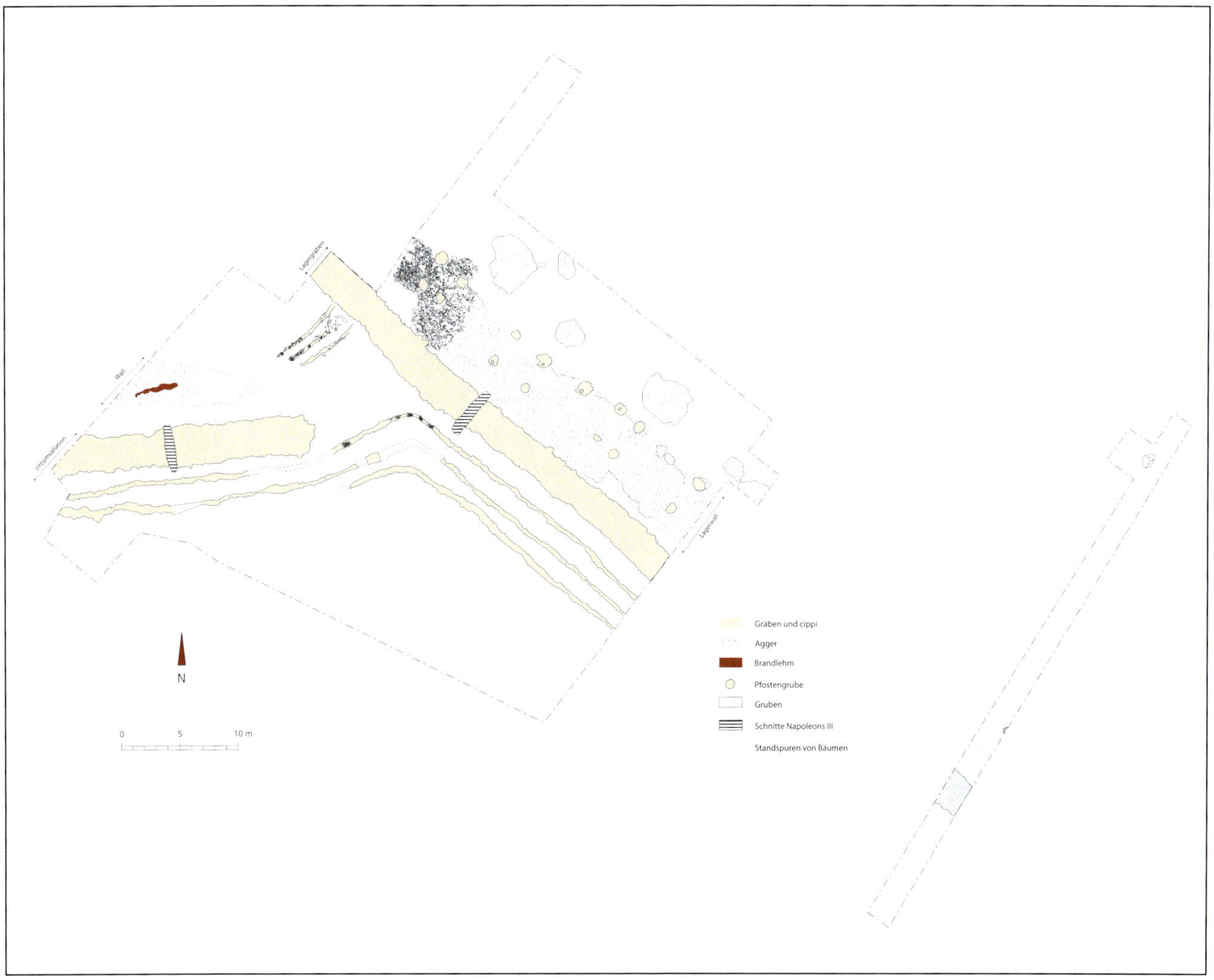

Abb. 103 Grabungsplan des Südtores von Lager B.

nicht, die auf dem Berg von Bussy entdeckten Hindernisse als *cippi* zu bezeichnen.

Das Nordosttor von Lager C ist sicher das typischste und darüber hinaus am besten erforschte. Unweit einer Ecke des Lagers, auf die die äußere Verteidigungslinie zuläuft, angelegt, ist es durch eine etwa 10 m breite Unterbrechung des Walles gekennzeichnet. Außerdem ist es durch eine Reihe von Pfostensetzungen markiert, die auf eine große Turmplattform schließen läßt (Abb. 99). So konnte der doppelflügelige Tordurchgang überwacht werden, der durch zwei, für die römische Militärtechnik typische Wehranlagen, *titulum* und *clavicula*, charakterisiert ist (Abb. 97).

Titulum und *clavicula* sind technische Begriffe, die in *de munitionibus castrorum* des Pseudo-Hyginus (§ 49 50 und 55) im 2. Jh. n. Chr. erläutert und und durch einige wenige Grabungen, v. a. in Großbritannien, archäologisch belegt werden. Beide bezeichnen Hindernisse bei der Zuwegung bzw. der Durchquerung von Toranlagen in römischen Lagern. Wenn man dem Text des Hyginus Glauben schenkt, so ist das *titulum* ein Graben, der in derselben Breite wie das Tor, etwa 60 Fuß (ungefähr 18 m), vor diesem angelegt wird; ist die Lage besonders heikel, wird dieser Graben noch durch einen Wall verstärkt. Die *clavicula* («Schlüsselchen») ist laut Hyginus dagegen ein viertelkreisförmiges Hindernis, mit dessen Hilfe der Tordurchlaß zum Lagerinneren hin versperrt wird.

Das vor dem Nordosttor von Lager C erfaßte *titulum* besteht aus zwei in den Fels gehauenen Gräbchen, die ungefähr 8 m vor dem Graben des Lagers bzw. 12,50 m vor dem Tordurchgang liegen (Abb. 98). Es handelt sich dabei eher um Rinnen von 0,50 – 0,60 m (2 Fuß?) Breite und ungefähr 29,50 m (100 Fuß) Länge, die im Abstand von 1,10 – 1,20 m (4 Fuß?) zueinander angelegt und ca. 0,25 – 0,30 m (1 Fuß?) tief sind. Bei einer Sondage wurde eine Reihe senkrecht stehender, schräg in die Rinnen eingesetzter Bruchsteinplatten festgestellt, in deren Zwischenräume Holzpfosten eingebracht wurden. Diese Struktur entspricht derjenigen der *cippi*, die das Lager und die äußere Verteidigungslinie schützen.

Die im Innern der Toranlage errichtete *clavicula* ist offen-

Abb. 104 Pfostenlöcher eines Turms auf dem Wall von Lager B.

Abb. 105 Graben vor Lager B.

Abb. 106 Dechselbeil in einer Grube hinter dem Wall von Lager B.

Abb. 107 Römische Mahlsteine in einer der Gruben hinter dem Wall von Lager B.

bar in derselben Technik konstruiert. Es handelt sich um einen schmalen (0,70 – 0,80 m), wenig eingetieften (0,20 – 0,30 m) kleinen Graben, der vom Nordwestpfosten des Tores ausgeht und einen Viertelkreis bildet, so daß der Durchgang versperrt wird und nur ein schmaler winkeliger Weg übrig bleibt. Auch hier weisen verkeilte Zwischenräume in der in den gewachsenen Boden eingetieften Rinne auf ehemalige Pfostenstellungen hin (Abb. 100).

Beim Osttor wurde ebenfalls eine *clavicula* freigelegt; ein entsprechender Befund beim Südtor ist durch Luftbilder belegt, die drei große, quer zum Durchgang stehende Pfosten aufzeigen.

Jüngst konnte Lager C als das des Titus Labienus, Caesars Unterfeldherr, identifiziert werden, da auf zwei Schleuderkugeln sein Name zu lesen ist (Abb. 101). Tatsächlich herrschte damals die Sitte, die Geschosse zu «signieren», wobei gelegentlich auch Verfluchungen gegen den Feind aufgebracht wurden. Diese Schleuderkugeln des Labienus sind identisch mit einem Exemplar, das man in Sens gefunden hat, ebendort, wo der Legat seinen Kriegsgepäck vor dem Feldzug gegen Lutetia zurückgelassen hatte und wo er im Sommer 52 v. Chr., unmittelbar vor Alesia, mit Caesar zusammentraf. Diese an sich schon wichtige Entdeckung bezeugt im Kontext mit den charakteristischen Elementen militärischer Architektur – *clavicula* und *titulum* – die absolut korrekte Identifizierung von Lager C. Am besten kann man sich den Ablauf der Entscheidungsschlacht vorstellen, wenn man Caesar hört (Abb. 102):

«Als Caesar die Gefahr [der auf dem Nordhügel Kämpfenden] erkannte, schickte er Labienus mit sechs Kohorten den

Abb. 108
Die in den Fels eingegrabenen Reihen mit «cippi» vor dem Graben von Lager B.

Bedrängten zu Hilfe und befahl, wenn er nicht standhalten könne, solle er die Kohorten vom Wall holen und einen Ausfall machen, doch dies nur im äußersten Notfall. [...] Als die Lage gefestigt und der Feind abgewiesen ist, eilt er an den Abschnitt, zu dem er Labienus geschickt hat, holt 4 Kohorten aus dem nächsten Kastell und befiehlt einem Teil der Reiter, ihm zu folgen, während ein anderer Teil um die äußeren Verschanzungen herumreiten und dem Feind in den Rücken fallen soll. Nachdem weder Wall noch Graben dem Ungestüm der Feinde standhalten konnten, rafft Labienus elf Kohorten zusammen, wie sie ihm der Zufall aus den nächsten Feldwachen darbietet, und meldet Caesar durch Boten, was er jetzt unternehmen wolle.» (Caesar, *de bello Gallico* VII 86–87).

Aus diesen Zeilen wird deutlich, daß Labienus bei der Rettung der auf dem Nordhügel belagerten Legaten eine wesentliche Rolle spielte. In der Tat hatte er von seiner Position auf

Abb. 109 Reihe von «cippi» vor den Gräben von Lager B; die Verkeilungen sind noch erkennbar.

Abb. 110 Bei Lager B entdeckte «tribuli» (Fußangeln).

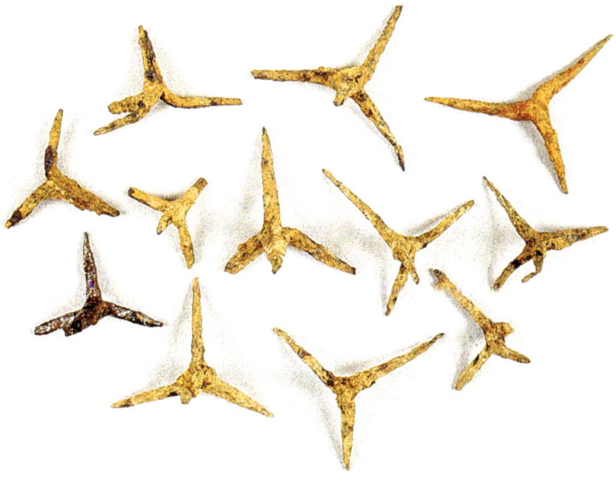

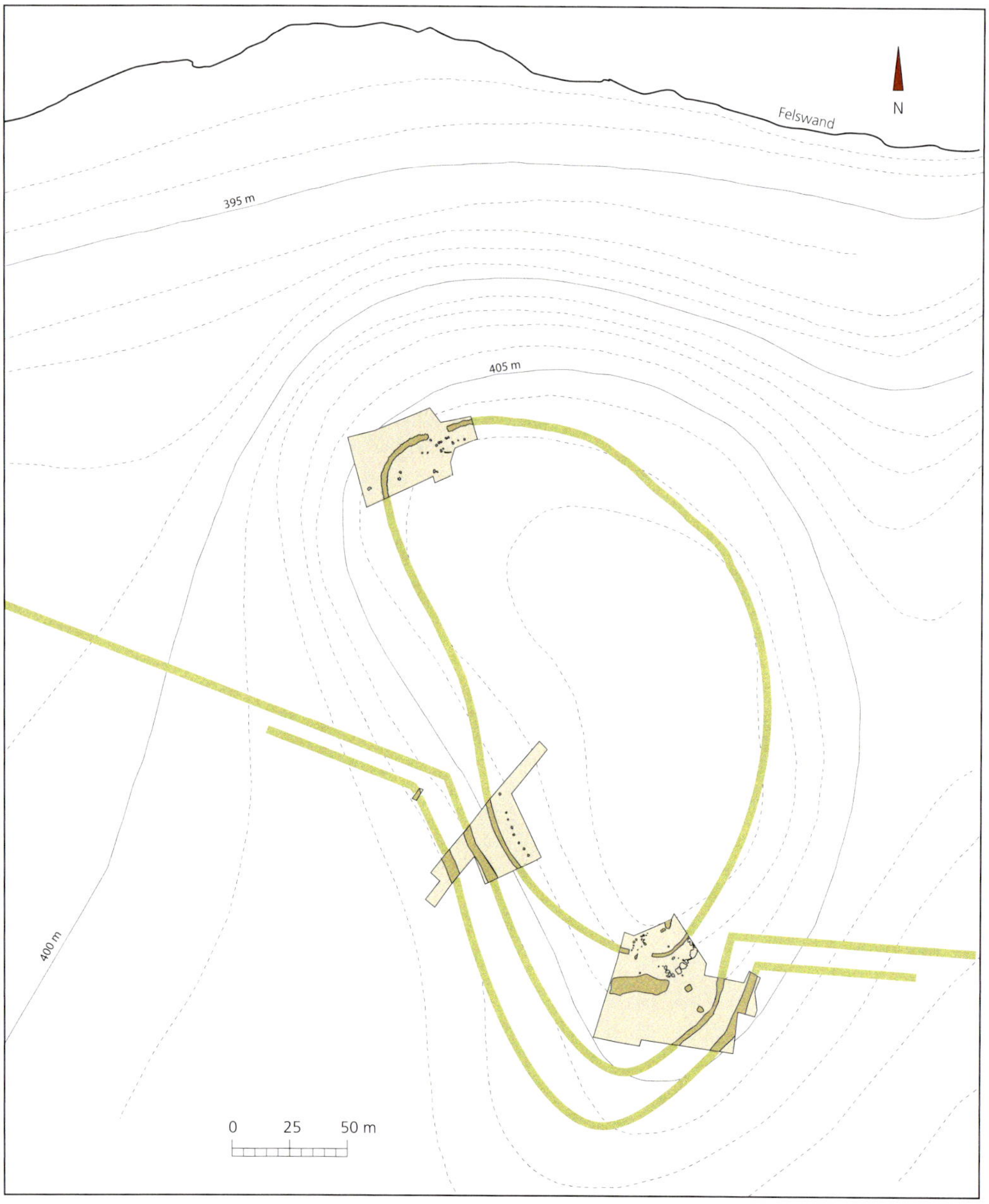

Abb. 111
Übersichtsplan von Lager A.

dem Berg von Bussy direkte Sicht auf die Abhänge des Mont Réa, auch auf die nördliche Rückseite des Hügels, von wo die Gallier mit Sicherheit ausbrechen würden; ebenso konnte er den Ausbruch des Vercingetorix und die Ebene von Laumes beobachten. Er war dem Geschehen am nächsten, am wenigsten bedroht und konnte somit leicht eingreifen. Den taktischen Plan von Numantia aufgreifend, belagert er als erster Legat eines der beiden, sich gegenüberliegenden Hauptlager Alesias und befehligt die gesamte Nordflanke der Disposition.

Lager B (Lager Caesars?)

Lager B befindet sich auf dem Berg von Flavigny im Süden der Anlage auf einer mittleren Höhe von 425 m. Es ist etwas größer als Lager C (7,3 ha), aber weniger gut bekannt, weil sowohl die Luftbilddokumentation als auch die Grabungen durch einen in jüngerer Zeit aufgeforsteten Wald beeinträchtigt werden; ein Gesamtüberblick ist deshalb nicht möglich. Gemäß der Erkundungen des Second Empire hat es eine elliptische Form besessen. Die Aufforstung bewirkte, daß der Wall des Lagers erhalten geblieben ist und sich heute als sanfte Steinwelle im Unterholz darstellt. Die äußere Verteidigungslinie stößt im Süden auf die Befestigung.

Wie Lager C ist auch Lager B auf einem Kalksteinplateau errichtet; beide besitzen dieselben Konstruktionsmerkmale. Nur ein Segment auf der Südflanke wurde ergraben (Abb. 103). Es handelt sich um einen Wallabschnitt aus unvermörtelt gesetztem Kalksteinmauerwerk von etwa 6 m Breite. Die sehr eng gesetzten Pfostenstellungen alle 7 m sprechen für eine Folge von ca. 3 x 3 m großen Türmen, was darauf hindeutet, daß dieser Bereich besonders gefährdet war (Abb. 104).

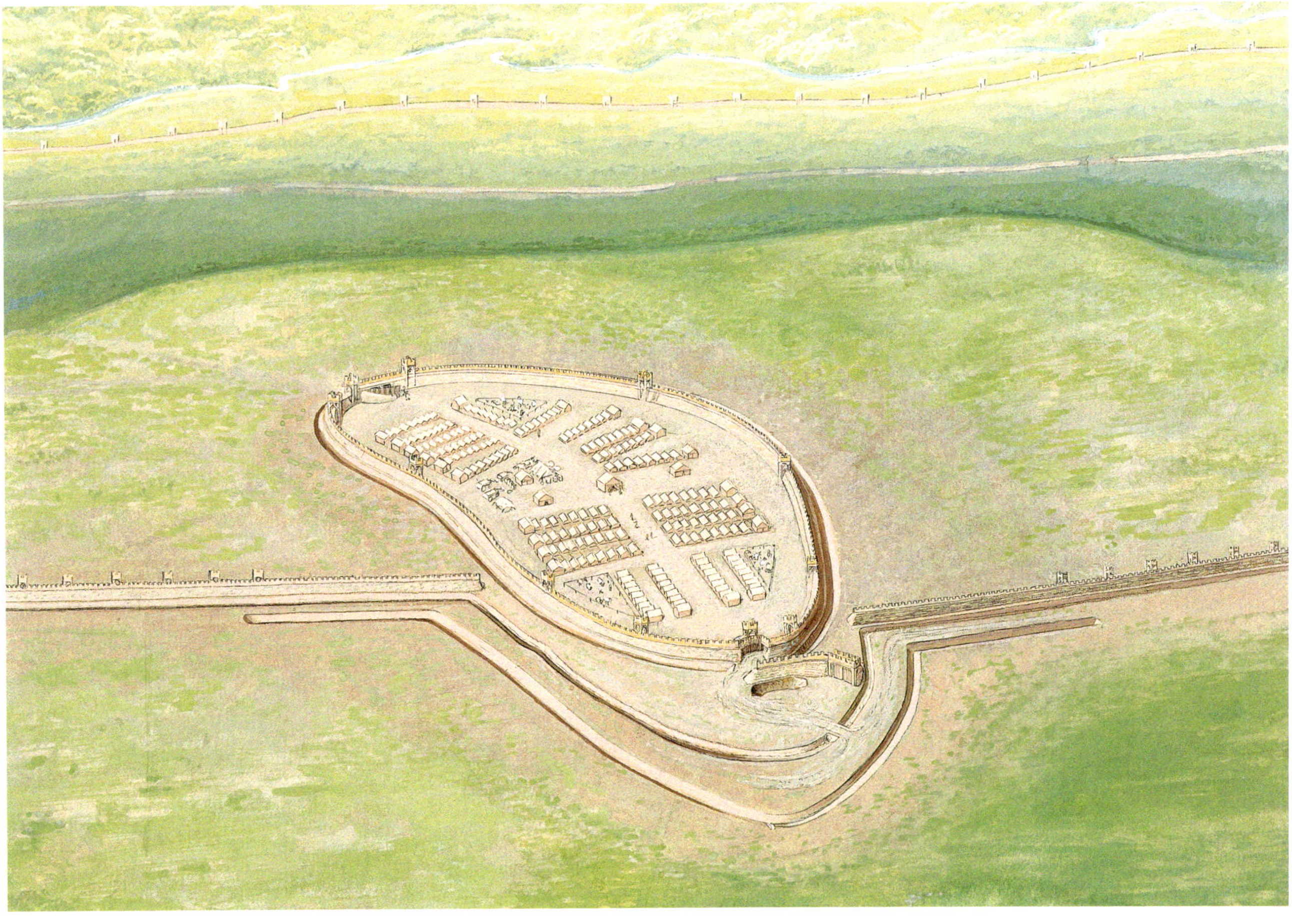

Abb. 112 Rekonstruktion von Lager A und der äußeren Verteidigungslinie. (Zeichnung P. Connolly)

Das Steinmaterial war aus einem V-förmigen Graben, der den Wall auf seiner Vorderseite begrenzt, und aus einer Reihe von Gruben hinter dem Wall gewonnen worden (Abb. 105). In einer dieser Gruben ist ein Dechselbeil gefunden worden, ein typisches Legionärsgerät, das sowohl der Holz- als auch der Steinbearbeitung diente (Abb. 106). In anderen Gruben lagen Fragmente römischer Mahlsteine (Abb. 107). Wie im Falle von Lager C barg die Fläche vor dem Graben eine Reihe von Rinnen, die noch die charakteristischen Spuren von verkeilten Pfostenlöchern aufwiesen (Abb. 108. 109). Neben diesen wurde ein weiterer, in der gesamten klassischen und keltischen Welt wohlbekannter Fallentyp entdeckt. Es handelt sich um den «Burzeldorn», von den Römern *tribulus* genannt, der aus vier Eisenstacheln besteht, die so ausgerichtet sind, daß ein Stachel immer aufrecht steht (Abb. 110) – ein für Mensch und Pferd gefährliches Mittel der Verteidigung, dessen Verwendung mindestens seit hellenistischer Zeit bezeugt ist.

Abb. 113
Luftbild des Nordtores von Lager A.
(Photo R. Goguey)

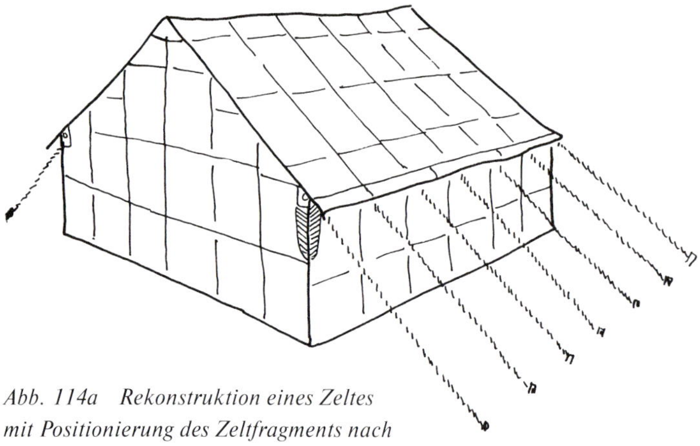

Abb. 114a Rekonstruktion eines Zeltes mit Positionierung des Zeltfragments nach Carol van Driel-Murray.

Abb. 114b Rekonstruiertes Legionärszelt.

Abb. 114c Der im «titulum» von Lager A entdeckte Lederzwickel eines Zeltes.

Wegen seiner Größe und seiner Position auf der Südflanke der caesarischen Gesamtanlage, die dem Lager des Labienus (Lager C) genau gegenüberliegt, habe ich vorgeschlagen, Lager B als dasjenige Caesars zu betrachten.

Lager A

Lager A befindet sich in einer etwas geringeren Höhe (408 m ü. NN) westlich von Lager B; es ist deutlich kleiner (2,3 ha) und weist die Form einer Bohne auf, deren Konturen nahezu perfekt dem Höhenschichtenplan folgen (Abb. 111. 112). Wegen seiner guten Aussicht auf die Ebene von Laumes hat man es seit Napoleon III. als Lager Caesars angesehen, eine Identifizierung, mit der ich aus besagten Gründen nicht einverstanden bin.

Weil niedriger gelegen, befindet sich Lager A nicht auf der kompakten Kalksteinplatte des Bathonien, sondern auf einer Terrasse aus Kalkmergel. So wurde hier anderes Baumaterial verwendet als in den Lagern B und C, was zu merklichen Änderungen bei der Wallkonstruktion führte. Außerdem sei betont, daß die Erosion im Hangbereich teilweise so kräftig war, daß der Südteil des Lagers weit weniger gut erhalten ist als der Nordteil.

Zwei Tore sind belegt, eines im Norden, geschützt durch eine *clavicula* im Innern, wie wir sie aus Lager C kennen, und ein weiteres im Süden mit einem sehr tiefen *titulum* (Abb. 113). Aufgrund günstiger Bodenverhältnisse hat sich hier das Fragment eines Lederzeltes erhalten, das Carol van Driel-Murray (Universität Amsterdam) als oberen Zwickel einer Seitenwand bestimmt hat (Abb. 114a–c). Der Graben dieses Lagers lieferte reichlich römisches Fundmaterial, das sowohl für den militärischen als auch für den alltäglichen Gebrauch charakteristisch ist: steinerne Schleuderkugeln und Artilleriegeschosse neben Weinamphoren und einem großen metallenen Schöpflöffel (*simpulum*) (Abb. 115. 116).

Im Süden wird das Lager von den beiden Gräben der äußeren Verteidigungslinie geschützt, so daß hier, im Gegensatz zu den Lagern B und C, keine zusätzliche Anlage von Annäherungshindernissen notwendig war.

Die Größe der Quartiere ist im Vergleich zu dem, was man später in der Kaiserzeit beobachten kann, recht klein. Allerdings darf man nicht vergessen, daß es sich hier um temporäre Lager handelt, die zudem keinerlei innere Strukturen aufweisen. Man schlief in Zelten, wie es das erwähnte Lederfragment bezeugt und wie es die Legionäre auch während der Feldzüge taten. Das bezeugen vor allem die Reliefs auf der Traianssäule, die man in Rom nach der Eroberung Dakiens errichtet hatte. Nach den Richtlinien des Historikers Polybios genügte eine Fläche von ungefähr 7 ha zur Unterbringung einer Einheit von 3500–4000 Mann, was in etwa einer caesarischen Legion entsprochen haben dürfte, denn nach so vielen Schlachten war im ausgehenden Sommer 52 v. Chr. der Bestand sicherlich etwas reduziert. Die genannte Fläche entspricht jedenfalls der Größe der Lager B und C.

Abb. 115 Katapultgeschosse aus einem Graben von Lager A.

Der Leser wird vielleicht etwas erstaunt sein, daß die Form dieser Lager geradezu unkanonisch ist, indem deren Linien den Geländegegebenheiten folgen statt sich nach einem orthogonalen System zu richten, wie es Polybios, Hyginus und letztlich auch archäologische Handbücher lehren. Tatsächlich wurde im Einzelfall aber weit weniger stereotyp gehandelt, als man gemeinhin glaubt. So sind etwa aus Spanien mehrere republikanische Lager bekannt, die eine interessante Parallele zu den Beispielen in Alesia darstellen; auch in der Kaiserzeit, noch in der Regierungszeit des Kaisers Claudius (41–54 n. Chr.), trifft man auf vergleichbare Fälle.

«Daß Form und Größe des Lagers Castillejo in Numantia, das 7,35 ha groß war, gut mit Lager B und C von Alesia zu vergleichen sind, ist zunächst einmal der Zufall der Topographie. Noch viel mehr gilt dies für die lang-ovalen Lager Valdevorron (ca. 9 ha) und Dehesilla (14,6 ha), die man formal mit Lager A vergleichen könnte, doch ist dieses mit nur 2,3 ha wesentlich kleiner. Auch der Vergleich der teils kurvolinearen, teils polygonal gebauten republikanischen Lager von Aguilar (12,4 ha), Alpanseque (4,7 ha) und Renieblas III (45,3 ha) in Spanien mit dem Lager C von Alesia, bei dem ähnliche Prinzipien zu beobachten sind, führt über das Formale nicht hinaus. Man kann dazu nur bemerken, daß es in der römischen Militärordnung der späten Republik völlig normal war, dem Gelände angepaßte Lagerformen zu bauen, gleichgültig, ob bei Belagerungen wie in Numantia und Alesia oder bei anderen Situationen, wie sie für Alpanseque und Aguilar vorausgesetzt werden müssen. Genau dies begegnet auch in der frühen Kaiserzeit speziell bei einer ganzen Reihe von großen und kleinen Stützpunkten in Germanien.» (S. von Schnurbein, in: Reddé/von Schnurbein, S. 509).

Erst nach Claudius verschwinden unregelmäßige Formen bei Militärlagern fast vollständig.

Abb. 116 Römischer Schöpflöffel in einem Graben von Lager A.

Abb. 117 Oben rechts: In der Mitte die äußere Verteidigungslinie, die das «castellum» 18 (im Hintergrund) nach hinten abschirmt. (Photo R. Goguey)

Die anderen Lager

Napoleon III. identifizierte – oder glaubte dies zumindest – eine ganze Reihe weiterer Lager in der Ebene von Laumes. Es handelt sich dabei um Lager G unter dem heutigen Dorf Grésigny, um Lager H unter dem Bahnhof von Laumes, um Lager I an der Kreuzung von Épineuse, um Lager K am Zusammenfluß von Ozerain und Brenne und um Lager D am Fuß des Mont Réa. Moderne Kontrollgrabungen konnten nur an den Schanzwerken I und D durchgeführt werden, H ist unter dem Rangierbahnhof vollkommen verschwunden, K könnte für eine Grabung in Frage kommen, G hingegen ist wahrscheinlich zu Dreivierteln zerstört.

Die Sondagen von 1991 – 1992 im Lager I haben gezeigt, daß dort tatsächlich ein Grabenkomplex existierte, der aber nichts mit einer römischen Militäranlage zu tun hat. Es handelt sich wahrscheinlich um Drainagegräben, die sicher nachantik und verschiedenen anderen Epochen zuzuweisen sind, die die Ausgräber des Second Empire noch nicht zu unterscheiden wußten. Das Problem ist in der Tat recht komplex.

Abb. 118 Römisches «pilum» in einer Grube von «castellum» 11 auf dem Mont Drouot.

Ähnlich steht es mit Lager D am Fuß des Mont Réa, das als eines der in der Entscheidungsschlacht heftig bedrohten Lager von Caesars Legaten identifiziert wurde. Eine etwas genauere Untersuchung hat ergeben, daß es sich um eine komplexe Befundsituation aus authentischen römischen Gräben des Jahres 52 v. Chr., natürlichen Rinnen und modernen Drainagegräben handelt.

G und H sind wohl nie mehr zu überprüfen; ihre Lage außerhalb der Linien läßt sie verdächtig erscheinen, schließt sie aber auch nicht endgültig aus. Tatsächlich gibt es auch andere Belege für Änderungen in der caesarischen Anlage und ein Posten, der das Tal des Rabutin abriegelte, war auf jeden Fall notwendig. Auf den Äckern im Bereich von Lager K, das seit Napoleon III. als das der caesarischen Kavallerie angesehen wird, tauchen zahlreiche gallorömische Scherben auf.

Diese Unsicherheiten gehen auf die archäologische Forschung des 19. Jhs. zurück, stellen jedoch nicht die Gesamtinterpretation in Frage; die einzelnen Punkte müssen genau überprüft werden. Zumindest kann man sicher sein, daß noch mehrere Lager Caesars auf ihre Entdeckung warten. Das ist sicher auf dem Pennevelle der Fall, wo bei den Grabungen des Second Empire mehrere Gräben beobachtet, jedoch nicht richtig gedeutet wurden. Heute ist eine Grabung dort aber wegen der dichten Bewaldung und modern angelegter Weinberge leider unmöglich.

Verschiedene Indizien sprechen dafür, daß an den Hängen des Mont Réa, auf einer Zwischenterrasse oberhalb von «Lager D», mindestens ein Lager existierte. Die Grabungen des 19. Jhs. ergaben hier eine außergewöhnliche Struktur, die einer *clavicula* stark ähnelt; außerdem ist bei einer Prospektion knapp oberhalb römisches Militärmaterial gefunden worden. Doch moderne Grabungen sind auch in diesem Bereich leider nicht möglich. Weiter westlich, oberhalb des Schlachthofs von Laumes, lassen verschiedene unterbrochene Linien die Existenz eines großen Standquartiers für möglich erscheinen; aber auch hier ist die Dokumentation von Stoffel unzureichend, und die Erlaubnis zu neuen Grabungen haben die Grundstücksbesitzer verweigert. Unbestreitbar gibt es in diesem Bereich noch viel zu tun.

Die *castella* (kleine Lager)

Mindestens drei *castella* sind seit den Grabungen des Second Empire bekannt geworden, ein weiteres, noch nicht veröffentlichtes ist auf einem Luftbild entdeckt und ein letztes ist bei jüngsten archäologischen Untersuchungen in der Ebene von Laumes freigelegt worden.

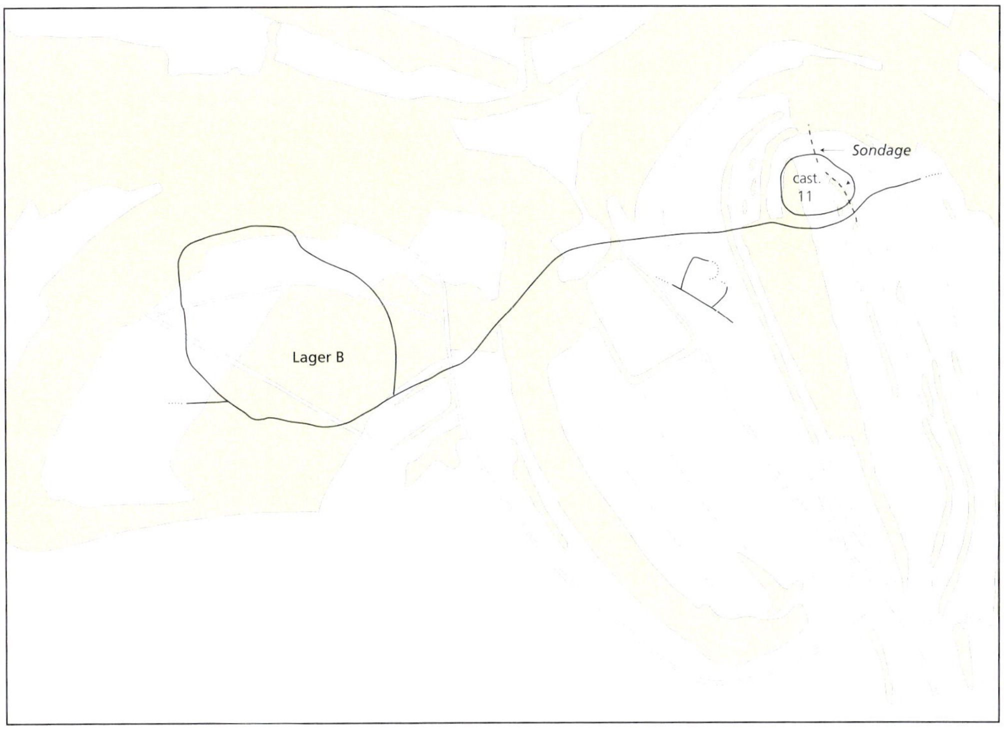

Abb. 119
Lokalisierung eines noch unbekannten «castellum» zwischen Lager B und «castellum» 11.

Das *castellum* 15 mit einer Fläche von 0,5 ha befindet sich auf der Ostkuppe des Berges von Bussy. Seine rundliche Form wurde durch die Grabungen Stoffels festgestellt; neuere Untersuchungen waren nicht möglich. Wir wissen lediglich, daß bei Oberflächenprospektionen große Mengen von Pfeilspitzen mit einfachem Widerhaken vom «Typ Alesia» gefunden worden sind. *Castellum* 18 auf der Westkuppe des Berges von Bussy ist in seiner Substanz besser erhalten; seine Südbegrenzung ist noch als Erhebung sichtbar und stellt sich als bewaldete Böschung dar. Es hat eine leicht ellipsoide Form und eine Fläche von ungefähr 0,7 ha. Eine Wiederaufnahme von Grabungen war leider nicht möglich (Abb. 117).

Castellum 11 mit einer Fläche von etwa 0,9 ha ist auf dem westlichsten Hügel des Berges von Flavigny gelegen. Dort wurden 1991 in begrenztem Umfang Sondagen durchgeführt, bei denen Martine Joly ein sehr schönes eisernes *pilum* römischer Zeit entdeckte (Abb. 118). Sein Graben ist in den kompakten Kalksteinfelsen des Bathonien eingetieft. Etwas weiter westlich bezeugt eine Luftaufnahme von R. Goguey in der Senke, die *castellum* 11 von Lager B trennt, eine weitere Befestigung, die bisher noch nicht untersucht werden konnte (Abb. 119. 120).

«Den drei Lagern und den drei *castella* ist gemein,» schreibt Siegmar von Schnurbein, «daß sie untereinander Sichtkontakt hatten und daher Signale übermittelt werden konnten und daß man von ihnen aus nicht in die direkt zwischen dem Mont-Auxois und den Höhen eingeschnittenen Tälern von Oze und Ozerain blicken konnte; dazu hätte man sie noch weiter an die Hangkante beziehungsweise an den Hang vorverlegen müssen. Deren Überwachung konnte also nicht die Aufgabe sein. Vielmehr beherrschen sie konsequent die das Oppidum im Süden und Norden umgebenden Höhen, auf denen sich Gallier hätten nähern können. Zugleich sind alle Camps und *castella* von der *Circonvallation* umschlossen. Die Sicherung der das Oppidum umgebenden Höhen war damit die eigentliche Kampfaufgabe dieser Anlagen. Zugleich konnte man alle Versuche der Belagerten, das Oppidum zu verlassen, bei Tage beobachten und die entsprechenden Meldungen mit optischen Signalen an alle Truppenteile weitergeben.» (S. von Schnurbein, in: Reddé/von Schnurbein, S. 508).

Auf das in der Ebene von Laumes neuentdeckte kleine Fort werden wir bei der Behandlung der Belagerungslinien weiter unten näher eingehen.

Insgesamt läßt sich feststellen, daß rund um Alise-Sainte-Reine eine Reihe unbestreitbar römischer Lager existiert, die sich durch Bauweise, Verteidigungsmerkmale und Fundmaterial als authentisch erwiesen haben. Ihre Datierung wird zudem durch Münzen, Metallfunde, Gebrauchskeramik und Amphoren untermauert. Die Tatsache, daß nicht alle Bestandteile der Anlage bekannt sind, ist kaum von Bedeutung. Es ist das Los archäologischer Forschung, an einem solch gigantischen, schwierigen und nicht selten bewaldeten Fundplatz nicht alles gleichzeitig in Angriff nehmen zu können, zumal das Einverständnis der Grundeigentümer vielfach fehlte.

Abb. 120 Luftbild des noch unbekannten «castellum» zwischen Lager B und «castellum» 11. (Photo R. Goguey)

Die Einschließungslinien

Wenn sie sich erst einmal in ihren verschiedenen Lagern eingerichtet und verschanzt haben, können die Legionen mit der Einschließung des Ortes beginnen. Soweit wie möglich werden zunächst die Ausgänge der Belagerten abgeriegelt; gleichzeitig errichtet man zum eigenen Schutz leichte provisorische Verteidigungsanlagen, die es gestatten, die endgültige Einschließungslinie in aller Ruhe zu errichten. So war bereits Scipio Aemilianus vor Numantia in Spanien vorgegangen, und genau so geht auch Caesar vor, nach einem Plan, der seinen Legionären bestens bekannt und in seinen *Commentarii* beschrieben ist. Während dieser ersten Operationsphase ist die Verständigung zwischen Belagerten und der Außenwelt nicht vollkommen unterbrochen; davon profitiert Vercingetorix, als er seine Kavallerie, die bei der Belagerung unnütz geworden ist, hinausschickt, um Hilfe zu holen. Obwohl Caesar dies nicht ausdrücklich sagt, scheint ein Teil dieser Kavallerie nicht weit von Alesia verblieben zu sein, und zwar im Rücken der Römer, um diese überwachen und ihre Bewegungen behindern zu können, ihren Versorgungsnachschub zu überfallen oder ihnen aufzulauern. Dies entspräche jedenfalls, wie Napoleon I. betont, militärischer Logik.

Zum Schutz seiner Truppe ließ Caesar einen 20 Fuß (6 m) breiten Graben mit senkrechten Wänden ausheben, der etwas weniger als 600 m (400 Schritt) vor den künftigen Linien liegt; so konnten unliebsame Überraschungen seitens der im Oppidum eingeschlossenen Gallier verhindert werden. Der Text ist diesbezüglich nicht eindeutig: Ist von Schritt oder Fuß (*p[assus]* oder *p[edes]*) die Rede? Diese Diskrepanz gab den verschiedenen Interpretationen der Situation im Gelände Nahrung.

Die Ausgräber Napoleons III. haben tatsächlich einen Graben zutage gebracht, der die gesamte Ebene am Fuß des Oppidums von der Oze im Norden bis zum Ozerain im Süden abriegelt. Militärisch gesehen ist dieses Hindernis sinnvoll, macht es doch jeden direkten Ausbruch über den westlichen Zugang nach Alise zunichte. Die antike Trasse entspricht dem Talweg, der zum heutigen Dorf führt, und mündet sehr wahrscheinlich nahe des jüngst freigelegten *murus gallicus* ein, der zwischen der Westkuppe, auf der die Statue des Vercingetorix steht, und dem Plateau liegt. Man begreift die Absicht des Militärbaumeisters: die Abriegelung der Ebene von Tal zu Tal.

Der im 19. Jh. erfaßte Graben ist etwas schmaler als bei Caesar angegeben; sämtliche Schnitte ergeben eine Breite zwischen 4,6 und 5,4 m. Doch muß man auch berücksichtigen, daß die Grabenwände aus statischen Gründen nicht exakt senkrecht und deshalb der ursprüngliche Rand auf Höhe der Ackerschicht breiter gewesen sein muß; das konnte man jedoch anhand des Befundes nicht abschätzen. Ebenfalls ausführlich diskutiert wurde die Tatsache, daß der Graben weder 400 Fuß (120 m) noch exakt 400 Schritt (600 m) von der Einschließungslinie entfernt ist, weil die beiden Linien nicht parallel verlaufen. Diese Frage bleibt vorerst unlösbar.

Auch Luftbildaufnahmen konnten den Verlauf dieses Grabens, der auf den napoleonischen Plänen etwas ungenau eingetragen ist, nicht sicher erfassen. Während der Grabungen der Jahre 1991–1997 schließlich konnte nur eine Sondage durchgeführt werden, die als einziges Resultat einen eher schmalen (3,1 m), stark erodierten Graben am Rande einer Mergelterrasse erbrachte. Umfangreichere Grabungen wären hier notwendig.

Die Frage nach der Existenz einer provisorischen Einschließungslinie vor Alesia stellt sich seit den Grabungen Napoleons III., obwohl sie in dessen *Histoire de Jules César* nicht erwähnt ist. Erstmals wird in einem Plan, der vor Beginn des Ersten Weltkrieges in der Zeitschrift *Pro Alesia* veröffentlicht worden ist, Bezug auf sie genommen; hierzu gab es einige Stellungnahmen von Victor Pernet (Abb. 121). Dieser war es auch, der im Anschluß an die früheren Diskussionen die Hypothese aufbrachte, in der offiziellen Version Napoleons III. seien gewisse Tatsachen verschleiert worden. Auf dem Plan von *Pro Alesia* ist der Verlauf dieser provisorischen Einschließungslinie als rote gezahnte Linie eingetragen. Danach hätten die Ausgräber des 19. Jhs. am Fuß des Berges von Flavigny zwei aufeinanderfolgende Linien festgestellt, von denen die untere nachträglich als Element der provisorischen Einschließungslinie angesprochen wurde. In Wahrheit aber läßt die Überprüfung der von Joël Le Gall veröffentlichten Archivdokumente keinen Unterschied zwischen den verschiedenen, von den Ausgräbern des Second Empire beobachteten Segmenten erkennen. Ebenso konnten unsererseits die Ver-

Abb. 121 Plan der Einschließungslinien, veröffentlicht in der Zeitschrift «Pro Alesia» (Nr. 59–60, 1911–1914, Taf. CXX). Dieser Plan weicht wesentlich von dem Napoleons III. ab (vgl. Abb. 46). Dargestellt ist eine Neuinterpretation der verschiedenen, bei den kaiserlichen Grabungen entdeckten Linien; vorgeschlagen wird ein Verlauf der provisorischen Einschließungslinie.

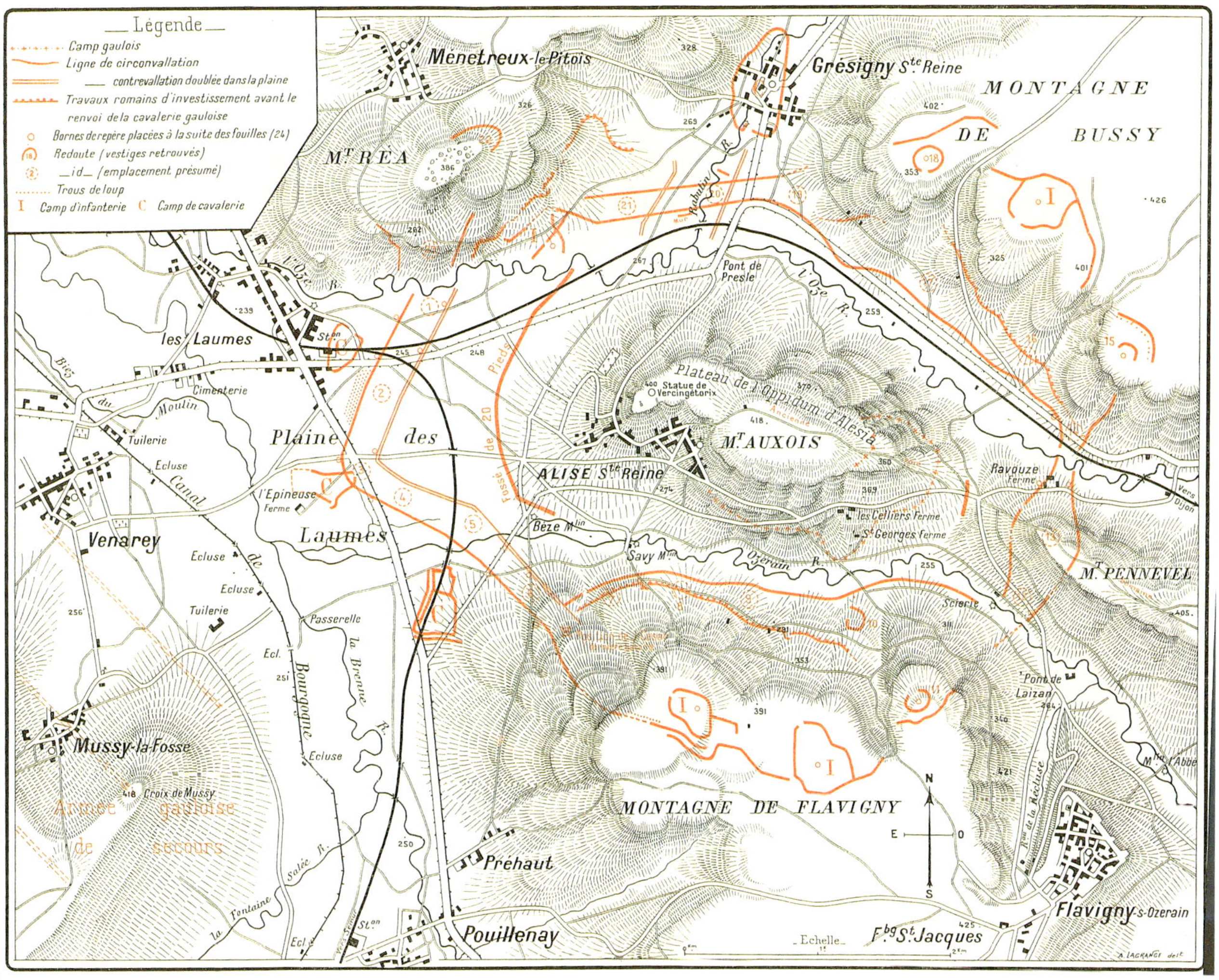

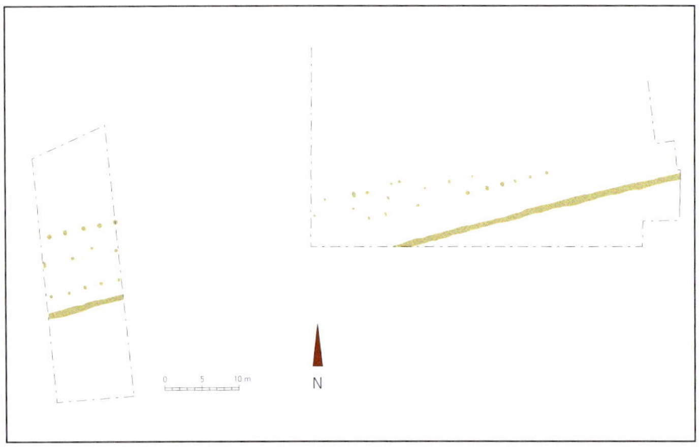

Abb. 122 Das während der jüngsten Grabungen beobachtete Verteidigungssystem vor der äußeren Verteidigungslinie am Fuß des Mont Réa.

Abb. 123 Eine natürliche Altrinne in der Ebene von Grésigny.

Abb. 124 Caesarischer Graben in direkter Nähe der natürlichen Rinne. Man erkennt den Unterschied in der Verfüllung und in der Form.

mutungen Victor Pernets bezüglich der provisorischen Einschließung nicht überprüft werden, da wir keine Sondagen in diesen Bereichen durchgeführt haben.

Hingegen haben jüngere Ausgrabungen am Fuß des Mont Réa, die von Martine Joly und Philippe Barral geleitet wurden, ein Verteidigungssystem zutage gefördert, das sehr wohl zu den Ergnissen von 52 v. Chr. paßt, aber älter als die endgültige Einschließungslinie ist. Es handelt sich um einen sehr komplexen Befund, der im Süden einen fortlaufenden Graben aufweist, in den regelmäßig leichte Hölzer eingelassen waren, und der im Norden über eine Reihe rundlicher Hindernisse verfügt, die in drei (oder vier) hintereinanderliegenden Reihen angeordnet waren (Abb. 122). Die Interpretation dieser flüchtigen Spuren ist trotz der freigelegten Fläche nicht gesichert; einzig weitere, auf mehrere Hektar ausgedehnte Ausgrabungen könnten hier die notwendigen Erkenntnisse erbringen. Als Arbeitshypothesen können entweder die von Caesar errichtete provisorische Einschließungslinie oder ein erstes System der äußeren Verteidigungslinie vorgeschlagen werden. Da es sich um temporäre, eilig erbaute (in einigen Tagen, bzw. höchstens ein oder zwei Wochen) Strukturen handelt, erklärt sich damit auch der nur sehr schwach zutage tretende archäologische Befund. Die endgültigen Einschließungslinien sind glücklicherweise besser erhalten.

Geologie, Erhaltungszustand und Grabungstechnik

Auf den Kalksteinplateaus waren die Beobachtungsbedingungen der Belagerungslinien ebenso problematisch wie bei den Lagern. In den Alluvialebenen hingegen stellten sich andere Schwierigkeiten; diese wiederum zeigen, mit welchen Überlegungen und Interpretationsschwierigkeiten der Archäologe zu kämpfen hat, da die Befunde niemals von sich aus «sprechen».

Wir haben gesehen, daß die weite Ebene von Laumes aus feinkörnigen Überflutungssedimenten besteht, unter denen sich mächtige Kiesschichten befinden, in denen je nach Ablagerungsmilieu grobe Gerölle, Kies und feiner Sand abwechseln. Darüber erscheinen feine braune Alluviallehme, die auf Erosion der Hänge und Kolluvialbildung seit Beginn des Holozäns zurückgehen. Bei jedem Hochwasser der Bäche schneiden sich neue Rinnen in die Ebene und hinterlassen zahlreiche sandig-kiesige Mäander, die sich inmitten der dunklen Alluviallehme hell abzeichnen, wie die Luftbilder zeigen. Für den Archäologen besteht die Schwierigkeit häufig darin, diese Altarme von den caesarischen Gräben zu unterscheiden, weil sich besonders ihre Profile gelegentlich sehr ähneln (Abb. 123. 124). Manche dieser Rinnen verlaufen sogar – ganz wie von Menschenhand errichtet – auf mehrere Dutzend Meter absolut geradlinig. Nur die aufmerksame Beobachtung der Verfüllung mit Hilfe eines Geomorphologen erlaubt eine fun-

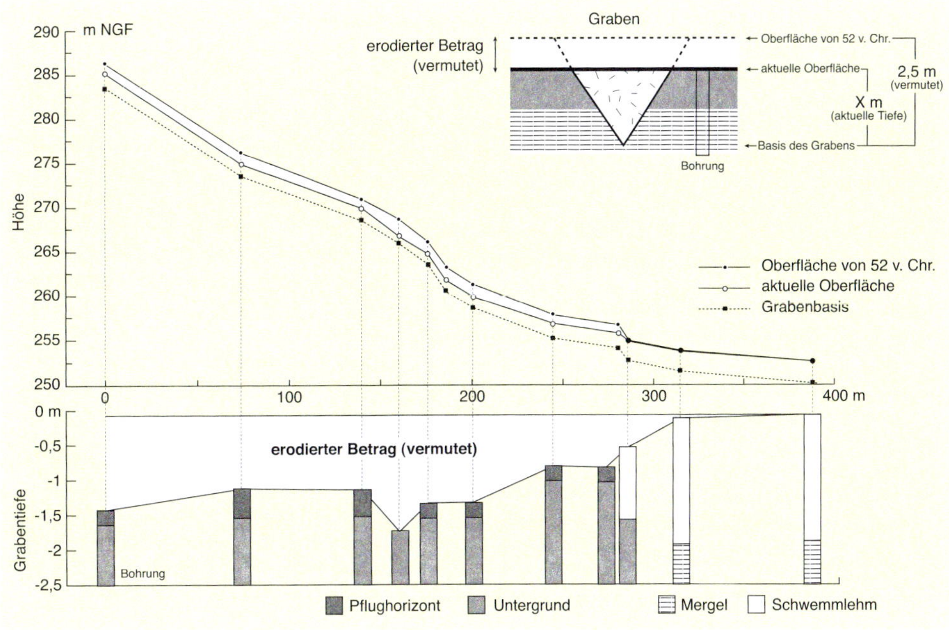

Abb. 125
Schematische Darstellung der Hangerosion: Die Belagerungsgräben sind seit der Antike mehr als 1 m abgetragen worden.

dierte Unterscheidung. Diese Problematik erklärt, weshalb sich die Ausgräber des 19. Jhs. gelegentlich getäuscht haben. Demgegenüber muß man über die Qualität ihrer Beobachtungen und Interpretationen staunen.

Erschwerend kommt hinzu, daß seit den Ereignissen des Jahres 52 v. Chr. mehr als 2000 Jahre vergangen sind. Während dieser langen Zeit haben Witterungseinflüsse ihre Spuren hinterlassen: Niederschläge haben an der einen Stelle Sediment abgetragen, das an anderer Stelle wieder abgelagert wurde. In einer ausführlichen Studie zu den im 19. Jh. dokumentierten Profilschnitten schlägt Chr. Petit ein theoretisches Erosionsmodell zu den an den Hängen angelegten Gräben vor (Abb. 125). Er kommt zu dem Ergebnis, daß von den Abhängen des Berges von Bussy etwa 1,5 m abgetragen wurden, also durchschnittlich 0,5 mm pro Jahr. So wird verständlich, warum die Belagerungsstrukturen in Hanglagen, wo nur die Grabensohlen erhalten sind, so schwierig zu erfassen sind.

Das erodierte Sediment hat sich in den Tälern, und hier besonders in den niedrigsten Bereichen abgelagert, so daß ein nicht unbeträchtliches Volumen von den Bächen fortgetragen wurde. Aber auch menschliche Eingriffe wirkten sich aus. Vor allem durch die Art und Weise der Feldbestellung wurde die Oberfläche des Bodens seit der Antike so sehr in Mitleidenschaft gezogen, daß die Zerstörungen bis zu 40 – 50 cm unter die antike Oberfläche reichen. Ergebnis ist, daß an einer Stelle, wo sich z. B. eine Mulde befand, die Befunde erhalten, an einer anderen hingegen vollkommen abgetragen sind, weil sie hier auf einer leichten, vielleicht nur 40 cm hohen Erhe-

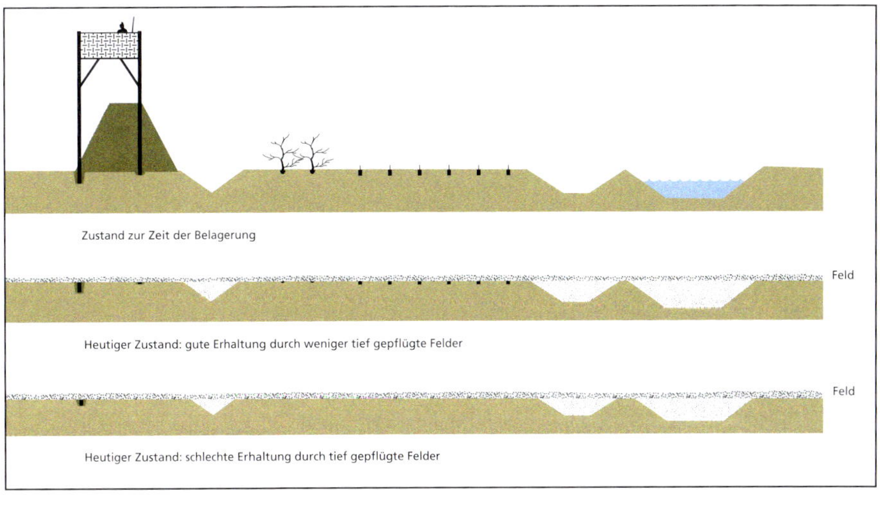

Abb. 126
Die Entwicklung der unterschiedlichen Erhaltungszustände von archäologischen Befunden, hier am Beispiel des Bodenabtrags durch Ackerpflügen.

Abb. 127 Das Photo zeigt die von der Mannschaft der Römisch-Germanischen Kommission geöffnete Grabungsfläche in der Ebene von Laumes. Im Hintergrund das Oppidum; in der Längsachse läuft in Richtung Zelt ein Graben, der zum neuentdeckten Fort bei Épineuse gehört und anhand seiner hellen kalksteinhaltigen Verfüllung im braunen Lehm erkennbar ist. Diagonal dazu eine ähnliche Spur, die von einem der ersten napoleonischen Suchschnitte herrührt. Das absolut identische Aussehen beider Strukturen – trotz des großen zeitlichen Abstands zwischen ihnen – ist frappierend.

Abb. 128 Das Photo zeigt denselben caesarischen Graben, hier rechtwinklig geschnitten. Der Aushub folgt exakt der Form des Grabens, dessen Sohle flach ist. Unter der Sohle die natürlich anstehende Kiesschicht, die von braunem Lehm überdeckt wird. Links sieht man, wie von oben ein Schotterband schräg nach unten abfällt, das rechts nicht existiert. Die Erklärung ist einfach: Der Wall, der am linken Rand des Photos anschloß, enthielt Steine, die dem natürlich anstehenden Boden entnommen waren. Als der Wall zerstört war, rutschte dieses Material abwärts; dort, wo es den Graben nicht ausfüllte, setzten sich Lehmeinschwemmungen ab. Deutlich zu sehen, daß im Planum der Graben nicht sichtbar ist, weil auf diesem Niveau der «Marker», der geologische Kiesschotter, fehlt.

Abb. 129 Die drei Gräben des inneren Belagerungsrings in der Ebene von Laumes. (Photo R. Goguey)

bung gelegen haben. Und natürlich begegnen darüber hinaus sämtliche Zwischenstadien genannter Befundsituationen. Die Skizze verdeutlicht (Abb. 126), warum kleinere, wenig eingetiefte Befunde, vor allem die Annäherungshindernisse, sich nur in Spuren erhalten haben. Dieses Phänomen ist nicht etwa nur für Alesia typisch, sondern den Archäologen generell bekannt.

Eine weitere Bemerkung im Zusammenhang mit der Geologie in der Ebene von Laumes mag erklären, warum die Beobachtung der caesarischen Spuren so schwierig und vom Zufall abhängig ist. Die photographische Dokumentation beweist, daß die antiken Strukturen, selbst wenn sie tatsächlich existieren, nicht in jedem Fall erkannt werden können (Abb. 127. 128).

Angesichts dieser Belege gelangt man zu folgendem Schluß: Die antiken Befunde sind nicht immer faßbar, auch wenn sie vorhanden sind, weil sie häufig aus Materialien be-

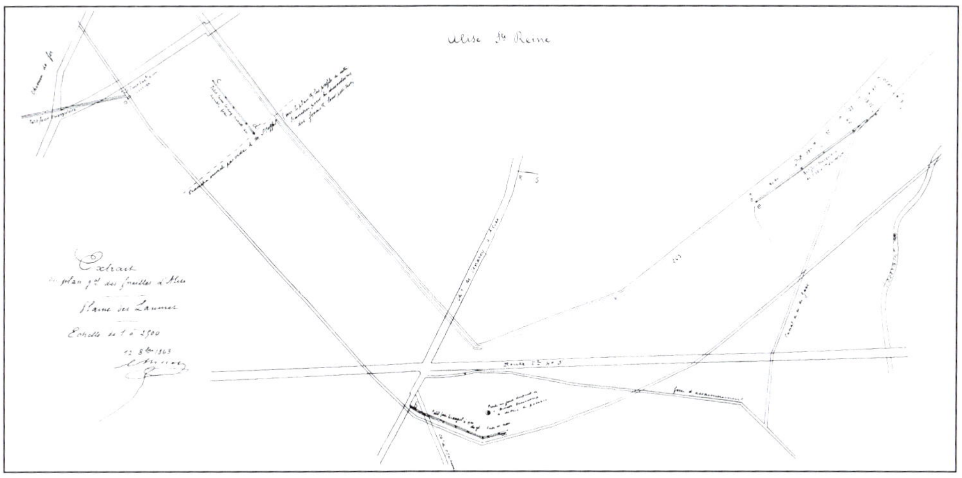

Abb. 130
Von Paul Millot während der kaiserlichen Grabungen angefertigter Plan. Der dritte Graben wurde zwar erkannt, aber nicht korrekt eingetragen und dann in der endgültigen Version gestrichen, weil er in Caesars Text nicht erwähnt wird.

stehen, die keine erkennbaren Spuren hinterlassen; das Gleiche gilt für sehr flüchtig angelegte Strukturen oder Gruben, die farblich kaum auszumachen sind. Das Hauptmerkmal caesarischer Anlagen in der Ebene besteht darin, daß Kieslagen des natürlich anstehenden Bodens an die Oberfläche gelangt sind, sei es, um Wälle zu errichten, sei es, um fallenartige Hindernisse oder verschiedene Hölzer zu verkeilen. Dort, wo dieser Kies nicht erscheint, weil man einfach den anstehenden Lehm verwendet hat, ist die spätere Verfüllung der Strukturen nicht in allen Fällen gut zu beobachten.

Die Grabungstechnik des 19. Jhs., die mit kleinen, schmalen Grabungsschnitten arbeitete, war für die Beobachtung solch komplexer Phänomene offenkundig nicht geeignet. Nur anhand großer Ausgrabungsflächen ist es möglich, die sehr feinen Strukturen der caesarischen Anlagen zu erfassen und zu verstehen. Betrachtet man diese verschiedenen Phänomene in ihrer Gesamtheit (die unterschiedlichen Erhaltungszustände, Probleme der Befundbeobachtung), wird verständlich, daß die antiken Spuren nicht überall in gleicher Weise greifbar sind und gelegentlich einer «Narbenhaut» gleichen. Der im Feld tätige Archäologe ist hier von den rein philologischen, am Schreibtisch erdachten Interpretationen weit entfernt.

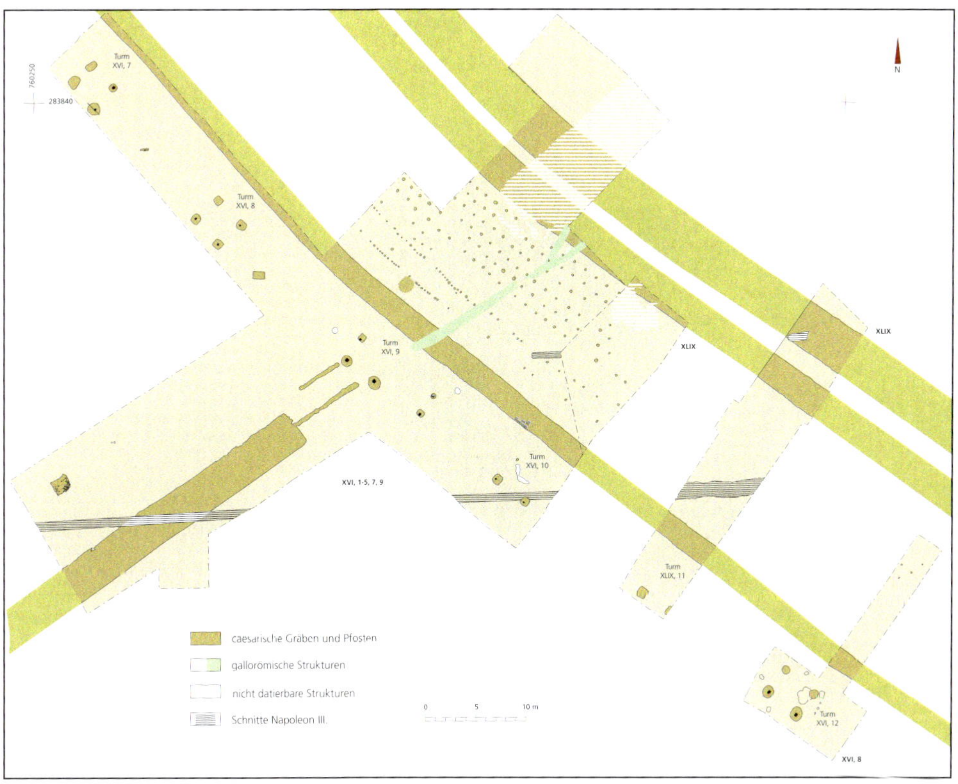

Abb. 131
Die caesarische Verteidigungsanlage in der Ebene von Laumes (Grabungen der RGK). Das vordere Grabenpaar ist von dem hinteren Graben (Mitte) durch ein Glacis getrennt, auf das Annäherungshindernisse in regelmäßigen Reihen aufgebracht sind. Hinter dem dritten Graben markieren die Pfostengruben der Türme den Verlauf des Walls.

Abb. 132. 133 Spuren von Grassoden in Graben 3 des inneren Belagerungsrings.

Die innere Verteidigungslinie in der Ebene von Laumes

Die innere Verteidigungslinie in der Ebene von Laumes ist ein sehr gutes Beispiel zu methodologischen Überlegungen über die unterschiedlichen, sich aber ergänzenden Informationen, die historische Texte und Archäologie liefern. Anhand der Luftbilder sind in diesem Bereich drei Gräben nachzuweisen: zum Oppidum hin ein erster breiter Graben, unmittelbar dahinter ein weiterer, etwas kleinerer und schließlich im Abstand von etwa 15 m ein dritter Graben (Abb. 129).

Hier liegt also eine Inkongruenz vor: Caesar erwähnt zwei Gräben und der Befund weist drei vor. Der letzte Graben ist seit Napoleon III. bekannt, wobei seine Ausgräber den Plan recht ungenau, erstellt haben, denn Graben 3 ist in den Grabungsunterlagen nicht, wie er in Wirklichkeit verläuft, parallel zu den beiden ersten eingetragen. Da dieser «Schmarotzergraben» in Widerspruch zu Caesars Text steht – wahrhaft eine Bibel für die damaligen Altertumsfreunde – hat man ihn in der endgültigen Publikation verschwinden lassen (Abb. 130). Bis zur Wiederaufnahme der Grabungen 1991 hat niemand darüber ein Wort verloren – weil er störte. Die im wesentlichen von der Römisch-Germanischen Kommission (Frankfurt) betreute Ausgrabung dieses Ensembles hat dann doch sehr interessante Überraschungen erbracht (Abb. 131).

Im vorderen Bereich finden sich ein breiter Graben mit wannenförmiger Sohle, dessen Verfüllung eindeutig eine Sedimentation von bisweilen schwach, manchmal auch stärker fließendem Wasser aufweist. Diese Feststellung erinnert in

Abb. 134 Spuren von Pfostengruben der Türme des inneren Belagerungsrings in der Ebene von Laumes.

diesem Zusammenhang an Caesars Behauptung, das Wasser der Bäche, soweit es möglich war, in den tiefer gelegenen Bereichen umgeleitet zu haben. Direkt dahinter existiert ein Graben, der im Gegensatz dazu offen geblieben war. Daran schließt ein breites Glacis von fast 15 m Tiefe an, auf dem sehr regelmäßig kleine Steinanhäufungen verstreut lagen, die – gegeneinander versetzt – jeweils im Abstand von etwa 60 cm zueinander in sechs Reihen angeordnet waren. Im Schnitt betrachtet, erweisen sich diese kleinen Anhäufungen als anthropogen. Dies bestätigt ihre Regelhaftigkeit und ihre Lage in einem ausschließlich aus Schlammablagerungen bestehenden geologischen Kontext; in ihrem Zentrum weisen sie jeweils die Spur einer vertikalen, an Ort und Stelle vermoderten Holzstange von etwa zwei Fingern Dicke auf.

Noch weiter hinten, immer noch auf dem Glacis, sind zwei parallele Reihen von sehr kleinen Steinanhäufungen zu erkennen, die sich im weiteren Verlauf in parallele Schnitte, vergleichbar den *cippi* auf den Plateaus, verwandeln. Diese Befunde liegen vor einem V-förmigen Graben, der am Rand 3–4 m breit (variable Breite) und mit heterogenem Material verfüllt ist, das von hinten schubweise hineingerutscht ist (Abb. 132. 133). Schließlich befinden sich am hinteren Rand dieses Grabens Gruppen von jeweils vier Pfosten, die ein Quadrat von 3 x 3 m bilden und 18–20 m voneinander entfernt sind. Jedem Archäologen ist klar, daß es sich hierbei um die Holzpfosten von Türmen handeln muß (Abb. 134). Bisher sind in diesem Abschnitt elf dieser regelmäßig angeordneten Befunde bekannt geworden. Vergleicht man den Plan mit Hunderten

Abb. 135
Nachweis eines Annäherungshindernisses («stimulus») auf dem Glacis des inneren Belagerungsrings in der Ebene von Laumes. Man erkennt auf dem Photo die dunkle, von einem Holzstab hinterlassene Verfärbung zwischen den Verkeilungssteinen.

Abb. 136
Rekonstruktion der Verteidigungsanlage des inneren Belagerungsrings in der Ebene von Laumes.

Abb. 137 Die beiden Gräben des inneren Belagerungsrings am Fuß des Mont Réa sind wegen ihrer Geradlinigkeit gut erkennbar; sie schneiden die natürlichen Altrinnen der Oze. (Photo R. Goguey)

anderer römischer Militäranlagen desselben Typs, erweist sich zweifelsfrei, daß wir es mit einer linearen Befestigung zu tun haben. Einige Details der Bauweise bedürfen jedoch noch einer Erklärung.

Sicherlich bezeichnen die Holztürme den Verlauf des Walles, wobei man sich aber fragen muß, wie dieser konstruiert war. In der Militärarchitektur jener Zeit begegnet man neben Steinbauten auch holzverschalten Mauern, die das aus den Gräben entnommene lockere Erdreich zusammenhalten sollten, sowie Wallanlagen aus Grassoden, die quadratisch zugeschnitten und wie Bruchsteine aufgeschichtet wurden. Die angewandte Technik, wohlbekannt aus antiken Texten und den Szenen der Traianssäule, wird im folgenden Infokasten näher beschrieben.

Holzverschalungen hätten im Boden Spuren der Palisadenstandpfosten hinterlassen. Entsprechende Befunde fehlen aber in Alise. Somit haben wir es wohl mit einem Wall aus Grassoden zu tun. Archäologische Nachweise dieses äußerst vergänglichen Materials sind sehr selten; man findet sie nur noch in sehr feuchtem Kontext, was im Auxois aber nicht der Fall ist. Der Zufall wollte es dennoch, daß durch einen örtlichen Brand konserviert Grassoden in der Verfüllung des Grabens gefunden worden sind, eine Beobachtung, die durch Untersuchung der Phytolithen (fossiles Wurzelwerk) am Institut National de Recherche Agronomique (Grenoble) bestätigt worden ist.

Es bleibt noch die Frage zu klären, was oben genannten die Steinanhäufungen auf dem vorgelagerten Glacis zu bedeuten haben. Wie bereits ausgeführt, weisen diese in ihrer Mitte jeweils die Spur eines Holzstabes auf, dessen Funktion noch näher bestimmt werden muß. Meiner Ansicht nach muß dieser archäologische Befund in Zusammenhang mit einer Textpassage betrachtet werden, in der Caesar die *stimuli* beschreibt: «Vor ihnen wurden einen Fuß lange Fußangeln mit eisernen Haken fast ganz in die Erde eingegraben und mit kleinen Zwischenräumen überall verteilt; diese hießen ‹Ochsenstacheln› (*stimuli*).» (Caesar, *de bello Gallico* VII 73) (Abb. 135).

Anhand dieses Beispiels wird deutlich, daß beide Quellengattungen, archäologische und Schriftquellen, jeweils Informationen beisteuern, die sich gegenseitig ergänzen und zum

Abb. 138 Der äußere Verteidigungsring an der Kreuzung von Épineuse. (Photo R. Goguey)

Abb. 139
Wallsohle des äußeren Verteidigungsrings in der Ebene von Laumes. Man erkennt die Spuren längs verlaufender Hölzer, mit denen der Wall verschalt war.

Verständnis beitragen (Abb. 136). Ohne die *Commentarii* wären die Befunde im Gelände wohl kaum verständlich. Diese sind jedoch autonom, haben ihren eigenen Informationsgehalt und erlauben wiederum eine Präzisierung des Textes.

Andere bekannte Linien in der Ebene

In der Ebene von Laumes und am Fuß des Mont Réa sind nach den Luftbildern weitere, weniger komplexe Grabensysteme erkennbar, die jedoch nach denselben Prinzipien angelegt worden sind.

Es zeigt sich, daß sowohl der äußere Verteidigungsring in dem Abschnitt, der parallel zu der eben beschriebenen Linie verläuft, als auch der innere Belagerungsring am Fuß des Mont Réa jeweils aus zwei Gräben bestehen, Gegebenheiten, die Caesars Angaben entsprechen (Abb. 137). In beiden Fällen bieten die Gräben einem breiten, zwischen ihnen angelegten Glacis ausreichend Platz. Verschiedene Ausgrabungen haben erbracht, daß die Wälle auch hier nach den oben beschriebenen Prinzipien errichtet wurden. Der Anordnungsrhythmus der Türme kann allerdings variieren; etwa alle 18 m erscheinen sie auf dem inneren Belagerungsring am Fuß des Mont Réa, alle 20–22 m dagegen auf der äußeren Verteidigungslinie.

Die Systeme der Annäherungshindernisse sind komplex und variantenreich: Auf dem Glacis zwischen den Gräben

Abb. 140 Pfostenlöcher («lilia») vor dem Graben des inneren Belagerungsrings am Fuß des Mont Réa. Im Hintergrund das Oppidum von Alesia.

Abb. 141 Römische Lanzenspitze in einem Pfostenloch am Fuß des Mont Réa.

Verschiedene Phasen der experimentellen Rekonstruktion eines römischen Grassodenwalls in Baginton, The Lunt.

Zur Konstruktion von Wällen aus Grassoden

Die technischen Texte (z. B. Pseudo-Hyginus, *de munitionibus castrorum* 50, verfaßt im 2. Jh. n. Chr., oder Vegetius III 8 im 4. Jh. n. Chr.) erwähnen die Konstruktion eines Walles aus Grassoden nur flüchtig. Bilddokumente, insbesondere die Traianssäule, und archäologische Befunde versetzen uns in die Lage, die Vorgehensweise der Legionäre zu rekonstruieren. Ein experimenteller Rekonstruktionsversuch wurde Ende der 1960er Jahre in The Lunt, nahe Conventry (Großbritannien), unternommen; 30 Jahre später steht der Wall immer noch und befindet sich in einem guten Zustand, bedarf jedoch regelmäßiger Pflege.

Man beginnt damit, regelmäßige Grassoden mit dem Spaten zu schneiden und diese samt Wurzeln abzuheben. Laut Vegetius betragen die Maße 1,5 x 1 x 0,5 Fuß. Die Wurzeln sind wichtig, weil das Gras leben und weiter wachsen soll. Die Soden müssen kompakt und nicht brüchig sein. Man konnte berechnen, daß ein Streifen von 30 m Breite in dem Bereich, wo der Wall, die Gräben und das vorgelagerte Glacis angelegt werden sollten, ausreichte, um das notwendige Material für eine Mauer von 5 – 6 m Basisstärke und 3,6 m Höhe zu liefern; diese entspricht den Dimensionen der Befestigungen von Alise. Die Legionäre mußten sich also nicht sehr weit fortbewegen und konnten das unmittelbar vor Ort anstehende Material verwenden.

Ist die Strecke von Gras befreit, wird der Untergrund festgestampft und zumeist ein Fundamentbett aus Geröll und Kies angelegt. In Alise ist diese Fundamentierung auf einem Abschnitt der äußeren Verteidigungslinie in der Ebene von Laumes festgestellt worden. Die Grassoden werden – entweder nur außen oder beidseitig – in Form einer Verblendung aufgeführt. Die Außenfront ist häufig leicht geneigt, damit die Grassoden nicht in den Graben abrutschen. Wenn man den Beobachtungen, die in Schottland an der antoninischen Mauer gewonnen wurden, Glauben schenkt, beträgt dieser Winkel zur Vertikalachse etwa 25°. Die Soden werden wie Backsteinmauerwerk in Reihen aufgeschichtet, die Hohlräume zwischen den Verblendungen dann nach und nach mit der aus den Gräben entnommenen Erde aufgefüllt.

Zur Stabilisierung der Konstruktion ist häufig der Einbau von Holzverstrebungen notwendig; gleichzeitig können senkrechte Pfosten, die einfach in den Erdmassen verankert werden und die Brustwehr tragen sollen, eingebracht werden. In Alise sind bei den Grabungen des äußeren Verteidigungsrings in der Ebene von Laumes Abdrücke von Rundhölzern festgestellt worden, die der Länge nach auf dem Fundamentbett auflagen. Die Standpfosten der Türme sind in den Wall eingelassen worden, wobei sie auf der Rückseite häufig stärker verankert sind, weil sie dort über die Mauerbreite hinausragen, während die vorderen Pfosten von den Erd- und Grassodenmassen (*agger*) festgehalten werden.

Der Wehrgang besteht meistens aus aneinandergereihten Rundhölzern. Die Brustwehr kann – vor allem bei Feldlagern – einfach aus Gitterwänden bestehen, die man am Boden anfertigt und danach an den im Wall verankerten Pfosten direkt über dem Wehrgang befestigt. Das ist die allgemein übliche Technik; bei Grabungen wurden aber auch zahlreiche weitere Varianten festgestellt. Die sehr kompakte Masse macht diese Wälle zu soliden Befestigungsanlagen, die sehr lang halten können, sofern sie regelmäßig Pflege bekommen, denn der nachwachsende Rasen befestigt die gesamte Konstruktion sehr schnell.

Zustand der Rekonstruktion von The Lunt ein Viertel Jahrhundert nach ihrer Errichtung.

Das Tor der Befestigung von The Lunt, Ansicht von innen.

Abb. 142 Graben des inneren Belagerungsrings am Fuß des Mont Réa.

sind in der Regel Steinanhäufungen zu beobachten, die auch hier als Überbleibsel von «Ochsenstacheln» zu deuten sind. In mindestens zwei Fällen haben wir es mit einem dritten System von Hindernissen zu tun, und zwar vor dem äußeren Graben des äußeren Verteidigungsrings in der Nähe der Kreuzung bei Épineuse sowie vor dem äußeren Graben des inneren Belagerungsrings am Fuß des Mont Réa (Abb. 138. 139). Es handelt sich dabei – dicht gestreut – um konische Pfostengruben. Diese Hindernisse, die ohne weiteres mit den von Caesar beschriebenen *lilia* identifiziert werden können, wurden bereits unter Napoleon III. zutage gefördert. Bei den jüngsten Grabungen ist in einer solchen Pfostengrube eine eiserne Lanzenspitze, die einst zur Ausrüstung eines römischen Legionärs gehörte, entdeckt worden (Abb. 140. 141).

Der äußere Verteidigungsring am Fuß des Mont Réa ist auf den Luftbildern kaum sichtbar, obwohl er sehr wohl vorhanden ist und sich als ein einzelner Graben mit zwei vorgelagerten Längsrinnen darstellt. Bei letzteren kann es sich um *cippi* handeln, ähnlich denen, wie sie auf den Plateaus dokumentiert worden sind, oder um Holzteile, an denen Annäherungshindernisse angebracht waren (Abb. 142).

In diesen Bereichen ist reichlich Fundmaterial entdeckt worden. Auf der Sohle des Grabens der äußeren Verteidigungslinie sind eine größere Menge Knochen, die von Küchenabfällen herrühren, sowie Amphoren gefunden worden (Abb. 143). In dem vorgelagerten Graben des Belagerungsrings am Fuß des Mont Réa sind zahlreiche Knochen

Abb. 143 Fundmaterial (Knochen und Amphorenscherben) im Graben des äußeren Verteidigungsrings in der Ebene von Grésigny.

Abb. 144 Rekonstruktion des «Forts von Épineuse». (Zeichnung P. Connolly)

von Kriegspferden entdeckt worden. Dies ist bereits unter Napoleon III. beobachtet worden. Schließlich soll nicht versäumt werden zu erwähnen, daß im Graben des äußeren Verteidigungsrings in der Ebene von Laumes schon im 19. Jh. ein berühmtes Silbergefäß entdeckt worden ist. Dieses hat heftige Kontroversen ausgelöst, weil die Gegner der Alise-These es als Objekt der gallorömischen Periode angesehen, es also in die Zeit nach der Eroberung eingeordnet haben.

Bemerkenswert ist außerdem die geringe Distanz zwischen den beiden römischen Linien, also jener, die als Abriegelung gegen Vercingetorix diente, und jener, die Caesar erlaubte, den Rücken zu schützen. Es sind nicht mehr als 100 m von Wall zu Wall, so daß zwischen den Linien eine enge Schneise entsteht. Die Gründe für eine solche räumliche Enge sind vielfältig: Zunächst ist festzustellen, daß es für die Legionäre so am einfachsten war, von Linie zu Linie zu gelangen, je nach dem, wo die Bedrohung ihren Einsatz am dringlichsten machte. In dieser Hinsicht folgt die caesarische Anlage dem alten Prinzip der «Langen Mauern», die Athen mit Piräus verbanden. Andererseits war, wenn die Anlage erst einmal gesprengt war, das Risiko einer massiven Invasion zwischen beiden römischen Linien beträchtlich. Deshalb hatten die Baumeister Caesars Querriegel errichtet, von denen einer nahe der Kreuzung von Épineuse entdeckt wurde.

Dieses kleine Fort hat die Form eines Parallelogramms von ungefähr 120 x 120 m, also etwa 400 x 400 römischen Fuß (gemessen von Graben zu Graben) (Abb. 144). Die Quergräben berücksichtigen auf wenigstens zwei der drei ergrabenen Ecken einen Ausgang; der nördliche ist durch ein *titulum* geschützt, das hier durch einen breiten Graben gebildet wird; der östliche hingegen wird durch eine doppelte Palisade, die schikanenartig angelegt ist, geschützt.

Andere ähnliche Forts haben wahrscheinlich existiert, wurden aber noch nicht aufgefunden. Konnte man in einem solch kleinen Fort überhaupt ein Lager aufschlagen? Das ist stark zu vermuten, da man die Männer nicht ohne jeglichen Schutz der Nacht überlassen konnte; gleichfalls unmöglich war es, sie aus den großen, viel zu weit entfernt liegenden Lagern kommen zu lassen. Diese Posten dienten als befestigte Querriegel dazu, plötzliche Einfälle zu verhindern, und boten gleichzeitig einen – wenn auch nur provisorischen – Rückzugsraum und Fläche zum Kampieren.

Die Linien auf den Plateaus

Wie gesehen, sind die Niederungen ausgesprochen gut verteidigt: Dort erwarteten die Römer die größte Bedrohung, sowohl von den Galliern, die vom Oppidum herunterkamen, als auch von den Hilfstruppen. Auf den Plateaus war die Situation weitaus weniger gefährlich.

Der äußere Verteidigungsring, der sich an einigen Stellen steil den Berghang hinaufzieht, umschließt sämtliche römische Lager oder stößt direkt auf sie. Da sie sich im selben geologischen Umfeld befinden, treffen auf Lager und Verteidigungsring dieselben Merkmale zu. Es ist übrigens nicht gesichert, daß der äußere Verteidigungsring zum Zeitpunkt der Entscheidungsschlacht auf der gesamten Strecke fertiggestellt war; dafür sprechen mehrere Indizien.

Östlich von Lager C ist in mehreren Grabungsschnitten die Existenz eines einzigen, wenig eingetieften Grabens nachgewiesen worden (Abb. 145 – 147). Der Wall ist durch eine Reihe von Türmen markiert, die mehr als 40 m auseinanderliegen, und wird vor dem Graben von vier Reihen mit Annäherungs-

Abgüsse in der Ebene von Laumes

Auf Wunsch des Denkmalamtes von Burgund wurden 1997 Abgüsse von Flächen, Verteidigungssystemen und Gräben der äußeren Verteidigungslinie in der Ebene von Laumes angefertigt. Damit sollte für die Öffentlichkeit ein realistisches Bild einer archäologischen Ausgrabung in diesem Bereich «rekonstruiert» werden. Die Arbeiten wurden von einer Mannschaft unter Leitung von Alain Festeau, Universität Dijon, und mit Unterstützung der Gesellschaften Dow-Corning und Wolff durchgeführt.

Eine Abformung besteht aus zwei Hauptteilen, einer dünnen Haut und einer starren Ummantelung. Zunächst wird die abzugießende Oberfläche perfekt hergerichtet und vorbereitet; daraufhin wird ein Silikon-Elastomer aufgesprüht, das äußerst präzise die Form des Reliefs annimmt. Diese Haut hat eine durchschnittliche Dicke von 10 mm. Der zweite Arbeitsgang besteht darin, diese sehr elastische Membran zu festigen. Dies geschieht mit Hilfe einer Ummantelung aus Kompositwerkstoffen (Glasfasermatten, Harz, Polyester), die sich nicht mehr verformt. Danach werden alle Formen mit untereinander fest verbundenen Balken verstärkt. Schließlich beginnt die komplizierteste Operation, nämlich das eigentliche Abnehmen der Form. Wenn dieser Negativabdruck einmal vorliegt, wird ein Positiv erstellt, das dann zu musealen Zwecken genutzt werden kann.

Die Abformung großer Oberflächen – vor allem von Prähistorikern geschätzt – ist ein höchst komplizierter Vorgang, der es heute ermöglicht, die Befunde einer Fläche zu erhalten und noch studieren zu können, wenn sie nach der Grabung längst zerstört sind.

hindernissen (*cippi*) geschützt. Verschiedene Gruben, die man hinter dem Wall ausgehoben hat, zeigen, daß der anstehende Stein aus einer harten, schwer zu bearbeitenden Felsplatte gewonnen wurde. Vom Aufbau sind nur wenige spektakuläre Überreste vorhanden. Sie zeigen, daß der Wall aus trocken geschichteten Steinplatten errichtet worden war.

Ungefähr 130 m von der Südostecke des Lagers C entfernt ist eine auf den Luftbildern gut kenntliche Verzweigung ausgegraben worden. Dabei hat man einen sicher belagerungszeitlichen Graben festgestellt, der aber vor dem endgültigen, mit Annäherungshindernissen geschützten Graben angelegt wurde. Dieser einfachere Graben ist deutlich tiefer als sein Nachfolger und verläuft auf einer kürzeren, aber für die Verteidigung ungünstigeren Trasse direkt nach Süden. Man gewinnt den Eindruck, als hätten die Militärbaumeister im letzten Augenblick ihre Pläne geändert, jedoch nicht mehr die Zeit gehabt, ihr Vorhaben vollständig zu Ende zu führen. Dies ist aber nicht mehr als eine Hypothese.

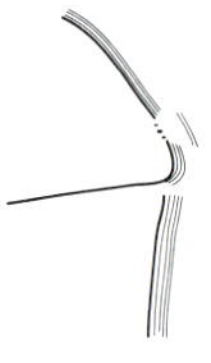

Abb. 145
Der äußere Verteidigungsring an der Ecke von Lager C. Die vier parallelen Linien vor dem Graben gehören zum System der Annäherungshindernisse («cippi»). (Photo R. Goguey)

Abb. 146
Detailaufnahme des in den Fels eingetieften Systems mit «cippi» vor dem äußeren Verteidigungsring (Berg von Bussy).

Abb. 147
Überreste eines aus Steinen errichteten Walls des äußeren Verteidigungsrings auf dem Berg von Bussy.

Abb. 148
Toranlage an der Verbindungsstelle zwischen dem äußeren Verteidigungsring und Lager C.

Abb. 149 Die Verbindung von äußerem Verteidigungsring und Lager C auf dem Berg von Bussy.

An der Stelle, an der die äußere Verteidigungslinie auf Lager C stößt, befindet sich interessanterweise ein Tor, das sich durch zahlreiche Pfostenspuren im Boden zu erkennen gibt (Abb. 148). Diese Vorrichtung ermöglichte es, von der Brustwehr des Lagers direkt zu jener der Verteidigungslinie überzuwechseln. Hierzu hatten die Legionäre ein Segment des Lagergrabens sorgfältig verfüllt, um so den Wall des äußeren Verteidigungsrings errichten zu können, der hier auf den des Lagers traf.

Bei Lager B ist die Anlage anders. Auch hier trifft die äußere Verteidigungslinie auf das Lager und läßt einen Durchgang offen. Doch ist dieser durch drei Reihen von *cippi*, die schikanenartig installiert sind, nur schwach geschützt (Abb. 149). Diese verschiedenen Passagen ermöglichten Ausbrüche seitens der Legionäre und erlaubten der germanischen Reiterei, den Galliern in den Rücken zu fallen, wie es bei mehreren Gelegenheiten – vor allem in der Entscheidungsschlacht – der Fall war.

Angesichts dieses umfangreichen Verteidigungssystems erstaunt, welche Vielfalt an Lösungen je nach Geländegegebenheiten und Bedrohungspotenzial zur Anwendung kam (Abb. 150–152). Auf den Plateaus, wo reichlich Stein vorhanden ist, wurde natürlich dieses Material verwendet. In den Ebenen entnahm man dem gewachsenen Boden Steinschotter, der mit Grassoden verblendet wurde – eine geläufige Technik, die in antiken Texten und durch Ausgrabungsbefunde häufig belegt ist. Dort, wo Holzverstärkungen der Wälle notwendig wurde, änderte sich wiederum die Bauweise. In den am wenigsten bedrohten Bereichen – Tälern und Höhen – beschränkten sich die Schanzwerke auf Graben und Wall, gelegentlich eine einfache Mauer mit einem System leichter Annäherungshindernisse. Dort, wo die Topographie am ungünstigsten ist, besonders in der Ebene von Laumes, wurde die römische Anlage um zusätzliche Hindernisse, Gräben und Fußangeln, verstärkt. Diese dienten v. a. dem Zweck, den Feind leichter zu überrumpeln. Der Nachweis bewehrter Glacis besonders in der Ebene von Laumes ist hingegen ein archäologischer Erfolg und ein Novum. Ihre Existenz kann nur allzu gut begründet werden: Es mußte alles getan werden, eine Annäherung der Gallier an die römischen Linien zu verhindern, vor allem mußte ein Nahkampf mit deren zahlenmäßig überlegener Streitmacht vermieden werden. Gut verschanzte Legionäre – so die Beurteilung Napoleons I. – konnten einer wesentlich größeren, aber belagerungstechnisch unerfahrenen Armee durchaus die Stirn bieten. Trotz der Unzulänglichkeiten antiker Artillerie gelang es den Römern, die Gallier auf Distanz zu halten. In diesem Zusammenhang erhalten auch die bei den Grabungen entdeckten Katapultgeschosse ihre Bedeutung. Die römische Verteidigung nutzte intensiv Wurfgeschosse, deren Reichweiten sich gegenseitig ergänzten.

Die Fülle an Hindernissen entspricht der Vielfalt, die von den Geländegegebenheiten, der Topographie und dem Willen, den Feind zu überrumpeln, bestimmt wird. Auch wenn sich die Fußangeln, trotz äußerst schwieriger archäologischer Beobachtungsbedingungen, mit Hilfe des Textes Caesars identifizieren lassen, so entspricht ihre Anordnung doch nur teilweise seinen Beschreibungen. Meines Erachtens hat dies aber einen sehr einfachen, in erster Linie literarischen Grund:

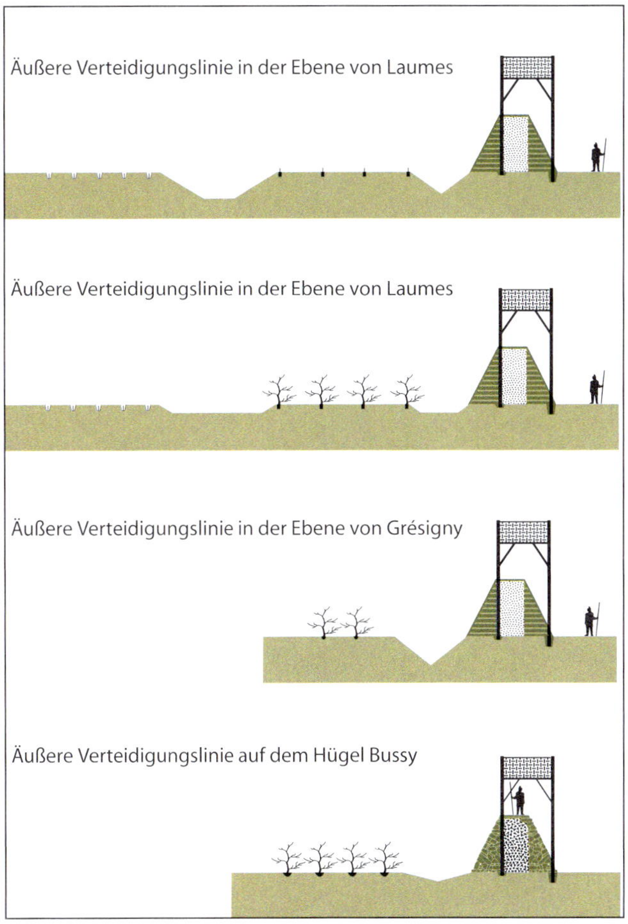

Abb. 150. 151 Die verschiedenen, bei den Grabungen 1991–1997 dokumentierten Verteidigungssysteme.

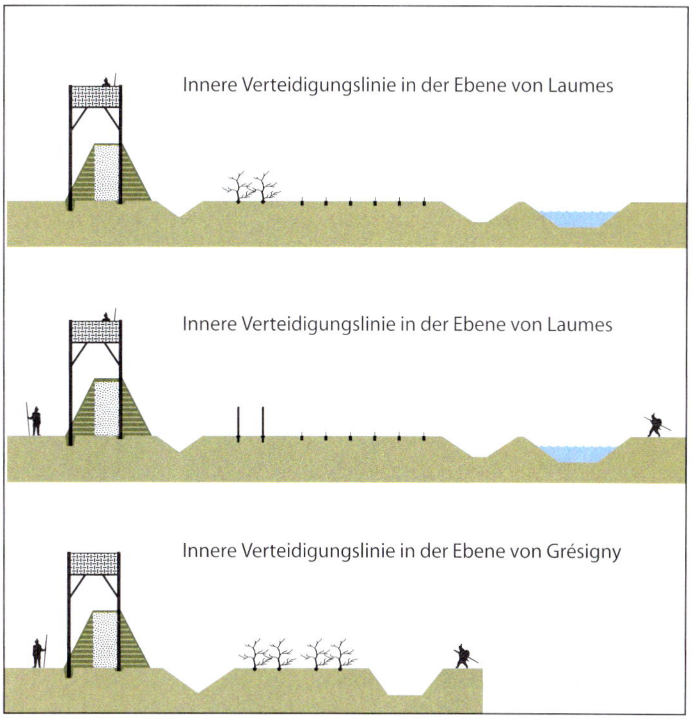

Ein in der Ebene von Laumes entdecktes Grab der Bronzezeit

Während der Grabungskampagne von 1994 wurde nördlich der äußeren Verteidigungslinie in der Ebene von Laumes, nicht weit entfernt von der «fausse riviŹre» [falscher Bach], ein Grab der Bronzezeit entdeckt. Es befand sich in einem Bereich, der zur Zeit Caesars nicht gestört worden war; nichts deutete darauf hin, daß in dieser Hochwasserzone der Ebene eine solche Entdeckung zu erwarten wäre. Bei der Grabung kam ein Dolchtyp mit organischem Griff sowie eine Keulenkopfnadel mit durchbohrtem Schaft zutage. Beide Objekte sind für eine ältere Phase der Hügelgräberkultur charakteristisch. Außerdem gehörte zum Inventar ein leicht geschwungenes Randleistenbeil mit leicht ausgestellter Schneide.

Diese Körperbestattung beinhaltet alle charakteristischen Elemente der Bewaffnung eines Kriegers der älteren Mittelbronzezeit (Bz B nach der Chronologie von Reinecke): Beil, Dolch und Nadel. Diese typische Ausstattung findet sich in identischer Form in Männergräbern der westlichen Gruppen der östlichen Hügelgräberkultur wieder; damit bestätigt sich, daß diese mittelbronzezeitliche Kultur schon in ihrer ersten Phase das östliche Burgund erreichte. Die besten überregionalen Vergleiche stammen aus Württemberg: Harthausen, Mägerkingen, Nehren und Undingen. Diese Entdeckung steht innerhalb der von 1991–1997 unternommenen Grabungen nicht isoliert da und reiht sich in eine ganze Reihe von Funden ein, die im Laufe der Zeit in der Ebene von Laumes gemacht wurden, so der berühmte «Hort von Épineuse».

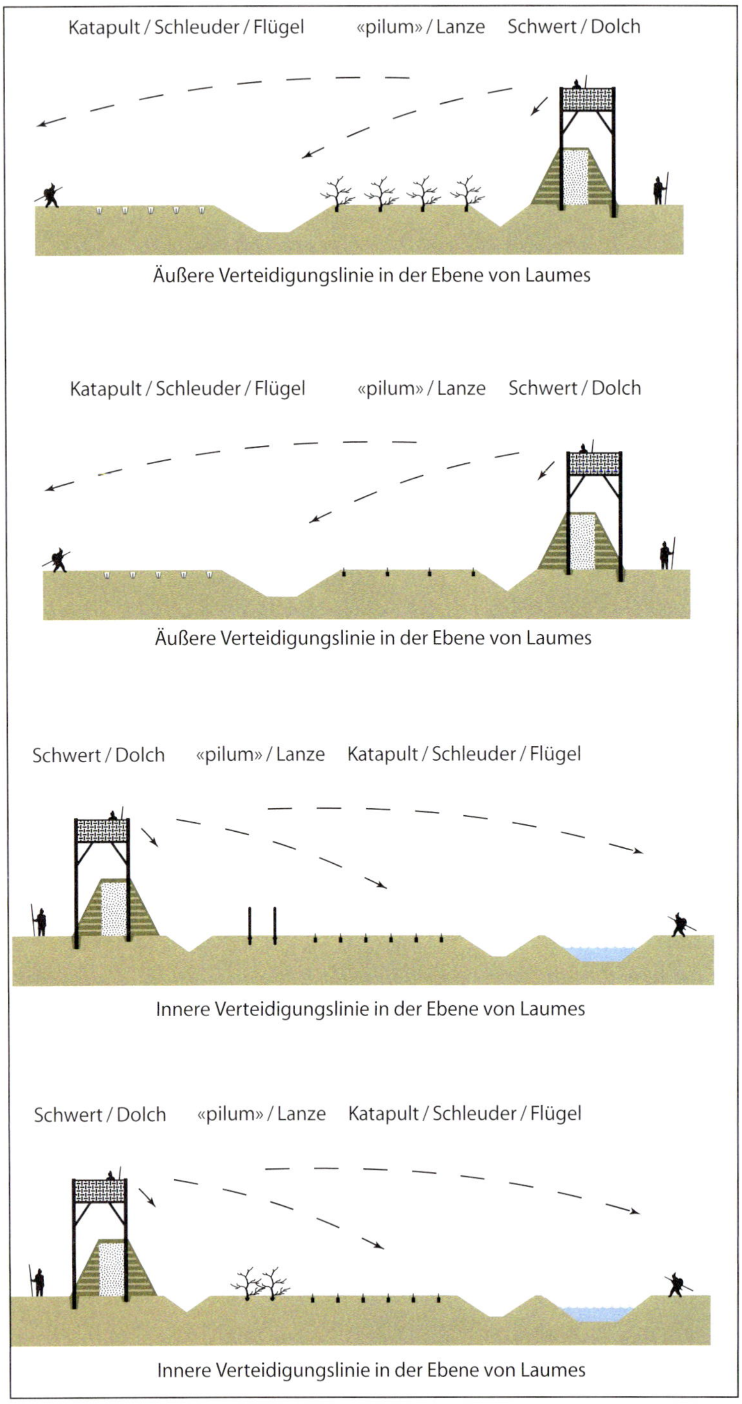

Abb. 152 Verteidigungssysteme und Reichweite der verschiedenen Waffen.

Caesar schrieb elegant und gleichzeitig sehr prägnant; mit seiner «synthetischen» und gewissermaßen paradigmatischen Darstellung der Verteidigungsanlagen ersparte er sich langatmige und stumpfsinnige Beschreibungen, die das Interesse des Leser hätten erlahmen lassen. Er sagte lieber «Ich habe dies und jenes gemacht», statt ausschweifend zu werden: «Von der Westspitze des Berges von Flavigny bis zum Ozerain habe ich Hindernisse von dem und dem Typ mit zwei Gräben angelegt, weil …; dann, weil das Gelände sich ab dem Ozerain änderte, ließ ich drei Gräben für den Belagerungsring ausheben, um die Verteidigung zu stärken; am Fuß des Mont Réa hingegen …» – ein langweiliger Bericht, der vielleicht den Archäologen genützt hätte, nicht aber einem Eroberer, der um seine literarischen Meriten ebenso besorgt war wie um seinen militärischen Ruhm. Die Klarheit hatte Vorrang vor unnützen technischen Erläuterungen, zumal jeder Römer die von den Legionären vor Alesia angelegten, unterschiedlichen Typen von Schanzanlagen bestens kannte.

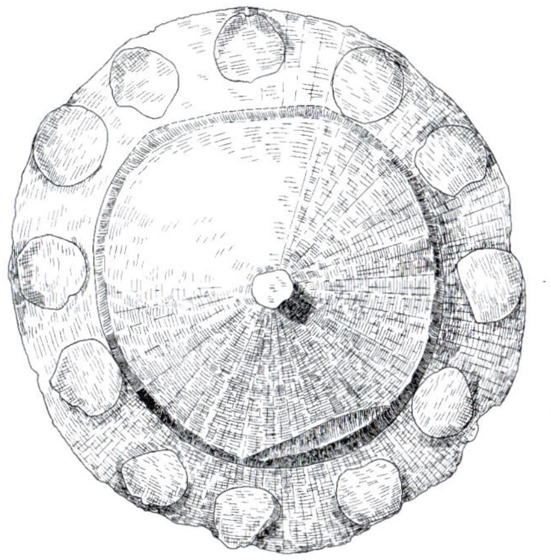

Abb. 153
Stangenschildbuckel, ein für die germanische Bewaffnung charakteristischer Typ.

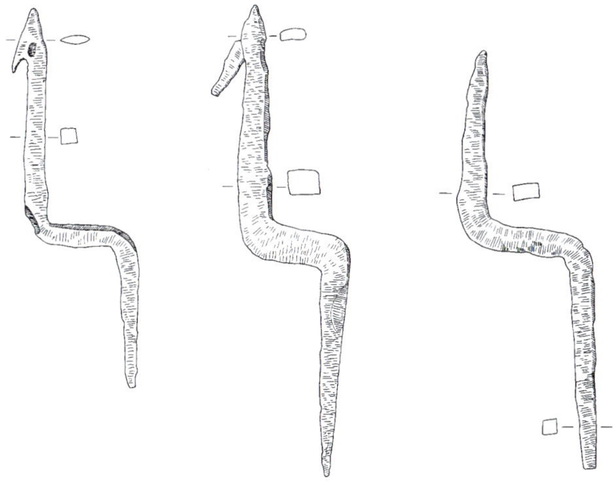

Abb. 154
«stimuli»; Metallspitzen, die auf Bodenhöhe in Holzpflöcke eingeschlagen waren; gefunden bei den kaiserlichen Grabungen.

Die Funde und ihre Chronologie

Bei den Grabungen unter Napoleon III. wurde am Fundort Alesia ein reiches militärisches und numismatisches Fundmaterial zutage gefördert, das sofort beargwöhnt wurde: Hatte man all dies nicht erfunden, nur um dem Kaiser einen Gefallen zu tun? Wurden hier nicht Funde gefälscht, Münzen von irgendwoher herbeigeschafft? Mit Wonne wurden Irrtümer, verschwiegene Fakten und Unklarheiten im Fundbestand angeprangert. Selbst heute ist diese Kritik noch nicht verstummt, geht jedoch niemals von Fachleuten aus, die das archäologische Fundmaterial dieser Epoche kennen.

Andere haben sachdienlichere Fragen gestellt: Gehörten die am Fuß des Mont Réa gefundenen Waffenansammlungen etwa zu einem keltischen Heiligtum wie dem in Gournay-sur-Aronde, wo umfangreiche Depots zutagekamen? Oder gehörten sie zu einem Tropaion, wie es Griechen und später auch Römer für gewöhnlich nach einem Sieg errichteten, indem sie an einen entlaubten Baum die Waffen der Besiegten hängten?

Die jüngsten Grabungen haben Fundmaterial zutage gefördert, das, verglichen mit dem des 19. Jhs., sehr bruchstückhaft und von minderer Qualität ist; dies wiederum erregte Verdachte. Wenn eine so gigantische Schlacht wie die von Alesia wirklich an diesem Ort stattgefunden hätte, wären dann nicht bei den Ausgrabungen auch riesige Mengen an Menschen- und Pferdeknochen, Waffen, Münzen und Rüstungsgegenständen zutage gekommen? Ich möchte lediglich darauf hinweisen, daß selbst in Bouvines, Fontenoy, Montmirail oder Sedan praktisch keine Waffen zu finden sind. In dieser Hinsicht sind die Schlachtfelder wahrhaftig absolut enttäuschend. Nehmen wir eine andere berühmte Episode der römischen Geschichte, nämlich die Schlacht im Teutoburger Wald, wo Varus im Jahr 9 n. Chr. drei Legionen und sein Leben verloren hatte.

Obwohl bereits Theodor Mommsen den Fundplatz in der Gegend von Kalkriese, nördlich von Osnabrück, erkannte, ist er erst ab 1989 archäologisch untersucht worden; er umfaßt mit seinen Fundstellen, die sich über 30 km^2 erstrecken, eine wesentlich größere Fläche als Alesia. Das Fundmaterial stammt aus weiträumig angelegten, systematischen Prospektionen sowie Sondagegrabungen in der Flur «Oberesch». Obwohl der Gesamtkomplex noch nicht vollständig bearbeitet ist, gewinnt man schon jetzt anhand der veröffentlichten Artikel einen guten Überblick. Wie in Alesia ist das Fundmaterial nur äußerst bruchstückhaft erhalten, obgleich das Gelände – anders als in Alesia – nicht sofort wieder landwirtschaftlich genutzt wurde. Keramikfunde sind hier wie dort sehr selten, was bei einer Armee, die sich im Felde befindet, leicht nachvollziehbar ist. Trotz besserer Bedingungen als in Burgund sind organische Reste spärlich und zudem schlecht erhalten: wenige Holz-, Textil- und Lederfunde, sehr wenige menschliche und tierische Überreste, wenngleich man zwei komplette Maultier- und zwei Pferdeskelette entdeckt hat. Eine von Joachim Harnecker erstellte Tabelle gibt eine recht gute Übersicht über die Fundverteilung; abgesehen von einigen spektakulären Stücken – darunter eine Gesichtsmaske und *litui* (Augurenstäbe) – sind bis zum heutigen Tag nur recht wenige, gut erhaltene Waffen zutage gekommen (einige *pila* und Wurfwaffen, zwei Pfeilspitzen, drei Schleuderkugeln, ein Schwert, ein Dolch, Fragmente von Schildbuckeln und Rüstungen) (Abb. 153. 154).

Es dominieren dagegen die Münzfunde, 1530 Exemplare wurden bislang erfaßt, demnach einige mehr als in Alesia. Es handelt sich selbstverständlich ausschließlich um römische Prägungen, wobei Hans-Markus von Kaenel berechnen konnte, daß ihr Gesamtwert kaum 1385 Denare überstieg, was ungefähr dem Sold von sechs Legionären entsprach. Mit anderen Worten: Eine beachtliche Menge an Fundmaterial ist schlichtweg verschwunden, zum Großteil aufgrund von Plünderungen oder von «Leichenreinigungen», die nach diesem gigantischen Kampfgetümmel, bei dem Tausende von Männern umkamen, stattfanden.

Dieser Vergleich ist insofern aufschlußreich, da diese zeitlich eng beieinanderliegenden Schlachten große Ähnlichkeiten in Fundverteilung und -auswahl aufweisen. Ein Unterschied allerdings: In Kalkriese waren es die Römer, die niedergemetzelt wurden und demnach die Hauptmasse an Funden hinterließen, weitaus mehr jedenfalls als in Alise, wo die Legionäre nur das vor Ort ließen, was sie wirklich verloren hatten oder was zerbrochen beziehungsweise unbrauchbar geworden war. Alles Übrige, das heißt ihre Waffen und Gegenstände von Wert, aber auch Dinge, die von den Toten der gallischen Armee stammten, wurde Teil der Beute.

Kehren wir zurück an den Fuß des Mont-Auxois. In Anbetracht der Tatsache, daß das caesarische Unternehmen relativ kurz dauerte (einige Wochen höchstens), hätte man eher erwarten können, nur ganz wenige Objekte aus der Zeit der Schlacht zu finden. Oder vielleicht gar keine, doch ganz im Gegenteil!

Die Grabungen des 19. Jhs. haben ein ziemlich reichhaltiges Material geliefert, das jedoch von Ausgräbern jener Zeit stark «gesiebt» wurde, weil man sich damals vornehmlich für «schöne», für eine große Schlacht charakteristische Objekte interessierte. So hat man Waffen und Münzen gesammelt, dagegen militärische Kleinfunde, die sich scheinbar kaum erhalten haben, Amphoren und sonstige Keramik, die für den damaligen Geschmack zu stark zerscherbt waren, vernachlässigt. Ebenso verfuhr man mit Pferdeknochen, die zwar in Massen gefunden wurden, aus Desinteresse aber wieder in die Gräben geworfen wurden, als man diese verfüllte.

Ein großer Teil der Funde stammt offenbar vom Fuß des Mont Réa oder von dessen Hängen. Wenn sich ein Grabungsschnitt als ertragreich erwies, öffnete man den Graben in seiner Länge, um nach weiteren Objekten zu suchen. Auf einem der von Joël Le Gall veröffentlichten Pläne scheint sich ein entsprechender handschriftlicher Vermerk von Napoleon III. zu befinden. Ebenso ging man in der Laumes-Ebene nach der Entdeckung des Silbergefäßes vor oder im Tal der Oze, ohne daß dort aber größere Fundkonzentrationen festgestellt worden wären. Diese Technik war jedoch völlig unsystematisch; im wesentlichen beschränkten sich die Ausgräber des Second Empire darauf, schmale Suchschnitte quer zu den Gräben zu ziehen, eine Methode, die – mit Ausnahme glücklicher Zufälle – keine reiche Fundausbeute versprach. Die am Fuß des Mont Réa eher zufällig entdeckte Konzentration von Waffen wurde von den Ausgräbern Napoleons als ein archäologischer Nachweis der Entscheidungsschlacht interpretiert, wobei man sich auf den Text Caesars berief, der diese Schlacht rund um den Nordhügel lokalisiert (Caesar, *de bello Gallico* VII 83).

Selbstverständlich ist die Ungenauigkeit der Grabungsdokumentation des 19. Jhs. bei der Lokalisierung von Funden zu bedauern. Obwohl in den Tagebüchern von Victor Pernet oder auf den von Paul Millot erstellten Plänen zerstreute und punktuelle Angaben verzeichnet sind, verfügen wir doch – angesichts der Anforderungen moderner Archäologie – nur über eine sehr unvollständige Dokumentation und können uns über die exakte Herkunft der Funde ein nur sehr verschwommenes Bild machen. Dieses Manko ist nicht etwa ein Spezifikum der Grabung von Alise, sondern übliches Procedere in einer Zeit, in der der Begriff des stratigraphischen Befundkontextes noch nicht dieselbe Wertigkeit hatte wie heute.

Die seit 1991 durchgeführten Grabungen haben trotz der

Der sog. silberne «Kantharos»

Der berühmte silberne «Kantharos» wurde im September 1862 von Claude Gros «Lapipe» im äußeren Graben der äußeren Verteidigungslinie in der Ebene von Laumes entdeckt und alsbald nach Saint-Germain übersandt. Es handelt sich um ein sehr schönes Gefäß der späthellenistischen Goldschmiedekunst, das aufgrund rein stilistischer Merkmale zwischen das Ende der Republik und den Beginn der Kaiserzeit datiert werden kann. Es gibt kaum Gründe, an seiner Herkunft zu zweifeln, zumal die Gräben an dieser Stelle von den Ausgräbern Napoleons III. vollständig geleert wurden, um nach einem vermeintlichen Deckel zu suchen. Wir haben die Umstände dieser Grabung selbst überprüfen können. Ein Graffito in oskischer Sprache weist auf einen mittelitalischen Ursprung des Gefäßes hin.

Der Becher mit ovoidem Körper ist mit Myrtenzweigen verziert, die von Bändern zusammengehalten werden. Unter dem Fuß sind drei Graffiti eingraviert: Graffito A ist ein nichtalphabetisches Gewichtsmaß. Graffito B, in griechischer Sprache von rechts nach links geschrieben, ist oskisch-griechischen Ursprungs und gibt den Namen des Künstlers wieder, der wahrscheinlich aus Messina stammte. Der dritte Graffito (C) enthält griechische Buchstaben, denen nichtalphabetische Zeichen folgen. Das Gefäß besteht aus teilweise vergoldetem Silber, der Körper ist getrieben, der Fuß gegossen. H. 18,8 cm; Dm. 11,5 cm; Gew. 450 g. Der untere Teil der Wandung ist beschädigt.

Claude Gros «Lapipe», der das Silbergefäß entdeckte.

Das Silbergefäß im Musée des Antiquités Nationales, Saint-Germain-en-Laye.

Größe der untersuchten Fläche weniger reiches Fundmaterial erbracht. Aber auch das läßt sich leicht erklären.

Im Gegensatz zu dem, was wir uns ursprünglich erhofft hatten, waren die antiken Schichten fast immer durch antike oder rezente landwirtschaftliche Nutzung zerstört worden mit dem Ergebnis, daß das fragmentierte Fundmaterial verstreut in der Humusschicht lag; einzige Ausnahme waren Funde, die in antike Gruben eingebunden waren. So entdeckte man während der Grabungskampagne von 1996 in der Ebene von Grésigny am gleichen Tag eine Lanzenspitze in einer römischen Pfostengrube und eine weitere gleichen Typs an der Oberfläche. So ist erhaltenes Material nicht nur selten, sondern befindet sich zudem in stratigraphischen Lagen, die für die Forschung unergiebig sind und von der eigentlichen Grabung kaum berührt werden. Wissenschaftlich betrachtet wäre es töricht, Tonnen zuvor maschinell abgeschobenen Ackerbodens durchzusieben, um darin archäologische Funde zu entdecken. Einzig die vorausgegangenen Oberflächenprospektionen mit einem Metalldetektor (unter wissenschaftlicher Kontrolle!) erwiesen sich als sinnvoll, weil auf diese Weise genau die Ackerschicht abgesucht wurde, um die sich die Archäologen nicht kümmern können. In den Lagern auf den Höhen wurden so zahlreiches Militärgerät und über zweihundert Münzen zutage gefördert.

Wenn man hingegen ein Grabensegment aushebt, findet man dort eine Materialdichte, die mit der der Grabungen des 19. Jhs. durchaus vergleichbar ist. Da Napoleon III. am Fuß des Mont Réa die Gräben in ihrer Länge öffnen, doch an einigen Stellen die Grabenränder unberührt ließ, bot sich für Susanne Sievers (Römisch-Germanische Kommission) die Gelegenheit, die von den Ausgräbern des Second Empire unbeachteten Grabenverfüllungen zu untersuchen und dabei zahlreiche Pferdeknochen zu bergen. Der Graben von Lager A wurde 1996 nahe des Nordtors auf einer Länge von 15 m geöffnet; dabei wurden eine Serie von Amphorenscherben, eine steinerne Schleuderkugel, vier Pfeilspitzen, drei Geschosse, ein Schwertfragment und einige Kleinfunde gefunden. Die Funddichte ist also mit der des 19. Jhs. vergleichbar, wenn man auf die Tagebücher von Victor Pernet vertraut.

Erinnern wir uns daran, daß das Gelände, in dem die Legionäre Caesars ihre Verteidigungsanlagen errichteten, zuvor nicht etwa unbesiedelt war. Die Soldaten haben bei der Errichtung der Wälle ältere Schichten gestört, die Funde enthielten, die teilweise bis in die Bronzezeit zurückreichen; als dann nach der Belagerung der Verfallsprozeß einsetzte, gelangte dieses Material in die Gräben, so daß wir zum Beispiel im äußeren Verteidigungsring in der Nähe der Kreuzung bei Épineuse bronzezeitliche Scherben vorfanden. Auf dem Berg von Bussy schnitten die caesarischen Linien den Grundriß einer Hütte der Mittellatènezeit; man fand eine Fibel aus der 1. Hälfte des 2. Jhs. v. Chr. auf der Sohle einer römischen Verteidigungslinie. Ansonsten hatten die Archäologen des Second Empire alles gesammelt, was mehr oder weniger mit dem Ereignis der Belagerung in Zusammenhang zu bringen war, ohne daß sie in ausreichendem Maße über die Typologie Bescheid wußten; wenn sie in der Nähe der Gräben vorgeschichtliche Schichten durchstießen, konnte es sein, daß sie keltische Waffen entdeckten, die bedeutend älter als die Belagerung waren, die sie jedoch nicht zu identifizieren wußten.

Die Münzen: Erkenntnisse und Fragen

Die numismatische Sammlung von Alise ist bedeutend. Faßt man sämtliche Fundstellen zusammen, umfaßt der aktuelle Bestand 731 keltische Münzen, von denen 679 nach de La Tour bestimmbar sind, nicht eingerechnet ein Germanus Indutilli; zu der Sammlung gehören noch 164 römische Münzen, darunter 145 republikanische. Zu letzteren übergebe ich das Wort an Laurent Popovitch (L. Popovitch, in: Reddé/von Schnurbein, S. 71–74):

«In der Histoire de Jules César [...] ist angegeben, daß ‹mehr als 600 römische und gallische Münzen› an den unteren Hängen des Mont Réa, ‹im unteren Graben von Lager D› gefunden worden sind. Laut Einleitung zu Anhang C dieses Werkes scheinen sämtliche, im Katalog aufgeführte 619 Münzen, das heißt 134 römische und 485 keltische, aus den Gräben von Lager D zu stammen. Die kaiserliche Veröffentlichung enthält hingegen keine Herkunftsangaben zu diesen Objekten.

Die von Victor Pernet zu Beginn des Jahrhunderts veröffentlichten Grabungsaufzeichnungen besagen, daß eine römische Bronzemünze und vier Silberprägungen ‹in den Schanzgräben und in den Suchschnitten [vor Lager D]› entdeckt sowie 96 römische Münzen ‹in den Gräben von Lager D aufgelesen› worden sind.

Simone Scheers fand im Archiv des Cabinet des Médailles die Arbeitsnotizen von Félix de Saulcy auf, die beim Empfang der Grabungsfunde von Alesia in Paris angelegt worden waren. Diese Notizen bestehen aus Identifizierungen, die mit Herkunftsangaben der verschiedenen Kontingente versehen sind.

– ‹Graben des inneren Belagerungsrings, ungefähr 700 m vom rechten Ufer des Rabutin› (Sendung vom 24/01/1863): 3 Ex.

– ‹Äußerer Verteidigungsring, Ebene von Grésigny› (Sendung vom 24. 1. 1863): 11 Ex.

– ‹Unterer Graben von Lager D› (Sendung vom 24. 1.–31. 8. 1863): 121 Ex. (darunter 1 As)

Insgesamt also 135 Exemplare, die alle aus der Ebene von Grésigny stammen, das größte Kontingent aus dem «inneren Graben von Lager D».

Schließlich geben uns die von Joël Le Gall veröffentlichten persönlichen Aufzeichnungen Victor Pernets genauere Auskünfte zu den römischen Münzen. Sie umfassen Auffindungslisten mit Herkunftsangaben, die teilweise täglich angelegt wurden; danach verteilen sich die 136 Exemplare folgendermaßen:

– Ebene von Grésigny/Umgebung der Oze: 122
– Ebene von Laumes: 11
– Umgebung des Ozerain: 3.

Die Gegenüberstellung der Arbeitsnotizen von Félix de Saulcy und der Inventarlisten von Victor Pernet gibt Anlaß zu mehreren Bemerkungen. Zunächst einmal sind die Summen beider Inventare nahezu identisch mit derjenigen der Histoire de Jules César. Als Zahl ergibt sich nur eine bzw. zwei zusätzliche Münzen. Bei der einen handelt es sich um ein republikanisches As, auf das Félix de Saulcy in seinen Notizen hinweist, in den Sammlungen von Saint-Germain-en-Laye jedoch nicht mehr auffindbar ist. Die zweite ist wahrscheinlich verloren gegangen, gestohlen oder wegen ihres schlechten Erhaltungszustands vernachlässigt worden.

Die Prägezeiten der Münzen aus den kaiserlichen Grabungen reichen von der Zeit des Aufkommens des Denars 212/211 v. Chr. bis kurz vor 52 v. Chr. Die älteste Münze ist ein anonymer Denar, gegen 211 v. Chr. in Rom geschlagen. Die beiden jüngsten Münzen mit dem Namen des Q. Pompeius Rufus stammen aus dem Jahr 54 v. Chr. Vier bei Prospektionen entdeckten Silbermünzen datieren in die Jahre 90, 87, 83 und 56 v. Chr. Die unzialen Asse des 2. Jhs. v. Chr. sind zu abgegriffen, um genauer bestimmt und datiert zu werden (Abb. 155–159).

Zur Umlaufgeschwindigkeit der Silberprägungen sei vermerkt, daß 13 Münzen, also 9,4 % des Gesamtbestands, nach Beginn des Gallischen Krieges in Rom geprägt worden waren, fünf im Jahr 58, drei im Jahr 56, drei im Jahr 55 und zwei im Jahr 54 v. Chr. Die Produktion der Münzstätte Rom erreichte demnach die im Feindesland agierenden Legionen während des gesamten Feldzugs. Zwei Jahre liegen zwischen den jüngsten Prägungen und dem Zeitpunkt der Belagerung. Doch benutzten die Legionäre neben einem kleineren Anteil prägefrischer Denare vor allem deutlich ältere Münzen.

Die Emissionen des 1. Jhs. v. Chr. sind natürlich am stärksten vertreten. Fünf Münzen datieren vor 150 v. Chr., 47 in die 2. Hälfte des 2. Jhs. v. Chr. und 87 in das annähernd halbe Jahrhundert vor der Schlacht von Alesia, ein Verhältnis von

Knochenfunde von Pferden am Fuß des Mont Réa

«Grabungsabschnitt XIX im Bereich der Contrevallation, der von Susanne Sievers (Römisch-Germanische Kommission, Frankfurt) durchgeführt wurde, hat mit insgesamt 1165 Tierresten das umfangreichste osteologische Material geliefert.
Das osteologische Fundgut umfaßt insgesamt 1159 Knochen bzw. Zähne mit einem Gewicht von 12 260 g. Das Material ist insgesamt sehr stark fragmentiert. Wie die frischen Bruchkanten erkennen lassen, ist dieser Umstand zum überwiegenden Teil auf die Bergung der Funde zurückzuführen. Die meisten Knochen dürften im Boden komplett vorgelegen haben. Die bestimmbaren tierischen Reste stammen zum größten Teil von Pferden. Es handelt sich dabei um 440 Knochen bzw. Zähne mit einem Gewicht von 10 660 g. Lediglich sechs Fundstücke stammen von anderen Tierarten, und zwar fünf vom Rind (vier Zähne, ein Hornzapfenbruchstück) und eins (Phalanx 2) vom Wildschwein (*Sus scrofa*). Das relativ reichhaltige Material aus dem Grabenzug von Fläche XIX gibt uns ausschnittartig einen Einblick in die bei dieser Schlacht als Reitpferde verwendeten Tiere. Wie die Altersanalyse zeigen konnte, waren die meisten Tiere im Alter zwischen 5 und 10 Jahren und standen somit im besten Nutzungsalter. Dies erklärt auch das gänzliche Fehlen von typischen Verbrauchs- bzw. Überlastungserscheinungen am Postcranialskelett dieser Individuen. Männliche Tiere scheinen unter den hier dokumentierten Pferden überwogen zu haben. Die Bevorzugung junger Hengste als Reitpferde der Krieger, wie sie sich für Alesia abzuzeichnen scheint, findet eine Parallele in dem Fundmaterial von Krefeld-Gellep, einem Bestattungsplatz der Bataverschlacht von 69 n. Chr. Beachtlich ist die Größenvariation der Pferde von Alesia, für die sich eine Spanne von 115–160 cm angeben läßt. Welche Größen auf gallische bzw. römische Pferde zu beziehen sind, ist eine Frage, die nicht sicher beantwortet werden kann. Orientiert man sich an Angaben zur Widerristhöhe keltischer und römischer Pferde, dann ist man geneigt, die kleineren Tiere gallischen Pferden und die sehr großen Tiere römischen Pferden zuzuordnen. Eine weitergehende Zuweisung läßt das Fundmaterial allerdings nicht zu, zumal hier noch zu berücksichtigen ist, daß sich unter den Pferden von Alesia als mögliche dritte Komponente noch solche von germanischen Hilfstruppen befinden können.»

(N. Benecke, in: Reddé/von Schnurbein II, S. 373–376)

Gebrauchskeramik und Amphoren

Das in Alesia zusammengetragene keramische Material ist relativ bescheiden, was nicht ungewöhnlich ist, wenn man die Kürze der Fundplatzbelegung in Rechnung stellt. Dasselbe Phänomen läßt sich in zahlreichen Limeslagern beobachten, sofern sie nur sehr kurze Zeit genutzt wurden.
«Importkeramik fehlt nahezu vollständig», schreibt Philippe Barral. «Zu erwähnen sind lediglich ein spätrepublikanischer Krughenkel aus Lager B und zwei Scherben campanischer Ware, die man in der Ebene von Grésigny fand, deren Zusammenhang mit der Belagerung aber nicht unbedingt gesichert ist.
Die einheimische Keramik setzt sich zu etwa gleichen Teilen aus handgefertigter Grobkeramik und feiner bis mittelfeiner Drehscheibenware zusammen, deren technische und morphologische Merkmale eindeutig auf eine lokale oder mikroregionale Herkunft hinweisen [...] Insgesamt läßt sich eine sehr einheitliche Kombination von Formen und technischen Kategorien feststellen, die in kultureller wie chronologischer Hinsicht einer frühen Latène D2-Fazies der Fundplätze im Auxois entspricht. Dies beweist, daß die Truppen Caesars während und kurz nach der Belagerung keramisches Geschirr fast ausschließlich mikroregionaler Provenienz benutzten. Im Zusammenhang mit einer Armee im Feld sollte uns diese im wesentlichen lokale Versorgung nicht weiter verwundern.
Amphoren stellen unbestritten die am besten vertretene Keramikkategorie dar. Fragmente von Dressel 1-Amphoren kamen in den ausgedehnten Grabungsflächen systematisch zutage. Mitunter stellen sie das einzige keramische Material dar, das man mit den Ereignissen der Belagerung in Verbindung bringen kann. In den meisten Fällen handelt es sich um fragmentierte und verlagerte Einzelfunde in den oberen Schichten, die die caesarischen Strukturen überlagern beziehungsweise ausfüllen. Die Grabungen in den Lagergräben (insbesondere von Lager A) und gewissen Segmenten der Schanzlinien (äußere Verteidigungslinie bei Grésigny) belegen das Vorhandensein punktueller Konzentrationen von Amphorenscherben, die in der Regel mit anderen Materialgruppen (tierischen Resten, Metall, Gebrauchskeramik) vermischt sind. Dieses zum weitaus größten Teil zerscherbte Material läßt sich kaum mehr rekonstruieren [...]. Ein nahezu vollständig erhaltener, vor Ort zerbrochener Amphorenkörper auf der Sohle von Graben 4 des Lagers A ist zwar ein Ausnahmefall, bestätigt aber die von den Ausgräbern des Second Empire gemachten Angaben, die mehrfach von der Entdeckung bedeutender Amphorendepots in den Gräben, auch von nahezu vollständig erhaltenen Exemplaren berichten.
Die Untersuchung der Scherben ergab eine recht große Vielfalt an Tonqualitäten, was eindeutig für eine Herkunft aus unterschiedlichen Werkstätten spricht. Neben den Gruppen von Tonarten unbekannter Herkunft finden sich zwei besondere Kategorien, die bestimmten Regionen Italiens zugeordnet werden können. Eine Gruppe eines mit weißlichen Kalkkörnchen durchsetzten, weinhefefarbenen Tons ist Werkstätten der Region von Albinia in Etrurien zuweisbar, während eine zweite Gruppe, die durch Tone mit vielen vulkanischen Einschlüssen charakterisiert ist, zweifelsohne campanischen Ateliers zugeordnet werden kann. Das Vorkommen etruskischer Erzeugnisse ist außerdem durch einen aus zwei Buchstaben bestehenden Stempel belegt. Neuere Untersuchungen haben den beachtlichen Anteil dieser beiden Regionen für die Weinversorgung des transalpinen Galliens schon seit Latène D1 bewiesen.
Unter typologischen Gesichtspunkten läßt sich anhand der verschiedenen erfaßten Formelemente das Phantombild einer Amphorenvariante erstellen, die – nach den zur Verfügung stehenden Kriterien – der Form Dressel 1B entspricht.» (P. Barral, in: Reddé/von Schnurbein, S. 107–109)

3,7/31,3/64,9 %.» Von all dem konnten die Numismatiker des 19. Jhs. nichts wissen; diese Tatsache spricht für die Zuverlässigkeit des Münzbestandes von Alise (Abb. 165).

Der Anteil arvernischer Münzen im Bestand von Alise stellt wegen der relativen Entfernung zum eigentlichen Prägeort sicherlich eine Anomalie dar, die sich aber im Kontext dieser Belagerung erklären läßt, bei der die Soldaten des Vercingetorix eine wesentliche Rolle spielten. Weiterhin sind zwei Goldstatere mit dem Bildnis des obersten Befehlshabers der gallischen Armee und vier Bronzestücke gleichen oder ähnlichen Typs zu erwähnen; außerdem zwei andere Statere (aus Bronze), die später in die Sammlung des Cabinet des Médailles gelangten. Somit sind insgesamt acht der sehr seltenen Vercingetorix-Münzen in Alise gefunden worden. Es sei auch auf den relativ hohen Anteil an Münzen hingewiesen, die gemeinhin den Stämmen Mittel- und Ostgalliens zugeschrieben werden, Sequanern, Häduern, Senonen, Biturigern, Carnuten und Lingonen. Sehr schwach vertreten sind hingegen bel-

Abb. 155 – 159
Römische Silberdenare aus den caesarischen Schanzwerken rund um Alesia. Man begegnet hier allen großen Familien der Republik. Die numismatische Sammlung von Alesia bietet eine gute «Momentaufnahme» des Münzumlaufs im Jahr 52 v. Chr.

gische Münzen, ebenso Prägungen aus Armorika oder dem Südwesten. Allerdings sind Obole aus Marseille gut repräsentiert im Geldbeutel eines Legionärs, der aus dem Süden kam, und völlig normal (Abb. 160 – 164).

Diese bunt zusammengewürfelte Sammlung ist einerseits stark vom Zufall der Auffindung geprägt, andererseits trotzdem aussagekräftig, besonders wenn man sie im Kontext des römischen Fundmünzenbestandes betrachtet: Wir befinden uns an einem Fundplatz, dessen letzte republikanische Münze aus dem Jahr 54 v. Chr. stammt; der Anteil arvernischer Münzen, darunter mehrere mit dem Bildnis des Vercingetorix, ist recht beachtlich. Ein Großteil der übrigen Münzen (Häduer, Senonen, Bituriger, Karnuten, Lingonen) stammt aus Gegenden, durch die die Legionäre marschiert waren oder in denen sie gekämpft hatten (Abb. 166). Solche findet man auch in den römischen Lagern und kann sie vielleicht mit Plünderungen in Vellaudunum, Cenabum und Avaricum in Zusammenhang bringen.

Abb. 160 – 164 Keltische Münzen aus den römischen Schanzwerken rund um Alesia.

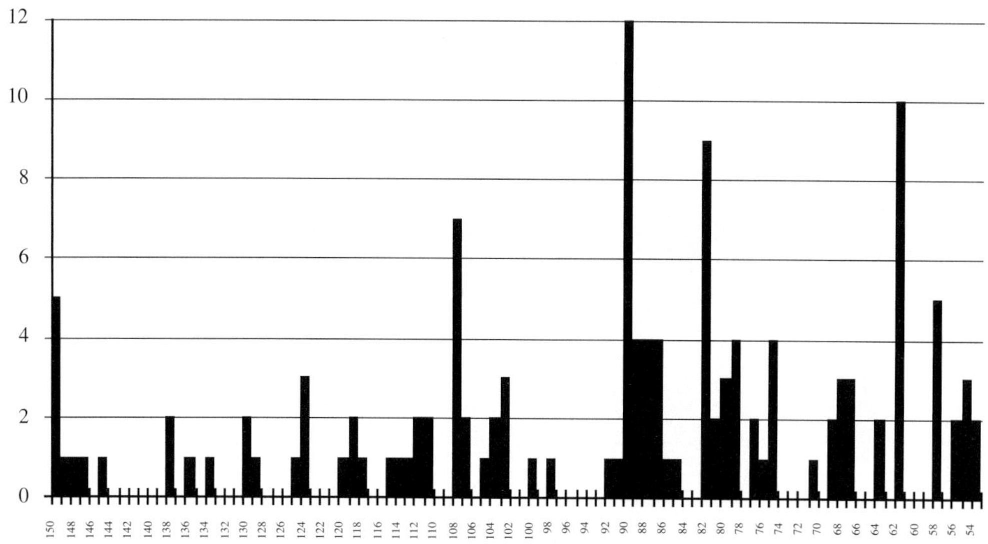

Abb. 165 Frequenzanalyse römischer Münzen aus den caesarischen Schanzwerken rund um Alesia.

	Gold		Elektrum		Silber		Kupfer		Potin		Total
	MAN	Andere	MAN	Andere	MAN	Andere	MAN	Andere	MAN	Andere	
Arverner	4	2			24	1	72	16			**119**
Sequaner					72	19			6	3	**100**
Haeduer					67	9	4	1	2	5	**88**
Senonen							7	24	32	5	**68**
Biturigen			4		6		12	21		15	**58**
Karnuten							29	25			**54**
Karnuten		1					13	23	1		**38**
Lingonen					7	2		3	13	7	**32**
Osten Gallien					19						**19**
Piktonen			1		10	2		1			**14**
Ostgallien					13	1					**14**
Leuker					7	4			2		**13**
Massilia					1	9	1	2			**13**
Turonen									2	6	**8**
Suessonen							1	6			**7**
Mälain									4	1	**5**
Petrukorier					5						**5**
Remer						1	2			1	**4**
Lemoviken					3						**3**
Untere Seine					1	2					**3**
Rhonetal					2						**2**
Kreuzmünzen					1	1					**2**
Rutener					1						**1**
Arekomiker								1			**1**
Cavarer					1	1					**2**
Veliokassen								1			**1**
Melder								1			**1**
Atrebaten					1						**1**
Nervier										1	**1**
Atuatuker								1			**1**
Treverer		1									**1**
Total	4	4	5		240	50	142	128	62	44	**679**
Gesamtsumme	**8**		**5**		**290**		**270**		**106**		**679**

Abb. 166 Tabelle der keltischen Münzen aus den caesarischen Schanzwerken rund um Alesia (MAN = Musée des Antiquités Nationales, Saint-Germain-en-Laye; Andere = durch Sondierung und aus den letzten Grabungen aufgenommene Münzen. Die Zählung bezieht sich nur auf jene, die identifizierbar waren).

Gallische, römische und germanische Waffen

So überraschend dies auch klingen mag, wissen wir über die Bewaffnung des römischen Legionärs um die Mitte des 1. Jhs. v. Chr. äußerst wenig. Dieses Informationsdefizit ist auf verschiedene Faktoren zurückzuführen: Mangel an modernen Grabungen in republikanischen Militärstützpunkten; weitgehendes Fehlen ikonographisch aufschlußreicher Denkmäler jener Zeit, besonders an Grabstelen; schließlich die Gewohnheit der Legionäre, Anleihe bei den besten Bewaffnungselementen ihrer Feinde zu machen. Deshalb ist es für diese Periode ausgesprochen schwierig, gallische von römischen Helmen, Pfeilspitzen oder manchen Lanzenspitzen zu unterscheiden.

Unter diesen Umständen ist die Entdeckung eines so umfangreichen Bestandes an keltischen und römischen Waffen in Alise, an einem Fundplatz, der durch die Ereignisse des Jahres 52 v. Chr. so gut zu datieren ist, ein außergewöhnlicher Glücksfall. Glücklicherweise stehen etliche große keltische Waffenensembles zur Verfügung, die gut datiert sind und als Vergleich zu den Funden im Auxois herangezogen werden können: zum einen der iberische Fundort Osuna – also nahezu gleichzeitig mit Alesia – sieben Jahre nach dem Gallischen Krieg Schauplatz einer Schlacht zwischen Caesar und den Söhnen des Pompeius wurde; außerdem das große Gräberfeld von Wederath-Belginum (Rheinland-Pfalz) mit einer sich über mehrere Jahrhunderte erstreckenden Chronologie, anhand derer sich die typologische Entwicklung der Bewaffnung in den spätlatènezeitlichen Gräbern rekonstruieren läßt; dann der schweizerische Fundort Port und zuletzt das große Oppidum von Manching in Bayern. Die sehr eingehenden Untersuchungen dieser verschiedenen, gut datierten Fundkomplexe lassen den Schluß zu, daß – entgegen mancher Behauptung – die Waffen von Alise zeitgleich mit dem Gallischen Krieg sind. Zudem können wir davon ausgehen, daß die von Napoleon III. zusammengetragene Sammlung unverfälscht auf uns gekommen ist, da Vergleichsfundplätze damals noch unbekannt waren und man bronzezeitliche und spätlatènezeitliche Waffen leicht verwechselte, wie im Fall der Entdeckung von Épineuse. Man konnte sogar keltische kaum von merowingerzeitlichen Waffen unterscheiden.

Der Waffenbestand von Alise ist umfangreich und umfaßt neben den erwähnten Annäherungshindernissen hauptsächlich

– Schildteile, im wesentlichen gallisch (Schildbuckel und Randbeschläge)

– eine Reihe von Helmen und Helmfragmenten, vor allem gallisch

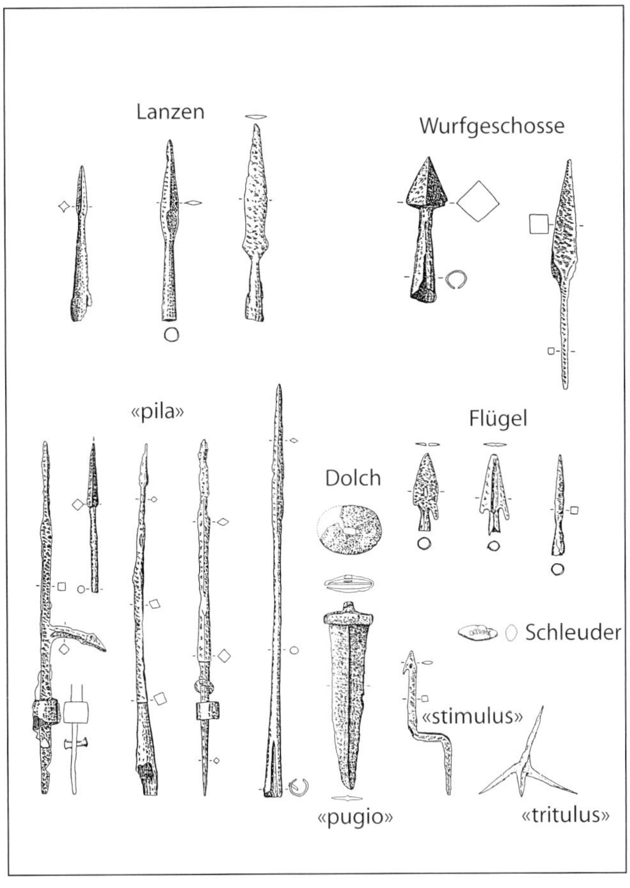

Abb. 167 In Alesia vorgefundene römische Waffen.

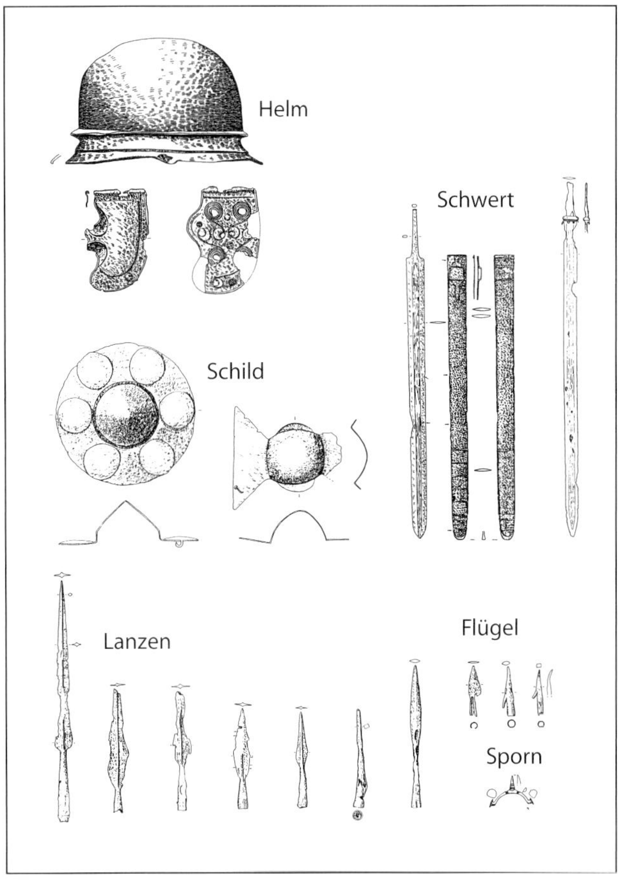

Abb. 168 In Alesia vorgefundene gallische Waffen.

Schuhnägel

Nägel von Legionärsschuhen (*caligae*) finden sich in Alesia außerordentlich häufig. Die Funktion dieser Objekte ist aufgrund des Vergleichs mit dem Fundmaterial anderer Militärstandorte wohlbekannt. Diese Nägel – bis zu 70 Stück pro Schuh – «bewehrten» im wahrsten Sinne des Wortes die Sohle der *caliga*, gingen aber auch recht leicht verloren. Die Schuhnägel von Alesia haben die Besonderheit, auf der Unterseite eine reliefierte «Verzierung» zu besitzen, die bislang kaum beobachtet wurde. Man kann die Stücke in vier große Kategorien unterteilen: Typ A ist ohne Verzierung. Typ B besitzt ein geometrisches Muster, entweder ein Kreuz (vier Speichen) oder ein Sternchen (acht Speichen); Exemplare mit drei beziehungsweise sechs Speichen sind jeweils nur einmal belegt. Der dritte Typ C ist mit vier bis sieben runden Buckelchen verziert. Unter dem vierten Typ D werden Exemplare zusammengefaßt, bei denen die drei- oder vierspeichige Verzierung mit einem bis vier Buckelchen kombiniert ist. Dieser Typ mit der Variante von vier Buckelchen ist bei den Prospektionen und Grabungen in Alesia am häufigsten zutage gekommen. Seit der jüngsten Veröffentlichung dieser Objekte wurde auf eine Reihe weiterer Vorkommen an verschiedenen Militärstandorten Galliens hingewiesen, so im Süden und in Puy-d'Issolu, das mit dem caesarischen Uxellodunum identifiziert wurde.

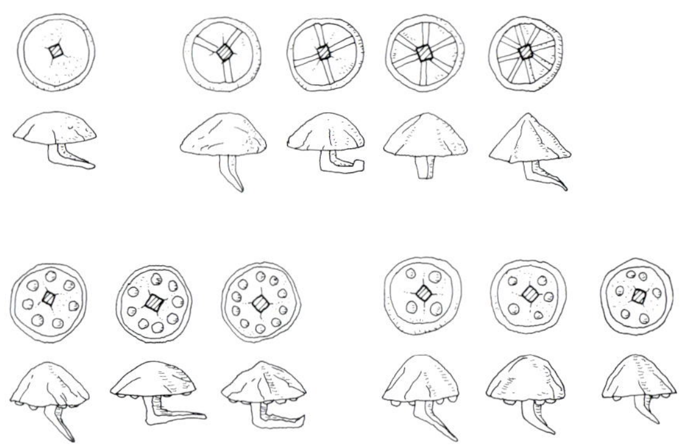

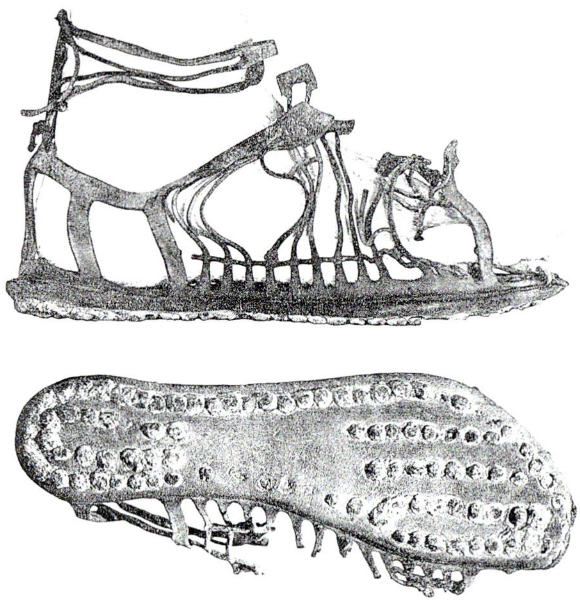

Beispiele in Alesia gefundener römischer Schuhnägel. Während der Grabung kamen tausende zutage; man kann sie mit denen der *caligae* vergleichen, die an anderen römischen Fundstätten, z. B. Valkenburg (Abb. rechts), gefunden wurden.

– eine große Serie von Schwertern, sicher keltisch
– zahlreiche Eisenspitzen von Stoß- und Wurfwaffen, keltisch und römisch
– zahlreiche Pfeilspitzen, vor allem keltisch
– Katapultgeschosse, römisch
– Schleuderkugeln, römisch
– Schwert- und Dolchteile, römisch
– Steingeschosse, römisch (Abb. 167. 168)

Schließlich noch ein wirklich interessantes Detail im Kontext einer Schlacht, an der germanische Reiter teilgenommen haben: Die Sammlung von Alise enthält verschiedene Schildfragmente höchstwahrscheinlich germanischer Herkunft, nämlich metallene Schildbuckel (zentraler Beschlag, der Schüsse ablenken und die Hand des Schildträgers schützen sollte) mit akzentuiertem Mitteldorn (sog. Stangenschildbuckel).

Susanne Sievers (RGK), die diesen bedeutenden Waffenbestand einer minutiösen Untersuchung unterzogen hatte, versuchte die Bewaffnung der Soldaten beider Lager zu rekonstruieren: «Bei einem Blick auf die Reste der römischen Ausstattung wird schnell klar, daß, von wenigen Ausnahmen abgesehen (*pugio*), Fernwaffen (Schleuderbleie, Steingeschosse, Katapultspitzen, Pfeilspitzen, *pilum*- und Speerspitzen) dominieren (Abb. 169). Von den ebenfalls vorauszusetzenden Schutzwaffen und Schwertern können wir annehmen, daß sie nach der Schlacht zusammengelesen worden sind. Hinzu kommen diverse Annäherungshindernisse. Dieses Bild stimmt gut mit der Konzeption der caesarischen Belagerungslinien überein, die besonders im Fall stark gefährdeter Partien ihrer Befestigungswerke tief gestaffelte Annäherungshindernisse vorsahen. All dies zielte darauf ab, den zahlenmäßig überlegenen Feind erst gar nicht an sich herankommen zu lassen. Immerhin reichten die Bleigeschosse maximal über 200 m weit und konnten auf kürzere Entfernungen treffsicher eingesetzt werden. Ähnliche beziehungsweise noch größere Reichweite hatten die mechanischen Wurfvorrichtungen, mit deren Hilfe womöglich Steinkugeln oder massive Vierkantspitzen befördert wurden. Daneben sind feste, weitreichende Bögen zu erwähnen, mit denen man zum Beispiel Kompositpfeile abschoß, sowie die normalen Bögen für die üblichen Tüllenpfeilspitzen. Und auch Speere und *pila* erreichten Wurfweiten von bis zu 30 m, mit Hilfe einer Wurfschlinge konnten Speere sogar bis zu 80 m weit geschleudert werden. Der anstürmende Feind sollte zunächst einmal mit kleineren Projektilen, denen er nur schwerlich ausweichen konnte, aufgehalten beziehungsweise in Verwirrung gestürzt werden. Derartige Waffen wirkten mehr durch ihre Wucht, als daß sie ihr Ziel durch Stich- oder Schnittwunden verletzten. Da sie weit ins Vorfeld der römischen Verteidigungsanlagen zielten, gehören sie logischerweise zu den seltenen Funden in Alesia. Bei den Exemplaren, die in den Gräben der Contre- oder Circumvallation gefunden wurden, handelt es sich vermutlich entweder um vom Feind zurückgeschleuderte Waffen oder um solche, die direkt auf den das *vallum* bedrohenden Feind gerichtet waren. Doch bevor der Feind dieses Ziel erreichte, mußte er ganze mit *stimuli* und *tribuli* verminte Felder durchqueren und an manchen Stellen einen Doppelgraben überwinden, vor allem für die Reiterei ein wirksames Hindernis. Nun aber befand er sich bereits in relativ geringer Entfernung zur römischen Verteidigungslinie, von der aus gezielt Pfeile, Speere und *pila* eingesetzt wurden, die in unserem Fundstoff schon etwas häufiger vertreten sind. Erst im Nahkampf kamen *gladius* und *pugio* zum Einsatz.

Ganz anders stellt sich die Situation bei den Galliern dar (Abb. 170. 171). Selbstverständlich spielten auch bei ihnen

Abb. 169
Uniformen und Waffen der caesarischen Armee, rekonstruiert von P. Connolly.

Fernwaffen eine große Rolle, wie wir an der großen Menge von Pfeilspitzen aus den Gräben erkennen können. Wir wissen u. a. von Caesar, daß sie Leichtbewaffnete zwischen der Reiterei platzierten (Caesar, *de bello Gallico* VII 80 3). Mit Sicherheit wurde das Inbrandsetzen der römischen Linien angestrebt, Ziel waren die hölzernen Türme und die Brustwehr sowie das aus Rasensoden aufgeführte *vallum*. Abgesehen von den Schilderungen Caesars lassen auch bestimmte Arten einflügeliger Pfeilspitzen diese Vermutung zu. Massive schmale Vierkantspitzen mit Tülle waren auch den Kelten geläufig, so daß wir ebenso wie bei den Römern die Verwendung schwerer Bögen voraussetzen können. Bevor jedoch Speere zum Einsatz kamen, mußte man näher an die Verteidigungslinien heranrücken. Entspricht dieses Bild noch dem von der Gegenseite bekannten, so ist mit der Verwendung der Lanze ein deutlicher Kontrast festzustellen. Die keltische Lanze, in Alesia meist mit wohl magischen Zeichen verziert, taugte vor allem in ihrer langen Spielart kaum zum Wurf, da bei einem ungezielten Einsatz die Spitze, die überraschenderweise zum Teil hohl gearbeitet war, leicht abbrechen konnte, wenngleich eine Mittelrippe oder ein rhombischer Querschnitt zu ihrer Stabilisierung beitrug. Zahlreiche Fragmente sprechen hier eine deutliche Sprache. Die Lanze kam deshalb sicherlich vor allem im Nahkampf zum Einsatz und war auch für die Reiterei geeignet. Sie fügte tiefe, lebensgefährliche Fleischwunden zu und war auch für das gegnerische Pferd gefährlich. Die kürzeren Exemplare waren, wie zahlreiche Blessuren zeigen, unter anderem gut zum Hieb und zum Fechten geeignet. Man

Abb. 170 Gallische Reiter, rekonstruiert von P. Connolly.

möchte sie als eine Art Vielzweckwaffe bezeichnen. Zu diesem Bild paßt eine andere keltische Hauptwaffe, das Schwert, das, wenngleich im Einzelfall eine ausgeprägte Spitze aufweisend, doch nach wie vor in erster Linie für den Hieb geeignet war. Wenn man auch nicht bei den langen Exemplaren ausschließlich von Reiterwaffen sprechen möchte, passen sie dennoch ausgezeichnet zu einem Bild, das von einer sehr großen Bedeutung der keltischen Reiterei ausgeht. Hier fassen wir einen deutlichen Unterschied zur römischen Ausrüstung, wo das Schwert vor allem zum Zustechen diente, allerdings gleichermaßen für den Hieb geeignet war.» (S. Sievers, in: Reddé/von Schnurbein, S. 178 – 179)

Generell kann das rund um Alise zutage geförderte Fundmaterial (Grabungen des 19. Jhs. und Untersuchungen von 1991 – 1997) perfekt in den chronologischen Rahmen eines militärischen Ereignisses eingeordnet werden, das sich um die Mitte des 1. Jhs. v. Chr. abspielte. Dies ist für einen Fundplatz ausschlaggebend, dessen Identifizierung aufgrund von Überlegungen, die sich nur auf einen winzigen Ausschnitt der Gesamtdokumentation berufen, ständig bestritten wird. Die geringen Ungenauigkeiten einiger Inventarlisten des Second Empire dürfen nicht ablenken von den chronologischen Fakten, die seitens der Fachleute auch keinerlei Kritik erfahren. Die Tatsache, daß dieses Fundmaterial von einem Schlachtfeld stammt, in dessen Bereich man unbestreitbar römische Militäranlagen um ein keltisches Oppidum feststellte, das den Namen Alisiia (Alesia) trug, läßt diese Funde in einem ganz eigenen Licht erscheinen.

Abb. 171 Gallische Infanteristen, rekonstruiert von P. Connolly.

Abb. 172
«Weinendes Gallien»: Denar mit der Darstellung eines gefangenen Barbaren und der «carnyx» (keltische Bronze-Trompete), der 48 v. Chr aus Anlaß des Sieges von Caesar über Gallien geprägt wurde.

Fragen und Antworten

Fast immer werden mir im Anschluß an meine Vorträge über Alesia in Frankreich dieselben Fragen gestellt. Ich werde versuchen, diese hier zusammenzufassen und darauf zu antworten, wobei ich mir bewußt bin, daß es nicht leicht ist, komplexe Argumentationen, die vielfältige Sachverhalte berücksichtigen müssen, in einfache Worte zu fassen.

Nach den Grabungen des Second Empire zeigen die jüngsten Untersuchungen, daß es rund um Alise-Sainte-Reine einen weitläufigen römischen Militärkomplex gab. Welches ist aber das entscheidende Argument, diesen Fundplatz mit Alesia zu identifizieren? Ist es nicht denkbar, daß Alesia an einer völlig anderen Stelle zu lokalisieren ist und daß wir es hier, rund um den Mont-Auxois, mit einer Schlacht zu tun haben, die in den Texten nicht erwähnt wird?

Jede «experimentelle Wissenschaft» – und eine solche ist die Archäologie – kann eine gewisse Anzahl objektiver Fakten herausstellen. Diese enthalten jedoch oft keine eindeutige Aussage, sondern bedürfen immer einer Interpretation, einer Entzifferung; das ist die Eigenheit wissenschaftlicher Arbeit. Ebenso wie ein Arzt anhand eines Röntgen- oder Ultraschallbildes fähig ist, die klinischen «Zeichen» einer Krankheit von Tausenden «normaler» Befunde zu unterscheiden, verfügt der Archäologe über ausreichend Berufserfahrung, Erklärungen für die im Boden beobachteten Phänomene zu finden. Diese beweisen aber aus sich selbst heraus und isoliert betrachtet noch nichts. Der «wissenschaftliche Beweis» resultiert aus der netzartigen Verknüpfung unterschiedlicher Fakten, die nach strengen Maßstäben dokumentiert und von jedermann kontrollierbar sind, sowie aus intellektuellen Erwägungen, die sämtliche Faktoren berücksichtigen und alle verfügbaren Disziplinen – und nicht nur einige – einbeziehen. Der «wissenschaftliche Beweis» ist also nichts anderes als das Ergebnis von Erfahrungen und Erkenntnissen. Das Absolute existiert in der Archäologie ebenso wenig wie in der Teilchenphysik, deren Grenzen sich ständig ausdehnen.

Um auf den Fall Alesia zurückzukommen: Für sich allein genommen liefert keines der herangezogenen Argumente einen ausreichenden Beweis, daß Alise tatsächlich der Ort sei, an dem sich Caesar und Vercingetorix gegenüberstanden. Greifen wir sie nacheinander nochmals auf.

– Die Toponymie. Die Tatsache, daß Alise in der Antike den Namen Alisiia trug, stellt keinen entscheidenden Beweis dar. Die Gegner dieser These haben nicht Unrecht, wenn sie behaupten, daß verschiedene Orte mit gleichem Namen existiert haben könnten.

Gelegentlich wurde vermutet, daß Alisiia wegen der abweichenden Schreibweise nicht das caesarische Alesia sein könne. Dabei wird wissentlich übersehen, daß die Schreibung antiker Eigennamen nur selten gesichert ist. Denken wir zum

Beispiel an die geographischen Bezeichnungen bei Ptolemaios und vergleichen sie mit dem Itinerarium Antonini oder der Tabula Peutingeriana. Ein einziges Beispiel illustriert diesen Sachverhalt besser als alle tiefschürfenden Argumente: So erwähnt Plinius der Ältere (*naturalis historia* V 2) «Zilil», eine Stadt im nordmarokkanischen Mauretanien, die bei Strabon (III 1,8) «Zelis» und bei Ptolemaios (IV 1,7) «Zilia» genannt wird. Jüngste epigraphische Entdeckungen haben diese Debatte zugunsten von Plinius entschieden. Der Streit um den Namen Alisiia/Alesia ist jedenfalls nicht ernst zu nehmen.

– Die mittelalterliche Überlieferung. Das Alter der Lokalisierung ist an sich kein Argument. Héric d'Auxerre hätte die Gleichung «caesarisches Alesia = Alesia im Auxois» erfunden haben können; solche gelehrten Gleichungen sind häufig.

– Die Topographie des Fundplatzes. Sie ist wesentlich besser mit dem caesarischen Text in Einklang zu bringen als behauptet, doch genügt dies nicht, daraus eine Gewißheit abzuleiten. Andere Fundplätze besitzen ebenfalls gute Parallelen zu den Elementen des «Phantombilds»; als alleiniges Kriterium beweist dies aber nichts.

– Die römischen Schanzwerke rund um den Mont-Auxois. Im Gegensatz zu dem, was von manchen behauptet wurde, handelt es sich dabei keineswegs um eine «Erfindung» des Second Empire, um eine großartige Fälschung. Ebenso können sie aber auch nicht direkt und ohne kritische Prüfung den caesarischen Ereignissen zugeordnet werden. Sie müssen zur Datierung der Funde und zur caesarischen Beschreibung passen.

– Das Fundmaterial. Auch dieses wurde bestritten, diskutiert und gelegentlich geleugnet. Das Vorhandensein von Waffen und Münzen ist kein Beweis per se. Es gibt auch andere Fundplätze (Heiligtümer zum Beispiel), an denen man identisches Material finden kann. Hingegen ist absolut sicher, daß dieser Komplex um die Mitte des 1. Jhs. v. Chr. datiert, nicht etwa gallorömisch oder gar merowingisch ist, wie noch jüngst in völliger Unkenntnis der Sachlage behauptet wurde.

Keines dieser Elemente ist also, für sich allein genommen, entscheidend. Doch stellen die Indizienkette, die Aneinanderreihung von Argumenten und ihre gegenseitige Ergänzung ein beeindruckendes, in der Archäologie selten anzutreffendes Phänomen dar. Wir befinden uns im Bereich eines gallischen Oppidums, das in der Spätlatènezeit genutzt wurde und «Alisiia» hieß und dessen Verteidigungsanlagen, darunter ein *murus gallicus*, nach und nach archäologisch greifbar werden. Der Fundplatz ist umgeben von Hügeln gleicher Höhe wie das Oppidum, auf denen unbestreitbar römische Lager installiert waren, die durch charakteristische Schanzwerke gekennzeichnet sind. Die Gesamtanlage wird durch zwei befestigte Linien vervollständigt; die eine wurde errichtet, um jeglichen Ausbruch aus dem Oppidum zu verhindern, die andere war gegen den von außen heranstürmenden Feind gerichtet. Vor dem Oppidum, im Westen, befindet sich eine große Ebene, deren Ausmaße exakt der Beschreibung Caesars entsprechen; in nördlicher Richtung ein Hügel, der in der Tat nur unvollständig erforscht ist. Sämtliche Anlagen liefern militärisches Fundmaterial römischer, keltischer oder gar germanischer Provenienz, das um die Mitte des 1. Jhs. v. Chr. zu datieren ist, ebenso Amphoren dieser Zeit und ein beeindruckendes numismatisches Korpus mit römischen Münzen, deren Prägezeit genau vor dem Jahr 52 v. Chr. endet; innerhalb der keltischen Fundmünzen stellen die arvernischen Stücke den Hauptanteil, und wir haben Schleuderkugeln mit dem Namen des Labienus. Ist ein solcher Fundplatz nicht das caesarische Alesia, schlägt uns der Zufall ein wirklich übles Schnippchen und man müßte allem, was mit Archäologie zusammenhängt, in Zukunft abschwören. Gewiß, ein kleiner Unsicherheitsfaktor bleibt, aber er ist verschwindend gering. Jedenfalls verfügt man über wesentlich mehr Indizien, um zu behaupten, daß Alise mit Alesia identisch ist, als es bei der Lokalisierung von Troia oder Mykene der Fall ist; und trotzdem gibt es dort keinen Streit! Wenn der Mont-Auxois nicht Alesia ist, welchen geeigneteren Fundplatz mit besseren Argumenten hätten wir dann? Bis zum Beweis des Gegenteils bleibt die Archäologie hierzu stumm.

Wie erklären sich unter diesen Umständen die zwischen der Beschreibung Caesars und den Grabungsergebnissen bestehenden Abweichungen?

Zwischen der Beschreibung Caesars und dem Grabungsbefund bestehen gewisse unvermeidbare Abweichungen, die ich immer wieder betont habe, die andererseits aber geringfügig und durchaus erklärbar sind, sofern man den Text eines Schriftstellers, wie berühmt er auch sein mag, nicht wie ein Religionsbuch voller absoluter und unantastbarer Wahrheiten außerhalb jeder historischen Kritik einstuft.

Erinnern wir uns: Daß die topographischen Gegebenheiten des Mont-Auxois harmonieren perfekt mit dem Text des Prokonsuls. Selbst die Debatte um den Nordhügel ist sinnlos. Der Mont Réa ist nordwestlich des Zentrums von Alise gelegen; dieses war mit Sicherheit nicht die Orientierungsachse Caesars, sondern die Ebene von Laumes, wo sich ein beachtlicher Teil der römischen Anlage befindet, und die genau nördlich der Mont Réa liegt.

Die Bauweise der Linien und der Verteidigungssysteme verdient hingegen eingehendere Betrachtung, zumal die Variationsbreite der römischen Anlagen bis zu den jüngsten Ausgrabungen nicht detailliert beobachtet wurde.

Rund um den Mont-Auxois hat die römische Armee einen riesigen Verteidigungskomplex errichtet, der – aneinandergereiht – sich über etwas mehr als 40 km in sehr unterschiedlichem geologischen und topographischen Kontext erstreckt.

Es ist normal, daß man hier Steine, dort Grassoden benutzte und anderswo Wälle mit Verblendungen errichtete – je nach den Notwendigkeiten und Möglichkeiten, die das vor Ort anstehende Material bot. Es ist normal, daß die Verteidigung an besonders bedrohten Punkten verstärkt, an den sichersten Stellen, vor allem in den Tälern, dagegen verringert wurde, wo ein Angriff vom Hang des Hügels seitens der Gallier kaum sinnvoll gewesen wäre. Es ist auch völlig normal, daß man bestrebt war, die Systeme der Annäherungshindernisse zu variieren, um den mit diesen Techniken nicht vertrauten Feind zu überraschen, der leicht geeignete Gegenmittel finden konnte. Die genaue Untersuchung der entdeckten Bauwerke zeigt, daß sie perfekt an die Kriegstechnik jener Zeit angepaßt waren und den Vorschriften der Theoretiker folgten. Für einen antiken Autor allerdings, der sich auf seine Eleganz und seinen guten Geschmack etwas einbildete und seinen Text nicht mit Illustrationen ausstatten konnte, wäre eine ausführliche, detaillierte Beschreibung der verschiedenen Verteidigungssysteme vor Ort nicht nur unnötig zum Verständnis des Gesamten gewesen, sondern sogar verhängnisvoll: Klarheit mußte herrschen, wollte man die bestandenen Gefahren, die Verdienste der Soldaten und das Genie ihres Befehlshabers herausstellen. Der Autor des berühmten *veni, vidi, vici* war nicht der Mann, der sich in langen, unbedeutenden und müßigen Beschreibungen über die Verteidigung rund um Alesia erging, die jeder Soldat – und jeder Römer war ein Soldat – mit wenigen Worten verstand, weil es sich um geläufige Techniken handelte. Die Beschreibung Caesars ist demnach allgemein und paradigmatisch; genau genug, um leicht verständlich zu sein, aber nicht spitzfindig. Erst wir, 2000 Jahre später, müssen sie kommentieren, weil sie sich nicht ohne weiteres unserem Verständnis erschließt. Genauer betrachtet, sind sämtliche vom Prokonsul beschriebenen Annäherungshindernisse im Gelände von Alise vorhanden; und das ist das Wesentliche.

Hat Caesar also gelogen?

Caesar hatte es nicht nötig, die Wahrheit zu entstellen. Aber er richtete es immer so ein, daß sie im günstigsten Licht erschien. Demjenigen, der sich der Mühe unterziehen will, empfehle ich, die abweichenden Berichte zur Schlacht bei Stalingrad zu vergleichen, die einerseits die russischen und andererseits die deutschen Generäle verfaßt haben. Die Erinnerung ist immer selektiv, die Sichtweisen eingeschränkt. Vergessen wir nicht, daß ein General niemals sämtliche Absichten seines Gegners kennt – und daß er nur auf eine Seite des Hügels schaut. Die von Vercingetorix gehaltenen Reden wurden von Caesar erfunden, die Stärke seiner Truppen geschätzt, wenn sie nicht absichtlich übertrieben wurde. Von gallischer Seite steht uns kein Berichterstatter zur Verfügung, der ein Gegengewicht zu Caesars Text darstellte oder wenigstens eine Nuancierung erlaubte.

Warum findet man keine Toten dieser berühmten Schlacht? – Sie müßten doch Spuren hinterlassen haben.

Wenn Sie heute nach Austerlitz, Preußisch Eylau oder Waterloo kommen, werden Sie dort keine Leichen der bei diesen ebenso gigantischen wie berühmten Schlachten Gefallenen vorfinden. Es bedarf eines glücklichen Zufalls, um – wie es jüngst in der Umgebung von Vilnius der Fall war – ein Massengrab der Grande Armée zu entdecken. Vor Alesia hat man nach altem Brauch die Toten – wahrscheinlich kollektiv – verbrannt. Wenn Gräber vorhanden waren, wurden sie durch die landwirtschaftliche Nutzung seit der Antike zerstört. Es ist nicht ausgeschlossen, daß man eines Tages auf menschliche Überreste dieser Schlachten stößt, man sollte sich aber auch nicht wundern, wenn man sie nicht findet. In diesem Zusammenhang habe ich bereits auf die absolut vergleichbare Situation der Schlacht zwischen Arminius und Varus im Teutoburger Wald verwiesen.

Warum findet man nichts an den Hängen des Mont Réa?

Archäologische Funde und Befunde sind auf dem gesamten Mont Réa vorhanden. Allerdings gestaltete sich ihre Freilegung und besonders ihre Identifizierung im 19. Jh. recht schwierig wegen der dort angelegten Weinberge, deren Anlage die Forschung behinderte und manche Verwirrung stiftete. Außerdem sind die Erhaltungsbedingungen für Bauwerke in Hanglage problematisch, wobei man bei ein und derselben Anlage ganz enorme Unterschiede feststellen kann. Außerdem hatte man bei den jüngsten Grabungen keinen ungehinderten Zugriff auf Flächen in Privatbesitz; denn nach französischer Gesetzgebung ist eine Einwilligung der Grundstücksbesitzer notwendig. Für den Mont Réa und den Pennevelle besteht tatsächlich ein Informationsdefizit. Dies bedeutet jedoch nicht, daß diese Bereiche archäologisch unerheblich sind; hier werden noch Untersuchungen notwendig sein, eine Aufgabe für unsere Nachfolger. Das Gleiche gilt für den Osthang des Mont-Auxois, wo das «gallische Lager» noch nicht ausgemacht werden konnte.

Wie konnten die Römer derart riesige Belagerungswerke errichten? – Dies muß doch enorme Zeit beansprucht haben

Caesar mußte auf einer Strecke von ungefähr 40 km Gräben und Wälle errichten; das ist sicherlich keine Kleinigkeit. Er konnte aber auch, wie oben gesagt, mindestens 40 000 Mann aufbieten. Die Verhältniszahl ist leicht zu berechnen, selbst wenn natürlich nicht alle gleichzeitig zur Schaufel griffen: Man mußte schlafen, die Rückfront schützen, die Gallier im Oppidum im Auge behalten, sich mit Nachschub versorgen, Holz fällen. Insgesamt dürfte ein Abschnitt von 1 m pro Mann ein gut zu bewältigendes Pensum sein. Eine solch hohe militärische Konzentration ist durchaus vergleichbar mit der Situation im Ersten Weltkrieg.

Wie lang hat die Schlacht gedauert?

Darüber wissen wir nichts, da keine Quelle etwas dazu sagt. Man muß davon ausgehen, daß man Hilfe von weither holte, die Truppen, die im wesentlichen zu Fuß anmarschierten, zusammenziehen und ihren Nachschub vorbereiten mußte, und daß die Gallier der Hilfsarmee nicht sofort an Ort und Stelle sein konnten. Brauchte man dafür einen, zwei oder drei Monate? Eine verläßliche Schätzung ist uns nicht möglich.

Hatte Vercingetorix keinen vorgefaßten Plan? Oder war er ein so miserabler Befehlshaber, daß er sich in diese Falle locken ließ?

Auch hier befinden wir uns auf dem Boden reiner Spekulation, weil wir weder die Beschlüsse der gallischen Ratsversammlung noch die Pläne Vercingetorix' kennen. Zur Verfügung steht uns nur der Bericht Caesars, der zu sehr auf den eigenen Vorteil bedacht war, als daß man ihm völlig vertrauen könnte, zumal er über die Intentionen seiner Gegner offenbar nur wenig wußte. Es bleibt jedem selbst überlassen, ob er sich den Anführer der Gallier als Held, Genie, Versager oder gar als Verräter vorstellen möchte; letztlich ist dies völlig sekundär.

Muß das Bild dieses Gründungsereignisses der «Geschichte Frankreichs» revidiert werden?

Seit Mitte des 19. Jhs., v. a. seit den Anfängen der Dritten Republik, wird Alesia als «Gedenkstätte» angesehen (Abb. 172). Die Geburt dieses Mythos' ist weit mehr Teil unserer nationalen Geschichte als das Kampfgeschehen selbst, das aus Sicht des Altertumsforschers, sei er Spezialist für die Spätlatènezeit oder für die römische Geschichte, weder ein Ende noch einen Bruch oder einen Neubeginn markiert. Für Archäologen ist Alise ein Referenzobjekt, für Historiker eine ganz sekundäre Episode; allein das ideologisches Erbe und die symbolische Befrachtung ließen es zu einem größeren Streitobjekt werden. Dies erklärt weitgehend die Gründe für einem Identitätskonflikt, der heute wissenschaftlich durch nichts mehr zu rechtfertigen ist.

Abb. 173 Münze mit der Darstellung eines «Tropaions» als Zeichen des Sieges über Gallien. Gallische Waffen hängen vom «Tropaion» herab.

Epilog – Die Lorbeeren Caesars

Fünfundfünfzigjährig und erschöpft von den Mühsalen und Schlachten, hatte Caesar noch nie einen Triumph gefeiert. Nach seiner Prätur hatte er auf seinen gegen die Lusitanier errungenen Ruhm verzichten müssen, um nach Rom einziehen und für das Konsulat kandidieren zu können. Seitdem waren Jahre vergangen. Nach seinen Siegen über die Gallier, die ihm mehrfach außergewöhnliche *supplicationes* eingebracht hatten, nach den Bürgerkriegen und den Kampagnen gegen verschiedene Rivalen bereitete sich der neue Herrscher Roms, für sechs Jahre zum Diktator ernannt, endlich vor, einen sagenhaften vierfachen Triumph zu feiern, über Gallien, Ägypten, Pontus und Afrika (Abb. 173).

Der Triumph war eine außergewöhnliche Kundgebung, bei der der Sieger in einer Prozession an der Spitze seiner Armee in die Stadt geleitet wurde; über die *via sacra* gelangte er inmitten einer jubelnden Menge aufs Forum. Gekleidet in eine purpurne Toga, mit Lorbeer bekränzt, das Gesicht mit Zinnober gefärbt, in der Rechten ein Zepter fuhr der siegreiche Feldherr, Jupiter ähnlich, auf seinem Wagen stehend das Kapitol hinauf, um dem Herrn des Olymp zu opfern, mit dem er sich für einen Augenblick identifizierte.

Für Caesar hatte man eine ganze Reihe ungewöhnlicher Maßnahmen ergriffen. Seit der Verkündung des Sieges von Thapsos besaß der Diktator das neue Privileg, seinen Wagen – wie Romulus – von acht Schimmeln ziehen zu lassen, dem die unglaubliche Zahl von 72 Liktoren voranschritt. Der Imperator erhielt jetzt sogar das Recht, die Stadt vor der Zeremonie betreten zu dürfen. Seine Statue auf einem Globus, Symbol der Herrschaft über die Welt, und ein Wagen gegenüber der Statue des Jupiter wurden zu seinen Ehren auf dem Hügel aufgestellt. Und die Statue trug die griechische Inschrift «Halbgott».

Caesar wollte nicht nachstehen und zeigte eine Freigiebigkeit, die diesem herausragenden Anlaß angemessen war. 23 000 Liegen (*triclinia*) ließ er aufstellen, um 60 000 Gäste zu speisen; Jagden sollten zu Ehren seiner geliebten verstorbenen Tochter Iulia stattfinden sowie Gladiatorenkämpfe, Wagenrennen, Theatervorführungen und sogar – ein noch nie dagewesenes Spektakel – ein Seegefecht auf dem Marsfeld, das für diesen Anlaß geflutet wurde. Man sprach von der Verteilung gigantischer Geldsummen – Caesar hatte dies versprochen.

Der Zug traf ein; vorneweg die riesigen, auf Holz gemalten Bilder seiner Siege, der eroberten Städte, der Belagerungen, wobei das von Alesia sicher einen guten Platz bekam. Dann die Beute, glitzernd, wunderbar. Dahinter kamen die Liktoren, dann der Triumphwagen. In derselben Gruppe die berühmten Gefangenen, unter ihnen Vercingetorix, der sofort anschließend im Staatsgefängnis, dem Tullianum, hingerichtet wurde.

Als man den Fluß Velabrum überquerte, brach die Achse des Wagens und der Triumphator wäre beinahe herausgeschleudert worden. Ein schlechtes Omen! Währenddessen sangen die ihm folgenden Soldaten satirische Lieder, um übles Schicksal zu bannen und den Sieger daran zu erinnern, daß er auch nur ein Mensch sei. Man hörte jenes skandalöse Spottlied, das auf die Schandtaten einer goldenen, längst vergangenen Jugend anspielte:
«Gallien bezwang der Caesar, den Caesar einst Nikomedes. Seht, Caesar triumphiert jetzt, der ganz Gallien bezwang! Nikomedes aber triumphiert nicht, der den Caesar bezwang.» (Sueton, *Caesar* 49).

Dann bestieg der Diktator einen anderen Wagen, um seinen Triumphzug zu Ende zu bringen. «Unter dem Schein von Fackeln zog er zum Kapitol hinauf, wobei 40 Elefanten auf beiden Seiten des Zuges die Leuchter trugen.» (Sueton, *Caesar* 37). Am Tempel angelangt, stieg er aus und erklomm die Stufen auf Knien, bis er sich zu Füßen Jupiters befand.

Dies geschah im September 46 v. Chr., sechs Jahre nach Alesia und anderthalb Jahre vor den Iden des März.

Anhang

Literatur

Zur bibliographischen Orientierung

Zum Thema Alesia ist eine immense Menge an Literatur erschienen, die hier allerdings nicht in extenso zitiert werden kann. Wir beschränken uns darauf, einige ausgewählte Titel zu nennen, die dem Leser hilfreich sein können.

1. Die antiken Texte

Es gibt zahlreiche Ausgaben des «Gallischen Krieges». In Frankreich ist die Ausgabe der Belles Lettres (aus der berühmten «Collection Budé») gebräuchlich mit der Übersetzung von L.-A. Constans, 1926.

Diese wurde erläutert von C. Goudineau, *Jules César, Guerre des Gaules* (1994).

Zu den Passagen über die Schlacht von Alesia ist folgende Ausgabe vorzuziehen: J. Le Gall / E. de Saint-Denis / R. Weil, *Alésia. Textes littéraires antiques, textes médiévaux par Mr. l'abbé J. Marilier* (1973).

Als deutsche Ausgabe ist zu empfehlen: O. Schönberger (Hrsg.), *C. Iulius Caesar, Der Gallische Krieg* (^{3}2003).
Siehe auch: E. Mensching, *Caesars Bellum Gallicum. Eine Einführung* (1988).

Zum Verständnis der Art und Weise, wie Caesar die Ereignisse beschreibt, ist immer noch grundlegend: M. Rambaud, *L'art de la déformation historique dans les Commentaires de César* (1952).

Siehe auch verschiedene wissenschaftliche Artikel desselben Autors, zusammengefaßt in: M. Bonjour / J.-C. Fredouille (Hrsg.), *Autour de César* (1987).

K. Stiewe, *Wahrheit und Rhetorik in Caesars Bellum Gallicum* (1976) 149–163.

Zum Studium der nicht-caesarischen Quellen ist zu empfehlen: G. Zecchini, *Cassio Dione e la guerra Gallica di Cesare* (1978).

2. Der historische Kontext

Zahllos sind die historischen Schriften, die das Ende der römischen Republik behandeln. In erster Linie wird man heranziehen: C. Meier, *Res publica amissa. Eine Studie zu Verfassung und Geschichte der späten römischen Republik* (1980).

K. Christ, *Krise und Untergang der römischen Republik* (^{4}2000).

Für diejenigen, die sich in das Thema weiter vertiefen wollen, sei zitiert: H. Bruhns / J.-M. David / W. Nippert, *Die späte römische Republik. La fin de la république romaine. Un débat franco-allemand d'histoire. Coll. École française de Rome* 235 (1997).

Mit Gewinn wird man lesen: C. Nicolet, *L'inventaire du Monde. Géographie et politique aux origines de l'Empire romain* (1988).

Dem Sieger über Gallien sind etliche Monographien gewidmet; die beste stammt zweifelsohne von C. Meier, *Caesar* (1982).

Über die römische Armee und das Ende der Republik ist das Buch von J. Harmand, *L'armée et le soldat à Rome de 107 à 50 avant notre ère* (1967) zwar veraltet, wurde jedoch nicht ersetzt.

Ihm würde man heute zwei grundlegende Werke von L. Keppie, *The Making of the Roman Army* (^{2}1998) und E. Gabba, *Esercito e società nella tarda Republica romana* (1973) vorziehen.

3. Das unabhängige Gallien und die Eroberung

Über Gallien zur Zeit der Eroberung stammt das grundlegende Werk von C. Jullian, *Histoire de la Gaule* (1920–1926), nach wie vor ein unvergleichliches Geschichtsdokument, das jedoch aufgrund jüngerer Forschungen weitgehend veraltet ist.

Siehe eher: R. Wolters, *Römische Eroberung und Herrschaftsorganisation in Gallien und Germanien. Zur Entstehung und Bedeutung der sog. Klientel-Randstaaten* (1990).

Gute archäologische Zusammenfassungen jüngerer Zeit sind zu finden bei: F. Audouze / O. Büchsenschütz, *Villes, villages et campagnes de l'Europe celtique* (1989).

A. COLIN, *Chronologie des oppida de la Gaule non méditerranéenne*, *DAF* 71 (1998).

S. FICHTL, *La ville celtique (Les oppida de 150 av. J.-C. à 15 ap. J.-C.)* (2000). Der Ausstellungskatalog *Vercingetorix und Alesia* (1994) bietet eine sehr ausführliche Übersicht über die Spätlatènekultur.

Neuere Studien zur Urbanisation sind zu finden in: V. GUICHARD / S. SIEVERS / O. H. URBAN (Hrsg.), *Les processus d'urbanisation à l'Âge du Fer. Eisenzeitliche Urbanisationsprozesse*, *Bibracte* 4 (2000).

Spezialisten werden mit Gewinn lesen: D. GARCIA / F. VERDIN (Hrsg.), *Territoires celtiques. Espaces ethniques et territoires des agglomérations protohistoriques d'Europe occidentale. Actes du XXIVe colloque international de l'AFEAF*, Martigues 2000 (2002).

Zur Eroberung selbst kann man sich noch immer auf das zwar alte, aber meisterhafte Werk von T. RICE HOLMES, *Caesar's Conquest of Gaul* (1899) beziehen.

Heute wird man zudem die Synthese von C. GOUDINEAU, *César et la Gaule* (1990) lesen.

Zum Feldzug nach Alesia wurden die beiden Publikationen von J. HARMAND, *Une campagne césarienne. Alésia* (1967) sowie von J. LE GALL, *La bataille d'Alésia*, *Publications de la Sorbonne* (1999) vor den jüngsten Ausgrabungen verfaßt; sie beruhen auf einem veraltetem Kenntnisstand und sind deshalb für die Gesamtbetrachtung unerheblich.

Vor allem ist abzuraten von J. HARMAND, *Vercingétorix* (1984).

Zu den Ereignissen des Jahres 52 v. Chr. siehe jetzt C. GOUDINEAU / M. REDDÉ / S. SIEVERS / H. SOULHOL, *Caesar und Vercingetorix* (2000).

4. Die archäologischen Befunde und Funde

Die grundlegende Publikation von Napoléon III., *Histoire de Jules César* (1865–1866) muß unbedingt durch die Veröffentlichung der Archivalien ergänzt werden: J. LE GALL (Hrsg.), *Fouilles d'Alise-Sainte-Reine* (1861–1865), *Mémoires de l'Académie des Inscriptions et Belles-Lettres* IX (1989).

Zur archäologischen Politik unter dem Second Empire siehe den Kolloquiumsband *Napoléon III et l'archéologie. Une politique archéologique nationale sous le Second Empire*, *Bulletin de la Société Historique de Compiègne* 37 (2001).

Die Ergebnisse der neueren Grabungen wurden vollständig publiziert in M. REDDÉ / S. VON SCHNURBEIN (Hrsg.), *Alésia. Fouilles et recherches franco-allemandes autour du Mont-Auxois*, *Mémoires de l'Académie des Inscriptions et Belles-Lettres* XXI, 2 Bde. (2001). Darin ist eine ausführliche Bibliographie zum archäologischen Material (keltische und römische Münzen, Waffen, Keramik und Amphoren) sowie eine vollständigere Dokumentation über die sehr zahlreichen älteren Publikationen zu Alesia zu finden.

Eine partielle deutsche Übersicht findet sich in M. REDDÉ / S. VON SCHNURBEIN / R. GOGUEY / M. JOLY / H.-J. KÖHLER / C. PETIT / S. SIEVERS, *Neue Ausgrabungen und Forschungen zu den Belagerungswerken Caesars um Alesia (1991–1994). Bericht der Römisch-Germanischen Kommission* 76 (1995) 73–158.

5. Der «Nationalmythos»

Zunächst ist ein sehr wichtiges Kolloquium zu erwähnen: *Nos ancêtres les Gaulois, Publications de la Faculté des Lettres et Sciences humaines de Clermont-Ferrand* (1982).

Mit großem Interesse wird man lesen: C. AMALVI, *De l'art et la manière d'accommoder les héros de l'histoire de France* (1988).

A. SIMON, *Vercingetorix et l'idéologie française* (1989).

S. CITRON, *Le mythe national: l'histoire de France en questions* (1989).

O. BÜCHSENSCHÜTZ / A. SCHNAPP, *Alésia*, in: S. NORA (Hrsg.), *Les lieux de Mémoire* III. *Les France* (1992) 272–315.

C. POMIAN, *Francs et Gaulois*, in: S. NORA (Hrsg.), *Les lieux de Mémoire* III. *Les France* (1992) 41–105.

C. TACKE, *Denkmal im sozialen Raum. Nationale Symbole in Deutschland und Frankreich im 19. Jh.* (1995).

C. NICOLET, *La fabrique d'une nation. La France entre Rome et les Germains* (2003).

Und schließlich: C. GOUDINEAU, *Le dossier Vercingétorix* (2001).

Bibliographische Anmerkungen zur Übersetzung

Zitate antiker Autoren wurden folgenden Übersetzungen entnommen:

Appian, *Bella civilia*
Appian von Alexandria, *Römische Geschichte*, 2. Teil (Die Bürgerkriege). Übersetzt von Otto Veh (1989).

Appian, *Iberica*
Appian von Alexandria, *Römische Geschichte*, 1. Teil (Die römische Reichsbildung). Übersetzt von Otto Veh (1987).

Caesar, *de bello Gallico*
O. SCHÖNBERGER (Hrsg.), *C. Iulius Caesar, Der Gallische Krieg* ([3]2003).

Cassius Dio
Cassius Dio, Römische Geschichte. Bd. II, Bücher 36–43. Übers. O. VEH (1985).

Cicero, *epistulae ad Atticum*
Marcus Tullius Cicero, Atticus-Briefe. Hrsg. u. übers. H. KASTEN (1990).

Cicero, *pro M. Fonteio*
Marcus Tullius Cicero, Sämtliche Reden. Hrsg. u. übers. M. FUHRMANN, Bd. 1 (1970).

Cicero, *de provinciis consularibus*
Marcus Tullius Cicero, Sämtliche Reden. Hrsg. u. übers. M. FUHRMANN, Bd. 6 (1980).

Florus, *Epitoma de Tito Livio*
Florus, Römische Geschichte. Übers. G. LASER (2005; mit Änderungen des Autors).

Livius
T. Livius, Römische Geschichte. Buch XLII–XLIV. Hrsg. H. J. HILLEN (1988).

Plinius, *Naturalis historia*
C. Plinius Secundus d. Ä., Naturkunde. Hrsg. u. übers. R. KÖNIG in Zusammenarbeit mit K. BAYER, Buch XXXIV (1989). – Empfehlenswert ist auch die Übersetzung: PROJEKTGRUPPE PLINIUS (Hrsg.), *Plinius der Ältere über Blei und Zinn. Naturalis Historia* 34, 156–178; 33, 94 und 106–108 (1989).

Plutarch, *Caesar*
Plutarch, Fünf Doppelbiographien. Übers. K. ZIEGLER und W. WUHRMANN (1994). Teil 1, 196–349.

Polybios
Polybios, Geschichte. Gesamtausgabe in zwei Bänden. Hrsg. u. übers. H. DREXLER (1961/1963).

Sueton, *Caesar*
C. Suetonius Tranquillus, Sämtliche Werke. Übers. A. STAHR, neu bearbeitet F. SCHÖN U. G. WALDHERR (1987) 3–51.

Velleius Paterculus
Übers. nach U. SCHMITZER, *Velleius, Caesar und die Piraten*. Aus Internet: KIRKE-Katalog der Internetressourcen f. d. Klass. Phil. aus Berlin.

Übersetzungen moderner Zitate

Napoléon I., *Précis des guerres de Jules César, du Maréchal de Turenne et de Frédéric II*. – Die frühe, anonyme Übersetzung wurde hier bevorzugt: Uebersicht der Kriege Cäsars von Napoleon. Vom Kaiser auf St. Helena dictirt, niedergeschrieben von Marchand (1836).

Nicht zu empfehlen ist die Übersetzung von H. E. FRIEDRICH, *Napoleon I., Darstellung der Kriege Caesars, Turennes, Friedrichs des Großen* ([3]1943).

Napoléon III., *Histoire de Jules César* (1865/66). Übers.: Anonym, *Geschichte Julius Cäsars* (1865–1867).

G. FLAUBERT, *Bouvard und Pécuchet*. Übers.: E. MARX (1959).

Bildnachweis

Alle Abbildungen Editions Errance, Paris. Ausnahmen sind am Bild gekennzeichnet.

Adresse des Autors

PROF. DR. MICHEL REDDÉ
École pratique des Hautes Études
INHA
2 rue Vivienne
F-75002 Paris